Louvet, Louis

Curiosités de l'économie politique

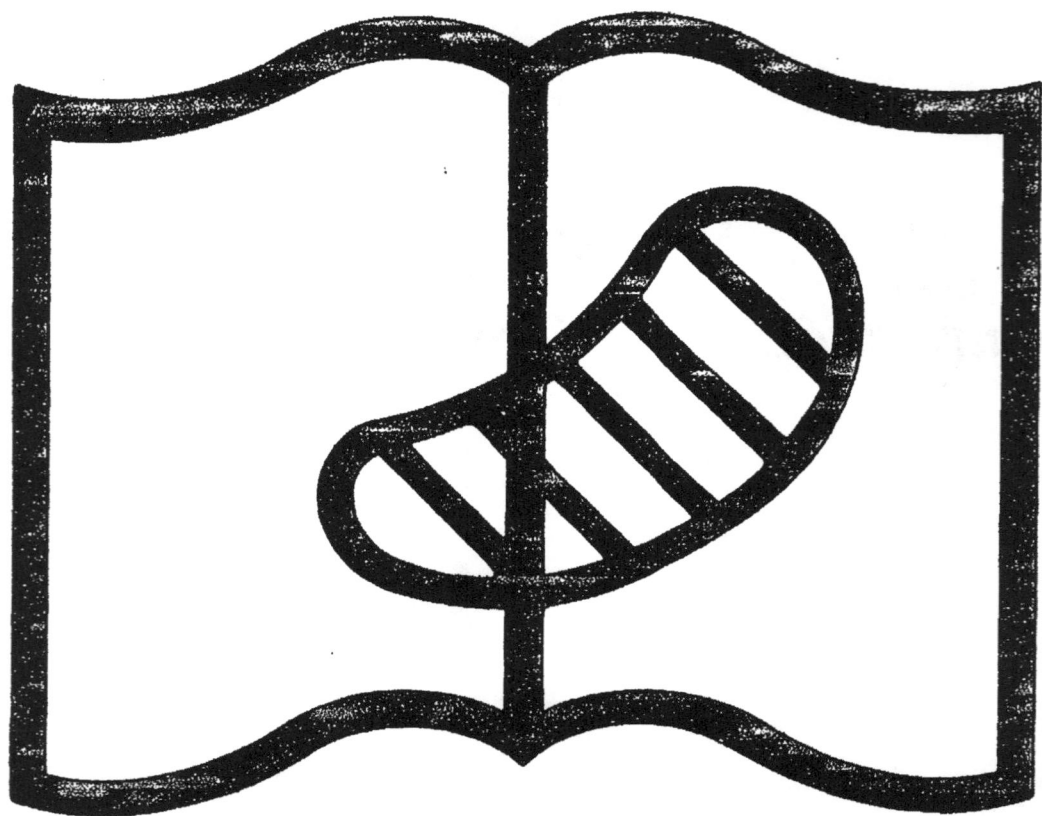

Symbole applicable
pour tout, ou partie
des documents microfilmés

Original illisible

NF Z 43-120-10

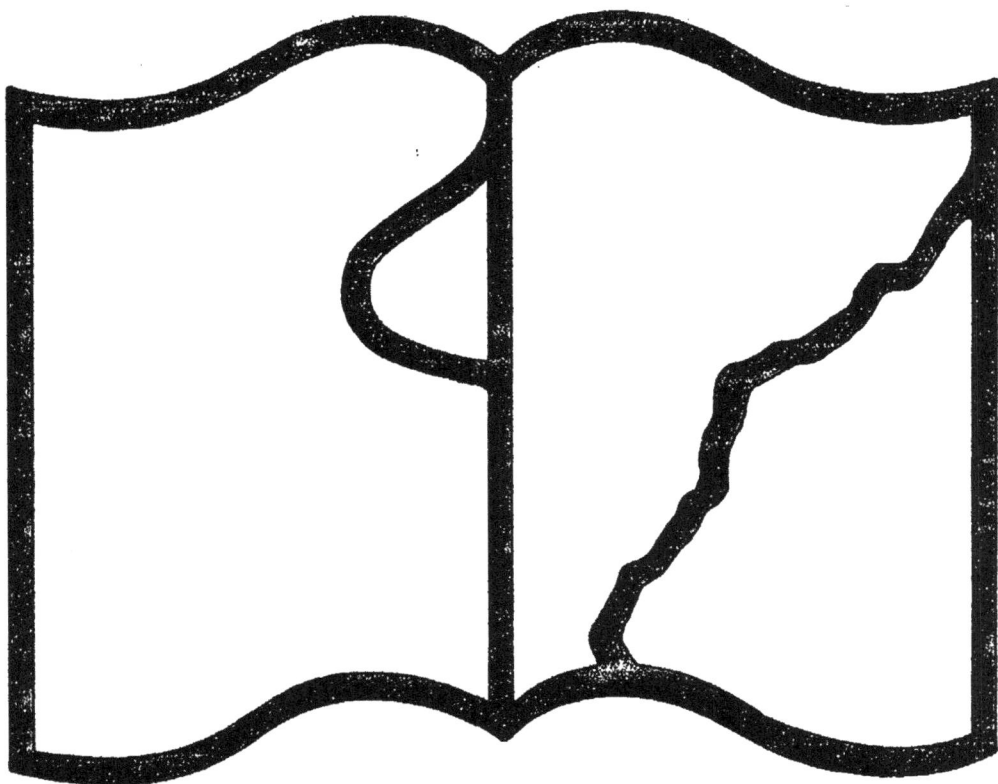

**Symbole applicable
pour tout, ou partie
des documents microfilmés**

Texte détérioré — reliure défectueuse

NF Z 43-120-11

CURIOSITÉS

DE

L'ÉCONOMIE POLITIQUE

PAR

L. LOUVET

HISTOIRE DE L'ÉCONOMIE POLITIQUE
POPULATION — RICHESSE — PROPRIÉTÉ
TRANSMISSION DE LA PROPRIÉTÉ
DIVISION DU SOL — COMMUNAUTÉ DE BIENS — UTOPIES
INÉGALITÉ DES FORTUNES — COMMUNISME
TRAVAIL — ESCLAVAGE ANCIEN ET MODERNE — SERVAGE
CORPORATIONS — COMPAGNONNAGE
LIBERTÉ DU TRAVAIL
CONCURRENCE — SOCIALISME — SAINT-SIMONISME
ATELIERS SOCIAUX — DROIT AU TRAVAIL
ASSOCIATIONS OUVRIÈRES
PAUPÉRISME — MISÈRE — MENDICITÉ
TAXE DES PAUVRES — ASSISTANCE, ETC.

PARIS

ADOLPHE DELAHAYS, LIBRAIRE-ÉDITEUR
4-6, RUE VOLTAIRE, 4-6

1861

CURIOSITÉS

DE

L'ÉCONOMIE POLITIQUE

PARIS. — IMPRIMÉRIE DE ÉDOUARD BLOT, 40, RUE SAINT-LOUIS
(Ancienne maison Dondey-Dupré.)

CURIOSITÉS

DE

L'ÉCONOMIE POLITIQUE

PAR

L. LOUVET

PARIS

ADOLPHE DELAHAYS, LIBRAIRE-ÉDITEUR

4-6, RUE VOLTAIRE, 4-6

—

1861

1869

PRÉFACE

Ceci n'est ni un livre de doctrine, ni un livre de système; c'est un livre d'exposition et d'histoire, c'est surtout un livre de curiosité.

Parmi les questions de l'économie politique, nous avons surtout choisi les questions d'économie sociale.

Nous avons laissé à chacun ses œuvres, à chacun sa parole, à chacun ses aspirations, ses désirs, sa foi, sa croyance.

Bornant notre rôle à celui de rapporteur, nous analysons tout simplement les pièces du procès. Le public est juge.

D'ailleurs les impossibilités ressortent d'elles-mêmes ou du rapprochement des différents systèmes; nous avons à peine eu besoin de les indiquer.

Si quelques-uns de ces systèmes, après avoir fait beaucoup de bruit, sommeillent aujourd'hui, ils peuvent se réveiller demain; car les questions qu'ils soulèvent dureront autant que le monde, autant que l'homme, autant que la société.

TABLE DES CHAPITRES

TABLE DES CHAPITRES

CURIOSITÉS DE L'ÉCONOMIE POLITIQUE

CONSIDÉRATIONS GÉNÉRALES

La science économique a porté des noms bien différents. Celui d'économie politique se trouve déjà en tête d'un traité français de A. de Montchrestien, sieur de Watteville, publié à Rouen en 1615, et dédié au roi et à la reine mère. Les économistes de l'école de Quesnay, qui ont contribué plus que personne à faire accepter cette dénomination, lui ont cependant quelquefois substitué celle de *physiocratie* (du grec φύσις, nature, et κράτος, force, puissance), qui sert encore à désigner d'une manière spéciale leur doctrine. J.-B. Say eût probablement préféré le nom d'*économie sociale* ou de *physiologie sociale* J.-J. Rousseau l'appelait *économie générale* ou *économie publique* autant qu'*économie politique*. Au Conservatoire des arts et métiers, la chaire de J.-B. Say et de Blanqui aîné portait le titre de chaire d'*économie industrielle*, sans doute pour restreindre la portée de son enseignement. D'autres auteurs ont appelé l'économie politique *chrématistique* (du grec χρηματιστική, dérivé de χρήματα, les biens, tout ce dont on use), et Rossi pensait que, sauf l'étrangeté des mots, on pourrait appeler les économistes *chrysologues* (du grec χρυσός, or, et λόγος, discours), *chrématisticiens* ou *divitiaires* (du latin *divitiarum*, richesses), sans qu'ils eussent à y trouver à redire.

D'après son étymologie, la chrématistique serait donc, selon Aubert de Vitry, « la science de l'acquisition, de la conser-

1

vation et de l'emploi des *biens*, des choses que l'on possède appliquée à l'intérêt du possesseur et au plus grand avantage de la société; en deux mots, la *science des richesses.*[1] » Aristote caractérisait par cette appellation la branche de l'économie sociale qui s'occupe de la prospérité matérielle d'un pays, et c'est en effet à cela que certains économistes ont voulu limiter la science économique. « Platon, Xénophon, Fénelon, Montesquieu, J.-J. Rousseau ont fait, dit Aubert de Vitry, de l'*économie politique*, quelquefois incomplète et inexacte, quant à la partie matérielle, parce qu'ils manquaient des données complètes de la *chrématistique*. Les plus célèbres économistes modernes de l'Occident, depuis Smith jusqu'à J.-B. Say, n'ont guère fait que de la *chrématistique*, à l'exception de Jules Soden en Allemagne, et de Sismondi à Genève. »

On n'est pas bien d'accord, du reste, sur ce qu'on doit entendre sous ce nom d'*économie politique*.

« *Économie* ou *œconomie*, dit J.-J. Rousseau[2], vient de οἶκος, maison, et de νόμος, loi, et ne signifie originairement que le sage et légitime gouvernement de la maison, pour le bien commun de toute la famille. Le sens de ce terme a été, dans la suite, étendu au gouvernement de la grande famille, qui est l'Etat. Pour distinguer ces deux acceptions, on l'appelle dans ce dernier cas *économie générale* ou *politique*, et dans l'autre *économie domestique* ou *particulière*. »

Pour Rousseau, l'économie politique est donc la science du gouvernement. « Je prie mes lecteurs, dit-il plus loin, de bien distinguer l'*économie publique*, que j'appelle *gouvernement*, de l'autorité suprême que j'appelle *souveraineté*, distinction qui consiste en ce que l'une a le droit législatif et oblige en certains cas le corps même de la nation, tandis que l'autre n'a que la puissance exécutrice, et ne peut obliger que les particuliers. »

---

1. *Dictionnaire de la Conversation*, article CHRÉMATISTIQUE.
2. *Encyclopédie*, article ÉCONOMIE.

Rousseau pose d'abord pour principe que « la première et la plus importante maxime du gouvernement légitime ou populaire, c'est-à-dire de celui qui a pour objet le bien du peuple, est de suivre en tout la volonté générale; » et la seconde règle essentielle de l'*économie* publique, non moins importante que la première, est que toutes les volontés particulières se rapportent à la volonté générale. De là il tire ces deux conséquences : 1° que la liberté doit présider à l'expression de la volonté générale, formulée dans la loi, et 2° que la vertu doit régler l'exécution de la loi pour qu'elle ne dégénère pas en oppression.

« Ce n'est pas assez, ajoute-t-il, d'avoir des citoyens et de les protéger, il faut encore songer à leur subsistance, et pourvoir aux besoins publics, c'est une suite évidente de la volonté générale, et le troisième devoir essentiel du gouvernement. Ce devoir n'est pas, comme on doit le sentir, de remplir les greniers des particuliers, et les dispenser du travail, mais de maintenir l'abondance tellement à leur portée que, pour l'acquérir, le travail soit toujours nécessaire et ne soit jamais inutile. Il s'étend aussi à toutes les opérations qui regardent l'entretien du fisc et les dépenses de l'administration publique. Ainsi, après avoir parlé de l'*économie* générale par rapport au gouvernement des personnes, il nous reste à la considérer par rapport à l'administration des biens. » C'est à cette dernière partie seulement qu'est resté le nom d'*économie politique*.

« Le corps politique pris individuellement peut être considéré, dit encore J.-J. Rousseau, comme un corps organisé, vivant, et semblable à celui de l'homme. Le pouvoir souverain représente la tête; les lois et les coutumes sont le cerveau, principe des nerfs et siége de l'entendement, de la volonté, et des sens, dont les juges et magistrats sont les organes; le commerce, l'industrie et l'agriculture sont la bouche et l'estomac qui préparent la subsistance commune; les finances publiques sont le sang qu'une sage *économie*, en faisant les fonctions du cœur, renvoie distribuer par tout le corps la nourriture et la vie; les citoyens sont le corps et les membres qui font mouvoir, vivre et travailler la machine, et qu'on ne saurait blesser en aucune partie, qu'aussitôt l'impression douloureuse ne s'en porte au cerveau si l'animal est dans un état de santé. La vie de l'un et de l'autre est le *moi* commun au tout, la sensibilité réciproque et la correspondance interne de toutes les parties. Cette communication vient-elle à cesser, l'unité formelle à s'évanouir, et les parties contiguës à n'appartenir plus l'une à l'autre que par juxtaposition? l'homme est mort, ou l'État est dissous. »

Sismondi[1] accepte la dénomination d'*économie politique*, pourvu qu'on entende sous ce mot *économie*, non pas *loi de la maison*, suivant l'étymologie grecque, mais l'administration préservatrice et ménagère de la fortune; « car, ajoute-t-il, c'est parce que nous disons, avec une sorte de tautologie, *économie domestique* pour l'administration d'une fortune privée, que nous avons pu dire *économie politique* pour l'administration de la fortune nationale. » Sismondi, en donnant pour second titre à ses *Nouveaux principes de l'économie politique : ou de la richesse dans ses rapports avec la population*, semble aussi chercher une définition. Ce terme désigne, suivant lui, l'une des deux branches du gouvernement qui se proposent pour but le bonheur des hommes réunis en société; mais, à la différence de Rousseau, il la sépare complétement du gouvernement moral des personnes. « La *haute politique*, dit-il, doit enseigner à donner aux nations une constitution qui, par la liberté, élève et ennoblisse l'âme des citoyens, une éducation qui forme leur cœur à la vertu et ouvre leur esprit aux lumières, une religion qui leur présente les espérances d'une autre vie, pour les dédommager des souffrances de celle-ci. Elle doit chercher, non ce qui convient à un homme ou à une classe d'hommes, mais ce qui peut rendre plus heureux en les rendant meilleurs, tous les hommes soumis à ses lois. Le bien-être physique de l'homme, autant qu'il peut être

---

1. *Nouveaux principes d'économie politique.*

l'ouvrage de son gouvernement, est l'objet de l'*économie politique*. Tous les besoins physiques de l'homme pour lesquels il dépend de ses semblables, sont satisfaits au moyen de la *richesse*. C'est elle qui commande le travail, qui achète les soins, qui procure tout ce que l'homme a accumulé pour son usage et pour ses plaisirs. Par elle la santé est conservée, la vie est soutenue, l'enfance et la vieillesse sont pourvues du nécessaire; la nourriture, le vêtement et le logement sont mis à la portée de tous les hommes. La richesse peut donc être considérée comme représentant tout ce que les hommes peuvent faire pour le bien-être physique les uns des autres; et la science qui enseigne au gouvernement le vrai système d'administration de la richesse nationale est par là même une branche importante de la science du bonheur national. »

Adam Smith intitula son livre : *De la nature et des causes de la Richesse des nations*. Selon lui, « l'économie politique, considérée comme une branche de la science d'un homme d'État ou d'un législateur, se propose deux objets distincts : 1° de procurer au peuple un bon revenu ou une subsistance abondante, ou pour mieux dire de le mettre en état de se les procurer lui-même, et 2° de pourvoir à ce que l'État ou la communauté ait un revenu suffisant pour les charges publiques. Elle se propose d'enrichir en même temps le peuple et le souverain. »

J.-B. Say définit d'abord l'économie politique dans le titre de son *Traité d'économie politique*, ou *simple exposition de la manière dont se forment, se distribuent et se consomment les richesses*. « L'objet de l'économie politique, dit-il ensuite dans son *Cours d'économie politique*, semble avoir été restreint jusqu'ici à la connaissance des lois qui président à la formation, à la distribution et à la consommation des richesses. C'est ainsi que je l'ai considérée moi-même dans mon *Traité d'économie politique*. Cependant on peut voir dans cet ouvrage même que cette science tient à tout dans la société, qu'elle se trouve embrasser le système social tout entier. »

Plus tard, J.-B. Say définissait l'économie politique : « La science qui traite des intérêts de la société [1]. » Et il ajoutait : « Sous quelque gouvernement que vivent les nations, quelque climat qu'elles habitent, elles subsistent, s'entretiennent, suivant des lois naturelles où les faits se lient à leurs causes et à leurs résultats. C'est cet enchaînement, qui tient à la nature des choses, que l'économie politique fait connaître... On a pu remarquer, disait-il en terminant, que, dans l'économie générale de la société, nous sommes soumis à une somme de *maux* dans lesquels sont compris les *sacrifices* et les *dépenses* nécessaires pour acquérir une somme de *biens* que l'on peut représenter par une certaine quantité, une certaine somme de *richesses;* la science économique consiste à savoir les apprécier et à connaître les moyens d'augmenter les uns et de diminuer les autres. »

Après la mort de J.-B. Say, on trouva dans ses papiers une note sur laquelle on lisait : « L'économie politique est la science des intérêts de la société, et comme toute les sciences véritables, elle est fondée sur l'expérience, dont les résultats, groupés et rangés méthodiquement, sont devenus des principes, des vérités générales. »

Pour Storch, « l'économie politique est la science des lois naturelles qui déterminent la prospérité des nations, c'est-à-dire leur richesse et leur civilisation. »

Malthus étend le domaine de l'économie politique aux recherches sur la production et la consommation de tout ce que l'homme désire comme utile et agréable.

Mac-Culloch appelle l'économie politique « la science des lois régulatrices de la production, de la distribution et de la consommation des produits matériels qui ont une valeur échangeable, et qui sont nécessaires, utiles ou agréables à l'homme.

L'Académie française, simplifiant ces définitions, donne celle-ci dans la dernière édition de son *Dictionnaire :* «*Economie politique,*

1. *Dictionnaire de la Conversation,* article ÉCONOMIE POLITIQUE.

science qui traite de la formation, de la distribution et de la consommation des richesses. »

« L'économie politique, dit un auteur américain[1], est la science qui traite des causes générales influant sur la production, la distribution et la consommation des choses qui ont une valeur échangeable, et des effets de cette production, de cette distribution et de cette consommation sur la richesse et le bien-être d'une nation... L'économie politique ne s'attache qu'aux causes générales qui influent sur les agents de production, ou les *moyens* productifs d'une nation, c'est-à-dire à la faculté et aux ressources qu'elle possède pour créer des produits d'une valeur échangeable. Ainsi la constitution du gouvernement, les lois, les institutions judiciaires, sociales et financières, les écoles, la religion, les mœurs, le sol, la position géographique, le climat, les arts, en tant que ces circonstances influent sur le caractère et la condition d'un peuple relativement à la richesse publique, en d'autres termes, à la production, la distribution et la consommation des choses utiles ou agréables à la vie, sont du ressort de l'économie politique. C'est donc sans contredit une science d'un caractère élevé et libéral, qui, si elle ne s'identifie pas avec la politique, y tient au moins de très-près, étant de fait une des branches de cette dernière; car un homme serait peu propre à s'occuper de la législation d'un Etat s'il ignorait les lois générales qui régissent ses moyens de production. »

« C'est une vaste et noble science, en tant qu'exposition, que l'économie politique, dit Fréd. Bastiat[2]. Elle scrute les ressorts du mécanisme social et les fonctions de chacun des organes qui constituent ces corps vivants et merveilleux qu'on nomme des sociétés humaines. Elle étudie les lois générales selon lesquelles le genre humain est appelé à croître en nombre, en

1. *Encyclopædia americana.*

2. *Dictionnaire d'économie politique*, article ABONDANCE.

richesse, en intelligence, en moralité. Et néanmoins, reconnaissant un libre arbitre social comme un libre arbitre personnel, elle dit comment les lois providentielles peuvent être
méconnues ou violées ; quelle responsabilité terrible naît de ces
expérimentations fatales, et comment la civilisation peut se
trouver ainsi arrêtée, retardée, refoulée, et pour longtemps
étouffée. »

Rossi, après avoir discuté et repoussé toutes les définitions
proposées avant lui, n'en donne aucune. Il déclare seulement
qu'il y a un certain ordre de phénomènes relatifs à la richesse
qui ne se confondent avec ceux d'aucun autre ordre, et que
c'est là précisément ce que la science économique doit étudier.
Aussi se borne-t-il, dans son *Cours*, à appeler tout simplement
l'économie politique « la science de la richesse. » Et il ajoute :
« Dût-il en rougir pour la science, l'économiste doit avouer
que la première des questions à examiner est encore celle-ci :
Qu'est-ce que l'économie politique ; quels en sont l'objet,
l'étendue, les limites ? »

« Il est beaucoup d'auteurs, dit encore Rossi, pour qui la valeur
en échange est seule un fait économique ; ils ne regardent la
notion de la valeur en usage que comme une pure généralité, à
laquelle on peut faire tout au plus l'honneur de la mentionner,
dès le début, en passant, pour ne plus s'en occuper ensuite. Pour
eux, l'économie politique est plus encore la science des échanges
que la science des richesses. »

En effet, Charles Coquelin[1] définissait l'économie politique,
« la science des lois du monde industriel. » Et il ajoutait : « On
peut dire toutefois, si l'on veut, que c'est la *science des échanges*,
car les échanges sont, dans le système industriel, le fait primordial qui engendre tous les autres ; mais l'expression dont
nous nous sommes servi nous paraît à la fois plus noble, plus
compréhensible et plus exacte. »

1. *Dictionnaire d'économie politique*, article ÉCONOMIE POLITIQUE.

HISTOIRE DE L'ÉCONOMIE POLITIQUE

C'est seulement dans les temps modernes qu'on a essayé de formuler les lois qui doivent présider à la création des richesses chez les nations. Tyr, Sidon, Corinthe, Syracuse et Carthage s'enrichissaient par le commerce et faisaient de l'économie politique sans le savoir. Les autres peuples de l'antiquité ne songeaient guère à s'enrichir que par la rapine ou par la guerre, qui toutes deux leur fournissaient les objets dont ils manquaient et des esclaves pour travailler. Le pillage formait aussi souvent la base des rapports des Juifs avec les étrangers; à l'intérieur ils avaient pourvu à la constitution de la propriété et à son affranchissement périodique des dettes. Les Chinois étaient inconnus du reste du monde. Les Égyptiens avaient sans doute quelques règles de police économique, ainsi que l'indique la fameuse légende des greniers d'abondance de Joseph. Les Grecs avaient des lois politiques; les dépenses du trésor public étaient surveillées, mais ce trésor se remplissait trop souvent par des exactions, des confiscations, des spoliations et par l'altération des monnaies.

Rome fondait également sa richesse sur des pays saccagés, des villes détruites, des expropriations injustes et des contributions forcées. Rome méprisait le travail : à ses yeux l'industrie était le partage de l'esclave et du prisonnier; elle détestait la navigation : dans tous ses traités on la voit ordonner aux nations conquises de détruire leurs vaisseaux. La guerre lui procurait du blé et des spectacles. Elle avait des lois agraires : la loi *Terentia* ordonnait une distribution de cinq boisseaux de blé à chaque individu; la loi *Sempronia* fixait le prix des grains; une autre loi autorisait les débiteurs à se libérer en ne payant à leurs créanciers que le quart de leurs dettes; enfin les empereurs ne s'occupèrent de l'industrie que pour la frapper de contributions.

Pour les barbares qui envahirent tant de fois le monde ro-

main, l'économie politique consistait à s'emparer par les armes
de tout ce que les peuples soumis avaient amassé d'utile. Déjà,
à cette époque, l'esclavage se transformait en servage.

Charlemagne a laissé dans ses Capitulaires des détails inté-
ressants sur l'administration de ses vastes domaines. Il répara
les anciennes routes, établit dans tout l'empire un système régulier de poids et de mesures, voulut faire creuser un canal
joignant le Rhin au Danube et réprima par des peines sévères
la fabrication de la fausse monnaie; mais il ne se gêna pas
d'altérer lui-même la monnaie, et par les grandes donations de
terres qu'il fit à l'aristocratie guerrière et à l'Eglise, il dota ses
sujets de la corvée et de la taille.

On sait ce que devint l'industrie sous le régime féodal, qui
transforma chaque château en donjon et chaque village en
place forte. Les croisades enlevèrent au travail le petit nombre de
bras que lui avaient laissés les luttes des barons; et à la suite des
croisades de honteuses altérations des monnaies, des lois somptuaires, des édits prohibant l'exportation de l'argent, contri-
buèrent à propager la misère. Pour se procurer de l'argent, on
persécutait les juifs, qui se livraient au commerce. L'exil, le fer,
le feu, la confiscation, rien ne paraissait trop cruel contre eux.
On les rappelait pour les piller encore quand de nouveaux besoins se faisaient sentir. De leur côté, les juifs, mettant à profit
les moments de calme, accaparaient le numéraire et le prê-
taient ensuite aux seigneurs et aux évêques à 30 et 40 pour 100.

Par bonheur, les expéditions aventureuses de la Terre-Sainte
imprimèrent une grande activité à la navigation. Les navires
s'étaient agrandis et améliorés. En France et en Allemagne la
propriété mobilière s'élevait à côté de la propriété immobilière.
Les rois, las des luttes féodales, protégeaient les habitants des
grandes cités formées en corporations, autorisées à élire des
magistrats, à se gouverner et à se défendre elles-mêmes. De ce
mouvement sortirent les communes, repaires de l'industrie,
forteresses du commerce, refuge de l'agriculture.

Les institutions nouvelles étaient d'ailleurs entachées d'une tyrannie odieuse : ainsi les travailleurs subalternes gémissaient sous une oppression absolue. Pour se marier, il fallait que l'ouvrier fût maître, et pour obtenir la maîtrise, il devait faire un chef-d'œuvre, qu'examinaient les maîtres avec lesquels il allait se trouver en rivalité d'intérêts. Le maître lui-même avait à endurer mille tracasseries : il devait se tenir à son état, ne faire que son métier. Le savetier ne devait être que savetier ; s'il empiétait sur les prérogatives du cordonnier, il était aussitôt puni d'une forte amende.

Bientôt les villes anséatiques purent charger leurs nombreux vaisseaux des grains, de la cire et du miel de la Pologne, des métaux de la Bohême et de la Hongrie, des vins du Rhin, des toiles de l'Orient et des épices de l'Inde, et apporter ces produits en Norvége, en Suède, en Russie et en Angleterre. Venise, de son côté, fondait sa puissance sur le commerce et l'industrie. Cette république créa des établissements de bienfaisance, d'instruction et d'utilité publique, une banque de dépôt où l'on ouvrit des crédits aux négociants. Venise encourageait les beaux-arts, étalait une grande pompe dans ses fêtes, un grand luxe dans ses monuments ; seize mille ouvriers travaillaient dans ses arsenaux, et ses flottes, montées par trente-six mille marins, déployaient le pavillon de Saint-Marc dans tous les ports connus de l'Asie, de l'Afrique et de l'Europe. Mais, jalouse des autres nations, la république de Venise voulut accaparer le commerce du monde entier.

« C'était par des courtiers vénitiens, dit M. Léon Galibert, que devaient s'effectuer les échanges, par des navires vénitiens et montés par des matelots de la république que devaient s'opérer les transports. Nulle marchandise dont elle faisait la contrefaçon n'était admise sur ses marchés, ou du moins celle que l'on y recevait était frappée d'un droit énorme qui équivalait à une prohibition absolue. Les droits et les amendes formaient la plus grande partie du revenu public. On attirait par des largesses l'ouvrier que l'on savait habile, tandis que l'on ordonnait de rentrer à l'ouvrier du pays qui voulait transporter son industrie ailleurs, et sur son refus, on emprisonnait sa famille, puis l'on envoyait des émissaires secrets pour le tuer. Ces vexations, plus que la découverte du cap de Bonne-Espérance et la prise de Constantinople par les Turcs, portèrent un coup fatal à l'industrie vénitienne. Une ligue puissante se forma contre elle; des fabriques s'élevèrent de toutes parts; aux vexations on répondit par des vexations, aux mesures restrictives par des mesures restrictives. Charles-Quint signala son avènement au trône en doublant les impôts que les Vénitiens payaient dans ses Etats. Dès lors Venise, qui avait mis à contribution l'Europe, ne pouvant résister à des coups si nombreux et si rudes, succomba pour ne plus se relever. »

L'Amérique, qu'on venait de découvrir, fournissait des métaux précieux; on y rétablit l'esclavage en y transportant des noirs d'Afrique.

C'est à l'époque de Charles-Quint et de François Ier qu'il faut fixer l'origine de la science économique. Charles-Quint avait réuni sous son sceptre les deux Amériques et les Etats les plus industrieux et les plus riches de l'Europe, l'Espagne, la majeure partie de l'Italie, la Flandre et l'Allemagne. Cependant, par suite de guerres continuelles, l'or de l'Amérique ne pouvait suffire aux dépenses, le commerce et l'industrie étaient ruinés et le déficit des caisses publiques augmentait. François Ier et Henri VIII se livraient aussi à des dépenses disproportionnées avec leurs revenus, l'industrie nationale s'en ressentait. La souffrance des peuples frappa les penseurs; on en rechercha les causes, et l'on reconnut qu'elle provenait des dépenses excessives des gouvernements; on comprit enfin que la reproduction de la richesse avait une connexion intime avec la prospérité des peuples et avec la science de les gouverner. Une foule d'écrits parurent et le système *mercantile* se constitua.

M. Léon Galibert définit ainsi le système mercantile : « Favoriser le développement de l'industrie nationale au détriment de l'industrie étrangère, prohiber ensuite la sortie des matières propres aux manufactures étrangères et l'entrée des produits manufacturés à l'étranger, ou bien autoriser l'introduction de ces produits, mais en les grevant de droits si exorbitants qu'ils ne puissent soutenir la concurrence; agir toujours d'après ce principe, que la somme des produits nationaux vendus aux étrangers doit excéder celle des articles qu'on leur achète... Système faux, ajoute-il, car pour vendre aux étrangers beaucoup et leur acheter peu, chaque nation dut regarder la prospérité des autres comme incompatible avec la sienne. »

Colbert est la personnification du système mercantile. Sully, avant lui, avait sondé les plaies de l'Etat, étudié les ressources de la France et favorisé l'agriculture. Imbu des préjugés de son temps, Sully mesurait la puissance d'un Etat uniquement à l'importance de ses richesses métalliques. Colbert pensait de même, mais, contrairement à Sully qui avait une aversion profonde pour le commerce; il encouragea le commerce extérieur de tout son pouvoir. L'Angleterre, par l'acte de navigation, avait pris les devants, et, par une protection excessive, elle avait donné l'essor à sa marine, qui devait bientôt dominer les mers.

Le système mercantile avait été vivement attaqué en Angleterre. Fénelon, par son *Télémaque*, ramenait les idées vers le travail de la terre. Vauban, épris d'une vive compassion pour les misères du peuple, chercha les moyens d'y porter remède. A cet effet il parcourut la France dans tous les sens, étudiant le commerce et l'industrie des provinces, s'informant de la nature de leurs impôts, comparant leurs richesses et leurs cultures respectives, puis il réunit tous ces matériaux. Lorsque Bois-Guillebert eut fait paraître son *Détail de la France sous Louis XIV*, Vauban donna son *Projet de Dixme royale*, ouvrage dans lequel il peint l'état de chaque province, de chaque classe, la situation du peuple, les abus et les malversations qui se pratiquaient dans la levée des tailles, des aides, des douanes et de la capitation, et dans lequel il donne un tableau sombre et triste de l'ensemble du pays.

Au système mercantile, Quesnay opposa le système dit *agricole* ou *physiocratie*, nommé aussi le système des *économistes français*. Quesnay établit en principe que du travail employé à la culture de la terre dérive la seule source de richesse; qu'aucune industrie ne peut produire une valeur nouvelle à moins qu'elle ne se rattache à l'agriculture, dans laquelle il comprend la pêche et les mines. Ces principes posés, il divise les classes de la société en trois catégories : dans la première, qu'il appelle la classe *productive*, il comprend tous ceux qui se consacrent à l'agriculture; la seconde, ou la classe *propriétaire*, se compose de tous ceux qui vivent de la rente de la terre ou du produit net qu'en retirent les cultivateurs; la troisième, ou la classe *improductive*, renferme les fabricants, les commerçants, les domestiques, « gens très-utiles, dit Quesnay, mais dont le travail n'augmente aucunement le fonds national, et qui ne subsistent que de ce que leur fournissent les deux autres classes. » Enfin l'agriculture étant regardée par Quesnay comme la seule industrie qui donne un produit net, il voulait que tous les frais du gouvernement retombassent sur l'agriculture, et proposait d'abolir toutes les contributions qui existaient alors, pour leur substituer un seul impôt direct sur le produit net de la rente de la terre.

Ce système, soutenu par Condorcet, Condillac, Turgot, Raynal, etc., fut attaqué par Beccaria, Ortes et d'autres. De ces discussions naquit le système *manufacturier* ou *industriel*, dont Adam Smith est la plus haute expression. En 1776, Smith, dans ses *Recherches sur la nature et les causes de la Richesse des nations*, pose pour principe que le travail est la source de la richesse, que tous les travaux industriels, qu'ils s'appliquent à l'agriculture, au commerce ou aux fabriques, produisent le même résultat, la richesse; que le seul moyen de l'accumuler, pour l'employer ensuite à la production d'une nouvelle richesse, c'est l'épargne. Smith détrôna l'or et l'argent; il prouva que ce n'est pas en eux,

mais bien dans l'abondance des articles nécessaires, utiles et
agréables à l'homme que la richesse réside; qu'il est d'une
sage politique de laisser à chacun la liberté entière de chercher son intérêt où il croit le trouver; que personne ne peut
embrasser une branche d'industrie quelconque qui lui soit
avantageuse sans qu'elle le soit aussi pour la masse; que toute
loi qui a pour but de donner à l'industrie une direction ou de
déterminer l'espèce de commerce qui doit s'effectuer entre les
divers districts d'un Etat ou entre les nations, est très-impoli-
tique; enfin que la richesse d'un pays ne peut prendre tout son
accroissement possible que par la libre concurrence des producteurs et des consommateurs. En un mot, il réduisit toute la
science économique à cette formule : *Laissez faire et laissez passer.*
Smith présente l'agriculture comme la branche d'industrie la
plus productive, le commerce intérieur comme plus avantageux
à la société que le commerce extérieur; et le transport ou fret
des marchandises comme moins productif que le commerce
extérieur. Il regarde comme improductif le travail qui n'est pas
consacré à un objet susceptible d'être vendu. Il prétend que la
valeur du blé ne varie jamais, et veut enfin que les contributions sur la propriété foncière retombent sur les propriétaires.

En 1787, Louis de Ricci, citoyen de Modène, publia un ouvrage dans lequel il voulut prouver que les établissements de
piété augmentaient le nombre des pauvres au lieu de le diminuer, et que la bienfaisance illimitée est une prodigalité funeste
à la société, principes que Malthus reprit plus tard avec force.

La Révolution française consacra les principes de la liberté
de l'industrie, de la libre concurrence et de la liberté du commerce, l'égalité de partage des successions, etc. Les craintes de
la politique poussèrent à décréter le maximum et le cours forcé
d'un papier décrédité. Enfin, sous le Directoire, des prohibitions et
des droits de douane furent établis pour protéger l'industrie nationale. Ces droits s'accrurent sous tous les régimes qui suivirent.

A la fin de l'Empire, le blocus continental donna un grand

accroissement à l'industrie du continent; mais l'Angleterre s'empara de la suprématie des mers, et à la paix elle se trouva presque maîtresse du commerce du monde.

La France révolutionnaire avait proclamé la liberté des esclaves; l'Angleterre poursuivit plus tard l'abolition de la traite et l'émancipation coloniale.

Malthus, dans son ouvrage imprimé en 1798 sous le titre d'*Essay on the principle of population*, considère avec sagacité les progrès et la décadence de la population chez les différentes nations du globe, et démontre que les stimulants artificiels, au lieu de contribuer à augmenter la population, n'ont servi au contraire qu'à la diminuer et à la démoraliser; que l'unique moyen de l'accroître sans crainte d'aucun résultat fâcheux, c'est d'augmenter la production des articles nécessaires à notre existence; car la population, au lieu de rester au-dessous du niveau des moyens de subsistance, est toujours au-dessus. Il prouve que si l'homme ne sait pas réprimer la propension qu'il a pour la reproduction, les vices, la misère et la nature elle-même réprimeront l'accroissement de la population.

David Ricardo, dans ses *Principes d'économie politique* (*Principles of political economy*), imprimés en 1815, donna une analyse claire et correcte des lois qui servent à déterminer la valeur d'échange des articles de richesse. Il indiqua comment on peut appliquer à plusieurs parties de la science le principe découvert par Malthus de la hausse et de la baisse de la rente de la terre; il releva, en outre, l'erreur commise par Smith dans l'indication des causes qui influent sur les salaires.

Jean-Baptiste Say a enrichi l'économie politique de découvertes importantes et l'a rendue populaire en France. Il exposa le système de Smith avec une grande clarté; le premier, il démontra que la demande dans les marchés ne dépend absolument que de la production, et que la surabondance des marchandises ne vient pas de ce que les facultés productives ont augmenté, mais de la mauvaise application du travail.

Vers la fin de la République française, Babeuf avait imaginé de remettre en avant les principes du communisme. Il échoua. Sous la Restauration, Saint-Simon indiqua les bases d'une nouvelle organisation sociale dans laquelle le travail était distribué par le chef suprême de l'association, suivant la capacité, et rétribué selon les œuvres. Plus tard, Charles Fourier chercha à concilier les intérêts divers et trop souvent opposés du capital, du travail et du talent, par une répartition combinée des produits. En même temps, il s'occupait philosophiquement de rendre le travail attrayant, et donnait les plans de vastes phalanstères dans le but d'obtenir une grande économie dans les dépenses de la vie.

Ces systèmes, qui furent loin de réussir dans l'application, servirent surtout à mettre en relief les avantages de l'association. De plusieurs côtés on chercha les moyens d'organiser le travail et de protéger l'ouvrier contre les inconvénients de la liberté illimitée de la concurrence.

M. Louis Blanc proposa des sortes d'ateliers sociaux où le travail, comme les produits, serait partagé en commun, et excité seulement par la contrainte morale de la fraternité. Plus tard il en arriva à la formule de M. Cabet, qui, établissant la communauté des biens, voulait de *chacun selon ses forces* et *à chacun selon ses besoins*. On sait que les essais de l'Icarie n'ont pas réussi en Amérique. Les Mormons ont constitué, dans le même pays, une société fondée sur une sorte de communauté. M. Proudhon demanda la suppression de l'intérêt du capital et le prêt gratuit des instruments de travail; enfin il voulait constituer une banque d'échange qui devait fournir à chacun les matériaux à ouvrer et procurer à chacun le placement de son travail sans aucun intermédiaire.

A la révolution de 1848, les ouvriers, entraînés par les discussions philanthropiques des socialistes, demandèrent le droit au travail, qui fut longuement discuté sans pouvoir être adopté. Quelques associations ouvrières ou fraternelles furent établies sur différentes bases avec l'aide du Trésor public. Peu ont pu résister au dissolvant des intérêts personnels.

L'Angleterre, menacée dans la vente de ses produits par la concurrence étrangère et par le haut prix des choses de la vie, chercha dans le libre échange un moyen de raviver son industrie. Robert Peel fit passer les lois qui abolissaient les droits d'entrée sur les grains, droits destinés à protéger l'agriculture, mais ruineux pour l'industrie, puisqu'ils augmentaient le prix des journées du travailleur et le nombre des pauvres dont le travail était insuffisant pour procurer les denrées nécessaires à la subsistance. D'autres droits disparurent encore et presque toutes les denrées étrangères purent librement entrer en Angleterre. Plusieurs pays ont imité l'exemple de l'Angleterre, comme la Suisse, la Sardaigne et la Russie, et la France, par un traité conclu en 1860 avec la Grande-Bretagne, est largement entrée dans cette voie.

POPULATION

Dans les anciens temps, la densité de la population était limitée par la facilité et encore plus par l'habitude de l'émigration qui, après tout, tant la distance était courte, le climat similaire et les besoins artificiels comparativement faibles, était un procédé plus doux que l'expatriation de l'Europe en Amérique, ou de l'Angleterre aux rives de l'Orient. D'ailleurs, l'usage universel d'avoir des esclaves chez les Grecs et les Romains, une certaine démoralisation systématique, sans parler des guerres perpétuelles et meurtrières, devaient naturellement tendre à écarter de la vue les questions d'équilibre entre la population et les subsistances. Durant le moyen âge, l'accroissement de la population trouvait un obstacle préventif et régulier dans les habitudes féodales, et un obstacle régulier positif dans les guerres civiles; et quoique les famines fussent non moins fréquentes que sévères, il est cependant évident qu'elles devaient moins tirer leur origine de la surabondance de population que du manque de canaux pour écouler les produits, de l'ignorance de l'agriculture et de la négligence du travail de la terre. Aussi la sécurité de la propriété et le tranquille état des affaires qui suit l'établissement d'un gouvernement régulier était-il le premier désir de chaque homme attaché à la glèbe; les voies furent graduellement ouvertes à l'industrie et au commerce, le travail fut généralement gratifié d'un certain encouragement, et l'on mit à profit cette heureuse circonstance que la population croît rapidement dans les diverses contrées de l'Europe, sur un sol productif, pour montrer que la terre elle-même vaut d'autant plus qu'elle est plus habitée. Bientôt, pourtant, on en vint à se demander si la terre pouvait nourrir un nombre d'habitants illimité, et si un jour la nourriture ne manquerait pas pour l'homme sur le globe qu'il habite.

« Deux conditions, disait Herrenschwand, en 1786, sont essentiellement nécessaires pour la multiplication de l'espèce humaine : la procréation et la nourriture; la procréation donne l'existence, la nourriture la maintient, et l'espèce humaine ne peut multiplier que dans la proportion de sa nourriture, quelque productive que puisse être sa procréation.

» La procréation de l'espèce humaine paraît être sans bornes; sa nourriture, au contraire, a des limites; tant que la procréation n'a pas atteint les limites de la nourriture, l'espèce humaine est susceptible de multiplication; mais au moment où la procréation a atteint les limites de la nourriture, l'espèce humaine cesse d'être susceptible de multiplication, à tel degré que la procréation puisse franchir ces limites.

» Les limites de la multiplication de l'espèce humaine sont de deux espèces, physiques ou morales; elles sont physiques lorsque la procréation a porté l'espèce humaine à la pleine proportion de toute la nourriture possible; elles sont morales lorsque des obstacles quelconques empêchent la procréation de porter l'espèce humaine, soit à la pleine proportion de toute sa nourriture actuelle, soit à la pleine proportion de toute sa nourriture possible; dans le premier cas, l'espèce humaine est dans une incapacité physique, et dans le second dans une incapacité morale de multiplier davantage.

» La population de l'espèce humaine est le degré de sa multiplication; elle est ou réelle ou apparente; réelle, lorsqu'elle est contenue dans les limites de la nourriture; apparente, lorsqu'elle a excédé les limites de la nourriture, et la différence entre la population apparente et la population réelle donne la mesure de l'excès de procréation. »

Herrenschwand divisait l'espèce humaine en trois classes distinctes : les peuples chasseurs, les peuples pasteurs et les peuples cultivateurs. Les peuples chasseurs se maintiennent sur une nourriture naturelle; ils laissent à la nature le soin de tout; les végétaux de la nature sont ceux qui offrent le moins de nourriture aux hommes et aux animaux; une population fondée sur les productions spontanées de la terre est donc nécessairement le plus bas degré de population dont l'espèce humaine puisse être susceptible. Les peuples pasteurs se maintiennent sur une nourriture mixte, et leurs besoins sont de la même espèce, en partie naturels et en partie artificiels; ils vivent comme les peuples chasseurs sur le règne animal, mais c'est sur des animaux domestiques; ils ne laissent par conséquent à la nature d'autre charge que celle de la production des végétaux. Les mêmes végétaux voués à la nourriture des animaux domestiques fournissent aux peuples pasteurs des moyens de population bien supérieurs. Le laitage des animaux ajoute encore à la nourriture des peuples pasteurs. Réunis en bandes, ils attaquent des peuples civilisés quand la nourriture leur manque, les subjuguent et se civilisent eux-mêmes. Les peuples cultivateurs se maintiennent sur une nourriture artificielle; ils vivent sur leurs propres végétaux et sur leurs propres animaux, et leurs besoins sont purement artificiels; sous ce système, l'espèce humaine devient susceptible du plus haut degré de multiplication; mais dans sa marche il présente des irrégularités et des contradictions.

La puissance d'accroissement de la population n'est pas la même dans tous les pays ni dans tous les temps dans le même pays. Malthus estimait que de son temps, par exemple, la population du royaume uni. de la Grande-Bretagne doublait en vingt-huit ans au Canada, en trente-quatre ans en Irlande, en cent ans en Angleterre et dans le pays de Galles, et en mille ans dans l'Hindoustan. Comment expliquer de si grandes variations? De l'aveu général, il n'y a pas à rechercher des différences matérielles dans le pouvoir prolifique ou dans les instincts des races pour l'accroissement de l'espèce.

La race américaine est seulement une branche du tronc européen, et si elle était restée sur son sol natal, elle aurait partagé la loi d'accroissement des peuples de l'Europe, doublant à peu près en un siècle, tandis que, transportée au delà de l'Atlantique, elle double en vingt-cinq ans. Ainsi, une population de 10,000 personnes en Angleterre ou en France sera devenue en cent ans une population de 20,000 âmes; transportée en Amérique, elle aurait produit 160,000 habitants. Bien plus, dans la même contrée, la force d'accroissement varie en différentes périodes, et ces périodes changent dans les plus petits intervalles. L'Angleterre, durant la première moitié du dix-huitième siècle, gagna seulement 1,000,000 d'habitants, sa population s'étant accrue de 5,475,000 à 6,467,000; mais durant la seconde moitié l'accroissement fut presque trois fois plus fort, ayant atteint 9,168,000 au recensement de 1801. A cette époque, le temps nécessaire au doublement était d'environ quatre-vingt-trois années; mais l'accroissement de 1801 à 1811 fut dans une plus grande proportion, et à ce taux la population pouvait doubler en cinquante-cinq ans.

A ce sujet, Malthus se pose les questions suivantes : Pourquoi l'accroissement de la population est-il si grand en Amérique, si faible dans l'Hindoustan? pourquoi est-elle plus forte

en Irlande qu'en Angleterre? Pourquoi la population croît-elle
en différentes proportions à des époques différentes; et pourquoi,
dans les comtés qui, possédant des marais étendus ou de nombreuses manufactures, sont comparativement malsains, les mariages sont-ils plus précoces et plus nombreux que dans les
districts agricoles plus salubres? Les inclinations naturelles sont-
elles plus froides dans le Shropshire que dans le Warwickshire,
ou dans le Monmouthshire que dans l'un et l'autre? Ou est-il
plus raisonnable de supposer que les inclinations naturelles
sont généralement uniformes, mais qu'elles sont nécessairement réprimées dans quelques situations par la difficulté de
pourvoir aux besoins d'une famille plus grande dans les districts manufacturiers et miniers, où la durée moyenne de la
vie est plus courte et les ressources du travail plus étendues?
N'est-ce pas parce que le pouvoir d'accroissement dans la race
humaine est plus grand que le pouvoir d'ajouter au défaut de
nourriture, lequel règle inévitablement le premier? Peut-on
faire quelque chose, dans l'impossibilité où l'on est de procurer
une augmentation proportionnelle de subsistance, pour empêcher l'espèce humaine, dans toutes les contrées saines, de créer
une addition annuelle à son nombre aussi grande que celle
qui trouve sa place en Amérique ou dans quelques parties du
territoire russe?

Malthus commence par rechercher le rapport qui existe entre
la force naturelle d'accroissement de l'espèce humaine et celle
des subsistances nécessaires à nourrir les hommes. Il tire de
quelques faits constatés, que la population, là où il n'est pas
difficile de se procurer un supplément proportionnel de nourriture, double elle-même tous les vingt-cinq ans, ou s'accroît
dans une progression géométrique. La subsistance, cependant,
dans les contrées autrefois fixées et limitées ne peut être accu-
mulée dans la même proportion. Il suppose que le produit de
l'Angleterre en 1817 pourra, par de grands efforts, être doublé
en l'année 1842; il pense que c'est beaucoup de supposer un pareil

accroissement dans une population restreinte; toutefois il ne lui paraît pas possible de supposer que ce produit de la terre sera de nouveau doublé en vingt-cinq ans, et permettra d'atteindre la demande de quarante-quatre millions en 1867. Le plus ardent spéculateur, suivant lui, voudrait seulement entrevoir une augmentation égale à celle de la première période, c'est-à-dire procédant suivant une progression arithmétique de 1, 2, 3, tandis que la population, d'après ce qu'on voit en Amérique, a une tendance naturelle à un accroissement dans la progression géométrique de 1, 2, 4, etc. « Prenant, dit-il, la terre entière au lieu de cette île, l'émigration devant être exclue, et supposant la population actuelle égale à mille millions, l'espèce humaine devra s'accroître comme les nombres 1, 2, 4, 8, 16, 32, 64, 128, 256, et la subsistance comme 1, 2, 3, 4, 5, 6, 7, 8, 9. En deux siècles la population devra être aux moyens de subsistance comme 256 est à 9; en trois siècles, comme 4,096 est à 13, et dans deux mille ans la différence devra être tout à fait incalculable. »

Malthus cherche ensuite à prouver les trois propositions suivantes : 1º la population est nécessairement limitée par les moyens de subsistance; 2º la population s'accroît invariablement où les moyens de subsistance s'accroissent; 3º les obstacles qui répriment le pouvoir supérieur de population, et maintiennent ses effets de niveau avec les moyens de subsistance, se résolvent tous dans ces trois mots : contrainte morale, vice et misère.

L'instinct de la reproduction, qui anime constamment l'espèce humaine, doit donc, suivant Malthus, subir une perpétuelle contrainte; jamais cet instinct n'a pu ni ne pourra trouver une entière satisfaction, et si l'équilibre existe entre le chiffre des subsistances et le chiffre de la population, il ne s'établit et ne se maintient jamais que par la répression violente ou volontaire du principe de population. En conséquence Malthus range sous deux chefs les obstacles qui posent sans cesse à l'accroissement de la population des barrières sans cesse ébranlées : 1° l'*obstacle positif*, qui se compose des vices, tels que la mobilité des liaisons, la pluralité des amours, les passions contre nature ; et des souffrances, telles que les épidémies, les guerres, les travaux excessifs ou malsains, et par-dessus tout, la famine ; 2° l'*obstacle préventif*, c'est-à-dire l'abstinence du mariage jointe à la chasteté.

« Il est évident, dit Malthus, que dans chaque contrée où les ressources sont par quelque voie limitée, les obstacles préventif et positif à la population doivent varier inversement entre eux ; dans les contrées naturellement malsaines ou sujettes à une grande mortalité, de quelque cause que cela puisse provenir, l'obstacle préventif doit moins agir ; dans les contrées, au contraire, naturellement saines, l'obstacle préventif est plus nécessaire, et l'obstacle positif est moindre ou la mortalité plus faible. »

Si l'on remonte les temps historiques, et que l'on cherche à découvrir par quels moyens s'est maintenu depuis l'origine ce difficile équilibre entre la population et les subsistances, on s'aperçoit aisément que l'*obstacle préventif* ou *privatif* agit avec d'autant plus de force, et l'*obstacle positif* ou *destructif* avec d'autant plus de faiblesse que l'on se rapproche davantage des temps modernes ; en d'autres termes, sous tous les climats, et dans tous les temps, on voit la passion de la reproduction contrainte, gênée, réprimée dans son essor ; mais tandis que les nations antiques et barbares, s'y livrant en aveugle, se font décimer à plaisir par la misère, par la maladie et par la faim, les peuples civilisés se garantissent de ces souffrances par une dure mais prévoyante abstinence.

De ces observations, qu'il confirme par une revue habilement faite des moyens de subsistance de la presque totalité des nations connues, Malthus déduit avec une impitoyable logique ces conséquences : 1° l'espèce humaine étant condamnée par sa nature même, ou à réprimer volontairement le besoin de reproduction qui la tourmente, ou à voir les funestes effets de cet instinct livré à tout son essor violemment corrigés par toute espèce de souffrance, c'est un devoir de donner à l'ob-*stacle privatif* le plus de force possible afin de prévenir les maux affreux qui ne manquent jamais de punir une imprévoyante fécondité; 2° aussi longtemps que les hommes ne sauront point universellement mettre un frein volontaire à l'excès de popu- lation, il y aura une classe de malheureux condamnés par leur naissance intempestive à périr victimes de l'imprudence de leurs géniteurs; 3° les secours de la charité la plus efficace, la réforme la plus radicale de la forme sociale, seraient égale- ment impuissants à guérir une telle plaie, car tout leur effet serait, au plus, de créer une masse de subsistances plus considérables : or, puisque la fécondité humaine ne peut avoir de limite que la famine ou la prévoyance, et que tout accroissement dans la quantité des subsistances est immédia- tement suivi d'un accroissement plus rapide de la population, il est évident que le secours momentané qu'on en pourrait tirer ferait bien vite place à un mal aussi grand; 4° l'ordre social doit donc reposer sur cette maxime fondamentale et rigoureuse que « quiconque n'est pas assez riche pour nourrir un enfant doit s'abstenir de toute union avec la femme, et garder le célibat dans toute sa rigueur. »

Mais en prêchant la contrainte morale, Malthus se garda bien de demander aucune sanction pénale à sa doctrine. « Si, d'une part, dit-il, nous craignons qu'en prêchant la vertu de la con- trainte morale, nous ne favorisions quelques vices; si, de l'autre, le spectacle de tous les maux qu'entraîne une population excé- dante nous fait craindre d'encourager le mariage; nous pensons que le mieux est de ne pas nous mêler de diriger les cons- ciences à cet égard, mais plutôt de laisser chaque homme suivre librement son choix, en le rendant responsable devant Dieu du mal qu'il aura fait : c'est là tout ce que je demande, et je serais fâché d'obtenir plus. »

« Les bases de ce système fussent-elles solides, dit M. Charles Lemonier, y eût-il entre la fécondité humaine et la fertilité

terrestre un désaccord si réel et si incurable que l'équilibre
entre la population et les subsistances ne pût jamais s'établir
que par une contrainte volontaire ou forcée, on ne saurait
tirer d'un tel état de choses la justification *absolue* que Malthus
s'efforce d'en faire sortir en faveur du principe actuel de l'ordre
social; car fût-il vrai que la privation des joies de l'amour
dût être, comme les autres douleurs, le lot exclusif d'une certaine classe d'hommes, il resterait à déterminer le principe du
classement, à poser les conditions de la richesse et de la pauvreté. Si l'obligation d'arrêter par la privation volontaire l'accroissement de la population existe, elle existe pour tous les
membres de la société : solidaires avec les pauvres, les riches
doivent l'acquitter pour leur part. La rejeter tout entière sur
la classe pauvre dans une société où le hasard de la naissance
répartit la richesse, c'est se montrer étranger à toute humanité,
c'est remettre à l'égoïsme le plus effronté le maintien de l'ordre
social. »

Malthus engageait les classes ouvrières à se nourrir d'aliments de bonne qualité, de pain de froment par exemple, et
non de pommes de terre ou d'autres denrées qu'on obtient à
bas prix. Il faisait observer qu'une population qui se nourrit
habituellement d'aliments chers et de bonne qualité trouve, en
temps de disette, une ressource dans les aliments d'une espèce
inférieure, tandis que celle qui vit des aliments les moins
chers, et qui n'en consomme que ce qui lui est rigoureusement
nécessaire pour subsister, est décimée par la famine dès qu'ils
viennent à lui manquer.

Des économistes ayant reconnu que l'introduction d'un système dont le résultat serait de faire vivre les classes ouvrières
de lait et de pommes de terre ou de soupes de peu de valeur
aurait pour résultat d'abaisser le prix de la main-d'œuvre,
Malthus s'éleva contre la proposition que quelque froid politique pourrait faire d'adopter ce système dans le but de vendre
les produits des manufactures anglaises moins cher que ceux

des autres nations sur les marchés étrangers. « Je ne conçois rien de plus détestable, s'écriait-il, que l'idée de condamner sciemment les classes laborieuses à se couvrir de haillons et à se loger dans de misérables huttes, afin de vendre à l'étranger un peu plus de nos étoffes et de nos calicots. »

« Un accroissement trop rapide de la population, dit M. Ch. Comte [1], était, suivant Malthus, une cause de guerres et de tyrannie. Il pensait que l'ambition des princes manquerait d'instruments de destruction, si la misère ne poussait pas sous leur drapeau les basses classes du peuple. Il avait observé que les officiers de recrutement faisaient toujours des vœux pour une mauvaise récolte et pour un manque de travail, c'est-à-dire pour une population trop nombreuse relativement à l'état des subsistances. Un peuple sans cesse aiguillonné par la détresse et attaqué par de fréquents retours de famine, ne lui semblait pouvoir être contenu que par le despotisme le plus dur; aussi considérait-il comme des obstacles à tout progrès et à toute réforme les hommes qui tentaient de soulever les classes inférieures pour en faire les instruments de leurs desseins. Les cris des démagogues, en ralliant autour du pouvoir établi les classes aisées de la société, dont ils menaçaient l'existence, étaient, suivant lui, les auteurs de toutes les mauvaises lois, les conservateurs de tous les abus. Il ne concevait pas qu'une nation éclairée pût supporter longtemps des institutions vicieuses et les malversations d'un gouvernement corrompu, si elle ne se croyait pas menacée de maux plus graves par une populace aveugle et affamée. »

On accusa les doctrines de Malthus d'être irréligieuses, parce qu'elles étaient contraires à ce précepte de la Bible : « Croissez, multipliez et remplissez la terre. » On le déclara le partisan de toutes les calamités auxquelles sont assujetties les nations qui se multiplient trop rapidement; on le présenta comme un

1. *Éloge de Malthus.*

ennemi déclaré des classes laborieuses. On attaqua comme faux
le principe fondamental de son ouvrage; on soutint que dans
tous les pays la population tendait moins à se multiplier qu'à
augmenter ses moyens d'existence, et on rappela que les diverses classes de la société avaient aujourd'hui des aliments
plus abondants et plus sains, et qu'elles étaient aussi mieux
vêtues et mieux logées qu'autrefois. On rappela encore que chez
toutes les nations civilisées il y a des individus qui ne se marient pas, des mariages qui restent sans fruits et des personnes
qui augmentent plus rapidement leur fortune que leur famille.
Il ne niait rien de tout cela et il admettait que la population
devait augmenter, mais dans des proportions restreintes, afin de
ne pas dépasser l'accroissement des subsistances.

En 1845, M. Doubleday formula une autre loi de la population et prétendit que : « plus un peuple est dans la misère,
plus il se multiplie; l'abondance arrête l'accroissement de la
population; car, dit-il, la nature pousse d'autant plus à la reproduction que l'espèce est en danger de s'éteindre. »

Selon Droz, le riche et le pauvre tombent dans deux excès
opposés : souvent l'un obéit à une prévoyance qu'il rend coupable à force de l'exagérer, l'autre se laisse entraîner par une
imprévoyance funeste. En général le riche craint d'avoir beaucoup d'enfants, même d'en avoir plusieurs; accoutumé aux
jouissances du luxe, il croirait faire un triste présent s'il transmettait l'existence sans l'accompagner d'une opulence égale à
la sienne. Le pauvre, dans son ignorance, suit un instinct
brutal; il s'étourdit et chasse la pensée du lendemain. Il a
souffert, mais il a vécu; ses enfants souffriront, ils n'auront
rien de pis que leur père, et ils vivront aussi. Ainsi se forme
dans les bas-fonds de la société une population livrée à une misère abjecte et féconde en désordres. Mais où prendre le remède
à ce mal? Sera-ce dans les conseils d'abstinence donnés par
Malthus? Non; rien n'est plus vain et plus impuissant. Sera-ce
dans la législation conseillée par Stewart, qui consisterait à inter-

dire le mariage aux pauvres? Pas davantage : ce serait une provocation à l'immoralité. C'est dans une autre série d'idées qu'il faut chercher et qu'on trouvera. C'est par le progrès moral des populations et par le bon gouvernement des États qu'on résoudra le problème. Améliorez l'éducation, faites pénétrer dans les âmes le sentiment de la dignité humaine, que sous l'heureuse influence de la religion, des mœurs et de la paix, l'état de la société devienne assez prospère pour que l'ouvrier ait quelque part aux douceurs de la vie, et vous verrez qu'il ne voudra pas se marier avant d'être certain que ses enfants auront les mêmes avantages. La population ne tendra pas à dépasser les moyens d'existence dès que l'état de la civilisation sera meilleur. En dehors du progrès moral des masses, en dehors de la pratique par elles d'une vie régulière, tout ce qu'on pourra proposer pour arrêter le débordement de la population dangereuse sera chimérique; mais aussi il faut que les lois générales favorisent l'effort que feront les classes nécessiteuses pour améliorer leur condition; autrement leur désir d'acheter par leur labeur une existence meilleure se changerait en désespoir, et la société serait bouleversée [1].

« La terre, si elle était bien cultivée, dit Fénelon [2], nourrirait cent fois plus d'hommes qu'elle n'en nourrit. Elle ne manque jamais aux hommes, mais les hommes insensés se manquent à eux-mêmes, en négligeant de la cultiver; c'est par leur paresse et par leurs désordres qu'ils laissent croître les ronces et les épines en la place des vendanges et des moissons; ils se disputent un bien qu'ils laissent perdre. Les conquérants laissent en friche la terre pour la possession de laquelle ils ont fait périr tant de milliers d'hommes et ont passé leur vie dans une si terrible agitation. Les hommes ont devant eux des terres

1. Michel Chevalier, Introduction à la 8ᵉ édition de l'*Économie politique* de Droz.

2. *Traité de l'existence de Dieu.*

immenses qui sont vides et incultes ; et ils renversent le genre humain pour un coin de cette terre si négligée. »

RICHESSE

La richesse est l'opulence, l'abondance des biens. La richesse publique se compose des produits du sol, de l'industrie et du commerce. On a longtemps discuté sur la source de la richesse : pour les uns, elle était dans l'accumulation des métaux précieux au moyen d'un commerce avantageux; d'autres l'ont placée dans les seuls produits de la nature ou l'agriculture, d'autres enfin dans le travail. On regarde aujourd'hui les trois moyens comme propres à engendrer la richesse par leur mouvement simultané. Les agents de la richesse sont ainsi la production et la circulation.

Le système mercantile érigeait en principe « qu'un pays devient d'autant plus riche qu'il est tiré plus d'argent ou d'or de la terre, ou qu'il en est plus importé d'ailleurs, et d'autant plus pauvre qu'il en sort plus d'argent ou d'or. » La quantité de métaux précieux que possède un peuple devenait ainsi la seule mesure de sa richesse. De là l'idée de la *balance du commerce*, qui consistait à vendre le plus possible et à acheter le moins qui se pouvait pour attirer ou conserver le numéraire. « La multitude, qui voit dans l'argent le moyen de tout acquérir, et dans l'excédant des marchandises vendues sur les marchandises achetées un encaissement en argent, a encore beaucoup de peine, dit Aubert de Vitry, à se persuader que la richesse soit ailleurs. Il en est cependant de cette apparence comme de celle qui nous montre le soleil tournant autour de notre globe, et tout homme éclairé ne voit aujourd'hui dans le numéraire qu'un moyen d'échange, et par conséquent un représentant généralement accepté des vraies richesses, qui ne sont autres que les productions de la nature et du travail. L'abondance de ces produits et la facilité de les échanger avec avantage, c'est-à-dire contre d'autres produits utiles, une fois reconnus comme constituant l'aisance réelle, on a cessé d'attacher autant de prix qu'autrefois à l'excédant des objets vendus sur les objets achetés. »

« Le produit net de la terre, disaient Quesnay et ses amis, c'est la seule richesse, c'est la source et la base de l'ordre social. Augmenter continuellement ce produit, voilà la tâche des lois et de l'administration. » « Oui, a dit Smith à son tour, dirigeons tous nos efforts vers le progrès des richesses; mais la rente de la terre n'en est pas la source unique. Ce qui les constitue essentiellement, c'est l'épargne et l'échange. Tout travail dont le produit est échangeable concourt à la création des richesses. Diviser le travail à l'infini pour en multiplier indéfiniment les œuvres; opérer sans cesse des économies sur les frais du travail, afin d'accroître sans cesse la masse des échanges, voilà pour les nations la corne d'abondance. »

Depuis lors on a dit : « C'est par la richesse que vit et prospère toute société : l'accroissement perpétuel de la richesse est son but unique; le progrès constant dans l'activité qui la produit, dans la multiplication, le perfectionnement et l'économie des instruments du travail, voilà ses moyens; son mobile, c'est l'amour du luxe et des jouissances : produisons sans cesse; diminuons sans relâche les frais de production, et ne nous préoccupons pas des maux qui peuvent naître de cet ordre de choses. » Toute la doctrine économique s'est ainsi résumée dans ces mots : « Tout ce qui procure abondance, repos et sécurité constitue la richesse. »

Vauban écrivait au commencement du dix-huitième siècle dans la *Dixme royale* : « La vraie richesse d'un royaume consiste dans l'abondance des denrées dont l'usage est si nécessaire au soutien de la vie des hommes qu'ils ne sauraient s'en passer. »

Turgot, dans son écrit sur *la formation et la distribution des richesses*, déclare que « la richesse totale d'une nation est composée du revenu net de tous les biens-fonds multipliés par le taux du prix des terres et de la somme de toutes les richesses mobilières existant dans la nation. »

Franklin formule avec bon sens les propositions suivantes :

« 1° Tout ce qui sert à la nourriture de l'homme vient de la terre ou des eaux.

» 2° Ce qui sert à toute autre chose qu'à se nourrir et toutes les autres commodités de la vie ont pour base de leur valeur la proportion de nourriture consommée pendant le temps qu'il a fallu pour se les procurer.

» 3° Un peuple peu nombreux sur un vaste territoire peut vivre des productions de la nature sans autre travail que de les recueillir et de chasser.

» 4° Cela devient insuffisant pour un peuple nombreux sur un petit territoire. Il lui faut alors pour subsister labourer la terre et la forcer à donner plus de produits, et les produits les plus appropriés à la nourriture de l'homme et à celle des animaux qu'il destine à sa table.

» 5° De ce travail suit un grand accroissement de nourriture végétale et animale, et de produits dont on peut se vêtir, lin, laine, soie, etc. Le superflu du tout forme la *richesse*. Avec cette richesse on paye le travail nécessaire pour bâtir les maisons, les villes; tout cela n'est par conséquent que de la nourriture sous une autre forme.

» 6° Les produits des fabriques ne sont de même, sous une autre forme, que de la nourriture, et les autres commodités accumulées dont la quantité détermine la valeur de chacun d'eux. Le chef d'industrie ne fait autre chose que de tirer du travail de l'ouvrier qu'il emploie une valeur plus forte que la somme qu'il a fallu pour le nourrir, le vêtir, chauffer et loger.

» 7° Les produits de la terre, convertis en produits de manufacture, se transportent et vont trouver des acheteurs à de grandes distances plus facilement que s'ils n'eussent point subi ce changement.

» 8° Le commerce loyal est celui où l'on échange des valeurs égales en n'y ajoutant pour chacune que le prix de transport. Ainsi, par exemple, si un boisseau de blé revient à Pierre, qui est en Angleterre, au même prix que quatre gallons de vin reviennent à Paul qui est en France, et que tous les deux n'aient que les mêmes frais de transport pour amener leurs denrées sur le marché, les quatre gallons seront la valeur intrinsèque du boisseau de blé. L'échange aura eu pour résultat de procurer à chacune des parties plus de jouissance; l'un n'avait que du blé, l'autre du vin; tous les deux ont maintenant ces deux denrées.

» 9° Lorsque le travail et les frais de production que nécessitent les deux objets échangés sont connus des deux parties, le commerce est généralement loyal, et les valeurs échangées sont intrinsèquement égales. Lorsque le vendeur seul est dans le secret, il arrive souvent qu'il profite de l'ignorance des acheteurs et met l'avantage de son côté.

» 10° Par exemple, portez au marché mille boisseaux de blé en nature, vous trouverez moins à gagner que si vous les eussiez auparavant transformés en produits de fabrique, vous chargeant de nourrir des ouvriers et employant mille procédés d'un travail généralement peu connus. Comme plus d'acheteurs sont en état de calculer ce que coûtent la production du blé que le prix de celles des objets de fabrique, vous auriez eu plus de chances d'obtenir un prix bien au-dessus de vos frais réels de production.

» 11° L'avantage pour une nation d'avoir des fabriques ne consiste donc pas, comme on le répète chaque jour, en ce qu'elles donnent par la transformation plus de valeur aux matières premières qu'elles emploient. En effet, lorsqu'une quantité de lin achetée deux liards se revend vingt sous en lacet, ce n'est pas que la matière première, le lin, ait augmenté de valeur, c'est qu'outre le lin on fait entrer dans ce lacet dix-neuf sous et demi consommés par l'ouvrier. L'avantage des fabriques est de donner aux denrées accumulées une forme qui les rend plus transportables, et qui permet de mieux déguiser leur valeur intrinsèque à l'étranger. Il faut être du pays où le lacet se fabrique pour bien connaître sa valeur réelle. Le commerçant qui l'importe demande quarante sous et souvent en obtient trente pour un objet qui lui revient peut-être à vingt.

» 12º Les nations ne me semblent avoir que trois moyens de devenir riches ; le premier, la guerre, les Romains l'ont employé : on dépouille les nations vaincues ; c'est le brigandage. Le second, le commerce, en général c'est la ruse et le dol. Le troisième, l'agriculture, c'est le seul vraiment loyal : le blé déposé dans la terre croît réellement en valeur. C'est un bienfait miraculeux dont Dieu seul a le secret et qu'il renouvelle chaque jour pour récompenser un honorable labeur. »

« La science de l'économie politique, a dit un critique, a pour objet de procurer aux sociétés et aux individus qui la composent, la plus grande abondance possible d'objets nécessaires ou agréables à leur existence. Produire et distribuer, établir une proportion avantageuse, un rapport juste entre les facultés productives et le moyen de distribution, voilà le problème qu'elle travaille à résoudre. La richesse d'un État est l'harmonie entre ces deux choses ; la science tend à l'établir. Il faut une certaine quantité de denrées de première nécessité pour faire exister la population, il faut une certaine population pour opérer la production des denrées. Un surcroît de population avec une même quantité de produits amène la disette, un surcroît de produits sans valeur d'échange est une cause de ruine. Le pauvre périt s'il ne peut trouver sa subsistance dans son travail ; l'industrie périt, s'il peut y atteindre sans travail. La société marche entre deux écueils. L'art des gouvernements est de chercher à maintenir entre la production et la distribution un équilibre que des accidents viennent déranger à chaque instant. »

Les économistes sont divisés sur ce qu'il faut regarder comme mesure de la valeur d'échange, depuis qu'il est démontré que

la valeur des métaux est plus nominale que réelle. Les uns ont
cru que le blé était la mesure la plus naturelle, en tant que c'est
la denrée la plus nécessaire à la vie. Smith ayant regardé le
travail comme le facteur de tout produit, l'a considéré comme
la mesure la plus constante de tout échange; mais Malthus
fait observer que la valeur du travail varie suivant que les bras
sont plus ou moins rares, ou que par l'effet des méthodes et des
machines il peut produire plus ou moins, d'où il croit qu'il faut
adopter pour mesure d'échange un moyen terme entre les deux
opinions, c'est-à-dire, entre la valeur du travail et du blé, ce
qui ne résoudra pas la difficulté pour tout le monde; mais il ne
propose lui-même qu'avec défiance cette mesure composée.

Le numéraire, c'est-à-dire la monnaie métallique, n'est pas
un simple représentant de la valeur, mais un véritable équivalent, et s'il ne constitue pas toujours à lui seul la richesse
d'un pays, du moins un État peut être riche avec de l'argent
seulement. Tyr et Carthage, Venise, la Hollande et l'Espagne
en ont bien donné la preuve.

Les capitaux sont les représentants les plus clairs et les plus
irrécusables de la richesse, mais ils ne sont pas les seuls. La
propriété territoriale, les biens meubles et immeubles, la capacité intellectuelle, l'aptitude au travail, le crédit, etc., sont également regardés comme des richesses par les économistes.

« Tout produit, dit J.-B. Say, est un moyen de procurer une
satisfaction à soi-même, à sa famille, à la société; il est donc
un *bien*. Le travail au prix duquel on l'obtient est un sacrifice,
un *mal*. Lors même qu'on achète un produit, on fait pour
l'avoir le sacrifice d'une valeur déjà acquise, et de laquelle on
pouvait se promettre une jouissance. La perfection de l'industrie consiste par conséquent à se procurer le plus grand et
le meilleur produit au prix du moindre travail.

» Lorsque, par un progrès de l'art, un produit revient moins
cher au producteur, il peut, sans y perdre, le faire payer moins
cher au consommateur, c'est-à-dire à la société, qui ne subsiste

que de ses consommations. Dans ce grand échange, que nous avons appelé *production*, la société donne alors *moins* pour obtenir *plus*, sans que le producteur obtienne moins relativement à ce qu'il reçoit. La nation fait alors un gain qui n'est pas fondé sur une perte encourue par les producteurs... Une réduction des *prix courants*, quand elle a pour cause une diminution des *frais de production*, peut s'obtenir successivement sur plusieurs produits, et même sur tous les produits, parce que cette réduction n'est point relative à la *valeur* réciproque des produits entre eux, mais relative à leurs frais de production. Elle équivaut à une augmentation de la richesse générale. Cette démonstration a donné la clef d'une proposition qui paraissait paradoxale : on ne pouvait jusque-là concilier ces deux idées également justes, que la *valeur* des choses qu'on possède constitue le degré de richesses qui est en elles, et en même temps qu'un peuple est d'autant plus riche que les *produits* y sont à meilleur marché. En effet, nous serions tous infiniment riches si tous les objets que nous pouvons désirer ne coûtaient pas plus que l'air que nous respirons; et notre indigence serait extrême si les mêmes objets coûtaient tellement cher que nous ne puissions point atteindre à leurs prix. »

En voyant l'encombrement qui existe en certains moments sur les grands marchés de l'Europe, Malthus en était arrivé à penser que les peuples industriels de l'Europe avaient une industrie supérieure aux besoins de l'humanité. Say lui répondit en lui demandant si tous les hommes étaient partout abrités, nourris, vêtus, pourvus des objets de nécessité, d'utilité, d'instruction, d'agrément comme ils pourraient l'être. Il n'en est rien, et si les marchés sont parfois encombrés de denrées, une grande partie de l'espèce humaine n'en est pas moins dénuée des choses les plus nécessaires à la vie. Loin donc de produire au delà des besoins du grand nombre, on ne produit pas assez. C'est à cette cause que Say attribue la difficulté que les producteurs éprouvent. Car si les peuples auxquels ceux-ci s'adres-

sent avaient créé des produits d'échange variés, le commerce
n'éprouverait point de pertes. L'engorgement des marchés ne
vient donc pas de ce qu'on produit trop d'un côté, mais de ce
qu'on ne produit pas assez de l'autre.

« Qui le croirait, dit Fréd. Bastiat[1], l'économie politique,
cette science si vaste et si élevée, comme exposition, en est
presque réduite, en tant que controverse, et dans sa partie po-
lémique, à l'ingrate tâche de démontrer cette proposition, qui
semble puérile à force d'être claire : L'abondance vaut mieux
que la disette. Car, qu'on y regarde de près, et l'on se con-
vaincra que la plupart des objections et des doutes qu'on oppose à l'économie politique impliquent ce principe : La disette
vaut mieux que l'abondance. C'est ce qu'expriment ces locu-
tions si populaires : La production surabonde; nous périssons
de pléthore; tous les marchés sont engorgés et toutes les carrières encombrées; la faculté de consommer ne peut plus suivre
la faculté de produire. — Voici un détracteur des machines. Il
déplore que les miracles du génie de l'homme étendent indéfiniment sa puissance de produire. Que redoute-t-il ? L'abondance.
— Voici un protectionniste. Il gémit de la libéralité de la nature
envers d'autres climats. Il craint que la France n'y participe
pas à l'échange et ne veut pas qu'elle soit libre, parce que, si
elle l'était, elle ne manquerait pas d'attirer sur elle-même le
fléau de l'*invasion* et de l'*inondation*... Que redoute-t-il ? L'abondance. — Voici un homme d'État. Il s'effraye de tous les moyens
de satisfaction que le travail accumule dans le pays, et croyant
apercevoir dans les profondeurs de l'avenir le fantôme d'un
bien-être révolutionnaire et d'une égalité séditieuse, il imagine
de lourds impôts, de vastes armées, des dissipations de produits sur une grande échelle, de grandes existences, une puissante aristocratie artificielle chargée de remédier, par son luxe
et son faste, à l'insolent excès de fécondité de l'industrie hu-

1. *Dictionnaire d'économie politique.*

maine. Que redoute-t-il ? L'abondance. — Enfin, voici un logicien qui, dédaignant des voies tortueuses et allant droit au but, conseille de brûler périodiquement Paris, pour offrir au travail l'occasion et l'avantage de le reconstruire. Que redoute-t-il ? L'abondance. »

On appelle richesse *fictive* celle qui se compose de valeurs de convention, de crédit, ou de confiance ; tels sont les effets publics ou de commerce et les billets de banque. La richesse *réelle* est celle qui a un corps et une valeur intrinsèque, les maisons, les terres, les machines, l'or, l'argent, les métaux précieux, les marchandises, les produits de toutes sortes.

On a distingué les richesses réelles en *positives* et en *conventionnelles :* les premières sont celles dont on peut aisément comparer la valeur avec d'autres objets, comme les objets de consommation qui peuvent facilement s'évaluer en d'autres objets analogues ; les autres sont celles qui n'ont de raison d'être que le caprice, comme les objets d'art ou de mode.

Il y a encore des richesses *productives* et des richesses *improductives*. On classe parmi les premières les capitaux fixes qui donnent un revenu sans passer en d'autres mains, comme la terre ; parmi les autres on range les capitaux circulants, qui ne rapportent que lorsqu'il y a eu consommation ou échange, comme l'argent, les vivres et les approvisionnements. Toutes les richesses ne donnent pas un revenu, et il y a des capitaux à qui l'on ne peut refuser ce nom, quoiqu'ils ne produisent réellement aucune rente ; tels sont les objets d'art.

Malthus [1] a pris la défense des classes qu'on a nommées improductives. Il croit que tout pays où il y a beaucoup d'industrie a besoin d'une classe de consommateurs improductifs ; que la grande propriété foncière et le commerce se supportent, se fortifient et s'enrichissent mutuellement ; que le gouvernement et ses membres, agents protecteurs naturels de l'industrie,

[1]. *Principes d'économie politique.*

ne sont pas des agents moins actifs de la civilisation que la classe industrielle, et que la société constituée, comme elle est aujourd'hui dans la plupart des États civilisés, offre à toutes les classes, outre l'avantage de la stabilité, plus de chances et de moyens de bonheur individuel que toute autre combinaison sociale.

Say ne pensait pas qu'il fût avantageux d'avoir, dans un pays qui produit beaucoup, un corps nombreux de consommateurs improductifs; il croyait qu'on ouvre autant de débouchés à la production par des consommations reproductives que par des dépenses folles. Il voulait que la production rendît les échanges plus faciles et le producteur plus heureux. D'après ces principes, élevés sur la nature des richesses, l'emploi des marchandises conduit à l'amélioration du sort des individus par cela seul qu'elles multiplient les moyens d'échange avec ceux du travail.

« Les besoins du corps social, dit J.-B. Say, lui rendent nécessaires non-seulement des produits visibles, tels que ceux qui servent à sa nourriture, à son vêtement, à son logement, mais beaucoup d'autres services qui contribuent de même à son bien-être et même à son existence. C'est ainsi qu'un magistrat qui veille au bon ordre, un médecin qui porte un soulagement à nos maux, rendent des *services* à la société, quoique la société ne recueille matériellement aucun produit de leur temps, de leur travail, qui ne sont pas moins réels que le talent et les soins au prix desquels elle jouit de tout autre bien. Les fatigues, les dangers même du soldat, les travaux de ceux qui se consacrent à l'instruction et aux jouissances auxquelles les hommes mettent un prix, puisqu'ils consentent à en payer la valeur, doivent être complétement assimilés aux services de l'industrie, et les *satisfactions* qui en résultent sont de véritables *produits immatériels*, dont la production et la consommation doivent être compris dans les richesses annuellement produites dans la société. Il est évident que les productions immatérielles procurant une satisfaction, une utilité, nécessairement consommées à l'instant même qu'elles sont produites, ne peuvent point accroître les richesses d'une nation, les richesses qui sont fixées et conservées dans un objet matériel; cependant on peut apprécier le talent, la capacité qu'on acquiert par les soins d'un instituteur comme une portion d'un fonds industriel, puisque ce talent peut ensuite être appliqué à augmenter, à améliorer une production durable. Il est d'autant plus nécessaire de tenir compte des produits immatériels que la prospérité d'une nation est perpétuellement compromise par la dépense qu'ils lui coûtent, savoir, par exemple, si le service d'un haut fonctionnaire public procure à sa nation un avantage équivalent à ce que le fonctionnaire coûte à la nation, à raison de son traitement, de son logement, de ses frais de représentation, de ses pensions, etc. Elle reçoit l'équivalent de cette dépense; mais une nation dont les dépenses surpassent perpétuellement le profit qu'elle retire de son administration est comparable à une société de commerce qui ne fait que des entreprises ruineuses. »

Les économistes se sont demandé si les produits des beaux-arts constituent une richesse. Pour les produits de l'architecture, de la peinture et de la sculpture, la réponse est certaine. Un édifice, une statue, un tableau sont des richesses matérielles dont l'accumulation augmente évidemment le capital d'une nation. Peut-on en dire autant des produits de la musique et de la danse? Peut-on regarder comme productif le talent du musicien et du danseur? Adam Smith dit non. Suivant sa doctrine, on ne peut pas donner le nom de produits aux choses dont la consommation a lieu au moment même de leur formation. J.-B. Say[1] répond : « Si l'on descend aux choses de pur agrément, on ne peut nier que la représentation d'une bonne comédie ne procure un plaisir aussi réel qu'une livre de bonbons, ou une fusée d'artifice, qui, dans la doctrine de Smith,

1. *Traité d'économie politique*, livre Iᵉʳ, chap. XIII.

portent le nom de *produits*. Je ne trouve pas raisonnable de prétendre que le talent du peintre soit productif, et que celui du musicien ne le soit pas. » J.-B. Say n'admet pas toutefois que les produits du virtuose puissent contribuer à augmenter le capital d'une nation : « De la nature des produits immatériels il résulte, dit-il, qu'on ne saurait les accumuler, et qu'ils ne servent point à augmenter le capital national. Une nation où il se trouverait une foule de musiciens, de prêtres, d'employés, pourrait être une nation fort divertie, bien endoctrinée et admirablement bien administrée ; son capital ne recevrait de tout le travail de ces hommes aucun accroissement direct, parce que leurs produits seraient consommés à mesure qu'ils seraient créés. » Les économistes oublient que les acteurs et les musiciens attirent les étrangers, qui apportent des capitaux au pays qui les possèdent, et qu'ils excitent une plus grande quantité de travail de la part de ceux des régnicoles qui veulent les entendre. D'ailleurs, un peuple qui aime les arts donne à ses produits un cachet artistique qui ajoute nécessairement à leur valeur.

PROPRIÉTÉ

La propriété, d'après le *Dictionnaire de l'Académie française,* est « le droit par lequel une chose appartient en propre à quelqu'un. » Ce droit comprend non-seulement le pouvoir de jouir de tous les produits d'une chose, mais encore d'en user et d'en abuser, selon le caprice du propriétaire ; d'en changer la forme et l'emploi, de la détruire, de l'aliéner en tout ou en partie, de l'abdiquer, etc.

Suivant M. Michel Chevalier, « la propriété ne saurait être envisagée simplement comme une chose matérielle dont nous nous emparons pour nos besoins. La propriété est aussi, et c'est ce qui la rend si respectable, la preuve de la supériorité de la nature humaine. Elle est le signe tangible de notre domination sur le monde matériel, domination qui est due aux attributs intellectuels et moraux par lesquels la bonté divine nous a distingués entre tous les êtres; car ce n'est pas en vertu de la force de nos muscles, c'est par la puissance de notre pensée, par la vigueur et le maintien de notre volonté, par l'excellence et la magnifique diversité de nos sentiments que nous sommes les maîtres. Ainsi, la propriété proclame notre essence spiritualiste. La propriété individuelle est la manifestation extérieure et éclatante du moi humain. Elle est la compagne obligée de la liberté humaine; elle en est une des plus solides garanties. Il ne faut pas avoir longtemps étudié l'histoire pour en retirer la conviction que le respect de la liberté et celui de la propriété ont constamment marché de front. Toutes les fois que le genre humain a gémi sous la tyrannie, la propriété a été artificieusement méconnue ou violée ouvertement; de même, plus les peuples sont devenus libres, plus ils ont joui de la liberté civile et de la liberté politique, plus le droit de propriété a été entouré de ménagements et d'hommages. La nation la plus libre civilement et politiquement est la nation anglaise; c'est celle aussi chez laquelle le droit de propriété rencontre le plus profond respect, non pas seulement dans les lois écrites, mais, ce qui importe au moins autant, dans les mœurs; car, sans les mœurs, que sont les lois? comme l'a dit le poëte latin. »

« Supposons, dit Franklin, qu'une de nos peuplades indiennes veuille former une société politique, chacun apportera à la masse sociale son fusil et sa couverture; car, pour le moment, il ne peut posséder que cela. Vous le savez comme moi, que l'un d'eux essaye d'élever quelques porcs, il ne pourra les conserver en propriété; au premier jour, ses voisins les tueront et les mangeront s'ils viennent à manquer de vivres; c'est un droit reçu parmi eux : une de leurs maximes étant que la chasse est libre pour tous, et que parquer des animaux pour soi seul serait violer la loi commune. La propriété ne se fonde donc que sur le consentement de la société entière. La propriété privée est donc la créature de la société; et lorsque les besoins l'exigent, elle doit répondre à tous ses appels, jusqu'à son dernier sou. Lorsqu'elle contribue aux charges publiques, ce n'est point un service qu'elle rend, en échange duquel elle ait droit à réclamer des distinctions et des priviléges; ce n'est qu'une dette qu'elle acquitte, dette qui résulte d'une obligation antérieure. L'association politique ne ressemble point à une société commerciale, où quelques actionnaires se réunissent pour équiper et fréter un bâtiment, chacun conservant dans la direction de l'affaire un droit proportionnel à sa mise de fonds. L'association politique a pour but d'assurer à chaque citoyen sa vie et sa liberté; les droits sont les mêmes pour chacun. Le plus pauvre est aussi bien fondé que le plus riche, quelle que soit la différence entre les conditions et les industries, et sans que le temps puisse jamais les prescrire. »

« C'est à l'aide de la propriété, dit Aubert de Vitry, que l'homme pourvoit à ses besoins comme à ceux de sa famille, et la seule possession qu'il tienne de la nature, c'est l'aptitude à tout s'approprier par le travail. Il naît avec le droit de mettre en œuvre pour son bien-être les facultés qui lui assurent son rang éminent dans la création, l'intelligence, l'adresse et la force. Voilà la première des propriétés et la plus sacrée de toutes : car elle a fondé toutes les autres. Ces facultés, le premier et unique apanage de l'homme, avant que les lois sociales aient pu le doter d'aucun privilége, lui rendent propres les fruits spontanés de la terre qu'il a recueillis, la cabane que ses mains ont construite, les instruments, les outils, les armes qu'il a fabriqués, le troupeau qu'il a élevé, tout ou partie des récoltes nées sur le champ qu'il a cultivé. Son travail a tout créé : ce travail, c'est son titre, il est inviolable. En lui imposant le devoir d'une activité laborieuse, la loi naturelle, fondement de a loi sociale, lui garantit les profits de son labeur.

» Comme lui, sa famille a travaillé : elle a secondé ses ef-

forts; elle partage sa prérogative; elle doit jouir comme lui et
après lui. »

Dans l'histoire de l'humanité, la propriété créée par l'intelligence et par le travail se présente sous plusieurs aspects si-
multanés ou successifs; d'abord, la possession commune, puis
le partage périodique des biens, et, enfin, la possession individuelle, héréditaire et transmissible à perpétuité.

« La possession en commun, dit Aubert de Vitry, suppose le
règne de la paix, de l'union, de la fraternité parmi les hommes;
la communauté des biens exigerait la pratique constante de
toutes les vertus; c'est l'âge d'or des poëtes, réalisé quelque
temps par les premiers chrétiens, cherché de nouveau, et même
de nos jours, par quelques associations évangéliques ou philanthropiques. Ce renoncement au privilége et aux jouisssances
d'une possession exclusive sera toujours peu d'accord avec les
passions d'une nombreuse réunion d'hommes. Les repas se faisaient bien en commun à Sparte, comme tous les exercices
et les jeux. Mais la règle de Sparte, c'était la discipline des
camps; la pudeur même des femmes avait dû s'y asservir. Toutefois, Lycurgue avait partagé les propriétés; les terres étaient
divisées à perpétuité entre trente mille familles : il avait cru
proscrire la cupidité avec l'or et l'argent. C'étaient donc les
fruits seuls de la terre qui se consommaient en commun sur
les tables de la république.

» Au Pérou, avant la conquête, au Paraguai sous le régime
des missions, les terres étaient fertilisées par une culture commune; mais c'était au profit des incas et des jésuites, seuls propriétaires réels du sol, dont ils distribuaient les fruits au peuple à
leur gré. En définitive, une répartition plus ou moins équitable
des produits du travail a été jusqu'à présent l'unique résultat
d'une possession indivise chez des nations populeuses.

» La loi mosaïque, en partageant les terres entre les Hébreux,
voulut prévenir les grandes inégalités que le temps amène. La
possession fut limitée à un demi-siècle. A chaque terme ainsi

fixé, une répartition nouvelle devait rétablir, autant que possible, l'égalité primitive des partages; mais l'inégalité des facultés, les passions, qui poussent les uns à leur ruine, les autres aux usurpations, avaient bientôt dérangé l'équilibre. S'il
eût pu durer un demi-siècle, on n'aurait jamais eu besoin de
le rétablir. Le jubilé des juifs avait donc tous les inconvénients
de l'instabilité, sans aucun avantage bien réel.

» Les tribus guerrières de la Germanie, en divisant les terres
par lots, que le sort distribuait, chaque année de nouveau, entre
toutes les familles, auraient eu plus de chances contre l'indigence, et en faveur d'une égalité durable, si une simple jouissance annale avait pu stimuler le zèle du cultivateur. Mais les
tribus germaniques négligeaient des terres dont l'usufruit était
si précaire : témoin leur ardeur infatigable pour des expéditions fécondes en butin, leur empressement à se ranger sous
les drapeaux des empereurs romains, et l'envahissement final
des provinces romaines, où les bandes belliqueuses accourues
des rives du Rhin cherchèrent des propriétés plus stables.

» La propriété perpétuelle, héréditaire et librement transmissible du sol est, en effet, le vœu comme le droit de toutes les
familles qui le cultivent. C'est le moteur le plus puissant de la
bêche et de la charrue. C'est pour l'agriculteur le stimulant le
plus actif des progrès : la terre garantie à son possesseur fait
croître l'épi en abondance pour la faux du moissonneur; les
récoltes se multiplient; les greniers se remplissent; avec des
saisons favorables, le pays est à l'abri des disettes, et le travail donne à chacun son pain du jour. Aussi la perpétuité,
avec la libre disposition des propriétés, est-elle entrée dans le
droit social de toutes les nations. Ce droit est devenu la base de
toute législation. Partout le droit civil tout entier s'y rapporte. »

La loi mosaïque constate la légitimité des héritages. On lit
dans le *Deutéronome* [1] : « Vous ne remuerez point les bornes

1. Chapitre XIX.

posées pour séparer les héritages; » et, plus loin [1] : « Maudit soit celui qui déplace les bornes de l'héritage de son prochain. »

« A Rome, dit M. Lefèvre-Pontalis, la condition de propriétaire dépendait de la qualité de citoyen. D'ailleurs, l'importance politique de la propriété foncière dans un petit État libre, où le droit de suffrage dépend de la condition d'une fortune déterminée, suffit pour expliquer cette concentration dans la cité de tous les droits et de tous les pouvoirs. Plus tard, ce fut entre les citoyens que la propriété devint une cause de longues et sanglantes divisions. L'aristocratie, maîtresse de vastes domaines publics que la conquête des territoires ennemis donnait à l'État, cherchait à s'assurer par l'occupation du sol la meilleure garantie de sa puissance; en dépit des lois agraires, elle aurait peut-être fini par fonder dans la législation civile les institutions qui lui auraient laissé le gouvernement de l'État, quand sa domination, ébranlée par les guerres civiles, s'écroula dans la révolution d'où sortit l'empire.

» L'empire commença par tout faire pour l'égalité : il l'imposa à toutes les classes de citoyens, et il l'étendit peu à peu aux provinces. Cette égalité, dans laquelle le despotisme cherchait surtout de meilleures garanties de servitude, avait été, du reste, préparée par la philosophie, et elle devait être consommée par le christianisme. Cicéron déclarait déjà que la terre devenait le patrimoine inviolable de chacun par l'occupation ou par la transmission, et il ajoutait que la propriété avait son origine dans la loi même de la société humaine. Sénèque proclamait un droit qu'il appelait naturel à l'homme, sans distinction de territoires ni de nations, et la religion chrétienne, qui disait à tous les hommes, Romains ou étrangers, maîtres ou esclaves : Vous êtes frères, allait singulièrement aider, par l'unité de la foi, au renversement des barrières de

1. Chapitre XXVII.

l'ancienne législation. Toutefois, jusqu'aux réformes de Justinien, la constitution de la propriété garda l'empreinte du droit antérieur. »

Jésus-Christ fait souvent allusion au droit d'hérédité. Il dit qu'il est venu au monde pour nous faire enfants de Dieu, et nous rendre capables, en cette qualité, de participer à l'héritage du ciel. Il s'appelle lui-même l'héritier du père de famille, que celui-ci envoie à ses fermiers infidèles pour recueillir le prix de sa terre, et que ces méchants serviteurs font mourir, parce que c'est l'héritier, et qu'ils espèrent, en le tuant, s'emparer de l'héritage. Partout il représente le fils comme l'héritier naturel du père, et, par conséquent, comme ayant droit à tout ce qu'il possède : « Mon fils, dit le père du prodigue à l'aîné de ses enfants, est-ce que ce que je possède ne vous appartient pas? » Jésus-Christ, il est vrai, refusa de faire le partage d'une succession entre deux frères : « Qui m'a constitué juge, leur répond-il, pour faire le partage de vos biens? » Mais, par l'expression même de ce refus, le droit de succession des deux frères est reconnu de la manière la plus formelle. « La tradition, sur ce point, disait M. Sibour, est parfaitement d'accord avec l'Écriture. L'Église a constamment fait respecter les lois relatives aux testaments. Elle a toujours enseigné que ces lois obligent en conscience. Elle ordonne la restitution du bien volé aux héritiers, quand elle ne peut se faire au premier possesseur lui-même; et, par là, elle déclare la légitimité de la propriété transmise, et la validité de l'héritage. »

On lit dans le Koran : « La terre appartient à Dieu; il la donne à l'iman, et l'iman la répartit ensuite suivant son bon plaisir. » Cette phrase semble à M. Paul de Molènes avoir été écrite, comme le Koran tout entier, sous l'inspiration d'une pensée conquérante. « C'était, dit-il, chez le païen que le musulman regardait la terre comme un don passager qui pouvait être pris par les ministres de Dieu; mais chez lui, chez ses frères, dans sa cité, il donnait à la propriété un caractère inviolable. En Algérie, le gouvernement turc lui-même, qui cependant sacrifiait fort peu, dans ses allures, et aux principes de la civilisation et à ceux de l'humanité, a respecté les propriétés de toutes les natures. La confiscation n'était jamais pour lui l'exercice ni d'un droit politique ni d'une loi religieuse : c'était tout simplement une mesure pénale destinée à châtier, soit une trahison, soit une révolte. Abd-el-Kader, au temps même où sa puissance, dans tout son éclat, avait cette sorte de caractère pontifical qui rassemblait autour de lui tous les partisans de la guerre sainte. Abd-el-Kader reconnut la propriété, et paya aux tribus, soit en argent, soit en terre, les portions de leur sol dont il était forcé de disposer.

« Chez les Arabes, comme chez nous, la propriété n'est pas seulement une institution politique dont on reconnaît l'indispensable utilité; là aussi, bien loin d'être combattue par la religion, elle a cette sorte de caractère intime et sacré qui en est la force vive, la véritable et indestructive vie. Ainsi, les Arabes éprouvent une profonde répugnance à se dépouiller de leurs terres, même par des transactions. Souvent ils répondent par des refus aux offres d'argent que nous venons leur faire : « Vous » êtes, nous disent-ils, le couteau; nous sommes la chair : tran- » chez comme il vous plaira. »

» La langue arabe elle-même consacre, du reste, le principe de la propriété, car elle a des termes pour désigner les trois espèces de domaine qui existent chez toute agglomération d'hommes constituée en société. Elle reconnaît le *belad el meulk*, ou la propriété individuelle; le *belad el dejema* dans l'ouest, *el arach* dans l'est, c'est-à-dire la propriété de la tribu; et, enfin, le *belad el beglih*, ou la propriété de l'État. N'est-ce point là notre possession privée, communale et nationale? »

En Turquie, les musulmans seuls pouvaient, jusqu'en ces derniers temps, posséder la terre. Lorsqu'un Européen voulait acheter une propriété, il était obligé de le faire au nom de sa femme ou d'une parente, qui étaient considérées comme su-

jettes turques par le gouvernement ottoman, ou au nom d'un
Turc, détours qui entraînaient une foule de complications et de
procès.

« Toutes les terres de l'Hindoustan sont en propre au Grand
Mogol, écrivait Bernier à Colbert, si ce n'est quelques maisons
et jardins qu'il permet à ses sujets de vendre, partager ou acheter entre eux comme bon leur semble. » M. de Warren ajoute :
« Quelquefois, le village hindou est divisé en propriétés individuelles; » mais, en général, la propriété individuelle est l'exception dans l'Inde, et la propriété domaniale la règle. « Le
régime de la communauté, dit M. Henry Trianon, est dans les
mœurs de l'Inde, et on ne le trouve dans l'État que parce qu'il
existe dans l'intérieur des familles. Chez les Hindous, comme
autrefois chez les Hébreux, la primogéniture constitue un droit
et un privilége. Investi d'une puissance égale à la puissance
du père qu'il représente et à qui il succède, le fils aîné devient
le chef de la famille. Bien que ses frères aient aussi un droit à
l'héritage paternel, comme ce droit n'est qu'un droit indivis,
c'est lui qui, en sa qualité de premier-né, régit la communauté.
Seul, il est apte à contracter et à passer tous les actes qui ont
rapport à cette propriété collective. Dispensé, comme l'était
son père, de rendre aucun compte de sa gestion, il peut, de sa
pleine autorité, hypothéquer les biens immeubles de la succession, et vendre même les valeurs mobilières. Seul, enfin, il a
le droit de rompre le lien social et de restituer à ses frères la
libre jouissance de la part qui leur revient. » La conquête musulmane s'est substituée au propriétaire suprême; mais en détruisant toute communauté de croyance, toute égalité religieuse
entre les chefs et les sujets, elle enleva tout contre poids à la
puissance des uns et toute dignité à l'obéissance des autres. La
souveraineté anglaise n'a guère agi autrement : pour grossir
ses revenus, elle lève, sous le moindre prétexte, quelque impôt
imprévu, sous le titre d'emprunts extraordinaires, de contributions de guerre, ou de souscriptions prétendues volontaires pour

des objets qui ne profitent qu'aux Européens ou ne s'exécutent pas.

Les fonds ruraux dans l'Inde sont annuellement distribués entre les habitants de chaque village, en proportion du capital et des moyens de travail que chacun d'eux possède. C'est le patel, sorte de bourgmestre généralement héréditaire, qui a la haute main dans toutes les affaires de la communauté. C'est lui qui touche les revenus communs, et qui en fait la répartition; c'est aussi lui qui répartit les charges. Il y a donc communauté de la propriété foncière et individualité de la propriété mobilière. La propriété foncière n'y existe pas, ou du moins repose entre les mains du chef sacerdotal ou guerrier qui régit l'ensemble du territoire. La même organisation se présente pour le district : à la place du patel, on trouve le zemindar. Au-dessus du district est la province, et, à ce nouveau degré hiérarchique, on rencontre le derwan, représentant immédiat du souverain. Quant à la chaîne qui rattache à l'anneau suprême les trois anneaux inférieurs, c'est à la fois une chaîne administrative et fiscale; c'est, en un mot, le régime du fermage. Dans ce système, les derwans, les zemindars et les patels sont des espèces de fermiers généraux. Sauf quelques changements de noms ou de formes, telle a toujours été, dans l'Inde, la constitution de la propriété foncière sous les différents maîtres, indigènes ou étrangers, qui ont gouverné ce pays.

Dans le Dekkan, le nizam ou souverain était légalement l'héritier universel de tous ses sujets. Quand un des principaux feudataires venait à mourir, ses propriétés étaient séquestrées au nom du nizam. Si celui-ci les rendait à la famille du défunt, c'était par une faveur toute spéciale.

Bernier faisait dire aux Hindous de son temps : « Et pourquoi est-ce que je travaillerais tant pour un tyran qui me viendra demain tout emporter, ou du moins tout le plus beau et le meilleur, et ne me laissera peut-être seulement pas, s'il lui en prend fantaisie, de quoi vivre bien misérablement? » « Et pourquoi, fait dire aussi Bernier au timariot, au gouverneur et au fermier, pourquoi est-ce que je tirerais de l'argent de ma bourse et que je me peinerais tant pour améliorer et bien entretenir cette terre, puisque je suis toujours à la veille qu'on me l'ôte ou qu'on me la change ; que je ne travaille ni pour moi ni pour mes enfants, et que ce bien que j'ai aujourd'hui, je ne l'aurai possible pas l'année qui vient? Tirons-en ce que nous pourrons tandis que nous l'avons entre nos mains, le paysan dût-il crever ou abandonner la terre, dût-elle devenir déserte quand j'en serai dehors... Aussi est-ce pour cela, conclut Bernier, que nous voyons ces États asiatiques s'aller ainsi ruinant à vue d'œil si misérablement. C'est de là que nous ne voyons quasi plus par là que des villes de terre, de boue et de crachat au prix des nôtres, que villes et bourgades ruinées et désertes. A Dieu ne plaise donc que nos monarques d'Europe fussent ainsi propriétaires de toutes les terres que possèdent leurs sujets ! Il s'en faudrait bien que leurs royaumes ne fussent dans l'état qu'ils sont, si bien cultivés et si peuplés, si bien bâtis, si riches, si polis, et si florissants qu'on les voit. Ils se trouveraient bien vite des rois de déserts et de solitudes, de gueux et de barbares. »

Dans un mémoire qui parut, sans nom d'auteur, à Amsterdam, le 15 septembre 1689, et qui fait partie d'un recueil intitulé *Les soupirs de la France esclave qui aspire après sa liberté*, on lit : « Sous le ministère de M. Colbert, il fut mis en délibération si le roi ne se mettrait pas en possession actuelle de tous les fonds et de toutes les terres de France, et si on ne les réunirait point toutes au domaine royal pour en jouir et les affermer à qui la cour jugerait à propos, sans avoir égard ni à l'ancienne possession, ni à l'hérédité, ni aux autres droits, précisément comme les princes mahométans de Turquie, de Perse et du Mogol se sont rendus maîtres en propre de tous les fonds et dont ils donnent la jouissance à qui bon leur semble, mais seulement à vie. M. Colbert envoya quérir un fameux voyageur

(Bernier), qui avait passé plusieurs années dans les cours de l'Orient, et le questionna longtemps sur la manière dont ces biens s'administraient, et c'est ce qui obligea le voyageur à donner au public une lettre adressée à ce ministre, dans laquelle il prit à tâche de faire voir que cette malheureuse tyrannie est cause que les plus beaux pays de l'Orient sont devenus des déserts. »

Scipion du Roure ne doute pas de la réalité de ce projet. « Croirait-on, s'écrie-t-il, que la cupidité royale a été poussée jusqu'à ce degré de folie que l'on ait consulté le voyageur Bernier pour avoir des renseignements sur les effets du système adopté chez le Turc ou au Mogol, qui rend le prince seul propriétaire des terres et ne laisse aux sujets que le fermage de leurs propriétés, et que sans la courageuse réponse de cet honnête homme, qui n'hésita point à rapporter à un tel système l'état absolu de ruine dans lequel l'Orient languit, nous eussions probablement vu passer toutes les terres de France dans le domaine royal? »

Les jésuites n'auraient sans doute pas été opposés à cette doctrine. On rapporte que lorsqu'en 1710 l'épuisement des ressources publiques nécessita l'établissement d'un impôt extraordinaire du dixième du revenu, Louis XIV hésita d'abord. Son confesseur, le révérend père Le Tellier, le voyant triste et rêveur, lui demanda le sujet de sa peine. Le roi lui dit que la nécessité des impôts ne l'empêchait pas d'avoir des scrupules, qu'il sentait redoubler au sujet du dixième. Le Tellier reprit que ces scrupules étaient d'une âme délicate, mais que pour le soulagement de la conscience du roi il consulterait les casuistes de sa compagnie. Peu de temps après, Le Tellier déclara à Louis XIV qu'il n'y avait pas matière à scrupule dans l'établissement du nouvel impôt, parce que le prince était le vrai propriétaire, le maître de tous les biens du royaume. « Vous me soulagez beaucoup, lui dit le roi; me voilà tranquille. » Et aussitôt l'édit fut publié.

On lisait dans la *Déclaration des droits* présentée par Robespierre à la Convention :

« La propriété est le droit qu'a chaque citoyen de jouir et disposer à son gré de la portion de biens qui lui est garantie par la loi.

» Le droit de propriété est borné, comme tous les autres, par l'obligation de respecter les droits d'autrui... Il ne peut préjudicier ni à la sûreté, ni à la liberté, ni à l'existence, ni à la propriété de nos semblables.

» La société est obligée de pourvoir à la subsistance de tous ses membres, soit en leur procurant du travail, soit en assurant les moyens d'existence à ceux qui sont hors d'état de travailler.

» Les secours indispensables à ceux qui manquent du nécessaire sont une dette de celui qui possède du superflu : il appartient à la loi de déterminer de quelle manière cette dette sera acquittée.

» Les citoyens dont les revenus n'excèdent pas ce qui est nécessaire à leur existence, sont dispensés de contribuer aux dépenses publiques; les autres doivent les supporter progressivement dans la proportion de leur fortune. »

Cette déclaration n'ayant pas été complétement adoptée, Robespierre dit à la Convention :

» Je vous proposerai quelques articles nécessaires pour compléter notre théorie sur la propriété. Que ce mot n'alarme personne. Ames de boue qui n'estimez que l'or, je ne veux point toucher à vos trésors, quelle qu'en soit la source! Vous devez savoir que cette loi agraire, dont vous avez tous parlé, n'est qu'un fantôme créé par les fripons pour épouvanter les imbéciles; il ne fallait pas une révolution, sans doute, pour apprendre à l'univers que l'extrême disproportion des fortunes est la source de bien des maux et de bien des crimes, mais nous n'en sommes pas moins convaincus que l'égalité absolue des biens est une chimère.

» Pour moi, je la crois moins nécessaire encore au bonheur

privé qu'à la félicité publique. Il s'agit bien plus de rendre la pauvreté honorable que de proscrire l'opulence. La chaumière de Fabricius n'a rien à envier au palais de Crassus. J'aimerais bien autant, pour mon compte, être l'un des fils d'Aristide, élevé dans le Prytanée, aux dépens de la république, que l'héritier présomptif de Xercès, né dans la fange des cours, pour occuper un trône décoré de l'avilissement des peuples, et brillant de la misère publique.

» Posez donc de bonne foi les principes du droit de propriété; il le faut d'autant plus qu'il n'en est point que les préjugés et les vices des hommes aient enveloppé de nuages plus épais.

» Demandez à ce marchand de chair humaine ce que c'est que la propriété; il vous dira, en vous montrant cette longue bière qu'on appelle un navire, où il a encaissé et serré des hommes qui paraissent vivants : Voilà mes propriétés; je les ai achetées tant par tête. Interrogez ce gentilhomme qui a des terres et des vassaux, ou qui croit l'univers bouleversé depuis qu'il n'en a plus, il vous donnera de la propriété des idées à peu près semblables.

» Aux yeux de tous ces gens-là, la propriété ne porte sur aucun principe de morale. Et nous, nous commettions la même erreur! Nous avons dit avec raison que la liberté avait pour borne les droits d'autrui; pourquoi n'avez-vous pas appliqué ce principe à la propriété, qui est une institution sociale, au lieu que la liberté est le premier don de la nature? Vous avez multiplié les articles pour assurer la plus grande liberté à l'exercice de la propriété, et vous n'avez pas dit un seul mot pour en déterminer la nature et la légitimité, de manière que votre déclaration paraît faite non pour les hommes, mais pour les riches, pour les accapareurs, pour les agioteurs et pour les tyrans. »

« La propriété, disait Isnard à la Convention, n'est point un droit qui dérive de l'association et que celle-ci puisse modifier à son gré par la loi. Elle est de droit naturel aussi bien que la liberté, dont elle est un attribut, et qui ne peut exister sans elle. En effet, la liberté consistant à exercer nos facultés physiques et morales, à tels prix qu'il nous plaît, et la propriété acquise étant le résultat de ces facultés exercées, il suit de là que, si on nous l'enlève, ce libre exercice des facultés est attaqué, et dès lors plus de liberté. »

Le Code Napoléon définit la propriété « le droit de jouir et de disposer des choses de la manière la plus absolue, pourvu toutefois que l'on n'en fasse pas un usage prohibé par les lois ou par les règlements. »

Certains objets, et notamment l'homme, sont placés par la loi hors du commerce, et ne peuvent, par conséquent, devenir la propriété de personne.

La législation française reconnaît sept modes d'acquérir la propriété : l'occupation, qui ne s'applique qu'aux choses mobilières ; l'accession ou incorporation ; les successions ; les donations entre-vifs ; les donations testamentaires ; les obligations ; la prescription.

« Napoléon, dit M. Nicias Gaillard [1], était aussi éloigné que possible de ce système héritier du *Contrat social*, qui ne fait de la propriété qu'une institution arbitraire, une concession, et, comme Bentham osait le dire du *droit* lui-même, une *créature* de la loi civile. Il n'était pas moins opposé à cet autre système, parodie des anciennes républiques, qui rapporte tout à l'État, fait de l'État le propriétaire unique et n'accorde à chaque citoyen qu'une jouissance précaire toujours révocable. Pour lui la propriété était chose sacrée. Il n'y voyait pas seulement un intérêt, mais un droit ; un droit, mais un principe ; un principe, mais un dogme. Aussi non-seulement ne permettait-il contre elle aucune attaque, il ne pouvait même supporter aucune gêne. Sa parole s'animait d'une vivacité et d'une

---

1. *De la part prise par le premier consul à la confection du Code civil.* (Discours de rentrée à la Cour de cassation, le 3 novembre 1856.)

énergie singulières qui n'étaient plus de la sévérité, mais vraiment de l'indignation, lorsqu'il dénonçait les entraves administratives, les prétentions impérieuses d'une certaine classe de fonctionnaires, les vexations intolérables des subalternes. Il osait dire, avec la liberté souveraine de sa parole, que, dans l'état actuel des choses, « de tous côtés les droits des proprié- » taires étaient violés... » Il ne s'accoutumait pas à voir l'arbitraire se glisser ainsi partout et un si vaste État avoir des magistrats sans qu'on pût leur adresser ses plaintes.

» Le conseil d'Etat, en discutant, en son absence, le titre *de la propriété*, s'était borné à consacrer de nouveau le principe que nul ne peut être contraint de céder sa chose, si ce n'est pour cause d'utilité publique et moyennant une juste et préalable indemnité. Il n'avait pas cru, s'arrêtant devant je ne sais quels scrupules politiques, devoir exprimer, quoique le Tribunat l'eût formellement demandé, qu'il faudrait une loi pour déclarer l'utilité publique. Le premier Consul ne comprenait pas, lui, qu'on pût enlever sa propriété à un citoyen sans un décret ou un sénatus-consulte, et il voulait qu'on le dit très-haut, pour que tout le monde l'entendît. On peut voir la note célèbre écrite de Schœnbrunn ; il y pose, de la main la plus ferme et la plus libérale, les bases de nos lois de 1833 et 1841 sur l'expropriation : « Je sais bien, écrivait-il, qu'on dira que » cela entravera tout ; mais je sais que cela n'entravera rien et » que cela empêchera d'énormes abus. » Il développa ces idées avec beaucoup de force et d'étendue dans la discussion des deux lois de 1810 sur les mines et sur l'expropriation, et ce fut alors que, pour donner un exemple frappant de l'inviolabilité de la propriété, telle qu'il la comprenait, il prononça ces mémorables paroles si souvent citées : « Napoléon, lui-même, avec les » nombreuses armées qui sont à sa disposition, ne pourrait » néanmoins s'emparer d'un champ ; car violer le droit de » propriété dans un seul, c'est le violer dans tous. »

TRANSMISSION DE LA PROPRIÉTÉ

Le droit de propriété, de vendre et d'aliéner, emporte nécessairement le droit de donner; et celui de laisser à ses héritiers naturels, celui de laisser, à défaut de ceux-ci, à des héritiers de son choix. Le droit de propriété ne semble entier qu'autant qu'il emporte le droit de tester. Vainement on opposerait qu'il implique contradiction que l'homme puisse disposer d'un bien pour un temps où il n'existera plus; la réponse est que si la disposition ne doit recevoir d'exécution qu'après la mort du disposant, elle n'en est pas moins faite durant sa vie, et que lui contester la liberté de tester, ce serait réduire la propriété à un simple droit d'usufruit. Leibnitz donne pour raison philosophique au droit de tester l'immortalité de l'âme. « En droit pur, dit-il, il n'y aurait aucun compte à tenir des testaments si l'âme n'était pas immortelle. Mais, en réalité, le défunt continue de vivre. Son âme vit, et c'était ce qui *voulait* en lui. Il peut donc bien *vouloir* encore. Sa volonté est immortelle comme son âme. »

Cujas puise, avec Cicéron qu'il cite, la raison du droit de tester dans l'affection de l'homme pour ses proches, et dans le devoir que la nature lui impose de pourvoir au bien-être de sa famille; puis il réfute l'objection tirée de l'exemple des anciens Germains et des Athéniens avant Solon. Grotius dit que, quoique le testament puisse être réglé, quant à sa forme, par le droit civil, sa substance est inhérente à la propriété, et appartient au droit naturel : « Je peux en effet, ajoute-t-il, aliéner ma propriété, soit purement et simplement, soit sous condition, irrévocablement ou révocablement, en retenant la possession et le droit absolu de jouissance. Or, le testament n'est pas autre chose que ce dernier genre d'aliénation faite en considération de la mort et avec réserve d'usufruit. »

« Si le droit dont jouissent les citoyens de disposer de leurs

propriétés pour le temps où ils ne seront plus, pouvait être
considéré comme un droit naturel ou primitif, a dit Mirabeau,
il n'est aucune loi positive qui pût les en dépouiller légitimement, car la société n'est pas établie pour anéantir nos droits
naturels, mais pour en régler l'usage et pour en assurer l'exercice... Il faut donc voir si la propriété existe par les lois de la
nature ou si c'est un bienfait de la société.

» Si nous considérons l'homme dans [son état ordinaire et
sans société réglée avec ses semblables, il paraît qu'il ne peut
avoir de droit exclusif sur aucun objet de la nature ; car ce qui
appartient également à tous, n'appartient réellement à personne.

» Il n'est aucune partie du sol, aucune production spontanée
de la terre, qu'un homme ait pu s'approprier à l'exclusion d'un
autre homme : ce n'est que sur son propre individu, sur le travail de ses mains, sur la cabane qu'il a construite, sur l'animal
qu'il a abattu, sur le terrain qu'il a cultivé, ou plutôt sur la
culture même et son produit, que l'homme de la nature peut
avoir un vrai privilége. Dès le moment qu'il a recueilli le fruit
de son travail, le fonds sur lequel il a déployé son industrie
redevient commun à tous les hommes.

» C'est le partage des terres fait et consenti par les hommes,
rapprochés entre eux, qui peut être regardé comme l'origine de
la propriété, et le partage suppose une société naissante, une
convention primitive, une loi réelle.

» La propriété est donc de droit social ou civil, et, par conséquent, la loi peut défendre ou permettre d'en disposer par testament ; elle pourrait même s'emparer des successions au profit de la société tout entière. Mais il faut laisser les successions
aux parents ; et quant aux enfants et aux testaments, pour conserver l'égalité que la constitution proclame entre les citoyens et
qui doit exister surtout entre frères, je pense qu'il ne faut permettre au père de disposer, par testament, que d'un dixième au
profit d'un étranger, et que les enfants doivent partager le reste
dans une parfaite égalité. »

Dans un ouvrage obscur [1], Brissot avait osé dire : « La propriété exclusive est un vol dans l'état de nature. Le voleur, dans l'état naturel, c'est le riche. »

« Il n'est pas un paysan, s'écriait Cazalès à la Convention, qui ne vous apprenne ce que vous ignorez ; je veux dire ce principe d'après lequel celui qui n'a pas cultivé n'a pas le droit de recueillir les fruits ! Loin d'avoir son origine dans le système féodal, ce principe a pour base que la propriété est fondée sur le travail, principe trop juste, trop sage pour avoir été méconnu par vos comités. »

Destutt de Tracy s'étonne [2] de ce qu'on ait constamment instruit le procès de la propriété. « Il semble, dit-il, à entendre certains philosophes et certains législateurs, qu'à un instant précis on a imaginé, et spontanément, et sans cause, de dire *mien* et *tien*. » Cependant il ajoute ailleurs : « Une des conséquences des propriétés individuelles est, sinon que le possesseur en dispose à sa volonté, après sa mort, c'est-à-dire dans un temps où il n'aura pas de volonté, du moins que la loi détermine d'une manière générale à qui elles doivent passer après lui ; et il est naturel que ce soit à ses proches ; alors hériter devient un moyen d'acquérir, et, qui plus est, ou qui pis est, un moyen d'acquérir sans travail. »

Sismondi combat avec force l'opinion des législateurs qui ont toujours voulu qu'on pût garder dans le repos ce qu'on avait acquis par le travail. Sa critique des substitutions et des majorats est d'une vigueur logique fort remarquable.

« Selon le préjugé général, dit la *Doctrine de Saint-Simon*, il semble que, quelles que soient les révolutions qui puissent survenir dans les sociétés, il ne peut s'en opérer dans la *propriété* ; que la propriété enfin est un fait invariable. Les hommes qui appartiennent aux opinions politiques les plus diverses sont

1. *Recherches philosophiques sur la propriété et le vol.*
2. *Économie politique.*

complétement d'accord sur ce point, et tous au moindre symptôme d'innovation à cet égard, en appellent aussitôt à la conscience universelle, qui proclame la propriété comme la base même de l'ordre politique. Nous n'éprouvons aucune répugnance à joindre notre voix à la leur, en nous renfermant dans ces termes abstraits. Nous aussi nous répéterons, si l'on veut, que la propriété est la base de l'ordre politique; mais la propriété est un fait social, soumis, comme tous les autres faits sociaux, à la loi du progrès; elle peut donc, à diverses époques, être étendue, définie, réglée de diverses manières.

» Si l'on admet que l'exploitation de l'homme par l'homme s'est successivement affaiblie; si la sympathie prononce qu'elle doit disparaître entièrement; s'il est vrai que l'humanité s'achemine vers un état de choses dans lequel tous les hommes, sans distinction de naissance, recevront de la société l'éducation la plus capable de donner à leurs facultés tout le développement dont elles sont susceptibles, et seront classés par elle selon leurs mérites, il est évident que la constitution de la propriété doit être changée, puisque, en vertu de cette constitution, des hommes naissent avec le privilége de vivre sans rien faire, c'est-à-dire de vivre aux dépens d'autrui, ce qui n'est autre chose que la prolongation de l'exploitation de l'homme par l'homme. De l'un de ces faits l'on peut déduire l'autre logiquement : L'exploitation de l'homme par l'homme doit disparaître, la constitution de la propriété par laquelle ce fait est perpétué doit donc disparaître aussi.

» Mais, dira-t-on, le propriétaire, le capitaliste, ne vivent point aux dépens d'autrui; ce que le travailleur leur paye n'est autre chose que la représentation des services productifs des instruments de travail qu'ils ont prêtés. En admettant que ces services productifs fussent réels, il resterait toujours à savoir qui doit disposer de ces serviteurs inanimés, de qui ils doivent être la propriété, à qui ils doivent être transmis.

» Pour justifier l'attribution qui en est faite aujourd'hui, il faut absolument remonter à l'un des trois grands principes qui, jusqu'ici, ont été invoqués tour à tour dans ce but : le *droit divin*, le *droit naturel*, ou l'*utilité*. Or, quel que soit celui de ces principes auquel on se rattache, il faudra reconnaître, si l'on admet que l'homme est progressif, que le *droit divin*, que le *droit naturel* le sont également, et que l'*utilité* varie suivant les termes de la progression. La question est donc de savoir ce que doivent prononcer aujourd'hui le *droit divin*, le *droit naturel*, l'*utilité* en ce qui touche la propriété.

» Nous avons vu que la propriété était considérée généralement comme un fait invariable ; et cependant, en étudiant l'histoire, on reconnaît que la législation n'a cessé d'intervenir, soit pour déterminer la *nature des objets* qui pouvaient être appropriés, soit pour en régler l'usage et le mode de transmission.

» Dans l'origine, le droit de propriété embrasse et les choses et les hommes ; ceux-ci en composent même la partie la plus imposante, la plus précieuse. L'esclave appartient à son maître au même titre que le bétail et les objets matériels. Il n'existe d'abord aucune restriction à l'exercice du droit de propriété sur sa personne. Plus tard, le législateur fixe des limites au privilège d'user et d'abuser, que l'*homme-propriétaire* avait sur l'esclave, c'est à dire sur l'*homme-propriété* Ces limites se resserrent de plus en plus. Le maître perd chaque jour quelque portion morale, intellectuelle ou matérielle de l'esclave, jusqu'à ce qu'enfin le moraliste et le législateur s'accordent pour poser en principe que l'homme ne peut plus être la propriété de son semblable. Cette intervention de leur autorité dans le droit de propriété correspond à la plus complète transformation qu'ait subie l'association humaine.

» Le législateur est également intervenu pour régler de quelle manière la propriété pouvait être transmise, et par exemple dans la série de civilisation à laquelle nous appartenons directement, on peut observer, dans l'espace de quinze siècles environ, trois états de la propriété, quant au mode de sa transmission, qui, tous trois, ont été sanctionnés par la législation et les mœurs. D'abord le propriétaire a eu la faculté de disposer comme il l'entendait, après lui, des biens dont il était en possession; il pouvait en déshériter sa famille ou en faire entre ses membres une répartition arbitraire. On lui a dit : C'est la loi désormais qui désignera votre héritier ; vos biens ne pourront être transmis qu'à des enfants mâles, et parmi eux à l'aîné seul. Plus tard, le législateur a changé de nouveau les conditions de l'héritage ; il l'a partagé *également* entre tous les enfants. • Ces révolutions opérées dans le droit de propriété par la législation, n'auraient pu l'être d'une manière efficace si celle-ci eût manqué de sanction morale. C'est ce qui n'est jamais arrivé. La conscience s'est toujours trouvée, du moins pendant un long espace de temps, en harmonie avec les volontés de la loi ; elle a toujours reconnu, à chaque époque, dans l'expression de ces volontés, celles de Dieu lui-même, ou, pour parler le langage critique, celles de la nature.

» En même temps que ces révolutions légales s'effectuaient dans l'exercice du droit de propriété et dans le mode de sa transmission, révolution dont le résultat, sous ce dernier rapport, était la division de plus en plus grande des richesses, un autre phénomène se produisait qui tendait à diminuer l'importance sociale des propriétaires. Cette importance se fonde sur le privilége de lever une prime sur le travail d'autrui. Or, cette prime, représentée aujourd'hui par l'intérêt et le fermage, a sans cesse été en décroissant. Les conditions d'après lesquelles se règlent les rapports du propriétaire et du capitaliste avec les travailleurs ont été de plus en plus avantageuses à ces derniers ; en d'autres termes, le privilége de vivre dans l'oisiveté est devenu de plus en plus difficile à acquérir et à conserver.

» Ce court exposé prouve suffisamment que le *droit de propriété*, considéré généralement comme étant à l'abri de toute révolution morale ou légale, n'a cessé de subir l'intervention et du moraliste et du législateur, soit quant à la nature des objets possédés, soit quant à leur usage et leur transmission : nous voyons que le dernier terme des modifications, sous ce dernier rapport, a été l'attribution d'une plus grande partie de la propriété à un plus grand nombre de travailleurs; d'où il est résulté que l'importance sociale des propriétaires oisifs s'est affaiblie, en raison de celle qu'acquéraient chaque jour les travailleurs. Aujourd'hui, un dernier changement est devenu nécessaire. C'est au moraliste à le préparer; plus tard, ce sera au législateur à le prescrire. La loi de progression que nous avons observée tend à établir un ordre de choses dans lequel l'État, et non plus la famille, héritera des richesses accumulées, en tant qu'elles forment ce que les économistes appellent le *fonds de production.* »

« Examinons, dit encore *la Doctrine de Saint-Simon*, quelle est la valeur de l'organisation actuelle de la propriété, sous le point de vue de l'*utilité*, c'est-à-dire de quelle manière elle favorise la production matérielle ou industrielle. La propriété, dans l'acception la plus habituelle du mot, se compose des richesses qui ne sont pas destinées à être immédiatement consommées, et qui donnent droit, aujourd'hui, à un *revenu*. En ce sens, elle embrasse les fonds de terre et les capitaux, tout ce que les économistes nomment *fonds de production*. Pour nous, les fonds de terre, capitaux, et tous les autres objets de propriété, quels qu'ils soient, sont des instruments de travail; les propriétaires et les capitalistes (deux classes que, sous ce rapport, on ne saurait distinguer l'une de l'autre) sont les dépositaires de ces instruments; leur fonction est de les distribuer aux travailleurs. Cette distribution s'opère par les opérations qui donnent lieu à *intérêt*, *loyer* ou *fermage*. Cette fonction, la seule que remplissent ces individus, en tant que propriétaires, la remplissent-ils avec intelligence, à peu de frais, d'une manière favorable à l'accroissement des produits industriels? En voyant l'abondance relative dans laquelle vivent ces hommes dont le nombre est considérable, en pesant la large part qui leur est attribuée dans la production annuelle, on est obligé de convenir qu'ils ne rendent pas leurs services à bon marché. D'un autre côté, si l'on considère les crises violentes, les catastrophes funestes qui désolent si souvent l'industrie, il est évident que *les distributeurs des instruments de travail* apportent peu de lumières dans l'exercice de leurs fonctions ; et il serait même injuste de les en accuser, car si l'on réfléchit que cette distribution, pour qu'elle fût bien faite, exigerait une connaissance profonde des rapports qui existent entre la production et la consommation, une longue habitude du mécanisme qui fait mouvoir les rouages de l'industrie, on reconnaîtra l'impossibilité que ces conditions soient jamais remplies par des hommes qui reçoivent leur mission du *hasard de la naissance,* et qui héritent d'un brevet d'oisiveté. »

« Lorsque nous combattons la propriété par droit de *conquête* et par droit de *naissance,* ajoute le même ouvrage, nous luttons contre l'antiquité et contre le moyen âge, avec la propriété de l'avenir, c'est-à-dire avec celle qui sera légitimée par la capacité seule, avec celle qui sera acquise par le travail pacifique et non par la guerre et la fraude, par le mérite personnel et non par la naissance ; alors ce nouveau droit de propriété transmissible, mais seulement comme se transmet le savoir, sera respectable et respecté, car, avec lui, les habitudes, les passions anti-sociales, connaîtront seules le mépris et la misère, tandis que l'opulence et la gloire formeront le noble apanage du travail, du dévouement et du génie. »

« Le fait relatif à la société française, écrivait Chateaubriand en 1831, est l'invasion prochaine et rapide de la propriété. On s'aperçoit aujourd'hui que la hiérarchie des rangs était la barrière qui défendait la hiérarchie des fortunes. La légitimité abattue, l'aristocratie des rangs détruite par nous, l'aristocratie de la propriété devient le point de mire, comme sous un feu de bataillon, la première ligne tombée, la seconde offre la poitrine à l'ennemi. Il y a, dans la propriété, tous les degrés qu'on remarquait dans l'aristocratie. La grande propriété, la moyenne propriété, la petite propriété, lesquelles représentent la haute noblesse, la seconde noblesse et les cadets avec la cape et l'épée. Au train dont nous allons, les fermiers demanderont bientôt au possesseur du sol pourquoi ils labourent les friches tandis que lui se promène les bras croisés, pourquoi ils n'ont qu'une blouse de toile, tandis qu'il porte une redingote de laine.

» La propriété industrielle n'est pas plus à l'abri que la propriété territoriale. Faites donc aujourd'hui, après l'affaire de Lyon, que le fabricant soit le maître dans sa fabrique, que ses ouvriers ne lui demandent pas, si bon leur semble, d'entrer le samedi en partage des profits de la semaine! Faudra-t-il établir une garnison de vingt-six mille hommes dans chaque ville manufacturière, et mettre un soldat en faction auprès de chaque aune de ruban ou de drap? Mais que dis-je, faites donc que vous soyez roi, ministre et le reste, sinon pour rire, et tant qu'il plaira à votre voisin. Un temps viendra où l'on ne concevra pas qu'il fut un ordre social dans lequel un homme comptait un million de revenu, tandis qu'un autre homme n'avait pas de quoi payer son dîner. Un noble marquis et un gros propriétaire paraîtront des personnages fabuleux, des êtres de raison.

» Au surplus, quand chaque citoyen cultivera lui-même les deux ou trois arpents de terre nécessaires à la nourriture de sa famille, quand on en sera au partage égal de la propriété et de l'intelligence, quand toutes les jouissances de luxe et de l'esprit, spectacles, fêtes, imagination, poésie, auront péri sous l'assommoir de la raison, quand aucune grande entreprise, aucun grand monument ne pourra se former ni s'élever, à cause du nivellement des fortunes et de l'indigence du fisc, quand les émulations et les passions même seront étreintes dans la douce médiocrité du foyer domestique, quand on n'aura plus que des petits et non des enfants, la société jouira d'une félicité incomparable ; Dieu merci, je me serai sauvé parmi les morts des mauvais jours. »

On sait comment M. Proudhon traita la propriété dans son livre *Qu'est-ce que la propriété?* « La propriété, dit-il, régime de spoliation et de misère, doit périr aussitôt que la civilisation aura acquis la conscience de ses lois. La propriété, par principe et par essence, est immorale, conséquemment le code qui détermine les droits de la propriété est un code d'immoralité; la jurisprudence, cette prétendue science du droit, est immorale. Et la justice, qui ordonne de prêter main-forte, contre ceux qui voudraient s'opposer aux abus de la propriété ; la justice, qui afflige quiconque est assez osé pour prétendre réparer les outrages de la propriété, là justice est infâme ! Et la propriété, de qui est sortie l'odieuse lignée de la justice, est infâme ! La propriété, c'est le vol ! Il ne se dit pas en mille ans deux mots comme celui-là. Je n'ai d'autre but sur la terre que cette définition de la propriété ; mais je la tiens plus précieuse que les millions de Rothschild ; elle sera l'événement le plus considérable du gouvernement de Louis-Philippe. M. Michelet m'a répondu qu'il y a en France vingt-cinq millions de propriétaires qui ne se dessaisiront pas. Pourquoi suppose-t-il qu'on ait besoin de leur consentement ? »

L'Église n'a pas voulu laisser les attaques contre la propriété sans réponse. Le pape Pie IX les condamna dans une encyclique. Un concile provincial s'assembla à Paris en 1851, et proclama l'opinion de l'Église.

L'archevêque de Paris, M. Sibour, expliqua cette doctrine dans un mandement. On y lit : « La fin véritable de l'état social n'est pas la société elle-même, mais le bonheur des individus, car la société ne peut pas être sa fin à elle-même. Elle est le moyen de perfectionner l'état moral et physique des hommes, qui, après tout, ne sont appelés à s'associer, et à former une communauté civile que pour devenir meilleurs et plus heureux. Ainsi, la société est pour les individus, et non les individus pour la société. Elle doit donc, en s'efforçant d'arriver à sa fin sublime, qui est le perfectionnement moral et le bien-être de ses membres, respecter leur nature, leur dignité, leurs droits, sinon, elle va à la fois contre la pensée du Créateur et contre la destinée de l'homme ; elle renverse tous les fondements de la justice, en outrageant et foulant aux pieds l'image vivante de Dieu dans sa personne, dans sa liberté, dans son travail, dans sa propriété, dans tous les droits enfin qui découlent de l'exercice de ses facultés spirituelles et corporelles. Dépouiller l'homme de ces droits, sous prétexte de le rendre plus heureux, c'est tarir la source principale de son bonheur, c'est le dégrader pour le rendre plus grand, c'est anéantir son humanité pour l'exalter, c'est le tuer pour le guérir. L'homme disparaît alors dans le citoyen : il est livré aux caprices de ce qu'on appelle l'État, qui en dispose à son gré, le sacrifiant à son intérêt et à sa gloire, comme dans ces antiques républiques, où les citoyens, au fond, n'étaient pas plus libres que l'esclave. Car si l'un était enchaîné violemment au service matériel de l'État, l'autre était tyranniquement voué à l'idole de sa fausse gloire. Tous deux lui appartenaient corps et âme, sans aucune exception, au mépris de la dignité humaine.

» Or, la doctrine de l'Évangile nous apprend que l'homme n'appartient qu'à Dieu, parce qu'il est son ouvrage. C'est de lui qu'il tient l'être et toutes les facultés qui les constituent. Il n'y a donc que la volonté divine qui puisse légitimement dominer la volonté humaine ; et, par conséquent, aucun homme, par lui-même, ne peut faire la loi à son semblable, pas plus une nation qu'un individu. L'homme ne peut point aliéner sa personne ni sacrifier sa liberté, si ce n'est à Dieu, et pour Dieu. Donc, lorsque, selon les lois de sa nature, il entre dans la société, « afin de mener une vie paisible et tranquille, en toute » piété et honnêteté,» comme dit le grand apôtre, il n'est obligé de concéder de ses droits naturels que ce qui est nécessaire, soit à l'établissement, soit au maintien de l'association, et tou-

jours à la condition expresse que ce qu'il n'aliène pas sera protégé par l'État, garanti par la société elle-même. Il doit donc
rester maître de lui, de sa fortune, de ses talents, de son travail,
de sa famille, de son avenir ; dès qu'il a satisfait, d'ailleurs, à
ses devoirs de sociétaire, à ses obligations de citoyen, quand il
a payé enfin sa part de temps, d'argent et de services à la
chose publique. Voilà comment le christianisme, non content
d'affranchir l'homme dans la famille, émancipe encore le citoyen
de la servitude de l'État ; servitude glorieuse, tant qu'il vous
plaira, mais toujours servitude réelle de l'âme et du corps, servitude dégradante, puisque le citoyen était regardé et traité
comme la matière exploitable de l'État, comme sa chose, comme
sa propriété.

» La propriété est donc fondée en droit aussi bien qu'aucune
institution du monde. Elle repose sur la triple base de la loi
naturelle, de la loi civile et de la loi religieuse ; et ainsi on ne
peut la détruire sans faire violence à la nature, sans ruiner la
société, et sans fouler aux pieds la religion. Mais s'ensuit-il que
l'exercice de ce droit n'ait pas enfanté des abus ? Et ces abus de
la propriété n'ont-ils pas produit, au sein même de l'humanité,
pour le soulagement de laquelle elle est établie, des maux lamentables ? Personne ne le peut nier, à moins de fermer les yeux
à l'évidence et de répudier tous les témoignages de l'histoire.
Hélas ! la possession individuelle des biens a eu la destinée des
meilleures choses du monde.

» Le droit de propriété individuelle est hors de toute contestation. Les lois civiles en règlent bien les conditions, mais
ce droit lui-même est dans la nature, et, par conséquent, antérieur à toute législation civile. C'est pourquoi, à toutes les
grandes périodes de l'humanité et au milieu des révolutions et
des catastrophes qui bouleversent de temps à autre le monde
moral, comme les tempêtes et les tremblements de terre bouleversent le monde physique, la propriété a pu recevoir dans sa
constitution des modifications plus ou moins profondes, mais le

principe en est toujours resté sacré et inviolable. L'abolition de l'esclavage, puis du servage, puis du droit d'aînesse, sont autant de transformations ou de modifications parfaitement légitimes de la propriété, parce qu'elles ont été réclamées par le progrès des temps et les besoins de la société, et qu'elles sont plus conformes, soit aux principes éternels de la justice, soit à l'esprit d'amour et d'égalité, qui est l'esprit de l'Évangile. Mais à travers toutes ces transformations ou modifications successives, qui n'ont jamais porté que sur les formes extérieures ou sur les faits accidentels du droit de propriété, c'est-à-dire sur les conditions plus ou moins larges, plus ou moins restrictives imposées à son exercice, toujours le commandement de Dieu a pu et a dû avoir son application : Tu ne déroberas pas le bien d'autrui. »

DIVISION DU SOL

Dès qu'un peuple, rejetant, à cause de leurs désavantages, l'exploitation commune et la distribution périodique des terres, a établi la fixité des possessions, le droit de chaque premier occupant, droit fondé sur le travail de la famille, est sous la protection de tous. Y porter atteinte est un crime que les lois punissent. C'est sur cette protection du pays qu'est fondé pour lui un droit réciproque, celui d'exiger que la propriété, couverte du bouclier de la loi, concoure à l'accomplissement de toutes les obligations publiques.

Mais partout et toujours à côté du bien est le mal, et près de l'usage est l'abus. Si la fixité des possessions est le *palladium* de l'ordre social, l'occupation définitive du sol entier n'en est pas moins un grand malheur pour tous ceux qu'elle exclut du partage. En vain désormais celui qui n'a pour toute possession que sa part à la propriété primitive de l'homme, l'intelligence, l'adresse et la force, réclamera-t-il pour l'exercice de ces facultés sa portion du globe, un champ que son travail puisse lui approprier : les parts sont faites ; le nombre des propriétaires *est complet : pour l'aptitude au travail, il ne reste plus que des salaires.* La clôture depuis longtemps consacrée des partages, à côté d'une nation investie des plus beaux priviléges sociaux, en a créé une autre, et presque toujours beaucoup plus nombreuse, celle que le sort, le temps et les lois ont condamnée à une vie dépendante et précaire.

Sans doute à côté de la propriété du sol, il y a d'autres propriétés qui sont aussi des sources de richesses. Par une analyse exacte autant qu'ingénieuse, Smith a mis hors de doute ce que l'on voyait tous les jours sans bien s'en rendre compte. On a reconnu que les produits emmagasinés de l'industrie, les capitaux accumulés par l'épargne, compléments ou suppléments de la propriété territoriale, et fondés, comme celle-ci, sur le travail, ne sont pas des possessions moins sacrées et moins réelles. L'acquisition de ces propriétés nouvelles, ouverte à tous les genres d'industrie, offre d'immenses ressources à la multitude exclue par le sort du partage des terres.

On a beaucoup discuté sur la valeur respective de la grande et de la petite propriété. « Les frais généraux qui absorbent les bénéfices du petit propriétaire, disent les uns, et sur lesquels il ne peut néanmoins rien économiser qu'au grand détriment de la terre et des animaux, ne diminuent que d'une manière peu sensible les gains de celui qui opère en grand. De plus, nonseulement le petit propriétaire ne peut viser à agrandir son domaine par le défrichement des terres incultes, mais la division du travail même lui est à peu près interdite. Loin de pouvoir profiter des découvertes de la mécanique, des indications que donne la chimie, c'est tout au plus s'il ne se voit pas dans la nécessité de remplacer la charrue par la bêche ; par les jachères les assolements les plus simples. Les haies, les fossés, les chemins d'exploitation, multipliés outre mesure, diminuent une surface déjà trop limitée et dont la circonférence brisée, hachée, déchiquetée, tend tous les jours à se rétrécir. Rarement aussi les petits propriétaires sont d'accord ; les empiétements réciproques, les petites vengeances, les mauvais procédés, achèvent d'aigrir des esprits que la gêne du présent et l'incertitude de l'avenir n'ont déjà que trop irrités ; des procès auxquels donnent lieu des démarcations mal établies ; des frais d'arpentage, des droits de mutation et de succession détruisent pour eux toute espèce d'épargne, d'accumulation, de reproduction de capital ; ils vivent au jour le jour, jusqu'à ce qu'une mauvaise récolte ou une récolte trop abondante les livrant aux mains de l'usurier, le premier sinistre vient consommer leur ruine. »

« Il est pourtant vrai, répondent les autres, que des cultivateurs, en partie propriétaires eux-mêmes, mettront plus de soins dans la culture de la terre, leur modeste héritage, que des mains mercenaires ; s'ils offrent leur travail à autrui, ils présenteront aussi de meilleures garanties d'ordre et de conduite. D'ailleurs, un plus grand nombre d'intéressés à la culture des champs promet à l'État un nombre plus grand de citoyens actifs, vigoureux, indépendants. Il est encore vrai que la révolution française n'eut pas plutôt subdivisé les grandes propriétés de l'ancien régime, que l'agriculture prit un essor nouveau, et que la terre, fouillée dans *tous* les sens, livra à un travail obstiné des trésors dont on ne soupçonnait même pas l'existence. »

La tendance générale en Angleterre est à la concentration, comme en France à la subdivision ; et l'on sait que l'Angleterre retire de son sol beaucoup moins fertile, et d'un tiers moins grand que celui de la France, un revenu beaucoup plus considérable.

Si la population d'un pays n'était qu'une agglomération de machines destinées à la création illimitée des richesses, la science se prononcerait certainement en faveur de ce qu'on appelle *la grande culture*, et contre ce que l'on qualifie dédaigneusement de *morcellement des propriétés*. Point de doute qu'en général la grande culture ne produise plus et à moins de frais. Mais si la richesse est destinée au bien-être des populations, les conclusions changent avec le point de vue. Il s'agit de savoir laquelle des deux méthodes est la plus favorable à l'aisance générale, et laquelle dans un pays est la plus propre à multiplier les familles heureuses? Or « l'État est semblable, selon Bernardin de Saint-Pierre, à un jardin où les petits arbres ne peuvent venir s'il y en a de trop grands qui les ombragent; mais il y a cette différence que la beauté d'un jardin peut résulter d'un petit nombre de grands arbres, et que la prospérité d'un État dépend toujours de la multitude et de l'égalité des sujets, et non pas d'un petit nombre de riches. »

« C'est en effet la propriété d'une maisonnette et d'un champ qui attache le plus fortement l'habitant au sol, dit Aubert de Vitry, surtout si ses pères y ont vécu. C'est aussi des produits de la terre qu'elle possède que vit le mieux une famille; c'est là qu'elle trouve la santé et la joie, quand l'État bien gouverné modère ses exigences, et lorsque, respectant le foyer du cultivateur, il lui épargne les persécutions d'un fisc avide. C'est là que se rencontre cette *aurea mediocritas* célébrée par le poète de Tibur; c'est là enfin qu'une culture diligente et ingénieuse sait faire valoir un petit fonds dont elle est habile à varier les produits; là que les fleurs, les fruits, les plantes nourricières, soignés par des mains adroites et patientes, se plaisent à croître en abondance sur un terrain souvent médiocre et de peu d'étendue, que la grande culture aurait dédaigné.

» Veut-on juger des avantages de la propriété territoriale quand une heureuse division des terres appelle à la possession du sol la masse des citoyens? Que l'on jette les yeux sur les cantons suisses; où trouvera-t-on une culture mieux entendue et mieux soignée? Quelle contrée offre au même degré l'aspect de l'ordre, d'une élégante propreté et de ce contentement que procure une aisance générale? Où rencontrer une population plus laborieuse, plus robuste, et, en même temps, plus estimable par sa loyauté, par ses mœurs et par toutes les vertus qui rendent les hommes recommandables?... Les métayers de la

Toscane, et de quelques autres contrées de l'Italie et de l'Europe, participent aux bienfaits d'une heureuse division des propriétés. Comparez leur sort, comparez celui des cultivateurs suisses et vivarois avec la vie pauvre et misérable de cette multitude de journaliers réduits à vivre de minces salaires dans les fermes à grande culture, en Angleterre, en France et ailleurs, et vantez-nous encore les merveilleux résultats de ce système sans entrailles qui compte le produit pour tout et l'homme pour rien. »

Walter Scott a consacré un long article de la *Foreign Quarterly Review* à la recherche des causes de la détresse des campagnes en Angleterre. Dans ce travail, le grand propriétaire d'Abbotsford reconnaît dans la destruction des petites propriétés, des cottages et des chaumières, dans l'expropriation progressive de la population agricole, dans les envahissements successifs de la grande propriété et des grandes fermes, les causes originelles de l'état de souffrance et de misère qui pèse sur les campagnes de son pays. Aux maux qu'entraîne cette effrayante concentration des possessions territoriales qui livre une province à trois ou quatre familles, il n'aperçoit qu'un remède, et c'est le retour à une *division du sol* plus favorable au peuple agriculteur. Il exhorte les possesseurs actuels à prévenir les désastres d'une réaction terrible, en distribuant eux-mêmes une grande partie de leurs terres en fermes et en métairies de médiocre étendue, ou en petites concessions de terrains arables et pâturables, moyennant des redevances fixées avec équité. Il leur prédit que si une meilleure distribution de la propriété du sol ne s'opère pas de gré à gré par un renouvellement salutaire des anciens usages, de grandes calamités, fruits amers et inévitables de la dépossession des populations nombreuses, puniront sévèrement un imprévoyant égoïsme.

M. Hippolyte Passy [1] a démontré que dans l'état présent des

1. Mémoire lu à l'Académie des sciences morales et politiques, dans sa séance du 4 janvier 1845.

connaissances et des pratiques rurales, c'est la petite culture qui, déduction faite des frais de production, réalise, à surface et conditions égales, le produit net le plus considérable, et que c'est la petite culture qui, en peuplant davantage les campagnes, non-seulement ajoute le plus à la force que les États doivent à la densité de la population, mais à l'étendue des débouchés assurés aux produits dont la fabrication et l'échange stimulent la prospérité manufacturière. « De telles conclusions, ajoute ce savant publiciste, peuvent ne pas se concilier avec les idées le plus généralement reçues ; elles n'en sont pas moins le fruit d'observations d'une exactitude incontestable... Maintenant les faits demeureront-ils toujours les mêmes ? La petite culture, qui, de tout temps, a prévalu dans le midi de l'Europe, mais qui ailleurs n'est parvenue à se développer avec succès que lentement et sur un certain nombre de points, continuera-t-elle sa marche ascendante ? De nouvelles modifications dans les besoins de la consommation ou dans les procédés du travail ne rendront-elles pas à d'autres formes d'exploitation la supériorité qui déjà leur a appartenu ? De telles questions ne sont pas susceptibles de solutions absolues, mais il est néanmoins des données qui autorisent à énoncer une opinion. Quelles que puissent être les transformations appelées par le mouvement progressif de l'ordre social, dans toutes les contrées de quelque étendue subsisteront à la fois des modes divers de travail. Jamais les circonstances locales ne perdront leur influence naturelle, et les propriétés des différentes portions du territoire, en y fixant des genres particuliers de production, y détermineront la distribution des fermes. Mais les causes auxquelles est due la multiplication des petites cultures ne cesseront pas d'opérer, et le temps ne peut qu'en fortifier l'activité. En effet, les populations continueront à augmenter en nombre et en aisance, et la hausse graduelle du prix des subsistances, en multipliant de plus en plus les emplois de main-d'œuvre, favorisera nécessairement les modes d'exploitation les mieux adaptés à la concentration du travail. D'un autre côté, avec la diffusion progressive du bien-être, croîtront les demandes en produits que la petite culture seule recueille profitablement. Ainsi naîtront pour elle de nouvelles sources de bénéfices et de nouveaux motifs d'extension. Du voisinage des villes se sont retirées les grandes fermes, et à leur place en sont venues de plus aptes à satisfaire aux besoins variés et délicats que propagent les progrès de l'aisance. Eh bien, voilà l'effet qui s'étendra de proche en proche, à mesure que la richesse répandra ses bienfaits. Aux consommations actuelles s'en joindront de plus recherchées, et de nombreuses cultures prendront peu à peu le caractère mixte qu'elles n'ont pas encore. »

M. Le Play [1] ne partage pas cet avis. « Dans toutes les provinces, dit-il, où l'ancien régime avait développé chez les paysans l'amour du travail et la tempérance, où d'un autre côté, le régime des substitutions transmettait intégralement dans certaines familles les terres qu'ils auraient pu acquérir, le nouveau régime a immédiatement inauguré une ère de progrès : le principe fécond de la petite propriété, en fertilisant le sol et en relevant la condition des paysans, a produit toutes les merveilles signalées par les écrivains qui se sont voués à la glorification de ce régime. Mais depuis soixante ans tous les résultats de ce genre que comportait l'état intellectuel et moral des populations ont été obtenus, et presque partout le but a été dépassé. La loi des successions a attribué impérativement, nonobstant la volonté des pères de famille et sans le contrôle de l'opinion, des terres à des héritiers incapables de les exploiter avec discernement ; des spéculateurs imprévoyants et mal intentionnés ont excité le désir de la propriété au milieu des populations qui n'étaient point préparées à en tirer avantage ; le seul résultat de ces créations factices de la loi ou de la spéculation a été d'accabler les détenteurs du sol sous le poids de l'hy-

---

1. *Les Ouvriers européens.*

pothèque et de l'usure, et de développer ces deux fléaux sur des proportions excessives dans plusieurs districts ruraux de la France. Dans ces conditions, et lorsque depuis longtemps les conséquences de l'ancien régime des substitutions ont été abolies, les lois qui provoquent le morcellement forcé du sol ne produisent plus les résultats qu'en attendaient les partisans systématiques de la petite propriété. Aucune grande terre, en effet, ne peut résister à l'envahissement de paysans établis dans le voisinage et possédant, à un haut degré, les qualités du petit propriétaire; il suffit, pour que leur succès soit assuré, que la loi établisse la liberté des transactions. D'un autre côté, les allocations de terres qu'on a souvent tenté de faire à des populations dépourvues de ces mêmes qualités, par exemple à l'occasion des partages de biens communaux, n'ont guère eu d'autres résultats que d'exciter momentanément l'intempérance ou de provoquer des entreprises mal conçues, et de faire retomber ces propriétaires d'un jour dans une situation inférieure à celle où ils se trouvaient d'abord. Dans les contrées où existent seulement les conditions de la grande propriété, les propriétaires se succèdent à de courts intervalles; parfois cette instabilité a de fâcheuses conséquences, soit pour les cultures, les plantations et les forêts, soit pour les populations elles-mêmes; mais elle n'entraîne pas de changement dans l'assiette des exploitations et ne provoque point l'avénement des petites cultures de paysans. Au contraire, dans les territoires occupés par les paysans propriétaires, l'instabilité se manifeste dans le groupement des cultures aussi bien que dans la possession; dans les familles où manque l'esprit de prévoyance, elle multiplie rapidement le type, spécial à la France et à l'Allemagne orientale, du propriétaire indigent; elle ne se concilie avec le bien-être permanent des propriétaires que dans les localités, chaque jour plus nombreuses à la vérité, où ceux-ci adoptent, comme principe d'économie sociale, la stérilité du mariage. Sans cette influence, en un mot, la petite propriété ne se maintient qu'au détriment de la morale et de la nationalité. En résumé, les théories qui réclament le morcellement forcé du territoire sont rarement justifiées par la situation réelle des populations... Toute entrave opposée, en ce qui concerne la répartition du sol, à la sollicitude et au discernement des pères de famille, est une cause d'instabilité pour les individus et de décadence pour l'État. »

Une cause qui a pourtant puissamment contribué au développement de la richesse territoriale, suivant M. Casabianca [1], c'est la diffusion de la propriété, résultat de la vente des biens nationaux et de l'égalité des partages. Le nombre des propriétaires, si restreint à l'époque où la noblesse et le clergé possédaient les deux tiers du sol de la France, s'élevait, au 1er janvier 1851, à 7,846,000. Les biens immobiliers ont été soumis deux fois à un recensement général ; en voici les résultats principaux : La valeur vénale du sol, y compris les maisons et les usines, était, le 1er janvier 1821, de 39,514,000,000 de fr., et le 1er janvier 1851, de 83,744,000,000 de fr., ce qui fait une augmentation de 44,230,000,000 de fr. Le revenu net qui, au 1er janvier 1821, n'était que de 1,580,597,000 fr., montait, au 1er janvier 1851, à 2,643,366,000 fr.; augmentation, 1,062,769,000 fr. « Il a été reconnu, ajoute le rapporteur du Code rural au Sénat, que la valeur de la grande propriété s'était à peine accrue d'un tiers ou d'un quart dans cet intervalle de trente ans, tandis que les terrains, d'une qualité inférieure, morcelés et acquis presque exclusivement par des cultivateurs, avaient quadruplé et souvent même quintuplé de prix. Ces faits font ressortir à l'évidence les avantages matériels de la division de la propriété. Les avantages moraux ne sont pas moins incontestables... Mais si la division de la propriété est en même temps un gage de sécurité publique et un élément de richesse, on ne saurait en disconvenir, cette division, poussée à l'extrème, devient un obstacle à tout progrès agricole et amoindrit la production. Elle substi-

1. *Rapport au Sénat sur un projet de Code rural.*

tue la culture à bras à celle de la charrue, elle gêne la liberté
des assolements et l'enlèvement des récoltes; elle rend les
plantations presque impossibles; elle perd un terrain précieux
par les accès nécessaires à toutes ces fractions minimes; elle
diminue le nombre des bestiaux, conséquemment les fumiers,
et appauvrit ainsi le sol. » Le morcellement augmente d'année
en année. On comptait, en 1851, 12,393,366 côtes foncières en
France, le nombre des parcelles était de 120,000,000. Sur
7,846,000 propriétaires portés au rôle, 3,000,000, c'est-à-dire
près de la moitié, ne payent point de contribution personnelle;
cette exemption, pour la plupart d'entre eux, n'a d'autre cause
que leur indigence reconnue par l'autorité municipale. On en
compte 600,000 dont l'impôt n'excède pas en principal *cinq
centimes* par an.

COMMUNAUTÉ DE BIENS

Minos avait établi parmi les Crétois un communisme assez
brut, mêlé de vices qu'on oserait à peine nommer; mais auparavant le peuple était dans la vie sauvage avec cent fois
plus de vices et de brutalité qu'il ne lui en resta sous l'autorité de ces lois.

Sparte est un des principaux exemples de la vie commune.
Lycurgue y institua un sénat de vingt-huit membres âgés au
moins de soixante ans, qui devait servir de conseil aux rois,
et sans l'approbation duquel ceux-ci ne pouvaient rien entreprendre. Le peuple avait le droit de donner son avis sur les
résolutions qui intéressaient l'État, mais sans prendre de détermination; il devait se borner à approuver ou à rejeter ce
que les rois et le sénat avaient proposé. Tous les citoyens de
Sparte furent divisés en un certain nombre de classes, probablement cinq, et chacune de ces classes en trente tribus. Les
Spartiates seuls, depuis l'âge de trente ans, pouvaient assister
aux assemblées publiques. Les Lacédémoniens ou Periœques

devaient rester étrangers au gouvernement; ils étaient chargés de cultiver les terres, et pouvaient se livrer au commerce et à l'industrie. Enfin, les Ilotes étaient des esclaves qui travaillaient pour les Spartiates. Toutes les terres de la Laconie furent divisées en trente-neuf mille lots égaux, dont neuf mille furent réservés aux seuls Spartiates, qui ne pouvaient pas les aliéner. L'égale répartition des propriétés souleva de la part des riches une opposition violente, mais ils se soumirent. Considérant le mariage comme le moyen de se procurer des citoyens robustes, Lycurgue établit des peines contre les célibataires et contre ceux qui se mariaient trop tard ou qui s'unissaient avec des personnes d'un âge trop disproportionné; il mit des entraves à la réunion des nouveaux époux, afin d'entretenir en eux le désir de se voir, et il permit aux maris qui ne pouvaient avoir des enfants ou de prêter leurs femmes à de jeunes hommes, ou de remplacer par d'autres leurs femmes faibles ou stériles. Les enfants n'appartenaient pas à leurs parents; l'État décidait s'ils devaient vivre ou être abandonnés comme débiles ou contrefaits; l'État réglait seul la manière dont les enfants devaient être élevés. Le jeune Spartiate était placé sous la surveillance continuelle des citoyens, qui se trouvaient, à leur tour, sous celle des vieillards; tandis que d'un autre côté le jeune homme était appelé à surveiller les enfants. Les exercices du corps étaient prescrits aux jeunes gens des deux sexes. Lycurgue crut pouvoir remplacer la pudeur par la crainte du blâme public; mais il sacrifia à son but les vertus modestes, les liens de famille et tout ce qui en découle pour le bonheur de l'homme. Aux sacrifices humains qui souillaient le culte de Diane, il substitua la flagellation des enfants, dont le sang arrosait les autels, et qui apprenaient ainsi à supporter sans se plaindre les plus vives douleurs. Lycurgue prescrivit que les demeures fussent construites d'après un modèle simple; il ordonna des repas communs, et édicta des peines sévères contre la débauche et l'ivrognerie. Aucun étranger ne devait séjourner à Sparte plus longtemps qu'il n'était nécessaire aux soins de l'affaire qui l'y avait amené. Aucun Spartiate, si ce n'est pour la guerre ou pour des ambassades, ne devait sortir du pays. Nul ne devait posséder de l'or ou de l'argent; la monnaie était de fer. Enfin, les Spartiates ne devaient point s'adonner à la culture des lettres ou des sciences; ils ne devaient acquérir que les connaissances qui leur étaient indispensables; la gymnastique même n'était pas poussée chez eux aussi loin que chez les autres peuples de la Grèce. On ne pouvait représenter aucune pièce de théâtre; la musique était à peine admise; ni artisans, ni orateurs ne pouvaient séjourner à Sparte sans la permission de l'autorité. Lycurgue fit peu de lois judiciaires; les procès étaient jugés d'après les principes du droit naturel, ou par les rois, ou par le sénat, ou peut-être par des arbitres choisis entre les citoyens. La jeunesse recevait une éducation guerrière qui lui faisait surmonter tout sentiment de douleur et braver la mort. Vaincre ou mourir était pour le jeune Spartiate le comble de la gloire. Lacédémone n'avait ni enceinte fortifiée ni forteresses. Elle ne devait entretenir ni flotte ni armée navale. La valeur corporelle était la première des vertus, et la vertu était fondée sur la crainte.

Platon, lui, bâtissait sa république sur le plan de sa psychologie. Ayant trouvé dans l'âme humaine trois facultés, l'élément raisonnable, l'élément irascible et l'élément sensuel ou passionné, il partage l'État en trois ordres, dont chacun correspond à une de ces trois facultés; savoir : les juges, qui gouvernent; les guerriers, qui défendent l'État ; et la classe populaire ou laborieuse, livrée aux travaux de l'agriculture et de l'industrie. Son système moral repose sur les vertus cardinales : la prudence est le partage de ceux qui gouvernent; le courage est l'apanage des guerriers; la tempérance règle l'accord des classes supérieures et inférieures, et la justice veille à ce que chaque ordre joue dans l'État le rôle qui lui appartient. Enfin, de même qu'il compte cinq états de l'âme, dont l'un est sain, et les quatre autres dépravés, il trouve autant d'états de la société qui leur correspondent. Les quatre mauvaises espèces de gouvernement sont la timocratie, l'oligarchie, la démocratie et la tyrannie, qui correspondent à l'état moral de l'ambitieux, de l'avare, du passionné et du coléreux. L'État modèle est l'aristocratie ou le gouvernement des sages, de même que l'homme le plus heureux est celui qui obéit en tout à la raison.

Platon est donc amené à admettre l'inégalité nécessaire et éternelle des hommes, et il les divise en trois castes qu'il subordonne les unes aux autres; il sacrifie complétement l'individu à l'ordre général, à cette harmonie idéale qu'il cherche à établir. « A ses yeux, dit M. Artaud, l'intérêt individuel est un ennemi. En morale, il ne s'en occupe que pour le dompter; en politique, il n'a que mépris pour la foule que l'éducation n'a pas rendue propre à connaître les idées, qui ne vit que de la vie des sens. Il n'a pas de lois à faire pour elle, pas de droits à lui accorder, pas de devoirs à lui prescrire. Un maître absolu, voilà tout ce qu'il conçoit pour elle. Pour anéantir les tendances intéressées dans l'individu et dans l'État, Platon ne voit qu'un remède, c'est de lui ôter tout aliment, d'anéantir dans l'homme tout désir qui n'a pas pour objet le bien de la république. Ainsi, il détruit la propriété, le mariage, la liberté civile et politique. Tous les biens appartiennent à la république; toutes les femmes sont communes; les enfants sont les enfants de l'État, et nul n'a droit de les regarder comme siens. Il voulait par là reporter sur la chose publique toute l'activité individuelle et en faire l'unique passion, l'unique amour : par cette communauté de but et d'intérêt, il pensait maintenir l'unité dans l'État; car, selon lui, s'il n'y avait dans l'État qu'une volonté, qu'une pensée, on aurait réalisé la perfection politique. »

Pour assurer la communauté des enfants, Platon voulait qu'à la naissance ils fussent tous déposés dans un bâtiment commun, où les femmes en position de nourrir les allaiteraient tous indistinctement, et où tous seraient élevés comme les enfants de la patrie, sans connaître ni leur père ni même leur mère, obligés par conséquent de se considérer comme frères, d'avoir pour tous les hommes et toutes les femmes le même respect filial, tandis que tous les hommes et toutes les femmes auraient pour tous ces enfants la même tendresse paternelle ou maternelle. Il voulait à peu près la communauté des femmes ; car, quoiqu'il établisse le mariage comme saint, et la fidélité conjugale comme un devoir sacré, il exigeait que tous les mariages fussent formés et renouvelés chaque année par le sort, et que chaque femme pût avoir successivement quinze ou vingt maris différents, comme chaque homme quinze ou vingt épouses.

Dans ses *Lois*, ouvrage de sa vieillesse, Platon admet le mariage et la propriété, mais l'éducation reste entière dans les mains de l'État ; la volonté des pères de famille n'y a pas la moindre part ; le sol est la propriété de l'État, le citoyen n'en a que l'usufruit ; l'excès de la richesse et la pauvreté sont rendus impossibles par des lois somptuaires. Il édicte enfin des lois pénales, lesquelles n'existaient pas dans sa *République*.

« Tous les biens doivent-ils *être communs*, se demande Aristote, et appartenir à la nation ? La propriété vaut mieux, avec de bonnes lois et de bonnes mœurs. Le meilleur, c'est la propriété et la communauté mélangées et confondues, comme à Sparte, où l'usage des propriétés était commun, suivant ce proverbe : la vertu rend l'usage des biens commun entre amis. Du reste, la communauté paraît absolument impossible et impraticable ; jamais on ne fondera un État, si l'on ne commence par classer les hommes et par partager les terres. »

Pythagore fonda à Crotone, dans la Grande Grèce, une école ou plutôt une communauté religieuse qui avait pour but la réforme non-seulement des mœurs, mais aussi de la législation et de la politique. On n'était admis à l'initiation qu'après de longues épreuves, parmi lesquelles on cite celle du silence, qui pouvait durer de deux à cinq ans. Les femmes pouvaient être reçues dans l'association. Pythagore prescrivait d'être frugal, tempérant, laborieux, de se livrer à des exercices rudes, de veiller sur soi, de se recueillir dans l'idée de la présence de Dieu, etc.

Les Esséniens, parmi les Juifs, habitaient, au nombre de quatre mille, la contrée solitaire de la côte occidentale de la mer Morte. Ils formaient une société close où l'on n'était admis qu'après certaines épreuves et un noviciat de trois années. Ils avaient quatre degrés d'initiation. Il n'y avait point d'esclaves parmi eux, parce qu'ils regardaient l'esclavage comme impie et contraire à la loi de la nature, qui a fait tous les hommes égaux et frères. Cependant, par une règle peu en harmonie avec ces principes, les Esséniens du grade supérieur s'abstenaient, comme d'une souillure, de tout contact avec ceux du grade inférieur ; et quand ils en avaient touché un, ils se purifiaient. Fuyant les grandes villes, ils se retiraient à la campagne, vivaient réunis en petites communautés, et ne s'adonnaient guère qu'à l'agriculture et aux professions paisibles qui ne servent ni à nuire aux hommes ni à les corrompre. La plupart d'entre eux demeuraient dans le célibat, les uns parce qu'ils se défiaient de la fidélité des femmes, les autres parce qu'ils attachaient à la continence une plus haute idée de pureté. Leurs biens étaient en commun, chacun y avait une égale part ; l'administration en était confiée à un certain nombre d'entre eux, élus par les autres. Simples et ennemis des plaisirs, ils méprisaient les richesses ; ils condamnaient l'usage du serment et ne l'admettaient que pour l'initiation des novices. Ils faisaient consister les vertus dans l'abstinence et dans la mortification des passions. C'était, d'ailleurs, une association toute volontaire, dont Pline disait : « Elle se perpétue sans femmes, vit sans argent... Le repentir et le dégoût du monde sont la source féconde qui l'alimente. »

Frappé de l'effroyable misère des cultivateurs en Étrurie, et l'attribuant à l'extension démesurée des grandes propriétés,

Tibérius Gracchus proposa sa loi agraire, ou nouveau partage des terres du domaine public. «Ce domaine, dit M. Léo Joubert était en général le produit de la conquête. Les Romains, devenus maîtres d'un pays, s'en appropriaient une partie, le tiers, suivant une conjecture de Nieburh. Outre la conquête, les donations et les confiscations contribuaient à accroître le domaine public. L'État, qui ne pouvait exploiter par lui-même ces immenses propriétés, dispersées dans toutes les provinces de l'Italie, en abandonnait la jouissance à quiconque voulait les cultiver, à la charge de payer une redevance. L'adjudication était ouverte à tous ; mais les Romains pauvres qui, faute d'esclaves et de troupeaux, n'auraient su que faire de ces propriétés lointaines, les abandonnaient aux riches. Ceux-ci ne trouvaient de concurrence que chez les Italiotes ; concurrence peu sérieuse. L'Italiote n'ayant pas le droit de cité, ne pouvait pas plaider à Rome ; si on lui contestait le champ dont il s'était rendu adjudicataire, il n'avait de ressource que dans l'appui coûteux et incertain d'un patron romain. Malgré cette condition précaire, les Italiotes retinrent une partie du domaine public ; presque tout le reste passa aux riches Romains. La part des pauvres, d'abord peu importante, devint ensuite tout à fait nulle. Il était d'ailleurs entendu que ces domaines, quoique transmissibles héréditairement, restaient la propriété de l'État, qui pouvait en changer la destination ; les adjudicataires, Romains ou Italiotes, n'en étaient que les fermiers. Le mode de répartition, vicieux dès le principe, devint bien plus inique avec le temps. Les riches s'approprièrent à vil prix ou par violence les lots des pauvres. Les parcs, les jardins, les piscines envahirent les champs cultivés. Les laboureurs libres cédèrent la place à des esclaves qui gardaient d'immenses troupeaux, et qui, sous la protection de leurs maîtres, se livraient impunément au brigandage. »

Tel était le mal auquel Tibérius Gracchus voulut remédier. Déjà, deux siècles auparavant, le tribun du peuple C. Licinius

Solon avait essayé d'y porter remède en établissant qu'aucun
citoyen ne pourrait avoir en jouissance plus de cinq cents arpents (*jugera*) du domaine public, qu'il ne pourrait faire paître
sur les immenses pâturages qui en dépendaient qu'un certain
nombre de bœufs et de moutons ; qu'enfin il y aurait dans toute
exploitation rurale, au moins un tiers de cultivateurs libres.
Cette loi *Licinia*, d'abord exécutée mollement, puis éludée, et
enfin ouvertement violée, était tombée en désuétude, sans avoir
jamais été formellement abrogée. Lœlius avait songé à la faire
revivre, mais, par prudence, il y avait renoncé. Gracchus s'y
dévoua. Il se présenta au tribunat en 135 et fut élu. Bientôt il
porta devant les comices la loi agraire, qui, du nom de sa famille, prit le nom de loi *Sempronia*. Cette loi remettait en vigueur la loi Licinia avec quelques modifications. Aux cinq cents
arpents du domaine public que chaque propriétaire pouvait
posséder de son chef, d'après la loi Licinia, Gracchus en ajoutait deux cent cinquante pour chacun de ses fils. Les terres
devenues libres par suite de cette nouvelle répartition devaient
être adjugées par petits lots aux citoyens pauvres ; ces lots devenaient inaliénables, et ne devaient payer aucune redevance
au trésor. Gracchus proposait d'exproprier tous les détenteurs
du domaine public, moyennant une juste indemnité accordée
pour mise en culture, améliorations, constructions, etc. Le domaine public, redevenu ainsi complétement libre, devait être
partagé et distribué au moyen d'un tirage au sort. Trois magistrats ou triumvirs, élus par le peuple, devaient diriger l'exécution de la loi, et statuer en dernier ressort sur toutes les contestations qui en résulteraient. Cette loi, qui bouleversait la
fortune de tous les grands propriétaires, exaspéra le Sénat, qui
n'avait pourtant aucun pouvoir légal pour s'y opposer. Un tribun, détenteur d'une grande étendue de domaine public, Octavius, opposa son veto à la proposition de son collègue Gracchus. Celui-ci convoqua les comices par tribus, et leur fit voter
la déposition d'Octavius. L'adoption de la loi Sempronia eut

lieu bientôt après. Des difficultés d'exécution s'élevèrent. La populace urbaine montra peu de zèle pour une loi qui, en lui concédant des terres, l'obligeait au travail. Gracchus proposa encore des mesures qui le mettaient en hostilité avec le Sénat. Sentant que le temps lui manquerait pour mettre sa loi agraire à exécution, et qu'à l'expiration de sa charge on le poursuivrait, Gracchus demanda une prorogation de son pouvoir ; mais il périt pendant les élections.

On lit dans les *Actes des apôtres* que les premiers chrétiens vendaient leurs biens, et en apportaient le prix, le déposant aux pieds des apôtres. La communauté des biens s'établit, en effet, au sein de la famille, peu nombreuse encore, qui se forma à Jérusalem autour de la croix du Christ, comme elle avait existé parmi ses apôtres, réunis autour de Jésus pendant sa vie. Le Christ s'était proclamé surtout le bienfaiteur des pauvres. Il ne devait pas en manquer parmi les premiers chrétiens. Environnés d'hommes privés de tout moyen de subsistance, et qu'ils regardaient néanmoins comme des frères, ceux qui étaient mieux partagés de la fortune vendaient leurs biens pour en livrer le prix aux apôtres. Ananie et sa femme Saphire voulurent en garder une partie, ils furent frappés de mort. Saint Pierre leur reprochait d'avoir menti à Dieu, en donnant pour un sacrifice complet l'abandon d'une partie seulement de leur fortune, que pourtant rien ne les empêchait de garder tout entière.

L'abbé Fleury [1] donne un tableau de la vie des premiers chrétiens, qui avaient mis tous leurs biens en commun, et obéissaient en tout à leurs chefs religieux. C'était un gouvernement fondé sur la charité, ayant pour but unique l'utilité publique, sans aucun intérêt de ceux qui gouvernent.

« Voilà donc un exemple sensible et réel, dit l'abbé Fleury, de cette égalité de biens, et de cette vie commune que les législateurs et les philosophes de l'antiquité avaient regardée

---

1. *Discours sur l'Histoire ecclésiastique*, XI.

comme le moyen le plus propre à rendre les hommes heureux, mais sans y pouvoir atteindre... Ils voyaient bien que pour faire une société parfaite il fallait ôter le *tien* et le *mien* et tous les intérêts particuliers ; mais il n'y avait que la grâce de Jésus-Christ qui pût changer les cœurs et guérir la corruption de la nature. Aussi la source de cette communication de biens entre les chrétiens de Jérusalem était la charité, qui les rendait tous frères, et les unissait comme en une seule famille, où tous les enfants sont nourris sur les mêmes biens, par les soins du père qui, les aimant tous également, ne les laisse manquer de rien. »

Du moins, comme le fait remarquer M. Sibour, « la donation était pleinement libre, et on la faisait dans l'âge adulte, avec pleine jouissance de sa raison, avec plein consentement de sa volonté. Les apôtres n'obligeaient personne, car ils savaient très-bien que cet abandon volontaire de la propriété avait été proposé par le divin Maître comme un conseil de perfection et non pas imposé comme un précepte. »

Mais les couvents, dit-on, ne représentent-ils pas, encore de nos jours, la perfection de l'association ? Toutes les propriétés mises en commun, sont ainsi administrées par les supérieurs, qui donnent à chacun le nécessaire de la vie. « Cela est vrai, répond M. Sibour ; mais les conditions mêmes d'existence de ces associations d'âmes privilégiées, de ces familles angéliques, formées par la religion au sein de la corruption du siècle, démontrent de plus en plus l'impossibilité de l'ordre social qu'on nous propose. L'Église demande d'abord que ces âmes d'élite s'y engagent : premièrement, par vocation divine ; deuxièmement, avec une complète liberté de choix ; troisièmement, dans l'intention d'arriver à une perfection plus haute. Ensuite elle déploiera, pour les conduire à cette fin, toute sa puissance morale et spirituelle, les terreurs de ses menaces, la magnificence de ses promesses, les consolations de la prière, les grâces de ses sacrements. Est-ce tout ? Non ! pour cette vie de communauté, il faut se dépouiller de ses passions. Alors, comme triple serment de guerre à outrance contre l'orgueil, la cupidité, la volupté, elle fait prononcer les trois vœux d'obéissance, de pauvreté et de chasteté. Pour obtenir politiquement les mêmes avantages, il faudrait donc prendre les mêmes moyens. Mais comment demander à tous les citoyens d'une grande nation les trois vœux qui, en enchaînant les passions, assurent l'ordre, la paix et la perfection d'une communauté religieuse? La propagation du genre humain par le mariage, l'autorité naturelle et indispensable du père de famille et la nécessité des biens matériels pour l'éducation des enfants sont incompatibles avec de tels engagements. Ne demandez donc pas la fin, si les moyens sont impossibles, et concluez avec le simple bon sens qu'une nation n'est pas un monastère. »

Au douzième siècle, Arnaud de Brescia s'éleva contre la possession des biens de la terre par le clergé. Il est à croire qu'il n'attaqua d'abord dans le clergé que l'abus qu'il faisait de ses vastes propriétés. Mais il en vint bientôt à soutenir que le clergé ne pouvait pas être propriétaire, et qu'il ne lui était pas permis d'allier des dignités temporelles avec ses fonctions spirituelles. Cette doctrine fermenta dans les esprits, et une révolte éclata contre l'évêque de Brescia. Le clergé s'aigrit et porta ses plaintes au concile de Latran qui se tint en 1139. Le pape Innocent II, après avoir fait condamner les excès que blâmait Arnaud, proscrivit sa doctrine, qu'Othon de Freysingen résume en ces termes : « Il n'y a point de salut à espérer pour les ecclésiastiques qui ont des biens en propriété, pour les évêques qui possèdent des seigneuries, ni pour les moines qui ont des immeubles; toutes ces choses appartiennent aux princes, et l'usage n'en doit être accordé qu'aux laïques. » Le pape Innocent II prétendait, au contraire, « que l'on recevait les dignités ecclésiastiques par la permission du pontife romain, comme par droit de fief, et qu'on ne pouvait les posséder légitimement sans sa permission. » Proscrit en Italie, Arnaud se réfugia en Suisse et vint dogmatiser en France. Une insurrection de ses partisans éclata à Rome, à la fin du pontificat d'Innocent II. Les Romains prétendaient réduire le pape à se contenter, pour sa subsistance, des dîmes et des oblations, et rétablirent le sénat. En 1144, ils ajoutèrent un patrice aux sénateurs et donnèrent cette dignité à Jourdain, fils de Pierre de Léon, qu'ils regardèrent comme leur souverain. La révolte s'accrut à la mort de Lucius II, en 1145. Les Romains voulurent contraindre son successeur, Eugène III, à confirmer l'établissement du sénat. Ce pontife s'y refusa et sortit de Rome. Arnaud y entra pendant son absence, enflamma l'enthousiasme des séditieux par ses prédications et les porta à abolir la préfecture, à ne reconnaître que le patriciat, à dévaster les propriétés des ecclésiastiques et même les églises. A la fin de l'année, Eugène III rentra à Rome, après avoir soumis les rebelles; il excommunia Jourdain et rétablit la dignité de préfet. En 1154, les adhérents d'Arnaud frappèrent mortellement Gérard, cardinal-prêtre de Sainte-Pudentiane. Adrien IV frappa Arnaud d'anathème et jeta l'interdit sur la ville de Rome jusqu'à ce qu'elle eût chassé ce moine audacieux. Les Romains effrayés expulsèrent Arnaud et les arnaldistes, qui se retirèrent dans la Toscane et y continuèrent leurs déclamations, aux applaudissements du peuple, qui regardait le novateur comme un prophète. Le cardinal de Saint-Nicolas parvint à s'emparer d'Arnaud, le vicomte de Campanie le lui arracha des mains; enfin, en 1155, le roi des Romains, Frédéric Ier, le livra au pape; le préfet de Rome le fit brûler vif et fit jeter ses cendres dans le Tibre.

Au Pérou, du temps des Incas, on pratiquait une sorte de communauté de biens. Le gouvernement des Incas était paternel; c'était un absolutisme presque idéal voilé par des formes douces. Le système du travail dans l'intérêt public s'appliquait sur une large échelle. La terre était envisagée comme propriété domaniale; elle n'était concédée qu'à vie et ne passait point de droit au fils de l'usufruitier. La monnaie n'existait pas; le commerce ne sortait pas des limites de l'empire du Pérou, et consistait en un simple échange de denrées : l'or et l'argent revenaient comme propriété exclusive à l'Inca. A l'exception de la caste noble, tous les sujets étaient corvéables. Les hommes au-dessus de cinquante ans, les malades, les infirmes, étaient dispensés du travail forcé, qui ne devait durer que deux mois de l'année. Les impôts se payaient en nature; la troisième partie des produits revenait seule au peuple, les deux autres tiers à l'Inca, aux prêtres et à la noblesse. Un tiers des troupeaux était réparti parmi le peuple, mais le gouvernement pouvait à son gré annuler cette concession. Les Incas décidaient sans contrôle de la destinée des individus; la population était répartie en petites communes ou districts renfermant chacun dix familles. La classe des yanaconas ou esclaves à perpétuité se trouvait placée bien au-dessous des agriculteurs ou mitimacs dans l'échelle sociale. A l'arrivée des Espagnols, les yanaconas firent cause commune avec eux et pillèrent le trésor public.

Les Incas punissaient sévèrement toute résistance ouverte. Les habitants des montagnes acceptèrent sans murmure le joug des Incas; mais la race paresseuse des Popayans ne regarda qu'avec mépris les résultats heureux d'un labeur prolongé. Les lois étaient extrêmement sévères. Néanmoins la moralité du peuple était très-relâchée. Les femmes ne se piquaient pas de chasteté. Elles étaient condamnées aux travaux les plus rudes, tandis que les hommes s'abandonnaient à la paresse et à une vie efféminée. Les enfants recevaient une détestable éducation. L'état d'esclavage des femmes et la polygamie avaient fait augmenter le nombre des enfants du sexe féminin dans les naissances. Le fer manquait aux Péruviens; on le remplaçait imparfaitement par le cuivre, le quartz, l'amphibolite. Les mines étaient exploitées, mais les ouvrages en or et en argent étaient grossièrement travaillés. Les armes étaient très-imparfaites. Les Péruviens avaient peu de communications avec les côtes; leurs bâtiments étaient peu propres à la navigation. Ils avaient des routes de terre magnifiques. La route des Incas avait 900 lieues de long et 25 pieds de large; des gorges profondes avaient été comblées, des parois taillées, des ponts avaient été jetés sur les fleuves, des maisons de refuge habitées étaient élevées de distance en distance aux frais du gouvernement, et de loin en loin des messagers étaient logés pour porter rapidement les nouvelles de station en station.

« Nous sommes tous frères, s'écriait l'anabaptiste Munzer en Allemagne; d'où vient donc cette différence de rangs et de biens que la tyrannie a introduite entre nous et les grands du monde? Pourquoi gémirions-nous dans la pauvreté et serions-nous accablés de maux, tandis qu'ils nagent dans les délices? N'avons-nous pas droit à l'égalité des biens, qui, de leur nature, sont faits pour être partagés sans distinction entre tous les hommes? Rendez-nous, riches du siècle, avares usurpateurs, rendez-nous les biens que vous retenez avec tant d'injustice! Ce n'est pas seulement comme hommes, que nous avons droit à une égale distribution des avantages de la fortune; c'est aussi comme chrétiens! Redemandons notre liberté les armes à la main, refusons les impôts qui nous accablent, et mettons tous les biens communs! »

Jean de Leyde, s'étant épris des doctrines des anabaptistes, devint un de leurs prophètes ambulants les plus fanatiques et les plus influents. Au commencement de 1533, il se rendit à Munster avec Jean Matthys ou Mathiesen de Harlem. Quand la révolte éclata, le premier vendredi de carême 1534, Jean de Leyde aida Matthys à s'emparer du pouvoir. Après la mort de ce chef, tué dans une sortie, Jean de Leyde fut investi de l'autorité suprême. On avait, dès l'origine, mis tous les biens en commun; les logements avaient été partagés; chaque jour on distribuait aux habitants les vivres dont on avait fait un amas considérable. Matthys avait établi une sorte de régime républicain, avec des consuls et un sénat, Jean de Leyde rêva un gouvernement unitaire et monarchique. Bientôt il entra en retraite pour converser avec l'esprit de Dieu, et devenu tout à coup muet, comme Zacharie lorsqu'il vit l'ange, il prit un papier et y inscrivit publiquement les noms de douze personnes qu'il institua juges du peuple, en mémoire des douze juges d'Israël. Cette nouvelle forme de gouvernement ne dura guère que deux mois. Une sédition éclata, et bien qu'elle eût été promptement réprimée, la création d'une autorité centrale parut nécessaire à Bockold, qui se décida à ceindre la couronne royale. Le 24 juin 1534, Jean de Leyde fut proclamé solennellement *roi de Sion*, ou *de la Nouvelle Jérusalem*. Dès lors il s'entoura de toute la pompe de la royauté. Il ne parut plus en public que la couronne sur la tête et environné de gardes. Il se déclara lui-même le roi d'élection du monde, dont il est question dans l'Apocalypse, et fit battre monnaie à son effigie. Pour donner l'exemple de ce qu'il appelait la liberté chrétienne, il avait épousé à la fois la veuve de Matthys et trois autres femmes. La première eut seule le titre de reine et le droit de porter la couronne, les autres n'étaient qualifiées que du nom d'épouses. Leur nombre, qui n'était pas limité, s'éleva jusqu'à quinze. Toutes étaient richement parées et elles augmentaient la magnificence du cortége du roi prophète. Cependant la ville était toujours assiégée par les troupes de l'évêque Waldeck, et il fallait songer à nouer des relations avec les anabaptistes du dehors. Vers le mois d'août 1534, le peuple s'assembla sur la grande place du cimetière pour célébrer la Cène. Il y avait des tables pour cinq mille personnes. A la fin du repas, le peuple défila devant le roi, qui offrait à chacun le morceau de pain rompu en disant : « Prenez et annoncez la mort du Seigneur ; » la reine présentait de même une coupe de vin en disant : « Buvez et annoncez la mort du Seigneur. » Au milieu de l'enthousiasme, Jean désigna vingt-huit personnes pour aller annoncer la parole de Dieu aux quatre coins du monde. Ces nouveaux apôtres partirent la nuit même, en trompant la vigilance des assiégeants, et se répandirent en différentes villes. Tous périrent dans leur mission, à l'exception d'Hilversum, qui ne revint à Munster que pour trahir les siens. Le roi de Sion, n'ayant plus de secours à espérer, vit la famine commencer à sévir dans la ville de Munster. De sourds murmures se faisaient entendre : Jean puisa dans la terreur une énergie nouvelle. Deux de ses pages ayant été arrêtés au moment où ils cherchaient à s'esquiver de la place, furent mis à mort par son ordre. Une de ses femmes ayant laissé échapper quelques paroles de découragement, le roi, pour effacer l'effet que cela avait produit dans la ville, la conduisit sur la place du marché ; là, entouré de sa cour, il fit mettre cette femme à genoux, et de sa propre main, il lui abattit la tête avec le glaive sacré. Le peuple exalté entonna le *Gloria in excelsis*, et Jean de Leyde lui-même, emporté par une sorte de transport, se mit à conduire la cérémonie avec sa suite, en dansant au bruit des chœurs autour du cadavre de la suppliciée. Comme la famine continuait de s'accroître, on essaya de ranimer le zèle des assiégés par des disputes théologiques, et Jean de Leyde finit par faire ouvrir les portes à ceux qui voulaient sortir de la ville. Les malheureux qui tentèrent de s'échapper furent tués par les assiégeants. Néanmoins Jean de Leyde faisait bonne contenance, disant que ses sujets ne devaient avoir aucune inquiétude, puisque lui seul était responsable de leur salut devant Dieu. Enfin le roi de Sion fut trahi, et les troupes de l'évêque purent s'introduire par surprise à Munster, dans la nuit du 24 au 25 juin 1535. Le roi prophète voulut en vain résister ; il fut fait prisonnier. Tous ses partisans furent massacrés ou livrés au bourreau. Les femmes, réservées d'abord aux soldats, se révoltèrent et furent conduites au supplice. Jean de Leyde mourut d'une mort horrible : après l'avoir promené dans une cage de fer, on le tenailla avec des pinces brûlantes, et enfin on lui ouvrit le ventre.

A partir de 1608, les jésuites étant venus se fixer au Paraguay, s'emparèrent petit à petit du pouvoir, et se livrèrent avec ardeur au commerce. Les indigènes, convertis par eux, étaient nourris comme leurs ouvriers et leurs sujets ; mais ces indigènes ne pouvaient posséder la terre. La société de Jésus constitua ainsi un État qui, s'étendant jusqu'au haut Pérou, présenta le remarquable exemple d'une théocratie puissante et bien organisée, gouvernée avec autant de bonheur que d'habileté. Ce fut seulement lorsque les jésuites s'opposèrent à l'exécution du traité conclu, en 1750, entre l'Espagne et le Portugal, et aux termes duquel une partie du Paraguay fut cédée au Brésil, et quand Pombal eut engagé une lutte contre eux, que l'Espagne se décida à prendre des mesures contre les jésuites. De 1754 à 1758, ils opposèrent une résistance armée aux deux puissances; mais ils durent finir par céder, et en 1768, ils furent tous arrêtés le même jour dans les possessions espagnoles et portugaises, en même temps que leurs missions étaient placées sous l'administration d'autorités civiles.

« Les Frères moraves ou Frères unis, selon Cabet, composent de grandes *maisons* ou de grandes *familles* de mille à douze cents associés qui s'appellent frères et sœurs; celle de Zeist, près d'Utrecht, en Hollande, en compte trois mille cinq cents depuis que, en 1760, un riche seigneur allemand, transporté d'admiration, entra dans la communauté et lui donna toute sa fortune. La maison qu'habite chaque grande famille n'est point un couvent, mais un vaste bâtiment qui comprend de petits logements pour chaque petite famille; de grands ateliers, les uns pour les hommes, les autres pour les femmes; un grand réfectoire commun; de grandes salles communes pour les jeux, les assemblées et la conversation; des écoles, une infirmerie, une chapelle, un jardin, des promenades, des terres tout alentour, des magasins communs, etc. L'égalité réelle et parfaite, la fraternité et la communauté de travail et de jouissance sont les bases de leur association : chacun doit exercer une profession utile; tous les produits sont communs, tous en jouissent également sans aucune préférence; tous mangent en commun, et sont nourris, vêtus et logés de même. »

L'Unité des frères, qui dans l'origine ne comptait que quelques centaines de membres, en compte aujourd'hui plus de soixante-dix mille. Outre leurs établissements dans la Lusace, dans la Silésie et dans d'autres parties de l'Allemagne, on cite ceux de Zeist, en Hollande ; de Fulneck, Fairfield et Ockbrook, en Angleterre ; de Gracehill, en Irlande ; de Sarepta, en Russie, etc. Hors de l'Europe, ils ont établi un grand nombre de missions, dont les plus florissantes sont celles de Saint-Thomas, dans les Antilles ; de Bethléhem, de Nazareth, de Litiz et de Salem, dans les Etats-Unis. Ils ont aussi des missionnaires dans le Groënland, le Labrador, la Guyane, le pays des Hottentots, l'Égypte et l'Indostan.

Depuis 1727, la société des Frères moraves ou Hernutes s'est établie sur des bases solides, sous la protection du baron de Zinzendorf, qui leur permit de s'établir sur ses terres et leur fit adopter des statuts qu'ils observent encore. Ils se divisent en trois tropes ou confessions : le trope luthérien, le trope calviniste et le trope morave. Les enfants appartiennent au trope de leur père, et il leur est défendu de passer dans un autre. Chaque trope a ses surveillants, appelés *anciens*, et célèbre la Cène selon les rites de son Église. Chaque communauté est divisée en classes ou *chœurs*, déterminés par les différences d'état, d'âge et de sexe. Il y a donc un chœur d'enfants, un chœur de garçons et un chœur de petites filles, un chœur de frères et un chœur de sœurs non mariés, un chœur d'époux, un chœur de veufs et un chœur de veuves. Chacun de ces chœurs a un administrateur chargé de surveiller les mœurs, et des agents qui s'occupent des intérêts matériels. Dans les chœurs de femmes, ces emplois sont remplis par des personnes du même sexe. Les frères et les sœurs non mariés habitent des corps de logis séparés ; dans les grandes communautés, il y a même des maisons spéciales pour les veufs et pour les veuves. Quant aux personnes mariées, elles ont, il est vrai, des habitations communes, mais elles n'en sont pas moins placées sous la surveillance des administrateurs de leurs chœurs, chargés de faire à la conférence des anciens un rapport sur ce qui s'y passe. Cette conférence des anciens se compose du chef de la communauté, du pasteur et des administrateurs des chœurs. Elle se réunit sous la présidence du chef de la communauté et statue sur tous les désordres qui ont lieu dans une maison, tandis que le collége des surveillants s'occupe de l'approvisionnement, de la police intérieure et du maintien de la tranquillité. Ces deux conseils réunis, auxquels on adjoint quelques membres de la communauté, décident les affaires générales; pour les cas extraordinaires, ils appellent à leurs délibérations un plus grand nombre de frères. A côté de ces fonctionnaires s'en trouvent d'autres qui n'ont qu'une autorité spéciale, comme les évêques, les prêtres, les diacres, les diaconesses, etc. Les *séniores* ou *conseniores* traitent les affaires de la communauté avec les autorités du pays. Les affaires qui concernent la société tout entière sont du ressort de la conférence des anciens de l'Unité qui siége à Bertholsdorf. Ce directoire se divise en quatre départements : celui des administrateurs, chargé des affaires ecclésiastiques; celui des surveillants, qui veille au maintien de la discipline ; celui des agents, qui contrôle l'administration des revenus, et celui des missions, qui s'occupe de la conversion des païens. La conférence des anciens jouit d'une grande autorité, mais non irresponsable, car elle doit rendre compte aux synodes, qui s'assemblent au moins tous les sept ans, et qui se composent des évêques, des surveillants des tropes, des députés de toutes les communautés et de quelques sœurs, qui y sont mandées afin de fournir des renseignements sur les objets relatifs aux personnes de leur sexe. Ces assemblées sont comme le centre de l'Unité des frères; c'est à elles qu'appartient la direction générale des affaires; elles ont même le pouvoir, comme l'a prouvé celle de 1818, de modifier les statuts fondamentaux de la société.

Trois fois par jour les frères moraves se réunissent dans une vaste salle, au milieu de laquelle est placée une table couverte d'un tapis vert, pour se livrer à la pratique du culte. Le dimanche, ils célèbrent un grand nombre de cérémonies religieuses. Dans la semaine, il y a souvent aussi des homélies pour un chœur particulier, et des réunions où les frères et les sœurs chantent alternativement, et se séparent en se donnant le baiser fraternel. Avant la communion, qui doit avoir lieu chaque mois, les membres de la communauté mangent en commun des gâteaux et boivent du thé, en récitant des prières et en chantant des cantiques. Les hernhutes aiment en général la musique. Aucune société religieuse ne donne plus de soin que les frères moraves à l'éducation physique et morale des enfants; mais ils attachent peu de prix à la science. Lorsqu'un morave veut se marier, il fait sa demande à l'administration de son chœur, qui la soumet aux anciens et à l'inspectrice de la jeune sœur. Ce n'est qu'après avoir examiné si toutes les convenances se rencontrent, qu'on transmet la demande à la jeune fille, qui est toujours libre de l'agréer ou de la rejeter. Jusqu'en 1818, les mariages se faisaient par la voie du sort. Tous les frères ont un costume uniforme, de couleur grise ou brune. Les sœurs portent les cheveux lisses, retenus par un ruban dont la couleur indique le chœur auquel elles appartiennent. D'après les statuts, elles doivent avoir aussi un costume; mais elles ne le prennent plus guère que pour assister aux assemblées religieuses. Celui qui pêche contre les mœurs ou la discipline est admonesté d'abord par les anciens; s'il ne se corrige pas, il est exclu de la Cène et des assemblées, et finalement chassé de la société s'il persiste dans sa mauvaise voie.

Les frères moraves sont laborieux; ils sont habiles dans les arts mécaniques, leur commerce est actif et étendu. L'Unité une caisse générale où sont versés, outre les dons et les legs, les revenus des biens de la société et 10 pour 100 du prix de vente de tous les articles qu'ils livrent au commerce. Cette caisse est administrée par les anciens. Les frères ne peuvent disposer de leurs biens particuliers sans autorisation. Une permission leur est nécessaire pour prendre à leur service des serviteurs n'appartenant pas à leur secte. Les anciens interviennent dans les discussions qui s'élèvent entre les maîtres et les serviteurs. L'arbitrage termine tous les différends. Les moraves n'ont recours

aux tribunaux que lorsqu'ils ont des difficultés avec un homme étranger à leur société. En général, ils se distinguent par l'amour de la paix et de l'ordre, par une piété douce, beaucoup de gravité et de décence, une propreté recherchée, un esprit très-industrieux et une grande bienfaisance.

En 1830, Joé Smith fit paraître son *Livre des Mormons*. Depuis 1827 il avait réuni plusieurs milliers d'adhérents dans l'ouest du Missouri, où ils fondèrent la ville de Far-West. Chassés de là par la violence, ils se rendirent dans l'Illinois où, en 1840, ils fondèrent, dans le comté de Hankok, la ville de Nauvoo, sur les bords du Mississipi. La ville se développa rapidement. Le prophète en était le maire. A ce titre, il fit briser, en 1844, les presses d'un mormon excommunié. Cet acte de violence détermina les autorités du comté de Hankok à lancer un mandat d'arrestation contre Joé Smith et d'autres ; mais le constable, chargé de remettre ce mandat à Joé Smith lui-même, fut expulsé de la ville par le maréchal de la cité. Pour punir cette mutinerie, les autorités appelèrent la milice de Hankok sous les armes ; les Mormons fortifièrent Nauvoo, et y soutinrent un siége. Le gouverneur de l'Illinois prit le commandement de la milice et somma Joé Smith de se constituer prisonnier avec ses coaccusés, en s'engageant à les protéger contre toute violence. Enfermé avec son frère dans la maison d'arrêt de Carthage, Joé Smith périt comme lui dans une attaque d'individus armés et déguisés en Indiens, le 27 juin 1844. Depuis lors, les mormons émigrèrent vers les régions de l'ouest, afin d'y chercher une sorte de terre promise. Une colonne de leurs pionniers, partie du territoire de Jowa, à peine peuplé, pénétra par des chemins encore inexplorés jusqu'au versant nord du plateau, franchit l'Elkorn, suivit ensuite les bords de l'Orégon jusqu'au fort Bredjer, et de là, franchissant les montagnes Rocheuses, arriva enfin, le 25 juillet 1847, dans la vallée du lac Salé. Aussitôt ils commencèrent la colonisation du pays et la fondation de la capitale de leur nouvel État, la Nouvelle-Sion ou Nouvelle-Jérusalem. Deux ans après la construction de

la première maison, la ville du grand lac Salé comptait déjà
900 habitants. En 1850, la petite république des mormons se faisait admettre dans l'Union américaine, sous la dénomination
de territoire de l'Utah. Eux-mêmes lui donnaient le nom de Terre
du Désert et des Mouches à miel. Sa population était de
11,354 habitants en 1850, de 30,000 en 1851, et de plus de
70,000 à la fin de 1852. Les mormons se livrent à une propagande active en Europe, et l'émigration leur amène un grand
nombre d'adhérents. Le gouvernement central des Etats-Unis a
dû diriger une expédition contre eux pour leur faire reconnaître la suprématie du gouvernement fédéral.

A la tête de l'État se trouve un président, successeur du prophète, assisté de deux conseils et d'un patriarche. La seconde
autorité se compose du quorum des douze apôtres, assisté de
l'historiographe de l'Église, du président du bâton de Sion et de
deux conseils ; une troisième autorité, le grand conseil, se compose de douze membres. La polygamie existe parmi eux. La loi
impose à tout individu faisant partie de leur société de déposer
la dixième partie de ses produits ou de ses revenus dans le trésor
du Seigneur, et il en est fait emploi dans l'intérêt de toute l'Église,
c'est-à-dire de l'État.

« Le budget des mormons, dit M. l'abbé Domenech [1], participe
du caractère religieux de leurs institutions. Les trésors de l'Église
sont libéralement et fréquemment dépensés pour la sécurité,
l'amélioration et le bien-être matériel de la colonie, dès que les
circonstances l'exigent. Les revenus proviennent d'un système de
dîmes à peu près semblable à celui qui était en usage chez les
Hébreux : chaque individu, lorsqu'il fait sa profession de foi,
est obligé de payer au trésor de l'Église un dixième de ce qu'il
possède ; de plus, il doit employer un dixième de son temps aux
travaux d'utilité publique, tels que ponts, routes, canaux, etc.

1. *Les Indiens des grands déserts de l'Amérique septentrionale* (Moniteur du 8 décembre 1859).

Une taxe est également imposée aux *saints* et aux *gentils*, et constitue les revenus du gouvernement civil. Les denrées qui servent à l'alimentation de la ville payent, en entrant, 1 pour 100, excepté les alcools et les liqueurs spiritueuses, qui sont chargés d'un impôt de la moitié de leur valeur de vente. »

L'Église catholique est loin elle-même d'être hostile à l'association. « Grâce à Dieu! s'écriait le père Lacordaire, en 1846, dans la chaire de Notre-Dame, la question économique est jugée aujourd'hui. Il est admis que l'association est le seul grand moyen économique qui soit au monde, et que si vous n'associez pas les hommes dans le travail, l'épargne, le secours et la répartition, inévitablement le plus grand nombre d'entre eux sera victime d'une minorité intelligente et mieux pourvue des moyens de succès. Je ne prends pas sur moi de louer tous les plans d'association qui se pressent au jour, toutes les tentatives de communauté qui demandent l'eau et le feu; je loue seulement l'intention, parce qu'elle est un hommage aux vrais besoins de l'humanité. Ne l'oubliez pas, tant que nous sommes isolés, nous n'avons à espérer que la corruption, la servitude et la misère; la corruption, parce que nous n'avons à répondre que de nous-mêmes à nous-mêmes, et que nous ne sommes pas portés par un corps qui nous inspire respect pour lui et pour nous; la servitude, parce que quand on est seul on est impuissant à se défendre contre quoi que ce soit; enfin la misère, parce que le plus grand nombre des hommes naît dans des conditions trop peu favorables pour soutenir jusqu'au bout son existence contre tous les ennemis intérieurs et extérieurs, s'il n'est assisté par la communauté des ressources contre la communauté des maux. L'association volontaire, où chacun entre et sort librement sous des conditions déterminées par l'expérience, est le seul remède efficace à ces trois plaies de l'humanité : la misère, la servitude et la corruption. L'Eglise l'a proclamé très-haut; elle a fondé parmi ses premiers disciples la communauté volontaire de biens et de vie; elle a frappé de mort l'hypocrisie, qui tentait déjà d'en corrompre les lois ; et depuis, dans le cours des âges, elle n'a cessé de porter ses fidèles à l'association sous toutes les formes et pour tous les objets. Sa maxime constante a été d'unir pour sanctifier et protéger, comme la maxime constante du monde est de diviser pour régner. A tous ces titres, la communauté volontaire de biens et de vie est évidemment une institution philanthropique, c'est-à-dire amie des hommes ; mais l'histoire de ses bienfaits n'est pas achevée. »

UTOPIES

Thomas Morus a donné le nom d'*Utopie* (formé de ὐ, bien, ou de οὐ, non, et τόπος, lieu, ou peut-être d'οὔτι, point du tout, et ὄπω, ὄπτω, je vois : c'est-à-dire un bon lieu, ou ce qui n'a pas de lieu d'existence, ce qui n'a été vu nulle part) à une île imaginaire, gouvernée par Utope, suivant des lois formulées dans le livre IIᵉ de l'ouvrage latin de cet auteur qui porte le même titre et qui contient une théorie descriptive d'une législation et d'un gouvernement modèles. Ce plan de constitution, qui renferme d'excellentes idées et beaucoup d'institutions impossibles, a fait donner le nom d'*utopies* à tous les plans du même genre, plus ou moins impraticables, écrits par des philosophes ou des rêveurs, en vue de réformer la société. Ainsi, la *Cyropédie*, de Xénophon ; la *République*, de Platon ; la *Cité du soleil*, de Campanella ; l'*Argenis*, de Barclay ; la république d'*Océana*, par Harrington ; la *République des Scvarambas*, la *Relation du voyage de l'île d'Eutopie*, le *Miroir d'or*, par Wieland ; la *République des Philosophes*, ou *les Ajaoïens*, attribuée à Fontenelle ; *la République de Cessarés ; la Basiliade*, par Morelly ; la *République parfaite*, par David Hume, et beaucoup d'autres ouvrages de même nature, jusqu'au *Voyage en Icarie*, de Cabet, passent pour des utopies. La plupart de ces plans de réformes ont un principe commun, l'égalité parfaite entre tous les citoyens d'un même État, à laquelle on arrive par l'abolition de la propriété.

Campanella place les habitants de sa *Cité du soleil* sous le

régime de la communauté. « Cette race d'hommes,'dit-il¹, est
sortie de l'Inde pour fuir la cruauté des mages, des brigands
et des tyrans qui dépeuplaient le pays. Ils résolurent de mener
une vie philosophique en communauté. Bien que la communauté des femmes n'existe pas chez les autres habitants du pays,
elle est en usage chez eux. Tout est en commun, mais le partage est réglé par les magistrats. Cependant les sciences, les
honneurs et les jouissances de la vie sont partagés de manière
que personne parmi eux ne peut songer à s'en approprier d'autres au détriment de ses concitoyens. Ils disent que l'esprit de
propriété ne naît et ne grandit en nous que parce que nous
avons une maison, une femme et des enfants en propre. De là
vient l'égoïsme, car pour élever un fils jusqu'aux dignités et
aux richesses, et pour le faire héritier d'une grande fortune,
nous dilapidons le trésor public, si nous pouvons dominer les
autres par notre richesse et notre puissance; ou bien, si nous
sommes faibles, pauvres et d'une famille obscure, nous devenons
avares, perfides et hypocrites. Donc, en rendant l'égoïsme sans but,
ils le détruisent; il ne reste que l'amour de la communauté. »

Mais dans un pareil état de choses, objecte un hospitalier
interlocuteur, personne ne voudrait travailler, chacun s'en
remettant au travail d'autrui pour vivre, ainsi qu'Aristote
l'objecte à Platon. « Je t'assure, réplique le Génois qui est censé
avoir visité les *Solariens*, que l'amour de ces gens-là pour leur
patrie est inimaginable. Ne voyons-nous pas dans l'histoire que
plus les Romains méprisaient la propriété, plus ils se dévouaient
pour le pays? Et je crois aussi que si nos moines et nos prêtres
n'étaient pas dominés comme ils le sont, soit par l'amour de
leurs parents ou de leurs amis, soit par l'ambition qu'ils ont de
parvenir aux grandes dignités, ils seraient bien plus saints,
auraient moins d'attachement pour la propriété et plus de charité envers tous. »

---

1. Nous suivons la traduction de M. Jules Rosset.

C'est ce que semble dire saint Augustin, reprend l'hospitalier. Mais l'amitié n'est donc rien chez ces gens-là, puisqu'ils ne peuvent se rendre de mutuels services? « Il y a plus, répond le Génois, aucun d'eux ne peut recevoir de présent d'un autre, tout ce dont ils ont besoin leur étant donné par la communauté. Les magistrats empêchent qu'aucun n'ait plus qu'il ne mérite, mais rien de nécessaire n'est refusé à personne. L'amitié se fait connaître par les services qu'ils se rendent à la guerre ou en cas de maladie, ou bien encore dans l'étude des sciences, où ils s'aident de leurs lumières réciproques, de leurs soins, de leurs éloges. S'ils se font des présents, c'est sur le nécessaire qu'ils les prélèvent. Ceux du même âge s'appellent frères entre eux, ceux qui ont plus de vingt-deux ans sont appelés pères par ceux qui sont plus jeunes et leur donnent le nom de fils. Les magistrats veillent rigoureusement à ce que personne n'enfreigne cette loi...

» Le vêtement des deux sexes est à peu de chose près le même. Seulement, celui des femmes descend jusqu'au-dessous du genou, tandis que celui des hommes n'arrive qu'au-dessus. Tous ensemble sont instruits dans tous les arts. D'un à trois ans, ils apprennent l'alphabet et la langue sur les murs en se promenant. Les élèves sont répartis en quatre divisions et conduits par quatre vieillards très-instruits. Bientôt on les fait s'exercer aux jeux gymnastiques, tels que la course, le disque et plusieurs autres jeux qui fortifient également chaque membre. Ils gardent toujours la tête et les pieds nus jusqu'à l'âge de sept ans. On les conduit tous ensemble dans les lieux où l'on pratique des métiers, dans les cuisines, les ateliers de peinture, de menuiserie, où l'on travaille le fer et où l'on fait des chaussures, etc., afin que la vocation de chacun se détermine. Après leur septième année, lorsqu'ils ont appris sur les murailles les termes mathématiques, on leur enseigne toutes les sciences naturelles. Quatre professeurs ont ce soin, et dans un espace de temps de quatre heures, les quatre divisions ont reçu leur

leçon, car, tandis que les uns exercent leur corps ou servent
aux besoins publics, les autres s'adonnent au travail intellectuel.
Ensuite ils s'appliquent aux hautes mathématiques, à la méde-
cine et à toutes les autres sciences. On les fait discuter entre
eux ; ceux qui se sont distingués dans telle ou telle science ou
dans un art mécanique sont faits magistrats, et chacun les
regarde comme des maîtres et des juges. Alors ils vont inspecter
les champs et les pâturages des bestiaux. Celui qui connaît un
plus grand nombre de métiers et les exerce le mieux est le plus
considéré. Ils rient du mépris que nous avons pour les artisans,
et de l'estime dont jouissent chez nous ceux qui n'apprennent
aucun métier, vivent dans l'oisiveté et nourrissent une multitude de valets pour servir leur paresse et leur débauche ; cette
manière de vivre engendre de grands maux pour l'État : une
foule d'hommes pervers sortent d'une société pareille comme
d'une école de vices...

» Maisons, chambres, lits, tout, en un mot, est commun entre
eux. Tous les six mois les magistrats désignent à chacun le
cercle, la maison et la chambre qu'il doit occuper. Le nom de
celui qui l'habite momentanément est écrit sur la porte de
chaque chambre. Tous les arts mécaniques et spéculatifs sont
communs aux deux sexes. Seulement, les travaux qui exigent
plus de vigueur et qui se font hors des murs sont exécutés par
les hommes... Chaque cercle a ses cuisines, ses greniers, ses
ustensiles, ses provisions de nourriture et de liquides. Un vieillard et une vieille femme respectables président à chaque fonction, et ils ont le droit de frapper ou de faire frapper les négli-
gents et les indociles. Ils remarquent dans quelles fonctions
chaque garçon et chaque fille se distingue davantage. Les jeunes
gens servent tous ceux qui sont âgés de plus de quarante ans.
Ce *maître* et cette *maîtresse* les conduisent le soir dans leur
chambre, où ils couchent seuls ou à deux, et le matin ils les
envoient où leur devoir les appelle. Les jeunes gens se servent
l'un l'autre, et malheur à celui qui refuserait de le faire. Il y

a les premières et les secondes tables; chacune d'elles a une rangée de siéges de chaque côté; d'un côté se mettent les hommes et de l'autre les femmes. On garde le silence, comme dans les réfectoires des couvents, et un jeune homme assis à une place plus élevée que les autres fait à voix sonore une lecture, souvent interrompue aux passages remarquables par un des plus respectables membres de l'assemblée. Les magistrats ont des portions plus fortes et plus délicates, et ils en donnent une partie aux enfants qui se sont distingués le matin par leur travail.

» Tout ce qui regarde la génération est scrupuleusement réglé, non pour le plaisir des individus, mais pour le bien de la république. Il faut nécessairement obéir aux magistrats. Nous croyons que la nature exige que nous connaissions et que nous élevions ceux que nous engendrons; que nous ayons une maison, une femme et des enfants à nous. Les Solariens le nient et pensent, avec saint Thomas, que la génération est faite pour conserver l'espèce, non l'individu. La reproduction regarde donc la république et non les particuliers, si ce n'est comme partie du tout, qui est la république. Et comme les particuliers engendrent et élèvent très-mal leurs enfants, il peut en résulter un grand mal pour la république qui, dans ce cas, a raison de ne s'en remettre qu'à elle-même sur un point de cette importance. La sollicitude de la paternité regarde donc bien plus la communauté que l'homme privé. On cherche à cet effet à réunir les géniteurs et les génitrices selon les enseignements de la philosophie. Platon pense qu'on doit s'en remettre au sort pour la formation des couples, de crainte que ceux qui se verraient privés de femmes fortes et belles ne s'en prissent aux magistrats et ne se révoltassent contre eux. Il pense aussi que dans le tirage au sort, les magistrats doivent user de ruse, ne donner les belles femmes qu'à ceux qui en sont dignes, n'accorder aux autres que celles qu'ils méritent, et non pas celles qu'ils désirent. Mais cette ruse serait inutile chez les Solariens, pour unir les hommes difformes aux femmes qui le sont, car on ne trouve pas de difformité chez eux. Les femmes, grâce à l'exercice qu'elles se donnent, ont des couleurs vives, des membres robustes, et sont grandes et agiles. La beauté des femmes consiste pour les Solariens dans la force et la vigueur, et l'on punirait de mort celles qui farderaient leur visage pour s'embellir, se serviraient de chaussures élevées pour se grandir, ou porteraient de longues robes pour couvrir des pieds défectueux... Ils disent que de tels abus naissent chez nous de l'oisiveté des femmes et de leur paresse qui les affaiblissent, les pâlissent et diminuent leur taille en la ployant. Alors il faut simuler la fraîcheur du coloris, se grandir par des chaussures élevées, et paraître belle par la frêle délicatesse des formes, et non par la force d'une bonne constitution; et c'est ainsi qu'elles détruisent leur tempérament et celui de leurs enfants.

» Si par hasard un homme et une femme s'éprennent mutuellement l'un de l'autre, il leur est permis de converser et de jouer ensemble, de se donner des guirlandes de fleurs ou de feuillage et de s'adresser des vers. Mais s'ils ne sont pas dans les conditions voulues pour une bonne génération, ils ne peuvent en aucun cas s'unir sexuellement, à moins que la femme ne soit déjà enceinte ou bien qu'elle ne soit stérile. Au reste, ils ne connaissent guère que l'amitié en amour, et ne sont presque jamais poussés par la concupiscence. Les Solariens attachent en général peu d'importance aux choses matérielles et s'en inquiètent à peine, car chacun reçoit tout ce qui lui est nécessaire; et le superflu ne lui est donné qu'à titre de récompenses honorifiques. Ces récompenses se distribuent dans les grandes solennités, où l'on offre aux héros ainsi qu'aux héroïnes, soit de belles couronnes, soit des vêtements somptueux, soit des mets plus exquis. »

Les magistrats règlent la génération. A dix-neuf ans, les femmes sont regardées comme génératrices; les jeunes gens, à vingt et un ans, sont réputés générateurs. Hommes et femmes paraissent sans aucun vêtement dans les jeux publics, à la manière des Lacédémoniens. Les magistrats accouplent ceux et celles qui paraissent physiquement le mieux se convenir. Les femmes grandes et belles ne sont unies qu'à des hommes grands et bien constitués; les femmes qui ont de l'embonpoint sont unies à des hommes secs, et celles qui sont maigres sont réservées à des hommes gras, pour que leurs divers tempéraments se fondent et qu'ils produisent une race bien constituée.

Lorsqu'une femme n'a pas conçu par suite d'une première union charnelle, on l'unit sexuellement avec un autre homme. Si enfin elle est reconnue être stérile, elle devient commune. Mais en ce cas on ne lui accorde pas les honneurs dont jouissent les mères, ni dans le conseil de la génération, ni à table, ni dans le temple, afin de contenir par cet exemple les femmes qui pourraient se rendre stériles par libertinage. Après l'accouchement elles nourrissent elles-mêmes l'enfant et l'élèvent dans des édifices communs réservés à cet usage; l'allaitement dure deux ans et plus, si le médecin le juge à propos. Une fois l'enfant sevré, on le confie aux mains des maîtres ou des maîtresses, suivant son sexe. Les enfants sont exercés tous ensemble à connaître l'alphabet et les peintures; on les fait courir, se promener, lutter, et on leur apprend les langues et les histoires qui se déroulent en tableaux sur les murs. Ils portent dès lors de beaux vêtements. Après leur sixième année, on commence à leur enseigner les sciences naturelles; ensuite les choses auxquelles ils paraissent le plus aptes, d'après le jugement des magistrats. Puis enfin on les initie aux sciences mécaniques. Les enfants d'un esprit plus lourd sont envoyés dans les campagnes, et si plus tard leur esprit s'ouvre, ils reviennent dans la cité.

Thomas Morus voulait établir un partage absolument égal des biens entre tous les citoyens. Il prêche l'amour de la paix et le mépris de l'or. Il voudrait que les fiancés se vissent tout nus avant de se marier, et que lorsqu'un malade est désespéré, il se donnât ou se fît donner la mort.

« Ailleurs, dit Th. Morus, on voit des nobles, etc., qui sont
riches et heureux, tandis que les pauvres ouvriers sont plus
malheureux que les bêtes de charge et de voiture... Les riches
pillent les pauvres et décorent leurs violences et leurs pillages
du titre de légalité... Quand je considère toutes ces autres républiques (*common-wealths*), réputées florissantes, qui couvrent la
terre, je n'y vois qu'une sorte de conspiration des riches pour
tout accaparer, sous le beau prétexte du bien public, pour
retenir ce qu'ils ont illégitimement amassé, et pour dépouiller
et exploiter les pauvres... Dès que les riches ont consacré leurs
usurpations par des lois, qui sont leur ouvrage, et qu'ils prétendent faites dans l'intérêt général, leurs usurpations deviennent légitimes... Et cependant, ces méchants riches qui prennent
tout ne sont pas aussi heureux que les Utopiens, qui, en supprimant la monnaie, ont supprimé tous les soucis, tous les
vices et tous les crimes... Jésus-Christ, qui savait bien ce qui
convient le mieux aux hommes, a recommandé la communauté; et il aurait utopianisé l'univers si l'orgueil des riches
ne l'en avait empêché... »

Jean Bodin, auteur d'une *République*, combattit les utopistes,
notamment Thomas Morus. La nécessité du consentement des
sujets pour lever des subsides et l'inaliénabilité du domaine
royal lui paraissent des garanties des libertés publiques. Il met
la famille et la propriété au-dessus du gouvernement, et attaque
le communisme de Platon, de Morus et des anabaptistes. Il
déclare la communauté des biens impossible, tout en reconnaissant que « l'opulence des uns et la misère des autres sont la
cause des séditions. » Bodin discute aussi le moyen d'empêcher
que les monnaies soient altérées ou falsifiées. Il blâme la vénalité des charges. Il conseille d'alléger les droits d'entrée sur les
articles dont le peuple ne peut guère se passer, mais de les
faire peser sur les produits manufacturés, afin de forcer le peuple
à se livrer à l'industrie. Il veut le moins possible d'impôts
directs; mais il demande une contribution sur les objets de luxe

et sur le revenu. Il s'étonne que l'impôt ne pèse que sur le peuple, et que la noblesse et le clergé en soient exemptés. Enfin, il se montre partisan de la liberté du commerce.

Le chancelier François Bacon, dans sa *Nouvelle Atlantique*, veut qu'on assure à chacun des moyens de subsistance; il reconnaît que la misère et le mécontentement sont la cause des troubles, et demande l'organisation d'une société de savants chargés de recueillir toutes les connaissances des autres pays, et de faire toutes les expériences nécessaires pour arriver à des découvertes.

Harrington, en publiant sa république d'*Oceana*, en 1656, l'avait arrangée pour être immédiatement appliquée à l'Angleterre, et espérait en faire adopter le plan à Cromwell. Il y réfute la doctrine de Hobbes sur la monarchie absolue, et, « reconnaissant que l'aristocratie héréditaire et l'inégalité de fortune sont la cause de toutes les révolutions, il établit un maximum de propriété immobilière (équivalent de 200 à 500 francs de revenu), la souveraineté du peuple, le suffrage universel, un sénat de trois cents membres, une chambre de mille députés, un conseil exécutif de sept membres, tous électifs et temporaires, sans aucune hérédité, avec une éducation commune. »

En 1850, un nouveau monde social fut découvert. On lui donna le nom d'*Armanase*. Dans ce nouveau monde il n'y a plus ni travail, ni paupérisme, ni oppression, la liberté est garantie par le bien-être, tous les pouvoirs sont consentis, les minorités sont aussi indépendantes que les majorités, le gouvernement ne se manifeste qu'en faisant le bien, sans police, sans tribunaux et sans budget, le peuple reçoit des impôts au lieu d'en payer, enfin, une émulation salutaire remplace les luttes guerrières et la concurrence anarchique. Les principes économiques qui le régissent sont basés sur une large reconnaissance des droits des inventeurs. La perpétuité des brevets d'invention étant reconnue, des capitaux abondants viennent s'hypothéquer avec sécurité sur ces propriétés nouvelles. La concurrence cesse. Chaque brevet nouveau lui porte un coup nouveau, et spécialise les diverses branches de la fabrication entre les mains de quelques manufacturiers intelligents. Assurés d'une possession indéfinie, les producteurs ne s'occupent plus que de perfectionner leurs œuvres, d'en diminuer le prix pour arriver graduellement à de nouvelles classes de consommateurs. On a le bon marché sans que la qualité en souffre, et la concurrence cesse sans ôter le stimulant de l'émulation. Il y a une lutte constante du génie pour inventer de nouveaux procédés et obtenir de nouveaux brevets garantis par la loi, qui remplacent les anciens. D'abord, il n'y a pas de constitution en Armanase. La liberté absolue et illimitée est proclamée. Les représentants du peuple sont de simples délégués, dont les pouvoirs expirent de plein droit tous les ans, ou plus tôt, si le collège électoral qui les a nommés juge à propos de les remplacer. L'impôt uniforme de un pour cent sur le capital remplace tous les autres, et il est payé aux citoyens, car toutes les dépenses gouvernementales sont supprimées, sans exception. La dotation de l'assemblée nationale est fixée à un pour cent du budget, ou un dix-millième du capital d'Armanase, pour que les directeurs de la fortune publique soient intéressés à sa prospérité. L'assemblée n'administre rien par elle-même, elle fait appel à la capacité, qui surgit partout où il est besoin. De vastes compagnies se forment de toutes parts pour remplir les services publics. La première et la plus importante est celle des finances, ses fonctions consistent à percevoir un pour cent sur le capital national, et à le répartir entre tous les citoyens au marc le franc. Jusqu'à ce que la recette soit suffisante, cette liste civile populaire est payée aux enfants, puis aux vieillards, et enfin à tous. Les bénéfices de cette compagnie consistent dans la moitié des excédants de recette au delà de la somme qu'elle a soumissionnée. Ces excédants qui peuvent, sous une sage administration, monter à des centaines de millions, tendent tous les ressorts de l'intelligence des administrateurs, dont la vigilance incessante s'étend sur tous les points du territoire.

Des statisticiens habiles sont chargés par eux de s'informer de toutes les phases de la production et de la consommation, pour les équilibrer convenablement. Des voyageurs intelligents vont chercher au fond des campagnes les plus reculées ou des ateliers les plus obscurs, l'ouvrier intelligent ou l'agriculteur capable qui pourra, sur un point donné, augmenter la richesse nationale, et alors cet homme, ignoré la veille, aura à sa disposition des millions pour acheter le domaine ou la manufacture que son génie peut rendre plus productifs. Le droit de préemption ainsi continuellement suspendu sur la tête des anciens propriétaires, les oblige à étudier constamment les méthodes et les procédés nouveaux qui peuvent augmenter leur richesse et celle d'Armanase. Le génie qui s'étiole parmi nous dans les bas-fonds de la société, ou qui n'apparaît que pour être persécuté, devient en Armanase l'arbitre de toutes les fortunes ; il y grandit, monte tous les jours, et le capital, humilié, ne lui doit son salut qu'en le glorifiant. Toutes les inventions qui, faute de commandites, ne font que paraître et s'éteindre ailleurs, trouvent ici dès leurs débuts des Mécènes et des écus pour les patroner. Non-seulement toutes les machines utiles sont réalisées dans le plus bref délai ; mais tant que le génie des inventeurs n'aura pas résolu les mille problèmes de la substitution du travail mécanique à l'action humaine, il y aura des primes offertes à ses découvertes. On stimule les facultés créatrices : des berceaux d'or accueillent les pensées naissantes. Le dernier citoyen d'Armanase possède au moins un minimum de 50 à 60 centimes par jour. Copropriétaire du domaine public, il vit tranquille, nourri par les machines et le capital social. Voué au calme de son oisiveté philosophique et à la discussion de la chose publique, il ne jalouse ni la richesse ni l'oisiveté des autres. Quant au délégué du peuple, il n'a de souci qu'à augmenter la richesse nationale, pour que le dividende de l'assemblée et le sien grandissent simultanément. Il passe sa vie à étudier de nouveaux agents producteurs qui multiplient les produits ; à chaque réélection il présente à son collége électoral de nouveaux aperçus sur le bonheur de tous, et prévient une destitution, sollicitée par cent rivaux, en multipliant ses services et en redoublant de zèle. Quant aux capitalistes, ils ne défendent leur propriété contre la préemption qu'en s'appuyant sans cesse sur l'invention, la capacité et le génie. Tous les ateliers de production prennent des proportions immenses, et les frais généraux diminuent en proportion. Toutes les fabrications sont centralisées au moyen des brevets d'invention. Tout est monopolisé, et, par conséquent, plus de concurrence, mais les droits de la liberté restent entiers, et chaque jour de nouveaux produits brevetés donnent naissance à de nouvelles exploitations qui, diminuant leurs prix, s'emparent de la consommation et la stimulent. C'est la lutte de la pensée substituée à celle des capitaux, l'émulation à la place de l'envie. L'agriculture elle-même prend des proportions gigantesques. La grande culture, grâce à la mécanique, fait des prodiges. D'énormes locomotives traînent à leur suite trente socs de charrues, et font en un jour l'ouvrage de mille paires de bœufs; cent machines ingénieuses, des semoirs, des sarcloirs, des outils à faucher, à moissonner, fonctionnent. Par l'intervention de la préemption, la grande culture s'étend à des zones entières et substitue la machine au paysan, le bras d'acier au bras de chair. L'homme ne fait plus pousser le blé à la sueur de son front. Éden est reconquis. En Armanase, il n'y a pas besoin de juges, parce qu'il n'y a aucun sujet à procès. La propriété immobilière et intellectuelle est insaisissable et personnelle. Aucun titre ne vaut contre la possession; quant à la propriété mobilière, possession vaut titre aussi. Toutes les dettes sont des dettes d'honneur; tous les tribunaux sont des tribunaux d'honneur; les juges sont remplacés par des arbitres. L'homme de mauvaise foi n'est pas poursuivi, mais déshonoré. Des sociétés d'assurance contre la friponnerie, le vol, la calomnie, la séduction, etc., pour une faible prime, garantissent tous les individus contre les torts qu'ils pourraient éprouver. Au criminel, ces compagnies peuvent faire arrêter le prévenu; un jury de douze membres, tirés au hasard parmi les personnes présentes, prononce immédiatement sur la prévention, à la simple majorité. Un nouveau jury prononce quelques jours après sur la culpabilité et la peine, qui ne peut être qu'un emprisonnement limité pour les crimes ordinaires, ou à vie pour l'homicide. Dans ce dernier cas, les biens du condamné tombent en déshérence. Comme il n'y a en Armanase ni gouvernement, ni armée, ni bureaux, ni magistrature, la femme, dont le domaine est tout entier dans la famille et les relations privées, a reconquis tous ses droits et se trouve véritablement émancipée. La misère cesse de la flétrir. La conscription du vice n'y existe pas plus que l'impôt du sang ; il n'y a pas de soldats, il n'y a pas non plus de prostituées.

INÉGALITÉ DES FORTUNES

« Qu'est-ce qui est à toi ? s'écrie saint Basile. De qui l'as-tu reçu ? N'es-tu pas comme celui qui, au théâtre, réclamerait pour lui seul les places préparées pour l'usage commun ? Ainsi les riches, ayant occupé les premiers ce qui appartient à tous, se l'approprient comme étant à eux seuls... Quel est l'avare, sinon celui qui n'est pas content du sien ? Quel est le spoliateur, sinon celui qui ôte aux autres ce qui est à eux ? A ce compte, n'es-tu pas avare et spoliateur, toi qui t'appropries ce que tu n'as reçu que pour le distribuer ? On appelle larron celui qui ôte à un autre son habit, n'appellera-t-on pas de même celui qui, pouvant couvrir la nudité d'autrui, néglige de le faire ? Le pain que tu gardes est à celui qui a faim ; le manteau que tu conserves est à celui qui est nu ; à l'indigent, l'argent que tu enfouis. »

« Ne pas donner aux pauvres, dit saint Jean Chrysostome, c'est se rendre coupable de rapine contre eux et leur ôter la vie... Ne soyons pas plus farouches que les animaux ; ils ont tout en commun, et vous, vous recélez souvent la subsistance de plusieurs milliers de personnes. N'est-il pas honteux, tandis que tout est commun entre nous, biens de la nature et de la grâce, de ne pas conserver pour l'argent la même communauté? N'appelons pas plus heureux le mauvais riche que le brigand qui recèle dans son antre les trésors qu'il a ravis. »

« C'est de l'iniquité que proviennent toutes les richesses, ajoute saint Jérôme; l'un ne peut gagner que l'autre ne perde; de là le proverbe : Tout riche est injuste ou héritier d'un injuste. »

« L'exemple des oiseaux de l'air, dit saint Ambroise, prouve que la cause de la pauvreté n'est que l'avarice; car si les oiseaux de l'air ont toujours abondamment de quoi vivre, quoiqu'ils ne labourent ni ne sèment, c'est parce qu'aucun d'eux n'approprie à son usage particulier les fruits donnés pour l'usage de tous. En nous attribuant des biens en propre, nous détruisons les biens communs. La terre ayant été donnée en héritage à tous les hommes, personne ne peut se dire propriétaire de ce qu'il a détourné par violence de ce fonds commun au delà de ce qui lui était nécessaire pour vivre... La nature a engendré le droit de communauté, et c'est l'usurpation qui a fait la propriété. »

« Quant à ceux qui ne donnent rien, selon saint Grégoire, il faut les avertir que la terre est commune à tous et qu'elle prodigue à tous ses biens en commun. Qu'ils ne se croient donc pas innocents, ceux qui usent pour eux seuls des biens que Dieu a faits communs à tous. En donnant le nécessaire aux indigents, nous ne faisons que leur rendre ce qui est à eux, bien loin de leur donner ce qui est à nous; nous payons une dette de justice plutôt que nous n'accomplissons une œuvre de miséricorde. »

Grotius, dans son *Traité de la guerre et de la paix*, publié en 1625 et dédié à Louis XIII, reconnaît que « Dieu a établi la communauté des biens, et que cette communauté de la terre subsisterait encore si les vices n'eussent pas rompu le lien de l'amitié fraternelle.» Il prétend que la propriété résulte d'un partage qui s'est opéré entre toutes les nations, et d'un sous-partage égal entre toutes les familles, à la condition que, dans les cas d'extrême nécessité, les biens seront toujours considérés comme communs.

En 1631, Hobbes préconise la monarchie absolue. Cependant il reconnaît aussi que les hommes sont égaux par la nature; qu'elle a donné à *tous* le droit à *tout*; et que l'inégalité est l'effet de la société et de la méchanceté. « Qui a assigné, dit-il, des rangs et des propriétés à chaque particulier? Pourquoi les uns dans l'opulence, les autres dans la médiocrité ou l'indigence? Pourquoi des maîtres, des valets et des esclaves? Par la méchanceté des hommes! »

Locke, dans son *Gouvernement civil*, s'exprime comme il suit : « Celui qui possède au delà de ses besoins passe les bornes de la raison et de la justice primitive, et enlève ce qui appartient aux autres. Toute superfluité est une usurpation, et la vue de l'indigent devrait éveiller le remords dans l'âme du riche. Hommes pervers qui nagez dans l'opulence et les voluptés, tremblez qu'un jour l'infortuné qui manque du nécessaire n'apprenne à connaître vraiment les droits de l'homme. La fraude, la mauvaise foi, l'avarice ont produit cette inégalité dans les fortunes qui fait le malheur de l'espèce humaine, en amoncelant, d'un côté, tous les vices avec les richesses, et, de l'autre, tous les maux avec la misère. Le philosophe doit donc considérer l'usage de la monnaie comme une des plus funestes inventions de l'industrie humaine. »

Puffendorf, dans son *Droit de la nature et des gens*, proclame l'égalité naturelle, la fraternité, la communauté des biens primitive, et reconnaît que la propriété est une institution humaine, qu'elle résulte d'un partage consenti pour assurer à chacun et surtout aux travailleurs une possession perpétuelle, indivise ou divise, et que par conséquent l'inégalité actuelle de fortune est une injustice qui n'entraîne les autres inégalités que par l'insolence des riches et la lâcheté des pauvres. »

Pascal, dans ses *Pensées*, explique ainsi l'origine de la propriété : « Ce chien est à moi, disaient ces pauvres enfants; c'est là ma place au soleil : voilà le commencement et l'image de l'usurpation de toute la terre. »

Bossuet, dans sa *Politique tirée de l'Ecriture sainte*, avoue que

« sans les gouvernements, la terre et tous les biens seraient aussi communs, entre les hommes, que l'air et la lumière : selon le droit primitif de la nature, nul n'a de droit particulier sur quoi que ce soit ; tout est à tous, et c'est du gouvernement civil que naît la propriété. »

« La Crète, Sparte, la Pensylvanie, le Paraguay, sont des exemples, dit Montesquieu, de ce que peut l'éducation... Quant au Paraguay, on a voulu faire un crime aux jésuites d'y avoir surtout cherché le plaisir de commander ; mais il sera toujours beau de gouverner les hommes en les rendant plus heureux ! Il est glorieux pour eux d'avoir été les premiers qui aient montré l'idée de la religion jointe à celle de l'humanité. Ils ont entrepris de grandes choses, et ils ont réussi : ils ont retiré des bois des peuples dispersés, leur ont donné une subsistance assurée, les ont vêtus et ont augmenté l'industrie parmi les hommes.

» Ceux qui voudront faire des institutions pareilles établiront la communauté de biens de la République de Platon, ce respect qu'il demandait pour les dieux, cette séparation d'avec les étrangers pour la conservation des mœurs, et la cité faisant elle-même le commerce, à l'exclusion des citoyens. Ils donneront nos arts sans notre luxe, et nos besoins sans nos désirs. Ils proscriront l'argent, dont l'effet est de grossir la fortune des hommes au delà des bornes que la nature y avait mise, et de nous corrompre les uns les autres.

» Ces sortes d'institutions peuvent convenir dans une république et peuvent avoir lieu dans un petit État, où l'on peut donner une éducation générale, élever tout un peuple comme une seule famille et faire les échanges rapidement et sans monnaie.

» Comme les hommes ont renoncé à leur indépendance naturelle pour vivre sous des lois politiques, ils ont renoncé à la communauté naturelle des biens pour vivre sous des lois civiles : de là la propriété.

» L'amour de la démocratie, c'est l'amour de l'égalité et de la frugalité ; chacun doit y avoir le même bonheur et les mêmes avantages, et y goûter les mêmes plaisirs, en y formant les mêmes espérances. Une égalité réelle et parfaite est si difficile à établir qu'une exactitude extrême ne conviendrait pas toujours; il suffit qu'on établisse un cens qui réduise ou fixe les limites; après quoi c'est à des lois particulières à égaliser pour ainsi dire les inégalités par les charges qu'elles imposent aux riches et par les soulagements qu'elles accordent aux pauvres.

» Les lois agraires ou du nouveau partage des champs demandées avec tant d'instance à Rome, étaient salutaires de leur nature : elles ne sont dangereuses que comme action subite. Romulus, Numa et Servius Tullius partagèrent également les terres entre les Romains, et voulurent que chaque famille conservât son lot; mais il fut ensuite permis d'en disposer par testament, et cette permission introduisit la funeste différence entre les riches et les pauvres : plusieurs lots furent réunis ensemble sur une même tête; des citoyens eurent trop, une infinité d'autres n'eurent rien. Aussi le peuple, continuellement privé de son partage, demanda-t-il sans cesse une nouvelle distribution des terres. »

Suivant J.-J. Rousseau : « Les hommes sont égaux en droits ; la nature a rendu tous les biens communs... Chacun a pu s'emparer du terrain libre qui lui était nécessaire et qu'il voulait cultiver lui-même. Tout autre occupation est une usurpation... Avant la société, chacun n'avait qu'une *possession*; en entrant en société, chaque associé mettait tout en commun, sa personne et ses biens : tous les biens appartiennent à la société, qui en jouit, ou qui les partage également ou inégalement; dans le cas de partage, la part de chacun devient sa propriété. Dans tous les cas, la société est toujours seule propriétaire de tous les biens.

» L'égalité sociale est plus parfaite que l'égalité naturelle ; car dans la société tous les hommes doivent être égaux par convention, quoique inégaux en force et en génie... Sous les mauvais gouvernements, cette égalité n'est qu'illusoire; elle ne sert qu'à maintenir le pauvre dans la misère, et le riche dans son usurpation. Dans le fait, les lois sont toujours utiles à ceux qui possèdent et nuisibles à ceux qui n'ont rien ; d'où il suit que l'état social n'est avantageux aux hommes qu'autant qu'ils ont tous quelque chose, et qu'aucun d'eux n'a rien de trop. Voulez-vous donner à l'État de la consistance, rapprochez les degrés extrêmes autant qu'il est possible ; ne souffrez ni les gens opulents ni les gueux ; ces deux états, naturellement inséparables, sont également funestes à la société ; de l'un sortent les tyrans ; de l'autre, les soutiens de la tyrannie.

» Avant que ces mots affreux de *tien* et de *mien* fussent inventés ; avant qu'il y eût de cette espèce d'hommes cruels et brutaux qu'on appelle maîtres, et cette autre espèce d'hommes fripons, menteurs, qu'on appelle esclaves ; avant qu'il y eût des hommes assez abominables pour avoir du superflu, pendant que d'autres hommes meurent de faim ; avant qu'une dépendance mutuelle les eût tous forcés à devenir fourbes, jaloux et traîtres... je voudrais bien que l'on m'expliquât en quoi pouvaient consister leurs vices, leurs crimes... »

« Le premier qui, ayant enclos un terrain, continue J.-J. Rousseau, s'est avisé de dire *ceci est à moi*, et trouva des gens assez simples pour le croire, fut le vrai fondateur de la société civile. Que de guerres, de crimes, de meurtres, que de misères et d'horreurs n'eût pas épargnés au genre humain celui qui, arrachant ses pieux et comblant le fossé, eût crié à ses semblables : Gardez-vous d'écouter cet imposteur, vous êtes perdus si vous oubliez que les fruits sont à tous, et que la terre n'est à personne ! »

Dans son *Discours sur l'Economie politique*, J.-J. Rousseau résume ainsi les relations du riche et du pauvre : « Vous avez besoin de moi, car je suis riche et vous êtes pauvre ; faisons donc un accord entre nous. Je permettrai que vous ayez l'honneur de me servir, à condition que vous me donnerez le peu qui vous reste pour la peine que je prends de vous commander. »

« Chaque citoyen, d'après Helvétius, est-il propriétaire dans un État, il s'y fait peu de vols... Le grand nombre, au contraire, est-il sans propriétés, le vol devient le vœu général. Quel remède à cette maladie ?... Le seul que je sache serait de multiplier le nombre des propriétaires, et de refaire un nouveau partage des terres... Mais ce partage est toujours difficile dans l'exécution.

» Lorsqu'on compte dans la même nation des riches, des indigents, des propriétaires, des négociants, etc., il n'est pas possible que les intérêts de ces divers ordres soient toujours les mêmes... Rien de plus contraire à l'intérêt national qu'un trop grand nombre de prolétaires, parce qu'ils sont toujours à la discrétion des commerçants ou de l'aristocratie. Pour remédier au mal, il faudrait changer insensiblement les lois et l'administration, et notamment supprimer la monnaie, qui facilite l'inégalité de fortune. Mais peut-on, sans la monnaie, jouir de certaines commodités de la vie? O riches et puissants! qui faites cette question, ignorez-vous que les pays d'argent et de luxe sont ceux où les peuples sont le plus misérables? Uniquement occupés de satisfaire vos fantaisies, vous prenez-vous pour la nation entière? Êtes-vous seuls dans la nature? Y vivez-vous sans frères?... Hommes sans pudeur, sans humanité, sans vertu, qui concentrez en vous seuls toutes vos affections, sachez que Sparte était sans luxe, sans monnaie d'argent, et que Sparte était heureuse! Sachez que de tous les Grecs, suivant Xénophon, les Spartiates étaient les plus heureux! Dans les pays à monnaie, l'argent est souvent la récompense du vice et du crime... Les richesses y sont souvent accumulées sur des hommes accusés de bassesse, d'intrigue, d'espionnage, etc. Voilà pourquoi les récompenses pécuniaires, presque toujours accordées au vice, y produisent tant de vicieux, et pourquoi l'argent a toujours été regardé comme une source de corruption. Dans les pays où l'argent n'a pas cours, il est facile d'encourager les talents et les vertus, et d'en bannir les vices. L'amour des richesses ne s'étend point à toutes les classes de citoyens, sans inspirer à la partie gouvernante le désir du vol et des exactions. Dès lors, la construction d'un port, un armement, l'autorisation pour une compagnie de commerce, une guerre entreprise, dit-on, pour l'honneur de la nation, tout est prétexte pour la piller. Alors tous les vices, enfants de la cupidité, s'introduisent à la fois dans un empire, en infectent successivement tous les membres, et le précipitent enfin à sa ruine. Pourquoi les empires ne sont-ils peuplés que d'infortunés? Le malheur, presque universel, des hommes et des peuples dépend de l'imperfection de leurs lois et du partage trop inégal des richesses. Il n'est dans la plupart que deux classes de citoyens : l'une qui manque du nécessaire, l'autre qui regorge de superflu ; la première ne peut pourvoir à ses besoins que par un travail excessif, qui est un mal physique pour tous et un supplice pour quelques-uns ; la seconde vit dans l'abondance, mais dans les angoisses de l'ennui. Que faire pour ramener le bonheur? Diminuer la richesse des uns, augmenter celle des autres ; procurer à chacun quelque propriété, mettre le pauvre dans un état d'aisance qui ne lui rende nécessaire qu'un travail de sept ou huit heures ; donner à tous l'éducation. »

« C'est, suivant Turgot, par le travail de ceux qui les premiers ont labouré les champs et les ont enclos pour s'en assurer la récolte, que toutes les terres ont cessé d'être communes à tous, et que les propriétés foncières se sont établies... Plusieurs causes établirent naturellement de l'inégalité entre ces propriétés... Chacun cependant cultivait pour soi, et personne n'aurait voulu cultiver pour un autre ; mais des hommes violents ont alors imaginé d'en réduire d'autres en esclavage et de les forcer à cultiver pour eux : cet esclavage est une violation de tous les droits de l'humanité, une coutume abominable quoique universelle, un horrible brigandage. »

« Les propriétés foncières, dit Mably, et l'inégalité sont-elles conformes ou contraires à l'ordre de la nature? Dès que je vois la propriété foncière établie, je vois des fortunes inégales ; et de ces fortunes disproportionnées ne doit-il pas résulter des intérêts différents et opposés, tous les vices de la richesse et tous les vices de la pauvreté, l'abrutissement des esprits, la corruption des mœurs, tous ces préjugés et toutes ces passions qui étoufferont nécessairement l'évidence? Ouvrez toutes les histoires, vous verrez que tous les peuples ont été tourmentés par cette inégalité de fortune. Des citoyens, fiers de leurs richesses, ont dédaigné de regarder comme leurs égaux des hommes condamnés au travail pour vivre : sur-le-champ vous voyez naître des gouvernements injustes et tyranniques, des lois partiales et oppressives, et, pour tout dire en un mot, cette foule de calamités sous lesquelles les peuples gémissent. Voilà le tableau que représente l'histoire de toutes les nations! Et je vous défie de remonter jusqu'à la source de tout ce désordre, et de ne pas la trouver dans la propriété foncière! Je ne puis abandonner l'agréable idée de la communauté de biens appliquée à Lacédémone pendant six cents ans et au Paraguay : peut-on douter que, dans une société où l'avarice, la vanité, l'ambition seraient inconnues, le dernier des citoyens ne fût plus heureux que ne le sont aujourd'hui nos propriétaires les plus riches? Établissez la communauté des biens, et rien n'est ensuite plus aisé que d'établir l'égalité des fortunes et des conditions, et d'affermir sur cette double égalité le bonheur des hommes.

» Les lois qui excitent à l'acquisition des richesses, au commerce, au luxe, à la cupidité, à l'ambition, détruisent la bienveillance mutuelle, qui produit le bonheur et la paix de la société... Le superflu des uns enfante la misère des autres... et les lois qui tolèrent quelques immenses fortunes sont la cause de tous les maux dont l'histoire offre le tableau. C'est à l'égalité que la nature attache le bonheur et la conservation de toutes les qualités sociales, et c'est elle que le législateur doit maintenir dans les fortunes et les conditions des citoyens. L'inégalité de fortune produit l'avarice ou la cupidité, la bassesse ou la dureté; l'inégalité de condition produit l'orgueil et la vanité, l'ambition et l'usurpation ; et cette double inégalité produit le despotisme, la tyrannie, les dissensions, la guerre civile et les révolutions. Qui peut nier que, en sortant des mains de la nature, nous ne

nous soyons trouvés dans la plus parfaite égalité? N'a-t-elle pas
donné à tous les hommes les mêmes organes, les mêmes besoins,
la même raison? Les biens qu'elle avait répandus sur la terre,
ne leur appartenaient-ils pas en commun? Avait-elle fait des
riches et des pauvres?

» L'histoire de Sparte prouve que nous ne pouvons trouver
le bonheur que dans la communauté des biens, et qu'il faut considérer la propriété comme la première cause de l'inégalité des
fortunes et des conditions, et par conséquent de tous nos maux.
Quand les hommes sentirent la nécessité de cultiver la terre,
leur première idée ne fut pas de faire un partage et d'établir un
droit de propriété; il est plus probable qu'ils travaillèrent en
commun et récoltèrent en commun, comme ils voyageaient,
chassaient et combattaient en commun. La nature avait tout
préparé pour nous conduire à la communauté de biens, et nous
empêcher de tomber dans l'abîme où l'établissement de la propriété nous a jetés. Quand même, dans la communauté de biens,
les récoltes auraient été moins abondantes et la population moins
nombreuse, ne vaudrait-il pas mieux pour le genre humain avoir
plus de vertus et moins de fruits, et ne compter sur toute la
terre qu'un million d'hommes heureux, plutôt que d'innombrables troupeaux d'esclaves qui végètent dans l'abrutissement
et la misère?... Mais avec la communauté, la terre serait aussi
cultivée et peuplée qu'elle peut l'être, parce que c'est le bonheur
qui fait la population. La propriété nous partage en deux classes,
en riches et en pauvres; en riches qui préfèrent leur fortune et
la défense de l'État; en pauvres qui ne peuvent aimer une patrie
qui ne leur donne que la misère. Dans la communauté, au contraire, chacun aime et défend la patrie, parce que chacun reçoit
d'elle la vie et le bonheur.

» Mais l'égalité de fortune et de condition n'est-elle pas une
chimère impossible à réaliser? La vanité des aristocrates et
l'avarice des riches sont des obstacles insurmontables. Il serait
plus facile d'établir la communauté parmi les sauvages. Quoi-

qu'on ne puisse pas espérer la conversion générale de l'Europe, les bizarreries de la fortune rendent tout possible. Peut-être verra-t-on établir dans quelques cantons cette communauté qu'on n'ose plus espérer... Si G. Penn était allé en Amérique vingt ans plus tôt, quand le zèle des quakers était encore dans toute sa ferveur, il en aurait entraîné un bien plus grand nombre, et aurait établi la communauté dans la vaste Pensylvanie. Ce qui pouvait arriver peut arriver encore. A la naissance des choses, toute loi était vicieuse, qui, se relâchant sur la communauté des biens, tendait de la manière la plus indirecte à favoriser l'établissement de la propriété; mais aujourd'hui, au contraire, toute loi sera sage qui tendra à ôter à nos passions tout moyen de blesser la propriété. En un mot, les lois doivent déraciner l'ambition des aristocrates et l'avarice des riches. Pour y parvenir, il faut amortir sans cesse l'amour pour l'argent; réprimer le luxe et les arts inutiles; faire des lois somptuaires, faire aussi des lois agraires qui restreignent les successions, les dots, les testaments, les substitutions, qui empêchent l'agglomération et favorisent le parcellement; en un mot, il faut établir la république sans aucun pouvoir héréditaire, ni même à vie, avec l'éligibilité et l'électorat pour tous les citoyens, qui sont esclaves quand ils ne sont pas électeurs, avec une éducation publique, générale et commune, et l'enseignement du droit naturel ou de l'égalité. »

« Dans l'opinion de Turgot, suivant Condorcet, la nature ne permet à l'homme de s'approprier que ce qui lui est nécessaire sans être nécessaire à un autre : mais pourtant les lois faites au gré du plus fort, ont consacré le despotisme des riches sur les pauvres; partout elles ont créé l'inégalité des fortunes, qui plonge une petite partie des citoyens dans la corruption et condamne le reste à l'avilissement et à la misère... Supposons ces lois remplacées par celles que la nature et la raison nous indiquent : les fortunes seraient divisées avec plus d'égalité, les plus pauvres ne gémiraient plus dans la dépendance des riches commerçants et des fabricants privilégiés; on ne verrait plus ces fortunes de finances et de banque, source de luxe et de corruption; les propriétés seraient tellement divisées que tous ou presque tous les citoyens seraient propriétaires et électeurs : c'est-à-dire il y aurait une constitution républicaine, la meilleure et la plus rationnelle de toutes les constitutions; tandis que sans droit électoral pour tous, il n'y a qu'une aristocratie plus ou moins vicieuse. »

Dans son *Traité des délits et des peines*, Beccaria traite le droit de propriété de « droit terrible et qui n'était peut-être pas nécessaire. » Ailleurs il dit cependant que « le but de la réunion des hommes en société a été de jouir de la sûreté de leurs personnes et de leurs biens. »

« On a toujours pensé, selon Raynal, qu'un peuple ne s'élevait à quelque force et à quelque grandeur que par le moyen des propriétés fixes et même héréditaires. Sans propriétés fixes, on ne verrait sur le globe que quelques sauvages errants et nus, vivant misérablement de fruits et de racines. Sans propriétés héréditaires, nul mortel ne vivrait que pour lui-même; le genre humain serait privé de tout ce que la tendresse paternelle, l'amour de son nom et le charme inexprimable de faire le bonheur de sa postérité font entreprendre de durable.

» Dans les premiers âges du monde, avant qu'il se fût formé des sociétés civiles, tous les hommes en général avaient droit sur toutes les choses de la nature; chacun pouvait prendre ce qu'il voulait pour s'en servir et même pour consommer ce qui était de nature à l'être. L'usage que l'on faisait ainsi du bien commun tenait lieu de propriété; et dès que quelqu'un avait pris une chose de cette manière, personne ne pouvait plus la lui ôter sans injustice. »

« La nature, d'après Sieyès, inspire continuellement à l'homme le désir du bien-être; ce bien-être est son but. Deux hommes étant également hommes, ils ont à un égal degré tous les droits qui découlent de la nature humaine. Deux hommes peuvent être inégaux en moyens; mais il ne s'ensuit pas qu'il puisse y avoir inégalité de droits. La force produit effet sans produire obligation. L'oppression ne peut jamais devenir un droit pour l'oppresseur, ni un devoir pour l'opprimé... L'affranchissement est toujours un droit et même un devoir pressant.

» L'association est un des moyens inspirés par la nature pour atteindre le bonheur : c'est le complément de l'ordre naturel. L'objet de l'association est le bonheur de tous les associés ; c'est non de dégrader et d'avilir, mais d'ennoblir et de perfectionner; c'est non d'affaiblir et de réduire les moyens de chacun, mais de les agrandir et de les multiplier... L'état social n'établit donc pas une injuste inégalité de droits à côté de l'inégalité naturelle des moyens ; au contraire, il protége l'égalité des droits contre l'influence naturelle mais nuisible de l'inégalité des moyens... La loi sociale n'est point faite pour affaiblir le faible et fortifier le fort, mais au contraire pour protéger le faible contre le fort, et pour lui garantir la plénitude de ses droits.

» Dans l'état de nature, l'homme n'a pas le droit de nuire à un autre, et par conséquent d'avoir du superflu, quand un autre n'a pas le nécessaire. Je défriche et cultive un champ : il était à moi comme à tout le monde ; il est maintenant à moi plus qu'aux autres, parce que j'ai le droit de premier occupant (et ces circonstances suffisent pour qu'il soit ma propriété exclusive, pourvu qu'il en reste assez pour les autres). L'association qui survient ajoute, par la force d'une convention générale entre les associés, une consécration légale... Et l'on a besoin de supposer cette convention et cette consécration pour pouvoir donner au mot *propriété* toute l'étendue du sens que nous sommes habitués à lui donner dans nos sociétés policées. »

« Je n'ignore pas, disait Condorcet, que dans l'état actuel de l'Europe, le peuple n'est pas capable d'avoir une véritable morale : mais la stupidité du peuple est l'ouvrage des institutions sociales et des superstitions. Les hommes ne naissent ni stupides ni fous ; ils le deviennent. En parlant raison au peuple, en ne lui apprenant que des choses vraies, on pourrait l'instruire du peu qu'il lui est nécessaire de savoir. L'idée même du respect qu'il doit avoir pour la propriété du riche n'est difficile à lui insinuer que 1° parce qu'il regarde les richesses comme une espèce d'usurpation et de vol fait sur lui, et malheureusement cette opinion est vraie en grande partie ; 2° parce que son excessive pauvreté le porte toujours à se considérer dans le cas de la nécessité absolue, cas où des moralistes très-sévères ont été de son avis ; 3° parce qu'il se croit aussi méprisé et maltraité comme pauvre qu'il le serait après s'être avili par des friponneries. C'est donc uniquement parce que les institutions sont mauvaises que le peuple est si souvent un peu voleur par principe.

» ... L'inégalité de richesses, l'inégalité d'état et l'inégalité d'instruction sont les principales causes de tous les maux. On peut détruire ces inégalités par beaucoup de moyens, notamment par les caisses d'épargne et les tontines appliquées à la masse du peuple ; par des banques avançant aux pauvres les capitaux nécessaires ; par l'instruction industrielle et l'éducation ; par le perfectionnement des arts utiles ; par le perfectionnement des lois ; par le rétablissement de l'égalité entre la femme et l'homme ; par la création d'une langue universelle.

» C'est l'inégalité de fortune qui a perdu la Grèce et Rome ; les historiens anciens étaient tous aristocrates, et il n'est pas étonnant qu'ils aient représenté comme séditieuses et inspirées par l'esprit de faction et de brigandage les tentatives faites pour rétablir l'égalité. »

Dans son journal l'*Instruction sociale*, Condorcet reconnaît que l'égalité des droits ne peut être réelle qu'avec l'égalité ou la presque égalité de fortune ; que le nécessaire ne doit pas être imposé, mais seulement le superflu ; que l'impôt progressif, augmentant avec le superflu, est juste et utile. Il admet la propriété et quelque inégalité dans les fortunes, et par conséquent dans l'instruction et les lumières ; il tolère même les grands capitalistes ; mais il veut qu'il n'y ait aucune misère et que tout tende à l'égalité réelle.

COMMUNISME

« L'esprit de propriété et d'intérêt, dit Morelli dans le *Code de la nature*, dispose chaque individu à immoler à son bonheur l'espèce entière... La propriété est la cause générale et prédominante de tous les désordres... Par elle, les choses se trouvent malheureusement arrangées ou plutôt bouleversées de façon que, en une infinité de circonstances, il faut qu'il naisse de violentes et fougueuses secousses...

» Mortels faits pour régir les nations, voulez-vous bien mériter du genre humain en établissant le plus heureux et le plus parfait des gouvernements ?... Commencez par laisser pleine liberté aux vrais sages d'attaquer les erreurs et les préjugés qui soutiennent l'esprit de propriété... Bientôt, il ne vous sera plus difficile de faire accepter à vos peuples des lois à peu près pareilles à celles que j'ai recueillies d'après ce qu'il m'a paru que la raison peut suggérer de mieux aux hommes. Il ne s'agirait que de parvenir à faire bien entendre à la majorité lésée que cet ordre entretiendrait parmi nous une réciprocité de secours si parfaite, que jamais aucun ne pourrait manquer non-seulement du nécessaire et de l'utile, mais même de l'agréable.

» Je me persuade qu'il ne faut que cette conviction pour garantir la possibilité, et je ne vois pas qu'il faille avoir des vertus extraordinaires pour adopter un ordre de choses démontré être exclusivement celui où l'on trouve le *mieux être* et le *nec plus ultrà* du bonheur : il ne faut avoir que la vertu de s'aimer soi-même, d'aimer son repos, sa tranquillité durable et entière sous tous les rapports, d'aimer la plus grande somme possible de jouissance personnelle ; et cette vertu, la nature a eu très-grand soin de l'implanter dans le cœur de tous les hommes. C'est parce

qu'elle y tient par un attachement extrême que l'aveuglemen
de la passion a conduit dans une fausse route ; l'amour de soi
a porté chacun à travailler pour grossir démesurément son
avoir : on a pu croire que c'était là la seule manière de faire
arriver le plus grand nombre à un état heureux. Montrez qu'on
s'est trompé, persuadez bien chacun qu'il est un autre moyen
de faire atteindre la majorité au faîte du bonheur. Vous verrez
que la masse, sans avoir besoin d'autre vertu que celle de l'a-
mour de soi-même, ne se fera guère prier pour adopter votre
moyen. C'est très-peu de chose que les difficultés de détail qu'ils
doivent rencontrer dans les applications particulières des lois
pour les distributions des principales occupations, les moyens
de pourvoir suffisamment aux besoins publics et particuliers, et
ceux de faire également subsister, sans confusion, sans discorde, une multitude de citoyens. »

Robespierre, on le sait, n'était pas favorable aux idées communistes. « Dès le commencement de la Révolution, écrivait-il,
nos ennemis cherchent à effrayer tous les riches par l'idée d'une
loi agraire, absurde épouvantail présenté à des hommes stupides par des hommes pervers! Plus l'expérience a démontré
cette extravagante imposture, plus ils se sont obstinés à la reproduire, comme si les défenseurs de la liberté étaient des insensés capables de concevoir un projet également dangereux,
injuste et impraticable; comme s'ils ignoraient que l'égalité
des biens est essentiellement impossible dans la société civile,
qu'elle suppose nécessairement la communauté, qui est encore
plus visiblement chimérique parmi nous; comme s'il était un
seul homme doué de quelque industrie dont l'intérêt personnel
ne fût pas contrarié par ce projet extravagant! Nous voulons
l'égalité des droits, parce que sans elle il n'est ni liberté, ni
bonheur social; mais quant à sa fortune, dès qu'une fois la société a rempli l'obligation d'assurer à ses membres le nécessaire
et la subsistance par le travail, ce ne sont ni les citoyens que
l'opulence n'a pas déjà corrompus, ni les amis de la liberté qui

désirent cette fortune : Aristide n'aurait point envié les trésors de Crassus. »

« Le droit de propriété, écrivait Antonelle dans l'*Orateur plébéien*, est la plus déplorable création de nos fantaisies. Je suis convaincu que l'état de communauté est le seul juste, le seul bon, le seul conforme aux purs sentiments de la nature, et que hors de là il ne peut exister de sociétés paisibles et vraiment heureuses.

» La possibilité éventuelle du retour à cet ordre de choses si sensible et si doux n'est qu'une rêverie peut-être. Babeuf et moi nous parûmes un peu tard au monde l'un et l'autre, et nous y vînmes avec la mission de désabuser les hommes sur le droit de propriété. Les racines de cette fatale institution sont trop profondes et tiennent à tout : elles sont désormais inextirpables chez les grands et vieux peuples. Tout ce qu'on peut espérer d'atteindre, c'est un degré supportable d'inégalité dans les fortunes... et des lois contre l'ambition et l'avarice. »

« Le nombre est infini, disait Félix Lepelletier dans le *Journal des hommes libres*, de ceux qui adoptent l'opinion que les hommes réunis en société ne peuvent trouver le bonheur que dans la communauté des biens. C'est un des points sur lesquels les poëtes et les philosophes, les cœurs sensibles et les moralistes austères, les imaginations vives et les logiciens exacts, les esprits exercés et les esprits simples, furent et seront toujours unanimes dans leur sentiment comme dans leur pensée. »

Voici comment Babeuf résumait sa doctrine dans un manifeste qui fut répandu dans Paris en avril 1796 : « La nature a donné à chaque homme un droit égal à la jouissance de tous les biens. Le but de la société est de défendre cette égalité, souvent attaquée par le fort et le méchant dans l'état de nature, et d'augmenter, par le concours de tous, les jouissances communes. La nature a imposé à chacun l'obligation de travailler. Nul n'a pu, sans crime, se soustraire au travail. Les travaux et les jouissances doivent être communs. Il y a oppression quand l'un s'épuise par le travail et manque de tout, tandis que l'autre nage dans l'abondance sans rien faire. Nul n'a pu sans crime s'approprier exclusivement les biens de la terre ou de l'*industrie*. Dans une véritable société, il ne doit y avoir ni riches ni pauvres. Les riches qui ne veulent pas renoncer au superflu en faveur des indigents sont les ennemis du peuple, etc. »

Dans un résumé des utopies de Babeuf, fait par Buonarotti et publié dans l'*Encyclopédie nouvelle*, on trouve que « le peuple français devait être déclaré propriétaire unique du territoire national; le travail individuel déclaré fonction publique et réglé par la loi; les citoyens devaient être répartis en diverses classes et chargés d'une somme de travail exactement pareille; les fonctions incommodes devaient être remplies à tour de rôle; le pouvoir social était représenté par des magistrats chargés d'équilibrer l'ensemble de la production, de fixer le mouvement de la circulation et du commerce extérieur, de veiller à la répartition faite par rations égales, à chaque citoyen, des produits généraux réunis dans les magasins publics; il devait y avoir interdiction absolue de toute discussion théologique; cessation de tout salaire; point de corps privilégié par les lumières, point de prééminence intellectuelle ou morale; aucun droit, même au génie, contre la stricte égalité de tous les hommes. Toutes les connaissances humaines, tout l'enseignement devaient se borner à apprendre à lire, écrire et compter, et à quelques notions de la logique pour savoir raisonner juste; enfin, une connaissance suffisante des lois, de la topographie et de la statistique de la république. Cette limitation du savoir était, aux yeux du comité, la plus solide garantie de l'égalité sociale, par conséquent, défense sévère était faite à la presse d'offrir ou de demander au delà. »

« Quel était leur but? s'écrie Viellart, accusateur public de Babeuf et de ses compagnons... Lisez la *Doctrine de Babeuf*, imprimée, distribuée et affichée par le comité insurrectionnel...

Vous y verrez la proscription du droit de propriété, le principe de l'égalité de fait et de la communauté de tous les biens, de toutes les jouissances, de tous les fruits de la terre, et même de tous les produits de l'industrie. « Disparaissez, dit leur *ma-* » *nifeste,* révoltantes distinctions de riches et de pauvres, de » grands et de petits, de maîtres et de valets, de gouvernants » et de gouvernés! » *La* pitié l'emporterait peut-être sur l'indignation, si l'on pouvait croire que les auteurs de semblables rêveries poursuivissent de bonne foi l'extravagante chimère d'une communauté de biens.

» Quel horrible bouleversement que l'anéantissement de ce droit de propriété, base universelle et principale de l'ordre social! Plus de propriété! que deviennent à l'instant les arts? que devient l'industrie? La terre n'est plus à personne! où sont les bras qui vont la cultiver? qui en recueillera les fruits, si personne ne peut dire : Ils sont à moi? Ne voyez-vous pas le brigandage couvrir la terre désolée? Les distinctions et les attributions sociales sont disparues, mais les inégalités de la nature subsistent; le faible est écrasé par le fort, et, devenant par la nécessité plus féroces que les animaux, les hommes se disputent avec fureur la nourriture qu'ils rencontrent; car, comment suffirait-elle à une population nombreuse, lorsque l'industrie et le commerce cesseraient de suppléer à ce que peut produire la nature abandonnée à ses seuls efforts! La destruction de l'espèce humaine, ce qui survivrait rendu à l'état sauvage, errant dans les bois et dans un horrible désert, voilà la perspective que nous présente le système favori des chefs de la conspiration! voilà le bonheur commun auquel ils appelaient les frères et les égaux! »

Babeuf avait été arrêté, avec ses principaux adhérents, au mois de mai 1796 et enfermé à la prison du Temple. S'étant posé comme le messie de l'égalité absolue et le réalisateur prochain d'une république fondée sur la communauté des biens, il avait rallié autour de lui plusieurs hommes exaltés et projeté une vaste révolution. Le gouvernement avait été mis au courant de cette conspiration par un officier nommé Grisel, qui, entraîné d'abord par les principes républicains les plus ardents, avait ensuite été effrayé, et était venu tout raconter au directeur Carnot. Parmi ses complices on comptait : Darthé, Germain, Drouet, représentant du peuple, ce fameux maître de poste de Sainte-Menehould qui avait arrêté Louis XVI à Varennes; Amar, Vadier, Laignelot et Ricord, tous quatre anciens conventionnels; Félix Lepelletier, frère du conventionnel Michel Lepelletier, tué par un garde du corps parce qu'il avait condamné Louis XVI à mort; Duplay, le menuisier de la rue du Faubourg-Saint-Honoré chez qui avait logé Robespierre; son fils Maurice Duplay; Buonarotti, arrière-petit-neveu de Michel-Ange; Sophie Lapierre, chanteuse du café des Bains-Chinois, et beaucoup d'autres, tant présents que contumax. Drouet avait été arrêté d'abord en flagrant délit, disait-on, dans une réunion communiste ou séditieuse chez un menuisier nommé Dufour; mais peu de jours après il parvint à s'évader de la prison de l'Abbaye. Accusés d'une conspiration ayant pour but de massacrer le directoire, les deux conseils, et de substituer la constitution de 1793 à celle de 1795, Babeuf et ses complices furent renvoyés devant la haute cour nationale siégeant à Vendôme, par un décret spécial du conseil des Anciens et du conseil des Cinq-Cents, en date du 7 août 1796. La Cour était présidée par Gandon, magistrat du tribunal de cassation. De nombreuses séances préparatoires furent consacrées aux opérations préliminaires pour le tirage du jury, les récusations et le jugement des excuses fort nombreuses envoyées par les hauts jurés. Les débats s'ouvrirent le 20 février 1797 (2 ventôse an V). Babeuf et plusieurs de ses coaccusés déclinèrent d'abord la compétence de la haute cour, disant que leur coaccusé Drouet, représentant du peuple, en était seul justiciable, et que l'instruction était déjà commencée contre eux par les voies ordinaires avant le décret rendu par les deux conseils, postérieurement à leur arrestation. Ce moyen et d'autres exceptions dilatoires furent rejetés, et, dans la suite, les accusés, qui avaient refusé de répondre, se défendirent tous, à l'exception de Sophie Lapierre, qui, à la fin de chacune des quatre premières audiences, entonnait *la Marseillaise* ou l'hymne : *Levez-vous ! illustres victimes !* Le cinquième jour, la cour ordonna que les accusés se retireraient sans chanter, et ils déférèrent à cette injonction. Un des hauts jurés suppléants, Agier, avait été porté sur une des listes de proscription saisies dans les papiers de Babeuf; il voulut se récuser, et les accusés eux-mêmes le récusèrent *avec motifs*, lorsque leur droit de récusation péremptoire fut épuisé : « Vous voulez, s'écrièrent-ils, forcer la conscience d'un juré; il faut nous envoyer à l'échafaud ! » La récusation ayant été rejetée, Agier prêta serment en ces termes : « Je siége, puisque la haute cour m'y condamne. » Ce n'était point un incident oiseux, car Agier aurait été remplacé par un juré suppléant que l'on supposait favorable aux accusés. Deux sténographes, alors attachés au ministère de la justice, Breton et Igonel, étaient chargés de reproduire le texte des débats, au compte de l'imprimeur Baudouin. Les accusés voulurent récuser les sténographes. La cour maintint les sténographes, attendu qu'ils n'avaient aucun caractère officiel; et bientôt les accusés, entre autres Babeuf, Buonarotti et Germain, livrèrent eux-mêmes aux deux publicistes leurs discours, qui ont été imprimés sans retranchement. Les accusés, sous prétexte que nul ne devait se trouver dans l'enceinte du prétoire, excepté les témoins, obtinrent l'expulsion de plusieurs spectateurs privilégiés, même des membres de la municipalité de Vendôme. On apaisa le lendemain leur ressentiment, en donnant sur le premier rang une banquette à la femme de Buonarotti, à mademoiselle Duplay, à la sœur d'un autre accusé, à la femme et au fils de Babeuf. Les témoins étaient peu nombreux, ce qui n'empêcha pas les débats de se prolonger pendant quatre mois. Pour un si grand nombre d'accusés il n'y avait que cinq avocats : Réal, de La Fleutrie

et trois défenseurs officieux de Vendôme. La séance du 9 mars
fut des plus tumultueuses. Les accusés furent sur le point de
se révolter; ils accablèrent les accusateurs nationaux d'outrages
et chantèrent un couplet de *la Marseillaise*, en menaçant du
poing les magistrats, lorsqu'ils prononcèrent ce vers :

Tremblez, tyrans, et vous perfides !

La cour suspendit ses séances, et déféra au conseil des Cinq-
Cents la question de savoir si elle avait le droit de mettre hors
des débats les accusés qui se mettraient en révolte ouverte
contre la justice. L'affirmative fut résolue par un ordre du
jour. Ces longs débats furent terminés le 24 mai 1797 (5 prai-
rial an V). La haute cour, malgré la résistance des accusateurs
nationaux, ajouta aux questions sur la conspiration deux questions subsidiaires qui n'étaient autorisées par aucune disposition
formelle de la loi de brumaire an IV, formant le code criminel
de cette époque. En cas de conspiration admise par le jury, il
n'y avait pas d'autre alternative que la mort ou l'acquittement.
La Cour posa la question de provocation à l'anarchie. L'affirmative entraînait aussi la peine de mort; mais, en cas de circonstances atténuantes, la déportation. Les jurés déclarèrent
que la conspiration n'était pas constante; mais neuf accusés
furent déclarés coupables de provocations séditieuses. Les circonstances atténuantes furent admises à l'égard de sept accusés;
le jury les admit aussi à l'égard de Babeuf et de Darthé, à
raison des provocations par discours publics, mais elle les
rejeta à raison des provocations imprimées. Il y avait contradiction entre les deux déclarations, si l'on admet que les circonstances doivent plutôt s'appliquer à la personne de l'accusé
qu'aux faits considérés en eux-mêmes; la Cour, dit-on, fut sur
le point de casser la déclaration du jury. Elle s'en tint pourtant
à la lettre du verdict. Babeuf et Darthé furent condamnés à
mort; Buonarotti, Germain, Moroy, Cazin, Blondeau et deux
des contumax furent condamnés à la déportation. Drouet et

Félix Lepelletier furent acquittés. Il était sept heures du matin, le 26 mai, lorsque l'arrêt fut prononcé. Babœuf et Darthé, qui avaient aiguisé des clous pour en faire des stylets, se frappèrent en criant : *Vive la République !* Le premier ne se fit qu'une blessure légère ; celle de Darthé était mortelle ; il se trouvait près d'expirer, lorsque l'exécution eut lieu dans la nuit suivante, sur la place du Change. Les événements du 18 fructidor rendirent, peu de temps après, la liberté à ceux qui étaient condamnés à la déportation. On a recueilli les dernières paroles de Babœuf à sa femme et à ses enfants : « J'ignore, leur dit-il, comment ma mémoire sera appréciée, quoique je croie m'être conduit de la manière la plus irréprochable. Mais ne croyez pas que j'éprouve du regret de m'être sacrifié pour la plus belle des causes. Il appartient à la famille d'un martyr de la liberté de donner l'exemple de toutes les vertus. Je ne concevais pas d'autre moyen de vous rendre heureux que par le bonheur commun. J'ai échoué ; je me suis sacrifié ; c'est aussi pour vous que je meurs... Conservez ma défense, ma chère amie : elle sera toujours chère aux cœurs vertueux et aux amis de leur pays. Le seul bien qui te restera de moi, ce sera ma réputation ; et je suis sûr que toi et tes enfants vous vous consolerez beaucoup en en jouissant. Vous aimerez à entendre tous les cœurs sensibles et droits dire en parlant de votre époux et de votre père : Il fut parfaitement vertueux. »

Germain, qui avait prêché le bonheur commun et le partage égal des biens, épousa, quelques années après, une riche veuve qui s'était éprise de sa fermeté et du talent réel qu'il avait déployé dans sa défense à Vendôme. « Ils sont morts, dit Breton, l'un en 1830, l'autre en 1831, propriétaires d'une ferme magnifique au petit Bicêtre, sur la route de Versailles par Châtillon, et de deux maisons de la rue de la Paix. Le capitaine Grisel finit malheureusement. Après avoir été commandant d'une petite place maritime sous le Consulat, il fut envoyé en service actif dans l'armée d'Espagne, avec le grade de lieutenant-colonel. Le hasard fit qu'il rencontra dans un café de Séville Émile Babeuf, fils du tribun Gracchus Babeuf. Émile, pour venger le nom de son père, provoqua Grisel ou duel et le tua d'un coup d'épée. »

Quelques réformateurs contemporains, tout en prêchant l'association, ont répudié le communisme. Fourier s'élève avec force contre les idées d'égalité que prêchent les révolutionnaires. Les inégalités de toute nature constituent, selon lui, un des ressorts principaux de l'activité humaine; les différences de rang, de pouvoir, d'influence, de fortune, sont des stimulants indispensables. Il déclare le régime sociétaire aussi incompatible avec l'égalité des fortunes qu'avec l'uniformité des caractères. Voilà pourquoi Fourier tient expressément à faire la part du capital dans la répartition des produits.

« L'association, ajoute M. Jules Lechevalier, exige la combinaison régulière de toutes les forces; elle ne peut se réaliser qu'à condition d'embrasser tous les faits de la vie sociale; tous les intérêts de l'individu, tous les travaux nécessaires à la conservation et au développement de la société humaine. La communauté est diamétralement opposée à l'idée de l'association telle que nous venons de l'analyser; car la communauté, c'est l'absorption des intérêts individuels dans un prétendu intérêt social, qui n'est au fond que l'intérêt des chefs de la communauté. L'association, au contraire, c'est la coopération et la participation de chaque individu, avec toutes les chances d'inégalités qui se rencontrent dans la nature différente des associés et dans leur position respective. »

Robert Owen n'était pas favorable à la propriété individuelle. On trouve le code de la société nouvelle telle qu'il la comprenait, dans une publication intitulée : *Constitution et lois de la société des religionistes rationnels pour la communauté universelle.* Cette constitution porte abolition de la propriété, suppression du commerce et de la monnaie, échange direct des produits contre les produits, éducation universelle, obligatoire et gratuite, abolition de toute espèce de châtiment ou de récompense, personne n'ayant le droit de blâme ni d'éloge ; si la loi ne stipule pas la promiscuité des sexes, du moins chacun divorcera tant qu'il voudra et comme il voudra ; les juges, avocats, huissiers sont supprimés, toutes les prisons démolies. Il admet absolument le principe de non-responsabilité de l'homme.

« Je déclare au monde entier, dit Robert Owen [1], que l'homme jusqu'à ce jour, sur tous les points du globe habitable, a été l'esclave d'une trinité, la plus monstrueuse combinaison que l'on pût imaginer pour frapper notre race entière de maux intellectuels et de maux physiques. Je veux parler de la propriété privée, des systèmes religieux absurdes et irrationnels, enfin du mariage fondé sur la propriété privée et combiné avec l'un de ces absurdes systèmes religieux. Parmi ces grandes sources de tous les crimes, il est difficile de choisir la plus féconde et la plus atroce, tant leur fusion est intime, leur enchaînement nécessaire, leur tissu profondément soudé par le temps. On ne peut attaquer l'une sans détruire les autres. Formidable trinité composée d'ignorance, de superstition et d'hypocrisie, c'est le véritable et unique Satan. »

Robert Owen, voyant la plaie sociale dans la concurrence hostile des producteurs, qui se font la guerre entre eux au profit des consommateurs, et dans les abus de la spéculation commerciale, déclara que la seule solution possible et efficace serait celle qui procurerait un grand accroissement de produits en faisant cesser la lutte des travailleurs, et qui, d'autre part, mettrait au plus bas prix les objets de consommation. « Le mal, disait-il, vient de la *compétition*, de la concurrence anarchique des travailleurs ; le remède sera la *coopération* ou l'organisation du travail, de manière que tous les efforts soient coordonnés et régularisés. » Il avait épousé la fille d'un riche manufacturier de Manchester qui le mit à la tête d'une grande filature de coton

----

1. *Déclaration d'indépendance intellectuelle.*

située à New-Lanark, près de Glasgow. Owen y trouva une population plongée dans la paresse, l'ignorance, l'ivrognerie, en proie aux dissensions religieuses. Il conçut le projet de faire cesser cet état de misère et d'abjection, et partant de cette idée que l'homme n'est naturellement ni bon ni mauvais, qu'il devient l'un ou l'autre suivant les circonstances qui l'entourent, il rejeta de son système d'administration toute contrainte et chercha à n'agir que par le bon exemple, les relations régulières et amicales, et surtout par une grande bienveillance personnelle. De bons fruits ne tardèrent pas à se faire sentir: l'immoralité, la pauvreté, les querelles disparurent, le travail augmenta, s'améliora et produisit de grands bénéfices aux entrepreneurs. Au bout de quatre années la colonie de New-Lanark se distinguait par l'aisance de ses habitants, par leur moralité et leur instruction. Encouragé par ce succès, Owen conçut l'idée de se poser en réformateur. C'était surtout par l'éducation qu'il comptait agir. Prenant l'enfant dès avant sa naissance, il s'occupe d'écarter de lui une foule de causes morales et matérielles qui le condamnent à une vie triste et incomplète, et multiplie les chances favorables à une forte constitution; puis, créant pour l'âme et le corps un milieu où ils peuvent se développer en pleine liberté, il s'attache à façonner des êtres qui trouvent leur bonheur dans le bonheur de tous. « On voyait à New-Lanark, dit madame Marie Meynieu, cinq à six cents enfants, le rebut des hospices, déployer non-seulement une aptitude merveilleuse pour tous les travaux auxquels leurs forces physiques pouvaient suffire, mais une douceur de mœurs, une élégance de goût qui frappaient surtout les personnes accoutumées à la dépravation précoce, à la grossièreté des enfants employés dans les manufactures. Ces jeunes ouvriers cherchaient dans le chant, la danse, les représentations scéniques, la gymnastique et l'étude, une heureuse diversion au travail monotone et abrutissant de la filature, et toujours et partout régnait le plus touchant accord. »

Riche de plus de 500,000 livres sterling (12,500,000 fr.),
Owen répandait d'innombrables petits traités destinés à faire
goûter sa doctrine par les masses ; il tenait de tous côtés de
grandes assemblées populaires, et s'intéressait à toutes les entreprises qui avaient pour but de relever de leur situation de
misère et de souffrance les classes travailleuses. Bientôt il
compta des partisans enthousiastes jusque dans les plus hauts
rangs de la société. De 1816 à 1818, le Parlement le consulta
plusieurs fois sur les questions relatives aux enfants employés
dans les manufactures. En même temps, il introduisait en Angleterre les écoles à l'usage des tout jeunes enfants, et consacrait des sommes considérables à propager les méthodes de
Bell et Lancaster. Pour prévenir la ruine dont la société lui paraissait menacée, Robert Owen recommandait la suppression
des grandes manufactures et la création de bourgs industriels,
épars çà et là, dans lesquels tout travailleur pourrait se mettre
à l'abri des plus pressents besoins par l'acquisition d'une petite
pièce de terre. Quoique cette proposition eût été accueillie avec
enthousiasme en Angleterre, sa doctrine de l'irresponsabilité
humaine finit par mettre tout le clergé contre lui, surtout lorsque, poussé à bout, il accusa toutes les religions d'impuissance
et de tendances subversives. Accablé d'injures et objet des plus
odieux soupçons, privé par la mort du duc de Kent de son premier protecteur, Owen se rendit, en 1823, aux États-Unis, où
il se proposait de fonder une *commune absolue*. Il acheta du
Wurtembergeois Rapp la colonie de New-Harmony, sur les
bords du Wabash, dans l'État d'Indiana, avec 30,000 acres de
terre et des bâtiments pouvant loger 2,000 individus, puis il
adressa un triple appel au talent, au capital et à de vigoureuses
familles de travailleurs. Il ne vint que quelques esprits enthousiastes, beaucoup de repris de justice de l'Amérique du Nord et
des aventuriers des forêts. Dès 1826, un déficit impossible à
combler se manifesta dans la caisse sociale, jusqu'alors uniquement alimentée par les versements d'Owen. Il en résulta

des désordres d'abord, et enfin la complète dissolution de tous les liens sociaux. Owen dût abandonner tout ce qu'il possédait à ceux qu'il appelait ses enfants. Un plan qu'il proposa alors au gouvernement mexicain pour la colonisation du Texas échoua parce qu'on refusa de lui laisser proclamer dans la nouvelle colonie la liberté absolue en matière de religion. Il revint en Angleterre vers la fin de 1827, pour désormais s'y vouer exclusivement à préparer les esprits à la fondation prochaine de la *commune absolue*. Recommençant sa vie d'enseignement et de discussion, il tint des assemblées hebdomadaires à Londres, et prononça de 1827 à 1837 plus de mille discours publics, rédigea environ cinq cents adresses à toutes les classes du peuple, écrivit deux mille articles de journaux, et entreprit de deux à trois cents voyages, dont plusieurs en France. Il compromit surtout son influence par une *National labour equitable Exchange* qui avait pour but l'abolition de l'argent en tant que signe représentatif des valeurs et moyen d'échange. On fonda sur ce plan un grand bazar et une banque dont les billets avaient la valeur d'heures de travail ; mais, après quelques mois d'existence, la banque tomba en faillite, en 1832. Choisi, en 1834, pour arbitre par les patrons eux-mêmes dans leurs démêlés avec leurs ouvriers, qui, pour obtenir une augmentation de salaire, avaient ordonné une grève générale, Owen ne réussit qu'à se rendre suspects à ses commettants et aux ouvriers. Il quitta alors Londres pour aller à Manchester se mettre à la tête d'une société mutuelle, dite *Community friendly society*, qui n'eut pas de succès. En 1840, Robert Owen obtint par l'entremise de lord Melbourne une audience de la reine Victoria, qui excita une vive discussion à la chambre des lords. L'évêque d'Exeter l'attaqua avec violence. Owen répondit avec dignité dans un manifeste où il esquissa les principaux traits de son système et rappela les principaux faits de sa vie. Il perdit de plus en plus de son importance ; si bien que, s'étant présenté comme candidat, en 1847, aux électeurs de Marylebone, à Londres, il n'obtint qu'une seule voix. Rien n'avait pourtant ébranlé sa foi dans ses idées, lorsqu'il mourut en 1859.

Sa théorie de l'irresponsabilité humaine le conduisit à revendiquer pour tous une participation égale aux bénéfices de la vie sociale, droit fondé sur la valeur identique de tous. Mais, comme on l'a fait observer, la valeur morale n'est pas la valeur sociale, et c'est sur celle-ci que doit se régler la part de chacun. « La force, l'adresse, l'activité, ne sont pas des vertus, il est vrai, dit madame Marie Meynieu, mais ce sont des instruments, et c'est à ce titre que la société les préconise, donnant à chacun un dividende proportionné à son apport, et le rétribuant en raison de son utilité, sans avoir la prétention de le récompenser en raison de son mérite. La théorie de la communauté, comme tout ce qui est en contradiction flagrante avec les lois naturelles, échoue dans la pratique; elle exclut l'émulation, offre une prime à la paresse, soumet à un joug uniforme les goûts les plus divers, ne tient compte des unités que pour en extraire le terme moyen, et absorbe l'individu au profit d'une masse dont la médiocrité est le cachet, où les supériorités s'effacent et le génie s'étiole. Les sociétés fondées par M. Owen ne font pas exception à la règle... Il est juste cependant de dire que l'esprit d'association y portait ses fruits; l'exploitation en grand augmentait les produits, la consommation en commun les économisait, les profits commerciaux ne diminuaient pas les recettes; les frais de justice étaient supprimés, ceux du culte étaient facultatifs; on faisait au jeune âge des avances que remboursait plus tard et avec usure un travail consciencieux et intelligent, et l'influence personnelle du fondateur, d'un charme irrésistible, servait de lien aux parties hétérogènes; mais lorsque, mécontent des résultats, il alla poursuivre ailleurs l'œuvre de la propagande, tout croula. » Il n'avait pas tenu compte, dans ses *sociétés coopératives*, comme il les appelait, des idées religieuses; il avait isolé les travaux agricoles des travaux manufacturiers; la répartition et le classement avaient lieu d'après le principe de l'égalité. Les travailleurs, condamnés à un travail peu attrayant, étaient en outre privés de deux stimulants énergiques, la gloire et l'intérêt. En laissant une liberté sans frein au mariage, il tendait à la destruction de la famille.

L'école saint-simonienne craint que l'on confonde son système d'organisation sociale avec celui que l'on connaît sous le nom de *communauté des biens*. « Il n'existe cependant aucun rapport entre eux, déclare la *Doctrine de Saint-Simon*. Dans l'organisation sociale de l'avenir, chacun devra se trouver *doté* selon ses mérites, rétribué suivant ses œuvres; c'est indiquer suffisamment l'inégalité de partage. Dans le système de la communauté, au contraire, toutes les parts sont égales; et, contre un pareil mode de répartition, les objections nécessairement se présentent en foule. Le principe de l'émulation est anéanti là où l'oisif est aussi avantageusement doté que l'homme laborieux et où celui-ci voit par conséquent toutes les charges de la communauté retomber sur lui. Et ceci suffit pour montrer évidemment qu'une telle distribution est contraire au principe d'*égalité* que l'on a invoqué pour l'établir. D'ailleurs, dans ce système, l'équilibre serait à chaque instant rompu, puisque l'inégalité tendrait incessamment à se rétablir, et se rétablirait sans cesse, ce qui nécessiterait à tout moment un renouvellement du partage. »

« C'est de la situation des prolétaires, disait M. de Lamartine dans son *Voyage en Orient*, qu'est née la question de propriété qui se traite partout aujourd'hui, et qui se résoudrait par le combat et le partage, si elle n'était résolue bientôt par la raison, la politique et la charité sociale. La charité, c'est le socialisme; l'égoïsme, c'est l'individualisme. La charité comme la politique commande à l'homme de ne pas abandonner l'homme à lui-même, mais de venir à son aide, de former une sorte d'assurance mutuelle, à des conditions équitables entre la société possédante et la société non possédante; elle dit au propriétaire : Tu garderas ta propriété, car malgré le beau rêve de la communauté des biens, tentée en vain par le christianisme et par la philanthropie, la propriété paraît jusqu'à ce jour la condition nécessaire de toute société ; sans elle ni famille, ni travail, ni civilisation ; mais cette même charité lui dit aussi : Tu n'oublieras pas que la propriété n'est pas seulement instituée pour toi, mais pour l'humanité tout entière ; tu ne la possèdes qu'à des conditions de justice, d'utilité, de répartition et d'accession pour tous ; tu fourniras donc à tes frères sur le superflu de ta propriété, des moyens et des éléments de travail qui leur sont nécessaires pour posséder leur part à leur tour ; tu reconnaîtras un droit au-dessus du droit de propriété ; le droit d'humanité. Voilà la justice et la politique ! »

Cabet est franchement communiste : « Je préfère le système de la communauté au système de la loi agraire et de la propriété individuelle, dit-il, parce qu'il n'a pas ses inconvénients, et parce qu'il a autant et beaucoup plus d'avantages. La communauté n'a pas les inconvénients de la propriété : car elle fait disparaître l'intérêt particulier pour le confondre dans l'intérêt public ; l'égoïsme, pour lui substituer la fraternité ; l'avarice, pour la remplacer par la générosité ; l'isolement, l'individualisme et le morcellement pour faire place à l'association ou au socialisme, au dévouement et à l'unité. Elle a tous les avantages réels de la propriété ; car le principal avantage du propriétaire, c'est la jouissance raisonnable de sa ferme ou de sa maison et de son jardin ; et la communauté donne cette jouissance comme la propriété, n'enlevant que le droit déraisonnable d'abuser et de satisfaire des caprices préjudiciables à la société. Elle a beaucoup plus d'avantages ; car elle permet beaucoup mieux d'établir, en tout, une égalité réelle et parfaite, prévenant même l'inégalité que pourraient introduire les accidents et les hasards. D'un autre côté, maîtresse de tout, centralisant, concentrant, réduisant tout à l'unité ; raisonnant, combinant, dirigeant tout ; elle peut mieux, et peut seule obtenir cet inappréciable et incommensurable avantage d'éviter les doubles emplois et les pertes, de réaliser complétement l'économie, d'utiliser toute la puissance de l'intelligence humaine, d'augmenter indéfiniment la puissance de l'industrie, de multiplier les productions et les richesses, de développer sans cesse la perfectibilité de l'homme, et de reculer continuellement les limites de son bonheur en reculant toujours les bornes de sa perfection.

» Vous dites que la propriété est une institution divine, et que, par conséquent, c'est Dieu lui-même qui repousse la communauté!... Mais qu'est-ce donc que la communauté? Est-ce une chose aussi différente de la propriété que le ciel est différent de la terre? N'est-ce pas tout simplement la propriété modifiée, une propriété indivise et commune (comme entre des héritiers qui n'ont pas encore partagé l'héritage), même une propriété et une jouissance communes, comme entre des frères qui jouissent de l'héritage paternel sans vouloir le partager, le cultivant en commun et consommant les fruits en commun ou les partageant, et comme entre les habitants d'un village, jouissant en commun de leurs pâturages communs au lieu de les partager entre eux pour en jouir séparément? La communauté de biens n'est donc autre chose que la propriété appartenant à quelques-uns ou à beaucoup, à une famille, ou à un village, ou à une ville, ou à un peuple, à l'exclusion des autres; indivise entre les propriétaires, au lieu d'être divisée et morcelée; exploitée et utilisée fraternellement en commun, pour leur procurer également la nourriture et le vêtement, l'existence et le bonheur, au lieu de leur procurer des jouissances individuelles et un bonheur inégal. Y a-t-il, dans cette si petite différence, un motif suffisant pour appeler *divine* la propriété divise, et *infernale* la communauté ou la propriété indivise; *divine*, la division, c'est-à-dire l'anarchie, et *infernale*, l'indivision, c'est-à-dire l'ordre et l'union.

» Ne confondons pas la propriété avec les *choses* qui en sont l'objet. Il est vrai que ces choses sont divines, puisque tout ce qui se trouve sur le globe est l'œuvre de la nature ou de la divinité. Mais, cette nature qui dit à l'humanité de jouir des objets de la création, ne lui prescrit pas d'en jouir d'une manière plutôt que d'une autre, par la propriété plutôt que par la communauté; la propriété n'est pas plus d'institution divine que la communauté; et la communauté n'est pas plus d'institution humaine que la propriété. Aussi (et c'est une preuve sans réplique), chaque peuple et chaque époque dans chaque peuple a des lois différentes sur la propriété, en sorte qu'il y a des milliers de législations différentes sur la propriété, chez les milliers de peuples qui composent le genre humain, et des milliers de législations différentes chez chaque peuple pendant ses milliers d'années d'existence, c'est-à-dire des milliers de lois sur la propriété. Aucune histoire ne présente plus de révolutions que l'*histoire de la propriété!*

» Il y a plus: je soutiens que si l'une des deux, entre la propriété et la communauté, est d'institution naturelle ou divine, c'est la communauté. La nature, en effet, n'a-t-elle pas fait l'homme essentiellement sociable, ayant besoin de la société et cherchant la société? Ne l'a-t-elle même pas créé et fait naître dès le principe en société et en communauté comme les fourmis et les abeilles? Le vœu de la nature n'est-il pas toujours et partout pour l'union plus que pour la division, pour l'*association* plus que pour l'isolement, pour l'agglomération plus que pour le morcellement, pour la composition et pour l'unité plus que pour le fractionnement, pour le concours plus que pour l'opposition, l'antagonisme et la rivalité?

» Regardez la création, l'univers, les grandes masses d'aliments données par la nature à l'homme, les grandes sources de la vie, l'air et l'électricité, la lumière et la chaleur, l'eau du ciel et la mer, tout cela n'est-il pas insusceptible de propriété individuelle et exclusive, si ce n'est pour la portion absorbée par chaque individu, appropriée par lui et identifiée avec son corps? La nature n'a-t-elle pas voulu que tous ces éléments appartinssent au genre humain en commun et fussent sa propriété commune? N'a-t-elle pas établi la *communauté de l'air et de la lumière?* Le soleil ne luit-il pas pour tout le monde? La raison n'indique-t-elle pas qu'il doit en être de même de la terre, dont les productions sont aussi nécessaires à la vie que l'air et l'eau? Tous les philosophes ne reconnaissent-ils pas une communauté naturelle, primitive, universelle (*tout à tous*), qui dura des siècles, jusqu'au premier partage et à l'établissement de la propriété? Ne reconnaissent-ils pas que l'effet et le droit de cette communauté primitive subsistent encore aujourd'hui sous certains rapports; que le partage n'a pu être fait que sous la condition tacite qu'il n'empêcherait personne d'exister, et que, dans ce qu'ils appellent le cas de *nécessité*, aucune loi humaine ne pourrait empêcher un homme de prendre dans la propriété d'autrui les fruits nécessaires pour l'empêcher de mourir?

» Voyez aussi ce qui s'est passé sur la terre pendant les milliers d'années qui ont précédé l'agriculture et l'organisation des peuples cultivateurs, pendant un beaucoup plus long temps chez les peuples chasseurs ou pasteurs, et jusqu'à nos jours chez les peuples sauvages de l'Amérique, de l'Afrique, de l'Asie et de toutes les contrées inconnues. Chez tous les peuples, et pendant ces milliers d'années, la terre n'était-elle pas possédée et exploitée en commun pour la chasse, le pâturage, l'habitation et les fruits? Chez tous ces peuples, c'est-à-dire sur tout le globe, et pendant tout ce temps, c'est-à-dire pendant la plus grande partie de l'existence du genre humain, celui-ci n'a-t-il pas en la *communauté de la terre* comme la *communauté de l'air?* Pendant tout ce temps, tout n'était-il pas commun, la résidence et le déplacement ou le voyage, le camp, le combat et le butin, même les femmes jusqu'à l'établissement du mariage?

» Remontez aussi du commencement des peuples cultivateurs, du prétendu partage dont parlent les philosophes et de l'établissement de la propriété jusqu'à aujourd'hui. Que de choses sont restées communes! De vastes terres *nationales* dans chaque pays; de vastes terrains *communaux* dans chaque commune; les grandes routes, les chemins et les passages; les rivières et les canaux; les rades et les ports; tous les lieux et les bâtiments publics, places, promenades, fontaines, fortifications, temples, théâtres, écoles, hospices, bains! Toutes les villes, tous les villages ne sont-ils pas autant de communautés, appelées pour cette raison, *communes?* Les royaumes eux-mêmes ne sont-ils pas appelés *communautés?* Toutes les familles ne sont-elles pas autant de petites communautés? Que dirai-je de ces innombrables monastères appelés *communautés religieuses*, et de ces innombrables associations industrielles qui ne sont autre chose en réalité que des communautés? Parlerai-je de tous ces établissements pour le service du peuple (diligences, omnibus, poste aux lettres, marchés, boutiques, magasins, moulins, fours, pressoirs, fêtes, jeux et plaisirs publics), tous fondés sur l'esprit de la communauté? Le principe de la communauté n'est-il pas aussi l'âme de toutes les servitudes légales établies sur les propriétés, de la mitoyenneté des murs et du passage, par exemple? N'est-il pas aussi l'âme d'une foule de dispositions législatives qui prescrivent que tout soit *commun* dans un naufrage, dans une inondation ou dans un incendie? Reconnaissons donc qu'une des grandes impulsions de la nature, plus puissante que les passions égoïstes, est celle qui porte l'homme vers l'association, la société et la communauté.

» Et remarquez que je ne vous parle pas de Jésus-Christ, recommandant et instituant la communauté, ni de son Église, formant une immense *communion* ou communauté! Et ne m'opposez pas que tous les peuples ont fini par adopter la propriété et qu'aucun n'a préféré la communauté; car, d'abord, je vous en citerai plusieurs qui ont préféré la communauté et qui n'en ont été que plus heureux, comme les peuples de Sparte, du Pérou et du Paraguay; et d'autre part, je vous répondrai que les autres peuples ont adopté la propriété comme ils ont adopté l'esclavage, par ignorance et par barbarie, et qu'ils n'ont pas en l'idée de la communauté, comme ils n'ont eu ni celle de l'imprimerie, ni celle de la vapeur!

» J'irai plus loin : tout en croyant qu'il est fâcheux pour l'humanité qu'elle n'ait pas adopté dès le principe la communauté, et sans m'étonner de la lenteur de ses progrès, je pense que la communauté est plus facile chez les peuples civilisés que chez les peuples sauvages, dans les grands empires que dans les petits États, en France et en Angleterre ou en Amérique que dans les autres nations, et aujourd'hui qu'autrefois, comme elle sera plus facile dans vingt ans qu'aujourd'hui.

» On accuse la communauté d'*ingratitude* et d'*injustice* parce qu'elle ne donne pas à l'homme de génie, qui fait une grande découverte, une part dans les produits plus grande qu'aux travailleurs ordinaires. Eh bien ! je soutiens qu'elle a raison d'agir ainsi ; je soutiens que le génie, ses découvertes et ses services, sont l'œuvre de la société, et doivent lui profiter sans qu'elle soit obligée de les acheter. Que servirait en effet à votre Fulton la découverte de l'application de la vapeur, s'il n'y avait pas de *société* pour l'utiliser? Bien plus, comment aurait-il pu acquérir son génie et faire cette découverte qui doit changer la face du monde, si, dès sa naissance, la société ne l'avait pas entouré pour l'instruire et lui donner la vie intellectuelle; si, du sein de sa mère, on l'avait porté dans une île déserte, pour y végéter seul, y vieillir et y mourir? Oui, l'homme n'est que ce que le fait la toute-puissante société ou la toute-puissante éducation, en prenant ce mot dans sa signification la plus large... Redevable de son génie à la société, tout citoyen lui doit donc, pour prix de l'éducation qu'il a reçue d'elle, le tribut de son génie: quand il lui procure l'avantage de quelque invention utile, il ne fait que payer sa dette ; quand il reçoit encore d'elle tout ce qui lui est nécessaire, il ne peut se plaindre de n'avoir pas plus de fortune que ses concitoyens ; et si la société, qui ne lui doit rien de plus, lui accorde quelque récompense, ce doit être uniquement dans l'intérêt social, pour exciter l'émulation et non dans la vue de l'intérêt personnel du récompensé... Les récompenses en argent ont d'énormes et de nombreux dangers, tandis que le patriotisme, l'honneur et la gloire ont une puissance immense quand la toute-puissante éducation prépare l'opinion, quand d'ailleurs la richesse est égale pour tous et suffisante pour assurer le bonheur matériel. L'étude, les expériences, la science et les découvertes, ont tant d'attrait qu'on les aime pour elles-mêmes, sans autre intérêt, en sacrifiant au contraire tous les autres intérêts, en bravant tous les périls et tous les malheurs, la misère et les persécutions, la prison et la mort : jugez donc quel charme, quel entraînement doit avoir l'étude pour des hommes bien élevés et instruits, sans soucis et heureux !

» Sans doute la communauté impose nécessairement des gênes et des entraves ; car sa principale mission est de *produire* la richesse et le bonheur ; et pour qu'elle puisse éviter les doubles emplois et les pertes, économiser et décupler la production agricole et industrielle, il faut de toute nécessité que la société concentre, dispose et dirige tout ; *il faut qu'elle soumette toutes les volontés et toutes les actions à sa règle, à son ordre et à sa discipline.* Mais, comparez la liberté dans les deux systèmes de la propriété et de la communauté, et jugez lequel a plus de liberté, et la liberté la plus réelle. »

Au système communiste, l'archevêque de Paris, Sibour, répond :

« Voyons, de plus près, l'effroyable despotisme qui est au fond de ce système. Toutes les richesses territoriales et mobilières seraient donc concentrées dans les mains de l'État, qui en serait l'unique propriétaire, ayant seul le droit d'en jouir et d'en disposer d'une manière absolue, selon la notion même de la propriété. Or, évidemment l'État ne pourrait exercer ce droit de souveraineté sans contrôle sur les choses qu'à la condition d'être investi pareillement d'une souveraineté sans contrôle sur les personnes. Comment, en effet, pourrait-il être maître absolu de la richesse sans être maître absolu du travail, qui en est la source? Et comment pourrait-il être maître absolu du travail, sans être maître absolu des travailleurs? Voilà donc dix, vingt, trente millions de travailleurs sous le commandement sans réplique de l'État, vaste amas de machines humaines dépouillées, sinon de leur intelligence, au moins de leur spontanéité, travaillant sans choix, par conséquent sans amour, forcément, servilement, comme le veut l'État, autant que l'État le veut, et toujours au profit de l'État.

» Mais qu'est-ce que l'État, après tout? C'est fictivement tout le monde; dans la réalité, quelques hommes seulement, qui se diront l'État, qui gouverneront la république; qui posséderont la fortune publique, qui exploiteront le travail d'un grand peuple, qui régleront et ce que chacun doit produire à l'État et ce que l'État donnera à chacun, soit en vêtements, soit en nourriture. Mais, qui maintiendra dans la subordination ces immenses troupeaux d'esclaves travailleurs? Comment obtenir d'eux une obéissance et un travail si fort contre nature? Impossible de l'obtenir autrement que par la crainte des supplices, que par l'appareil des tortures inventées autrefois pour les esclaves. Chaque province, chaque ville, chaque hameau devra donc avoir son terrible proconsul, son commissaire d'État avec pleins pouvoirs de vie et de mort. Partout des préposés impitoyables, un fouet à la main, veilleront à ce que chacun remplisse sa tâche fidèlement, en toute rigueur. Ainsi, la civilisation qu'on prétend substituer à l'ordre social actuel, dans l'intérêt, dit-on, des classes laborieuses, serait pour leur malheur et leur opprobre, comme pour l'opprobre et le malheur de tous, le régime de la terreur organisée, le régime de l'esclavage antique, le régime des nègres, le régime enfin des bagnes, appliqué non plus au crime, mais à la vertu.

» Direz-vous qu'on se prémunira par une bonne constitution et de sages lois contre de pareils excès? Mais, toutes les précautions du monde peuvent-elles faire que les conséquences ne sortent pas fatalement de leurs principes? Cependant admettons

que l'État, par impossible, ne veuille pas user avec rigueur de son
droit absolu de propriétaire ; il n'exercera, nous le supposons, aucune contrainte sur les citoyens. Le travail sera donc libre. Mais,
quand toutes choses appartiennent à tous, et que l'État est chargé
de pourvoir aux besoins de tous, n'est-il pas évident que chacun
ayant droit aux mêmes choses en raison de ses besoins, n'aura
aucun motif de travailler plus activement qu'un autre, puisqu'il
ne lui en reviendra pas davantage ? Que disons-nous ? il aura
au contraire toutes sortes de raisons pour prendre le moins de
peines qu'il pourra ; et la première de toutes ces raisons, la plus
naturelle et la plus forte, c'est que l'homme, quoique né pour
travailler, est cependant, dans toutes les positions de la vie,
porté à jouir sans rien faire. Naturellement paresseux, il aime
ses aises et redoute le travail, surtout quand il n'est pas nécessaire à son existence, ou qu'il ne lui rapporte ni gloire ni profit.
Et, de bonne foi, le ressort de l'intérêt privé et de l'intérêt de
famille étant brisé dans son cœur, quels attraits pourrait-il naturellement trouver dans un labeur qui n'aurait pour objet que
d'accroître la fortune de l'État ? Alors quelle langueur dans le
travail commun ! quel dépérissement de l'industrie ! quelle
stagnation pour le commerce ! La production diminuera à mesure que les besoins augmenteront, chacun se reposant sur l'État
pour y satisfaire. Tout conspirera ainsi à diminuer le travail,
et avec lui la richesse et le bien-être.

» Le principe que tous ont le même droit à tout, n'est pas
vrai d'une manière absolue, mais seulement avec la condition
d'abord de l'occupation première, ensuite de l'appropriation par
le travail. Mais supposons le principe vrai, voyons comment
nous pourrons le mettre en pratique. Vous allez demain arracher
les bornes de tous les champs, renverser les murs de toutes les
propriétés. Vous proclamerez la loi agraire, et vous forcerez tous
les citoyens de faire la déclaration exacte de ce qu'ils possèdent.
Vous ferez de toutes les richesses une masse commune, et après
le dénombrement des citoyens, vous partagerez également, assi-

gnant à chacun sa part. Chacun donc va se mettre à l'œuvre, avec le fonds qui lui est dévolu. Les uns, actifs et économes, travailleront, récolteront, réaliseront, et ils auront bientôt du superflu et de l'opulence, tous les conforts enfin de la richesse. Les autres, paresseux ou dissipateurs, commenceront par se divertir, se livrant à leurs passions, satisfaisant leurs appétits, et leur terre demeurera inculte, et leur argent dormira stérile, et tout leur avoir en peu de temps sera dévoré. Ainsi, le lendemain du partage, vous retrouverez ces mêmes inégalités de fortune que vous appelez de criantes iniquités. Cependant, à qui la faute cette fois ? Accuserez-vous encore de vol ceux qui auront conservé, fécondé, accru la part que vous leur aurez faite ? Les autres n'étaient-ils pas libres de travailler et d'épargner comme eux, au lieu de dissiper leur bien dans l'oisiveté et la débauche ? Les laborieux seront-ils encore obligés de nourrir les paresseux ? Et parce que ceux-ci auront dissipé leur part, prétendrez-vous qu'ils ont acquis un droit sur la part des autres ? Recommencez l'épreuve, et vous aurez toujours le même résultat, car toujours vous aurez des hommes laborieux et paresseux, des habiles et des ineptes, des économes et des dissipateurs. Toujours avec le fonds égal de terre ou d'argent que vous donnerez à chacun, vous lui laisserez aussi son fonds naturel ou acquis de vertus et de vices, de bonnes qualités et de passions mauvaises, de force et de faiblesse, et ainsi vous retrouverez nécessairement l'inégalité après ces partages égaux par lesquels vous aurez bouleversé la société. »

TRAVAIL

Adam Smith définit le travail, « l'ensemble des opérations qui composent l'industrie, que ces opérations soient matérielles ou immatérielles. »

Selon J.-B Say, « le travail est un effort, une action appliquée à un but déterminé. »

Pour Destutt de Tracy, « le travail est la faculté de produire. »

« L'artisan doit-il être compté parmi les citoyens? se demande Aristote. Non, répond-il, une bonne constitution n'admettra jamais l'artisan parmi les citoyens. » Aristote voulait les laboureurs esclaves; les artisans et les mercenaires viennent, dans sa pensée, après les laboureurs. Il proclame leurs occupations indignes de l'homme libre. « Ceux qui s'y livrent, dit-il, ont une existence dégradée, où la vertu n'a rien à voir. Ils sont déjà esclaves par l'âme, et ils ne vivent libres que parce que l'État n'est pas assez riche pour les remplacer par des esclaves, ni assez fort pour les réduire à cette condition, comme Diophante l'avait un jour proposé. »

« Si la navette marchait seule, disait encore ce philosophe, on pourrait se passer d'esclaves. »

« Les arts mécaniques, suivant Xénophon [1], altèrent la santé; ils déforment le corps, et ne peuvent manquer en conséquence d'exercer une funeste influence sur l'esprit. On a donc raison d'exclure des charges publiques tous ceux qui se livrent à l'industrie. »

« La nature ne nous a point faits pour être cordonniers, ajoute Platon, de pareilles occupations dégradent les gens qui les exercent; ces hommes ne jouiront d'aucuns droits politiques. »

Les philosophes amis de Julien repoussaient du sanctuaire tout ce qui n'avait pas une origine sacrée : « Crois-tu, s'écriait Thémistius, que des hommes nés d'un boulanger ou d'un cuisinier, élevés parmi les choses et les instruments de leur état, puissent atteindre jamais à la dignité et à la sublimité de la philosophie? »

Le Christ, élevé dans un atelier, avait sans doute travaillé de ses mains. Sa doctrine proclama donc en quelque sorte, par la bouche de l'apôtre des gentils, la glorification du travail. Saint Paul voulut continuer de travailler au milieu de son apostolat :

1. *Économiques.*

« Nous n'avons mangé gratuitement le pain de personne, écrit-il aux Thessaloniciens ; mais nous avons travaillé jour et nuit avec grand labeur, avec beaucoup de peines, pour n'être à charge à aucun de vous. » Ailleurs il proclame cette maxime : « Si quelqu'un ne veut pas travailler, qu'il ne mange pas non plus. » D'un autre côté il écrit aux Éphésiens : « Que celui qui dérobait ne dérobe plus, mais qu'il s'occupe en travaillant des mains à quelque ouvrage bon et utile, afin d'avoir non-seulement le nécessaire pour lui-même, mais de quoi donner à ceux qui sont dans l'indigence... Je vous ai montré par mon exemple comment on peut aider les faibles par son travail, en s'inspirant de cette parole du Seigneur Jésus : Qu'il est plus heureux de donner que de recevoir. »

Adam Smith appelle *travail productif* celui qui ajoute une valeur à celle de l'objet sur lequel il s'exerce ; tel est le travail des ouvriers de manufacture, qui ajoute à la valeur de la matière celle du salaire et du profit du maître. Le travail du domestique, au contraire, quoique également salarié, n'ajoute à la valeur d'aucun objet, et la valeur de la consommation faite par ce domestique ne se retrouve nulle part. Ainsi le caractère du travail non productif, selon Smith, c'est de périr à l'instant même où le service est rendu, et de ne laisser après soi aucune valeur vénale avec laquelle on puisse acheter aucun autre service. Cette définition range dans la catégorie des travaux non productifs les services rendus par des professions pourtant utiles et nécessaires, notamment dans les carrières politique, militaire, ecclésiastique, judiciaire, scientifique, littéraire et artistique.

J.-B. Say combat l'opinion de Smith : « Sous le rapport de la production, dit-il, la durée du produit ne détermine pas sa valeur. Il y a des produits qui se consomment instantanément au moment de leur création, et qui, cependant, n'en sont pas moins précieux, n'en rendent pas moins service à la société que des produits matériels. »

Aux yeux de M. Legoyt, le travail improductif serait celui qui ne rendrait aucun service et ne produirait aucun salaire.

« La richesse d'un pays, selon M. John Stuart Mill, se compose de la somme totale des causes *permanentes* et *accumulées* de jouissances qu'il possède ; et le travail qui tend à augmenter ou à entretenir ces causes doit seul être appelé *productif*. Le travail *improductif* est celui qui n'a d'autre but que de procurer une jouissance, un plaisir momentané, comme le jeu d'un instrument de musique. Tout ce que produit l'artiste qui joue de cet instrument est improductivement consommé. Le total accumulé des causes de jouissances que possède la nation à laquelle il appartient est diminué de tout ce qu'il a consommé, tandis que si ce qu'il a consommé lui avait été donné en payement d'un habit ou d'un objet manufacturé quelconque, ce total se serait accru au lieu de diminuer. »

« Quelques statisticiens politiques ont calculé, dit Franklin, que si chaque homme ou femme employait quatre heures par jour à un travail utile, ce travail suffirait pour lui procurer les nécessités de la vie ; le besoin et la misère disparaîtraient du globe, et l'on aurait le reste des vingt-quatre heures à donner au repos et au plaisir.

» Quelles sont les causes du besoin et de la grande misère ? Le mauvais emploi de facultés d'hommes et de femmes qui ne produisent aucune des nécessités ou des commodités de la vie, classe qui, réunie à celle des oisifs, vit cependant sur la production des travailleurs. Expliquons ceci :

» Les premiers éléments de la richesse se tirent de la terre et des eaux. J'ai de la terre et je récolte du blé. Si je nourris une famille à ne rien faire, je verrai bientôt la fin de mon blé, et, à la fin de l'année, je ne me trouverai pas plus riche qu'au commencement. Mais si, tout en la nourrissant, j'emploie les uns à filer, les autres à faire de la brique pour bâtir, etc., je conserve la valeur de mon blé, et, à la fin de l'année, nous sommes tous mieux vêtus et mieux logés. Qu'au lieu d'employer un homme à faire de la brique, je l'emploie à me faire de la musique, le blé qu'il consomme est perdu, et il ne reste rien de son travail pour ajouter à la richesse ou à la commodité de la famille. Cet homme qui m'aura joué du violon tendra à m'appauvrir, à moins que le reste de ma famille n'ait travaillé davantage ou mangé moins, de manière à réparer le déficit.

» Jetons un regard sur le globe : Que de millions d'hommes ne faisant rien, ou employés à faire quelque chose qui ne peut compter pour rien par rapport aux nécessités ou aux commodités de la vie! Qu'est-ce que le commerce, au sujet de quoi les nations se font la guerre et se détruisent mutuellement? Le travail de plusieurs millions d'hommes perdu sur des superfluités, et cela au péril et au prix de mille vies, en face d'une mer toujours prête à les engloutir. Que de travail dépensé pour la construction et l'équipement d'immenses navires allant chercher à la Chine ou en Arabie le thé ou le café, aux Indes orientales le sucre, en Amérique le tabac! Appellerons-nous nécessités de la vie des objets dont nos aïeux n'ont pas même soupçonné l'existence, ce qui ne les empêchait pas de fort bien vivre?

» On demandera si ces masses d'hommes employés à cultiver, préparer et transporter ces superfluités trouveraient à vivre en cultivant des objets de pure nécessité. Oui, certes, elles le pourraient : le monde est vaste et la plus grande partie est sans culture. Des centaines de millions d'acres de terre restent à défricher en Asie, en Afrique et en Amérique. L'Europe elle-même en compte aussi une bonne quantité. Avec cent acres de ces terres un homme peut fonder un joli établissement, et cependant cent mille hommes employés à défricher chacun cent acres feraient à peine sur le globe une tache assez large pour qu'on l'aperçût de la lune, même en supposant le monde lunaire pourvu d'un télescope comme celui d'Herschel.

» Il y a pourtant quelque consolation à songer qu'au total la somme de travail et de sagesse dans l'humanité l'emporte encore sur celle de paresse et de folie. Les demeures commodes, les bonnes fermes, les cités populeuses et riches ne se trouvèrent longtemps que sur les bords de la Méditerranée ; l'Europe en est aujourd'hui couverte, et cela malgré les guerres continuelles qui souvent détruisent en un an tout le travail de plusieurs années de paix. Cette considération permet d'espérer que le luxe des négociants de nos ports n'amènera pas la ruine de l'Amérique.

» Encore une réflexion avant de terminer ce bavardage. Chaque partie de notre corps nécessite une dépense spéciale : les pieds veulent des souliers, les jambes des bas, le reste du corps des habits, le ventre veut de la bonne chère ; nos yeux, à nous, malgré les services inappréciables qu'ils nous rendent, sont assez raisonnables, et se contentent de la vue des objets, qui coûte peu et ne mettra pas le désordre dans nos finances ; mais ce sont les yeux des autres qui nous ruinent : si tout le monde était aveugle, excepté moi, je n'aurais besoin ni de beaux habits, ni de belles maisons, ni de mille autres objets de luxe. »

« Toute matière première manufacturée, dit Herrenschwand, est la représentation d'une matière première brute et d'une certaine quantité de subsistance, c'est-à-dire sa valeur est composée de la valeur de la matière première brute qui lui a servi de base et de la valeur de la quantité de subsistance qu'ont consommée tous ceux qui ont concouru par leur travail à la manufacturer ; la dernière de ces deux valeurs est dans tous les cas un multiple de la première, et ce multiple peut être cinq, dix, vingt, dans les manufactures de première nécessité, et cent mille, un million, dans les manufactures de luxe, c'est-à-dire la valeur de la subsistance consommée par ceux qui ont concouru par leur travail à manufacturer une matière première brute, peut, dans les manufactures de première nécessité, être cinq fois, dix fois, vingt fois, et dans les manufactures de luxe, cent fois, mille fois, un million de fois plus grande que la valeur de la matière première brute qui a servi de base à la manufacturer. J'entends

par le mot subsistance, non-seulement la nourriture proprement
dite des ouvriers et des entrepreneurs de manufactures, mais,
de plus, toutes les nécessités de la vie qui forment leur maintien et qui entrent avec la nourriture dans la composition de
leurs salaires et de leurs profits réels. »

Pour Ch. Babbage, « le coût d'une marchandise quelconque
n'est jamais autre chose, en dernière analyse, que celui de la
somme de travail qui a été nécessaire pour le produire. L'usage
toutefois a prévalu de donner à un grand nombre de substances parvenues à un certain degré de fabrication le nom de
matières brutes. Ainsi, le fer, quand on n'a fait encore que
l'extraire du minerai et le rendre malléable, est déjà, dans cet
état, applicable à une foule d'emplois utiles, et devient, par
exemple, la matière brute de laquelle on tire les outils. Or les
substances, pour être amenées à cette phase de la fabrication,
n'ont exigé qu'une faible dépense de travail ; et il n'est pas à
beaucoup près sans intérêt de marquer dans quelles proportions
diverses la *matière brute*, en tant qu'on veut bien l'appeler ainsi,
se combine avec le travail pour constituer la valeur de la plupart des produits industriels. La feuille d'or est un morceau de
ce métal réduit par l'action du battage à un tel degré de min-
ceur qu'il transmet à travers ses pores une clarté bleu ver-
dâtre. Quatre cents pouces carrés d'or ainsi préparé sont vendus sous la forme d'un livret contenant vingt-cinq feuilles, au
prix de 1 shilling 6 deniers, et la matière brute, ou l'or, figure
dans ce prix pour un peu moins des deux tiers. Mais, s'il s'agissait de feuilles d'argent, le travail excéderait de beaucoup la
valeur de la matière. »

« Les plus grandes améliorations dans la puissance productive, dit Adam Smith, et la plus grande partie de l'habileté, de
l'adresse, de l'intelligence avec lesquelles elle est dirigée, sont
dues à la division du travail. Prenons un exemple dans une
manufacture de la plus petite importance, mais où la division
du travail s'est souvent fait remarquer : une fabrique d'épin-

gles. Un homme qui ne serait pas façonné à ce genre d'ouvrage dont la division du travail a fait un métier particulier, ni habitué aux instruments qui y sont en usage et dont l'invention est encore due à la division du travail, pourrait à peine faire une épingle dans sa journée, et certainement, quelque adroit qu'il fût, il n'en ferait pas une vingtaine. Eh bien! dans ces manufactures, établies d'après le principe de la division du travail, la fabrication d'une épingle est divisée en dix-huit opérations distinctes ou environ, lesquelles sont remplies par autant de mains différentes, quoique dans certaines fabriques le même ouvrier en fasse deux ou trois. J'ai vu une petite manufacture dans ce genre qui n'employait que dix ouvriers, et où, par conséquent, quelques-uns étaient chargés de deux ou trois opérations. Eh bien! quoique la fabrique fût pauvre et mal outillée, les dix ouvriers faisaient entre eux environ douze livres d'épingles par jour, ce qui, à quatre mille épingles par livre, donnait un total de quarante-huit milliers d'épingles par journée, soit quatre mille huit cents épingles par ouvrier. »

« Dans la fabrication des fleurs artificielles, dit Horace Say, la séparation d'attributions des ouvriers et des entrepreneurs est poussée tout aussi loin. La fabrication de ce qu'on nomme les préparations pour fleurs est très-étendue, et donne lieu à des entreprises importantes; des fabricants spéciaux font les couleurs, les matrices, gaufrent les étoffes, font les étamines, les graines et les autres accessoires, et tous ces entrepreneurs livrent leurs produits comme matières préparées, aux monteurs de fleurs; parmi ceux-ci encore, les uns ne font que les boutons, d'autres montent seulement les roses, d'autres encore des fleurs pour deuil, et ainsi de suite à l'infini. Cette grande division des travaux amène un remarquable bon marché dans les prix, en même temps qu'une grande perfection dans l'exécution. »

« L'horlogerie, dit Ch. Babbage, est peut-être de tous les arts industriels, celui où la division du travail devait recevoir et où elle a reçu en effet le plus d'extension. Un comité de la chambre des communes a constaté, par enquête, que l'on compte dans l'horlogerie cent deux procédés distincts, dont chacun demande un apprentissage spécial ; que l'apprenti n'apprend rien au delà de ce qui forme l'attribution particulière de son maître, et qu'à l'expiration de son engagement, il serait complétement incapable, à moins d'une étude ultérieure, de travailler dans une autre branche du même art. L'horloger proprement dit, dont l'office est de mettre ensemble les parties séparées de l'ouvrage, est peut-être le seul qui pourrait s'utiliser dans un autre département que le sien, et il n'est pas compris dans les cent deux personnes dont il est question. »

« Trois circonstances, suivant Adam Smith, contribuent à la plus grande quantité de besogne que l'on peut obtenir d'un même nombre de personnes employées d'après les règles de la division du travail ; ce sont : 1° la plus grande dextérité à laquelle parvient chaque individu ; 2° l'épargne du temps que l'on perd ordinairement en passant d'un travail à un autre ; 3° l'invention d'un grand nombre d'outils et instruments propres à faciliter et à abréger le travail, et à l'aide desquels un seul homme peut faire la besogne de plusieurs. »

A ces trois avantages, Ch. Babbage en ajoute d'autres, comme la diminution du temps d'apprentissage, la diminution de matières gâtées par l'apprenti pour s'exercer, et la possibilité de payer en raison des services rendus, principe qu'il formule ainsi : « Quand le travail d'une fabrique est réparti entre plusieurs procédés divers, dont chacun exige différents degrés d'adresse ou de force, le fabricant est le maître de n'acheter, pour l'appliquer à chaque manipulation, que la quantité précise de force ou d'adresse qu'elle réclame spécialement ; tandis que si la totalité de la fabrication doit être exécutée par un seul ouvrier, ce même homme doit être pourvu d'assez d'adresse et d'assez de force pour faire à la fois et ce qu'il y a de plus difficile et ce qu'il y a de plus pénible dans toutes les opérations successives. »

On sait que Prony, chargé par les comités du gouvernement révolutionnaire de composer pour la division centésimale du cercle des tables logarithmiques et trigonométriques qui, non-seulement ne devaient rien laisser à désirer quant à l'exactitude, mais qui devaient en outre former le monument de calcul le plus vaste et le plus imposant qui eût jamais été conçu, imagina d'y appliquer la division du travail. Quelques savants cherchaient les formules; d'autres en faisaient les applications, posaient les chiffres; d'autres enfin, exercés seulement aux règles de l'arithmétique, exécutaient les opérations. C'est ainsi que dans un temps relativement assez court, Prony parvint à exécuter un travail qui aurait exigé autrement les vies de plusieurs mathématiciens consommés. Ces tables remplissent dix-sept gros volumes in-folio.

« Dans les travaux de l'esprit comme dans les travaux purement mécaniques, dit Babbage, la division du travail présente cet avantage imparfaitement apprécié jusqu'à ce jour, qu'elle permet de n'appliquer à chaque procédé, et que par conséquent elle permet de n'acheter que le *degré exact de capacité et d'instruction que réclame l'exécution de ce même procédé*; de même que la division du travail dispense le manufacturier de faire tourner la roue par un ouvrier capable de donner la trempe à des aiguilles, c'est-à-dire d'employer à une opération qui se paye quelques sous par heure une aptitude qui peut gagner huit ou dix shillings dans l'espace d'une journée. »

La division du travail toutefois ne peut pas toujours être appliquée avec succès. Elle ne convient que pour la production des articles dont la demande est considérable, et dans tous les cas elle nécessite l'emploi d'un grand capital.

Néanmoins, un fabricant de verroterie à Birmingham, nommé Ostler, a raconté, devant le comité de la chambre des communes, un fait qui prouve jusqu'à quel point un article insignifiant en apparence peut devenir un objet important de fabrication dans sa spécialité. « Lors de mon premier voyage à

Londres, il y a dix-huit ans, disait-il, je fus abordé dans la Cité par un homme d'un extérieur fort respectable, qui me demanda si je ne pourrais pas lui fournir un assortiment d'yeux de poupées. Je me trouvai presque offensé de cette proposition, et j'aurais cru avoir dérogé à ma nouvelle dignité de manufacturier si j'avais fabriqué des yeux de poupées. Mon interlocuteur me fit entrer dans une grande salle où il y avait juste la place pour se promener entre des rangées d'étagères couvertes, depuis le plancher jusqu'au plafond, de portions de corps de poupées. Il n'y a ici, me dit-il, que des jambes et des bras, les bustes sont en bas... Mais, j'en avais vu assez pour me convaincre qu'il lui fallait une grande quantité d'yeux ; et comme en définitive cet article me parut rentrer tout à fait dans la nature de ma fabrication, je consentis à faire un essai. Il me montra des échantillons, et il me fit une commande considérable pour des yeux de toutes les dimensions et de toutes les qualités. Rentré chez moi, je pris la plume et je trouvai que cette commande se montait à une valeur de plus de 500 livres sterling. Je ne tardai pas à quitter Londres ; et, à peine rendu à mes ateliers, je songeai à remplir mon engagement. J'avais, à cette époque, parmi mes ouvriers, les hommes les plus habiles du royaume dans la confection de la verroterie, mais quand je leur montrai mes échantillons, ils secouèrent la tête, me disant qu'ils connaissaient cet article, mais qu'ils ne réussiraient pas à le faire. Je les engageai à se mettre à l'ouvrage, je leur donnai des gratifications. Mais, après avoir perdu trois ou quatre semaines dans des expériences infructueuses, je laissai là l'entreprise pour me livrer à une autre fabrication, celle des garnitures de lustres, et je ne songeai plus aux yeux de poupées... Un jour le hasard me fit rencontrer un pauvre diable que la boisson avait réduit à la misère, et qui se mourait de langueur au milieu des privations les plus cruelles. Je lui montrai de l'or, et il consentit à m'apprendre son procédé. Comme il n'avait pas même le moyen d'entretenir une lampe chez lui, il se mit à m'expliquer verbalement la manière dont il s'y prenait. Bien que je sois très-familiarisé avec ces sortes d'opérations, et que rien de ce qu'il me disait ne fût étranger à ce qui se passe tous les jours sous mes yeux, je m'aperçus que je perdais ma peine à l'écouter... Je suivis donc mon homme dans son galetas, où il poussait l'économie jusqu'à s'éclairer avec de la graisse pour épargner l'huile. Dans un instant, et avant qu'il eût achevé devant moi le troisième œil de poupée, je fus en état d'en faire moi-même douze douzaines, et je ne revins pas de mon étonnement quand je vis combien peu son procédé différait de celui dont mes propres ouvriers avaient inutilement essayé. En établissant mes calculs sur cette base, que chaque enfant, en Angleterre, fait usage de poupées depuis deux ans jusqu'à sept, et qu'il en consomme une par année, je me suis convaincu que les yeux seuls de ces poupées font circuler un capital d'un grand nombre de milliers de livres sterling. On voit par là à quel degré d'importance s'élève la production des moindres bagatelles. »

« Le principe de la division du travail, qui n'est que l'association du travail, dit M. Legoyt, a fait, depuis Smith, d'éminents progrès, et on lui doit les perfectionnements admirables introduits dans toutes les industries. Il est certain, en effet, que l'intelligence du même ouvrier, appliquée à un détail, à une portion de l'œuvre, doit donner un produit plus parfait que si elle était étendue à l'œuvre tout entière; mais ce principe devait amener un phénomène économique des plus graves, la substitution de la grande industrie des vastes manufactures aux petites fabriques, et, comme l'ont dit les socialistes, la féodalisation de l'industrie, et l'asservissement complet du travail au capital. C'est ce qui a eu lieu en effet, et ce phénomène s'est manifesté surtout en Angleterre, où un petit nombre d'établissements industriels, montés dans des proportions colossales, s'est successivement emparé du monopole de la production. L'application excessive de la division du travail a encore cet inconvénient qu'en amoindrissant chaque jour davantage la part contributive de l'ouvrier à l'ensemble de l'œuvre, elle réduit son intelligence, son aptitude industrielle, et, en cas de chômage, le met dans l'impossibilité de trouver de l'ouvrage en dehors de son étroite spécialité. On se demande en effet quel doit être le développement intellectuel de l'homme qui n'a jamais su faire de sa vie que des têtes d'épingles ou des pointes d'aiguilles ! Il est en outre évident que l'ouvrier dont la sphère de travail est aussi limitée est entièrement asservi au petit nombre de manufacturiers qui seuls peuvent lui donner de l'emploi. Une autre conséquence bien plus fâcheuse encore de la subdivision extrême du travail, c'est l'abaissement progressif des salaires par la substitution des femmes et des enfants aux hommes. Il est facile de se rendre compte, en effet, que la tâche afférente à chaque ouvrier n'exigeant plus qu'un très-faible emploi de la force physique et de l'intelligence, cette substitution peut s'opérer sans inconvénient pour la production, et au grand bénéfice du producteur. »

Cependant Horace Say fait cette remarque que « dans la population ouvrière si nombreuse où chacun a une attribution de travail peu étendue, la vivacité d'esprit et d'intelligence se développe beaucoup plus que dans les professions où les travaux sont moins partagés. »

ESCLAVAGE ANCIEN

L'esclavage est l'état dans lequel un homme est considéré et traité comme la propriété particulière d'un autre homme. Dans cet état l'homme esclave cesse d'être une personne, un être ayant le droit de se manifester extérieurement par des actes volontaires. Il n'est plus qu'une chose. Il existe aussi des pays, des États, où ce n'est pas une partie de la population qui se trouve seule en esclavage, mais où tous, sans distinction, sont esclaves par rapport à un seul, au souverain. C'est là ce qu'on nomme l'*esclavage politique*. On le rencontre en Orient, en Asie, en Afrique, et il s'accompagne toujours de l'esclavage proprement dit, de l'esclavage privé.

« L'exploitation de l'homme par son semblable, quelle qu'en soit d'ailleurs l'origine, dit la *Doctrine de Saint-Simon*, est le phénomène le plus caractéristique du passé. Il est inutile de nous appesantir sur des temps de férocité où l'empire de la force ne se manifeste que par la destruction, où le sauvage égorge son ennemi et souvent même en fait sa pâture. Transportons-nous d'abord à l'époque où le vaincu devient la propriété du vainqueur, et où celui-ci en fait un instrument de travail ou de plaisir, en un mot transportons-nous à l'institution de l'*esclavage*. A dater de cette époque les faits s'enchaînent régulièrement sans interruption ; et l'on peut dire que seulement alors, l'*exploitation* commence. Le passage de l'état d'anthropophagie, d'extermination, au premier degré de civilisation, signalé par l'établissement de l'esclavage, est un progrès immense.

» L'exploitation, à son début, embrasse la vie matérielle, intellectuelle et morale de l'homme qui la subit. L'esclave est placé en dehors de l'humanité ; il appartient à son maître, comme la terre que celui-ci possède, comme son bétail, son mobilier ; il est *sa chose* au même titre. L'esclave ne possède aucun droit, pas même celui de vivre : le maître peut disposer de ses jours, il peut le mutiler à son gré pour l'approprier aux fonctions auxquelles il le destine. L'esclave n'est pas seulement condamné à la misère, aux souffrances physiques ; il l'est encore à l'abrutissement intellectuel et moral ; il n'a point de nom, point de famille, point de propriété, point de liens d'affection, point de relation reconnue avec l'homme ou avec les dieux ; car l'esclave n'a point de dieux, il n'y en a que pour le maître. Enfin il ne peut jamais prétendre à acquérir aucun des biens qui lui sont refusés, ni même à s'en rapprocher.

» Telle est la servitude à son origine. Dans la suite, la condition de l'esclave devient moins rigoureuse. Le législateur intervient dans ses rapports avec son maître. Peu à peu il cesse d'être une matière passive; on lui accorde une légère part du profit de ses travaux; des lois donnent quelque garantie à son existence. Ce n'est que fort tard qu'il peut prétendre par l'affranchissement, événement toujours rare et exceptionnel, à faire un pas vers la société civile et religieuse, à introduire lentement sa race dans l'humanité, sans qu'elle cesse pourtant d'être proscrite et exploitée tant que l'on peut reconnaître son origine.

» Au sein des républiques antiques, on trouve une classe d'hommes qui tient le milieu entre celle des maîtres et celle des esclaves; ce sont les *plébéiens.*

» La source du plébéianisme est inconnue, soit qu'il représente la conquête d'un premier grade dans l'association, par l'évolution lente des esclaves, ou bien qu'il soit le résultat d'une transaction entre des vainqueurs et des vaincus; toujours est-il que le plébéien est exploité par le patricien, comme l'esclave par le maître; non pas avec la même rigueur, ni sous des formes aussi brutales, mais également à un très-haut degré, et sous les mêmes rapports. On ne reconnaît au plébéien, ni existence religieuse, ni existence politique ou même civile, puisqu'il ne peut avoir par lui-même ni propriété ni famille; au patricien seul sont réservés ces priviléges. Le plébéien peut les acquérir, il est vrai; mais seulement par une délégation, une sanctification du patricien, et sous l'invocation de son nom. Telle est la raison profonde du patronage antique; toutefois l'infériorité originelle du client ne lui permet pas d'atteindre, même par l'adoption du patron, à la plénitude de l'existence religieuse et sociale : le sacerdoce et la connaissance des mystères réservés à cette fonction lui sont interdits. Une bouche patricienne est seule jugée digne d'interpréter les volontés célestes.

» Le plébéien, placé à son début dans une condition plus favorable que l'esclave, parvient plus tôt que lui à l'affranchissement. Son émancipation, hâtée par le dévouement des Gracques, fut consommée sous l'empire, autant qu'elle pouvait l'être au sein de la société romaine. Il fallait que cette société fût transformée pour que l'émancipation devint complète. C'est ce qui arriva lorsque le christianisme, proclamant à la fois l'unité de Dieu et la fraternité humaine, vint changer complétement les relations religieuses et politiques, les rapports de l'homme à Dieu et des hommes entre eux. »

L'esclavage n'eut pas toujours et partout la même origine. Le pouvoir dont étaient investis le père de famille, le patriarche, à l'origine des sociétés, faisait déjà des enfants et des serviteurs autant d'esclaves. Les peuples guerriers, en devenant agricoles et sédentaires, développèrent l'esclavage en employant à la culture les prisonniers qu'ils immolaient auparavant. Par la suite le besoin d'esclaves occasionna des guerres, des enlèvements, des vols d'hommes, et donna au commerce d'esclaves une large organisation.

La Bible présente déjà l'esclavage dans l'histoire des patriarches, et beaucoup d'exemples montrent que les Ismaélites et les Phéniciens se livrèrent de bonne heure au commerce des esclaves. Hérodote range l'enlèvement et la vente des femmes parmi les causes originelles de l'inimitié des Perses et des Grecs. Homère cite des prisonniers de guerre conduits comme esclaves au marché de l'ile de Lemnos pour y être échangés contre du bétail, du vin, des vases d'argent et autres objets de prix. Les habitants de Chios passent pour le premier peuple grec qui non-seulement importa des esclaves de l'étranger, mais qui aussi en acheta plus tard pour de l'argent.

Le mot hébreu que l'on traduit ordinairement par celui de *serviteur*, répond plus proprement à notre mot esclave. Un passage de la *Genèse* semble indiquer que même avant le déluge, un certain nombre d'hommes étaient devenus la propriété des autres. Il est incontestable qu'au temps d'Abraham, les serviteurs, soit qu'ils eussent été achetés, soit qu'ils fussent nés dans la famille, faisaient partie des possessions de son chef patriarcal. Dans une foule de passages, l'historien sacré, énumérant les richesses de ces chefs, compte avec les chameaux et les tentes, les serviteurs de l'un et de l'autre sexe. La législation posa divers principes pour régulariser cette condition : elle condamnait à mort un homme qui aurait vendu un autre homme dont la possession ne lui était pas légitimement acquise. Il y eut donc chez les Juifs, comme chez leurs voisins de Syrie et d'Arabie, tous les genres d'esclavage et de commerce d'esclaves. Ainsi ils avaient des esclaves qui s'étaient vendus eux-mêmes par misère, ou qui avaient été vendus soit par d'autres, soit par leurs propres parents, ou bien encore qui portaient le joug à la suite de la guerre ou du rapt ; enfin il y en avait qui étaient nés esclaves. La loi mosaïque établissait d'ailleurs une distinction essentielle entre les esclaves indigènes et les esclaves achetés de l'étranger. Les premiers, après dix ans de servitude, devaient être rendus à la liberté, à moins qu'ils n'eussent solennellement renoncé pour toujours à leur affranchissement. Les étrangers, au contraire, restaient en servage perpétuel. Les enfants des esclaves, tant indigènes qu'étrangers, demeuraient la propriété perpétuelle des maîtres. Les restrictions successivement apportées par la loi mosaïque à la puissance des maîtres sur leurs esclaves prouvent tout ce que cette puissance avait d'abord d'excessif.

On voit dans le premier livre des *Politiques* d'Aristote que dans l'antiquité les législateurs et les philosophes ne s'accordaient guère sur la légalité de l'usage de rendre esclaves les prisonniers. Tout ce que l'on put faire, ce fut de distinguer l'esclave de l'homme qui se trouvait accidentellement dans l'esclavage, et l'on regarda comme juste l'asservissement de l'homme à qui la nature n'a pas accordé la faculté de jouir de la liberté. Cicéron se range aussi à cette opinion.

En Laconie le nombre des esclaves était considérable. Leur sort était des plus misérables. Les vêtements qu'ils étaient obligés de porter les faisaient distinguer au premier coup d'œil des autres habitants. Un bonnet de peau de chien leur couvrait la tête ; une peau leur enveloppait le reste du corps. Pour inspirer aux jeunes Spartiates le dégoût de l'ivresse, on forçait les

Ilotes à s'enivrer et à paraître dans cet état aux repas publics. On leur ordonnait, sous des peines sévères, de chanter des chansons obscènes, et il leur était défendu d'en chanter d'autres. Le travail des champs retombait de tout son poids sur eux. Ils étaient en outre obligés de servir leurs maîtres à Sparte, de veiller sur les enfants, de s'occuper de tous les détails de la vie domestique, de se procurer les instruments et toutes les choses dont ils pouvaient avoir besoin, de bâtir les maisons de leurs maîtres, etc. Ils n'étaient pas seulement les esclaves des particuliers, mais encore de l'État. Comme tels, ils étaient tenus de construire les édifices publics, de réparer les routes, d'élever et d'entretenir les digues qui s'opposaient aux débordements des rivières, de cultiver les terres publiques, de suivre à la guerre les Spartiates et les Lacédémoniens, de porter les bagages, de creuser les retranchements et de combattre armés à la légère. On les plaçait au premier rang et aux postes les plus dangereux. Lorsque Sparte devint une puissance maritime, ils furent chargés, sur la flotte, de tous les travaux qu'on regardait comme indignes d'un homme libre.

Le mépris pour les Ilotes alla chez les Spartiates jusqu'à organiser des chasses contre eux. Vainement on a voulu contester ce fait horrible, qui est attesté par un grand nombre d'auteurs grecs, Platon, Thucydide, Isocrate, et par Plutarque, qui nous apprend qu'Aristote parlait aussi de cet odieux usage dans un ouvrage qui n'est pas venu jusqu'à nous. Pour assurer leur domination, les oppresseurs ne reculaient devant aucun moyen d'affaiblir les opprimés, redoutables par leur nombre. Au milieu de ces luttes, le cœur s'endurcit et la cruauté devint une habitude. On finit par considérer les Ilotes comme des espèces de bêtes sauvages qu'il était permis de massacrer sans remords, et la chasse aux Ilotes fut une *chasse sainte*, comme étant un exercice utile aux jeunes Spartiates. Dans la suite on régularisa la chose, en fixant un temps pour cette chasse, et les éphores, à leur entrée en fonctions, en proclamaient l'ouverture.

Cependant les Ilotes, vivant du produit de leur travail, avaient une certaine indépendance, et il leur était quelquefois possible de racheter leur liberté avec les économies qu'ils avaient faites. Ces affranchissements étaient rares; l'État seul avait le droit de rendre la liberté à un esclave, et encore les affranchis étaient presque toujours obligés d'émigrer. Lorsque la république avait éprouvé de grandes pertes dans une guerre, il arrivait quelquefois qu'on accordait aux Ilotes les droits de citoyens, afin de combler les vides laissés par les combats dans les rangs des hommes libres; parfois aussi la politique de Sparte se servit de ce moyen pour affaiblir les esclaves en enlevant à leurs rangs les plus jeunes et les plus robustes d'entre eux. D'autres fois c'était l'accroissement de leur nombre qui amenait ces affranchissements; mais dans ce cas on envoyait ordinairement les affranchis fonder une colonie hors de la Laconie.

Les Ilotes affranchis n'étaient pas du reste placés sur la même ligne que les Lacédémoniens : ils étaient libres, il est vrai, mais ils restaient dans un certain état d'infériorité vis-à-vis de leurs anciens maîtres. Des services répétés, des actions d'éclat, pouvaient leur mériter de nouveaux droits; ils portaient différents noms, suivant leur degré d'affranchissement.

« A Athènes, dit Bœckh, il n'y avait pas jusqu'au plus pauvre citoyen qui n'eût un esclave pour l'entretien de sa maison. Dans les ménages d'un ordre moyen, on en employait plusieurs à toutes sortes d'occupations : à moudre le blé, à cuire le pain, à faire la cuisine et les habits ; pour envoyer au dehors et pour accompagner le maître ou la maîtresse de la maison qui sortaient rarement seuls. Voulait-on faire de l'étalage, attirer les regards? on en prenait trois avec soi. On voit même des philosophes qui en avaient jusqu'à dix. On louait aussi des esclaves comme mercenaires; ils s'occupaient du bétail et du soin des champs; ils étaient chargés des travaux des mines, des fonderies, des arts mécaniques et de tous ceux des journaliers : on en occupait des troupes entières dans de nombreux ateliers pour lesquels Athènes était renommée; un grand nombre était employé sur les vaisseaux marchands et sur les bâtiments de guerre. Sans parler de beaucoup d'exemples de gens qui n'en faisaient travailler que quelques-uns, Timarque en avait onze ou douze dans ses ateliers; le père de Démosthènes, cinquante-deux ou cinquante-trois, sans les femmes esclaves de sa maison; Lysias et Polémarque, cent vingt. Platon fait la remarque expresse que chez un homme libre, on rencontrait fréquemment cinquante esclaves, et davantage chez les riches; Philémonide en possédait trois cents; Hipponique, six cents; Nicias, mille, dans les mines seulement.

» Leur produit devait être très-grand, et comme pour le bétail, rendre à la fois le capital avec les intérêts, si élevés dans les temps anciens, puisque leur valeur diminuait par l'âge, et que la mort pouvait en causer la perte totale. Qu'on y joigne le danger de les perdre par la fuite, surtout vers les troupes en temps de guerre, la nécessité de les poursuivre et de faire annoncer une récompense pour les saisir. L'idée d'un établissement d'assurance contre ces inconvénients vint dans la tête d'un noble Macédonien, Antigène de Rhodes, qui, pour une prime de huit drachmes par tête, entreprit de rendre le prix déclaré par le maître pour l'esclave qui se serait échappé; ce qu'il pouvait faire d'autant plus facilement, qu'il forçait les gouverneurs de représenter ou de payer ceux qui s'enfuyaient dans leurs provinces. Il est impossible de calculer quel intérêt rapportait un esclave. Les trente-deux ou trente-trois forgerons ou armuriers de Démosthènes rapportaient annuellement trente mines, et les faiseurs de siéges douze, tous frais faits; or comme ils valaient, les premiers cent quatre-vingt dix, et les seconds quarante mines, ils rapportaient les uns 30 et les autres 15 $\frac{4}{19}$ p. 0/0, ce qui fait une différence assez frappante. Le maître, au reste, fournissait les matériaux, et une partie du bénéfice total pourrait être attribué au gain qu'il en retirait.

» Le prix des esclaves dépendait de la concurrence et du

nombre, mais il variait aussi avec l'âge, la santé, les forces, la beauté, l'intelligence, les talents et les qualités morales. Un esclave, dit Xénophon, vaut bien deux mines, tandis qu'un autre en vaut à peine une et demie, et plusieurs cinq ou dix. Nicias, fils de Niceratus, avait payé jusqu'à un talent celui qui inspectait les travaux des mines. Les soldats romains vendus en Achaïe par Annibal, furent rachetés au taux fixé par les Achéens mêmes pour la somme de cinq mines. On donnait ordinairement vingt à trente mines pour les joueurs d'instruments et pour les jeunes filles destinées aux plaisirs de leurs maîtres; c'est ainsi que Neœra fut payée trente mines [1]. »

Suivant Varron, cinq ou six cents ans après la fondation de Rome, la culture était encore exercée en grande partie par des propriétaires et par des travailleurs libres. La guerre et le commerce firent affluer les esclaves à Rome. Les Romains emmenaient en captivité des populations entières. A mesure que les conquêtes de Rome s'étendirent, on vit diminuer le nombre des hommes libres et augmenter celui des esclaves. L'esclavage se recrutait d'ailleurs de différentes manières à Rome. Les enfants abandonnés étaient réduits en esclavage. Le père pouvait vendre ses enfants, qui devenaient esclaves, même quand ils étaient mariés; il pouvait vendre aussi ses petits-enfants; l'homme libre pouvait se vendre lui-même et livrer sa liberté pour un prix; les débiteurs qui ne pouvaient satisfaire leurs créanciers passaient également à l'état d'esclaves. Les criminels étaient quelquefois mis en servitude et déclarés propriété publique. Tout enfant né d'une femme esclave était esclave. Ainsi, à Rome, on devenait esclave par captivité, par naissance, par condamnation judiciaire et par vente volontaire. Les pays qui fournissaient principalement d'esclaves la Grèce et Rome, avant la conquête des Gaules par César, étaient la Thrace, la Scythie, la Dacie, la Gétie, la Phrygie, le Pont, etc.

---

1. La drachme athénienne valait 0 fr. 93; la mine 91 fr. 66; le talent 5,500 fr.

« Dans les premiers temps de Rome, dit Creuzer, lorsque le père de famille cultivait lui-même son champ avec ses fils, les prisonniers de guerre faits dans de courtes campagnes contre les peuples de l'Italie, ses voisins, lui fournissaient assez de bras pour les arts et les métiers utiles; mais à mesure que la puissance romaine s'accrut et que son territoire s'agrandit par des conquêtes, ces nouvelles richesses leur créèrent de nouveaux besoins et leur inspirèrent le goût du luxe et de l'oisiveté en augmentant naturellement le nombre de leurs esclaves. Grâce à la piraterie et aux guerres continuelles entre les peuples barbares, des marchands avides approvisionnèrent sans cesse d'esclaves les marchés de l'Archipel, d'où des cargaisons partaient régulièrement pour l'orgueilleuse cité que baigne le Tibre. L'incurie des rois de la Syrie et de la Cilicie, comme nous l'apprend Strabon, fut cause que des écumeurs et des vendeurs de chair humaine purent se livrer impunément à cet odieux trafic. Le même auteur ajoute que les rois d'Égypte et de Chypre, ainsi que les habitants de Rhodes, en partie par haine contre les Syriens, tolérèrent ce commerce infâme, et que depuis la destruction de Carthage et de Corinthe, les Romains, devenus moins scrupuleux sur le mode d'acquisition de leurs esclaves, s'inquiétaient peu de ce qui se passait au delà du Taurus. On peut dire sans être taxé d'exagération qu'à certaines époques de la domination romaine, des peuplades entières d'Asie et d'Afrique furent transportées en Italie, soit pour cultiver les vastes domaines des riches patriciens, soit pour satisfaire à tous les caprices de ces maîtres énervés par le luxe et l'opulence. Des myriades de malheureux périrent dans les mines et dans les carrières de marbre, et ce ne fut souvent qu'au prix du sang de plusieurs milliers d'esclaves que s'élevèrent ces constructions gigantesques dont les ruines attestent encore aujourd'hui la grandeur éclipsée de l'ancienne reine du monde. »

Dans le droit romain on distinguait une *servitude juste* et une *servitude injuste*. On était placé dans la première soit par naissance, soit à la suite d'un châtiment pour une action défendue. L'esclave délivré de cette servitude était l'affranchi. L'homme libre tombait dans la *servitude injuste* par d'autres raisons que celle du châtiment, comme lorsqu'il était fait prisonnier. Celui qui en était délivré recouvrait ses droits d'homme libre, à l'exception du *sacrum* et du *gentilitas*.

Sur un jugement du préteur, un créancier avait le droit d'emmener avec lui, pour le faire travailler, un débiteur qui, au terme fixé, n'avait pas payé, à moins qu'il ne présentât un répondant qui fût accepté par le créancier. Toutefois, le débiteur obligé de servir n'était pas précisément esclave pour cela; car une fois délivré de cet état, il était libre et non pas affranchi, et il ne perdait aucun des droits d'un citoyen libre.

Outre l'esclavage par naissance, la perte des droits civils chez les Grecs et les Romains privait encore de la liberté personnelle. Les lois de Solon et les orateurs grecs citent plusieurs cas où cela avait lieu en Grèce. A Rome, cette peine était souvent infligée à ceux qui s'étaient soustraits au cens ou à la conscription. L'abandon des drapeaux était puni d'une manière non moins sévère.

Il y avait en outre à Rome une *servitude pénale*, car celui qui, par un jugement criminel, était condamné aux mines, au combat avec les animaux ou bien à mort, perdait ses droits civils et personnels.

Parmi les causes d'esclavage chez les Romains, il faut encore compter la religion. C'est ainsi que l'empereur Dioclétien ordonna par des édits que des chrétiens d'une bonne naissance seraient dépouillés de leurs droits de citoyens et d'hommes libres. Les jeunes filles chrétiennes qui refusaient d'assister aux sacrifices païens étaient réduites au service d'esclaves dans les bains et autres endroits publics.

A l'origine, l'esclave romain n'avait aucune espèce de droits. Ce qu'il gagnait appartenait à son propriétaire. Ce ne fut que plus tard que les esclaves obtinrent comme rémunération ac-

cessoire une espèce de propriété particulière ou *pécule* qu'il leur
fut permis d'employer à racheter leur liberté. Jamais l'esclave
ne pouvait contracter de mariage véritable; il n'avait pas de
famille et était incapable de tester. Les esclaves étaient en
outre exclus du service militaire; il n'y eut d'exceptions à cette
règle qu'à l'époque des guerres puniques et sous les empereurs.
L'esclave pouvait bien être admis en témoignage; mais c'était
seulement en affrontant les tourments de la torture qu'il donnait de la force à son témoignage. Les esclaves étaient en fait
à la merci entière de leurs maîtres. Les châtiments qu'on leur
infligeait souvent pour la faute la plus légère font horreur. On
les battait de verges jusqu'à la mort, on les livrait aux bêtes
féroces, on les faisait périr de faim. Juvénal parle d'une femme
qui veut, par caprice, qu'on crucifie un de ses esclaves, et
comme son mari lui demande quel crime a commis cet homme,
elle se récrie en disant : « Un esclave est-il un homme? » Ve-
dius Pollion, courtisan d'Auguste, voulut un jour faire dévorer
par les poissons de son vivier un esclave qui avait brisé un
vase; Auguste sauva ce malheureux et fit combler le vivier.
Mais sous son règne fut porté un sénatus-consulte qui ordonnait,
en cas de meurtre d'un citoyen dans sa maison, de mettre à
mort indistinctement tous les esclaves qui habitaient sous le
même toit que lui. C'est ainsi que sous Néron, Pedianus Se-
cundus ayant été assassiné dans sa demeure, ses quatre cents
esclaves furent tous impitoyablement égorgés. Comme châtiment, on mettait encore les esclaves aux fers, on leur posait au
cou une fourche de bois, on les faisait travailler à la meule, à
la boulangerie, on les emprisonnait dans des cachots souter-
rains. Jusqu'à l'époque de Constantin, tout esclave fugitif était
marqué d'un fer rouge. Les esclaves romains ne portaient pas
de vêtements particuliers, pour qu'ils ne pussent pas voir combien ils étaient plus nombreux que leurs oppresseurs. A partir
de l'an 205 avant notre ère, les esclaves furent employés à
Rome à de sanglants exercices de lutteurs, et à combattre des

animaux : genre de représentations devenu bientôt le divertissement favori de la foule. Dès lors d'énormes quantités d'esclaves durent périodiquement s'entr'égorger pour le plus grand amusement du peuple romain. A cet effet, les grands et les empereurs entretenaient une espèce particulière d'esclaves, les gladiateurs, dont on se servait aussi dans les guerres civiles. Sous Trajan, on vit, en cent vingt-trois jours, dix mille gladiateurs figurer dans les combats du cirque, et lutter contre onze mille bêtes féroces.

Les esclaves étaient employés aux fonctions les plus diverses. Outre le travail agricole et industriel, ils accomplissaient tous les travaux inférieurs de la société. Quelques-uns, plus intelligents, avaient des fonctions plus relevées. Il y avait des esclaves musiciens, grammairiens, philosophes même, qui se vendaient fort cher et étaient mieux traités que les esclaves communs. Le propriétaire n'employait pas toujours lui-même son esclave; quelquefois il le louait. Tous les objets que les mœurs élégantes des familles romaines pouvaient exiger, les soins que réclamaient les malades, ainsi que les besoins intellectuels et les nobles jouissances que les beaux-arts offrent à l'homme instruit, étaient livrés exclusivement aux talents, à l'habileté et à la science des esclaves des deux sexes. On distinguait parmi les esclaves, dans les maisons des patriciens romains et à la cour impériale, des précepteurs, des pédagogues et des nourrices; les nourrices allaitaient les enfants. Les pédagogues surveillaient plus tard la conduite morale des enfants, à qui les précepteurs enseignaient les éléments des sciences. « On sait, dit Creuzer, par les plaintes des philosophes romains, surtout du temps des empereurs, combien la coupable insouciance avec laquelle les parents confiaient toute l'éducation de leurs enfants à des esclaves étrangers, influa d'une manière fatale, non-seulement sur la pureté de la langue latine, mais aussi sur la pureté des mœurs romaines. »

Il y avait en outre, parmi les esclaves romains, des *cellarii*, pour soigner la cave; des *dispensatores* et des *procuratores*, pour s'occuper des dépenses de la maison ; des *nutriti*, pour élever les petits enfants ; des *silentiarii*, pour faire faire silence ; des *analectæ* ou balayeurs ; des *pocillatores* ou échansons ; des *janitores* ou portiers ; des *vestispici* et des *cubilarii* ou valets de chambre ; etc. Au dehors, les *ambulones* précédaient le maître pour lui faire faire place ; les *nomenclatores* se chargeaient de lui dire les noms des passants ; les *calculatores* faisaient pour lui les calculs dont il avait besoin ; et les *librarii* prenaient ses notes. Quelques-uns, barbarement rendus contrefaits dès l'enfance, et qu'on appelait *distorti, moriones*, avaient pour destination d'amuser les convives pendant le repas par leurs bouffonneries.

La vie des esclaves était à l'entière discrétion de leurs maîtres. En principe, l'esclave était chose : *res, non persona*, comme s'exprime la loi romaine. On pouvait en user et en abuser. Le maître n'était pas tenu d'exécuter une promesse faite à son esclave, car la loi considérait l'esclave comme moins vil encore que nul (*non tam vilis quam nullus*). Les horribles cruautés qu'on exerçait sur les esclaves provoquèrent plus d'une fois parmi eux des conjurations et des insurrections qui furent cruellement réprimées. On essaya, à plusieurs reprises, sous la république, d'améliorer la condition des esclaves ; mais tout ce qu'on fit aboutit à peu de chose, parce que les réformes de ce genre paraissaient des attaques à la propriété. Des moralistes, comme Sénèque, Pline et Plutarque, prirent jusqu'à un certain point la défense des esclaves. Les empereurs mirent les premiers, moins par humanité que par politique, des bornes à l'arbitraire des maîtres, et accordèrent quelques droits aux esclaves maltraités, qui, dès qu'ils se réfugiaient sous la statue de l'empereur, se trouvaient sous la protection du prince. Alors aussi les esclaves purent considérer leurs profits accessoires comme une espèce de propriété, prêter et même accroître leur avoir par le travail d'autres esclaves qu'ils prenaient en location. Antonin enleva aux maîtres le droit de vie et de mort sur leurs esclaves.

Déjà, pour régénérer la bourgeoisie romaine, il avait fallu plutôt favoriser que prohiber les rachats de bons et laborieux esclaves. Les affranchissements opérés par les maîtres devinrent si nombreux que la loi dut régler et limiter l'exercice de ce droit. L'appauvrissement de la race romaine, la dissolution des liens sociaux, avaient rapproché l'esclave du maître.

« Chez les Romains, dit Charles Comte, depuis le commencement jusqu'à la fin de la république, l'aristocratie tendit sans cesse à substituer aux hommes libres qui cultivaient les arts un peuple dont elle eût la propriété; elle se fit une maxime de ne jamais faire d'échange de prisonniers. Dans l'alternative de laisser dans l'esclavage ceux des soldats romains qui n'avaient pas le moyen de se racheter ou de rendre les soldats dont elle avait fait des esclaves, elle prenait le parti qu'elle trouvait le plus lucratif. La restitution qu'elle aurait obtenue d'une armée prise sur elle n'aurait profité qu'aux classes pauvres d'où sortaient les soldats, la restitution qu'elle aurait faite elle-même d'une armée étrangère l'aurait privée d'une multitude d'esclaves.

» Parmi les causes nombreuses qui déterminaient l'aristocratie romaine à faire la guerre, il en est une qu'on n'a pas remarquée : le peuple en supportait les frais; les grands en retiraient les bénéfices. Les grands, qui pour prendre les habitants d'une ville industrieuse et les transformer en esclaves, perdaient un certain nombre de soldats, ne voyaient dans cette opération qu'une bonne affaire. C'était un échange dans lequel tout était gain pour l'aristocratie, à ses yeux, un bon esclave valait mieux que deux prolétaires romains. Les dangers même les plus graves ne suffisaient pas pour la déterminer à perdre de vue ce qu'elle considérait comme son intérêt. Annibal ayant fait sur les armées romaines un grand nombre de prisonniers, proposa de les échanger contre ceux qu'on avait faits sur lui. Les patriciens ne voulurent pas consentir à l'échange; mais ils achetèrent huit mille esclaves et les incorporèrent dans leur armée sans leur donner la liberté. Par ce moyen ils conservèrent les soldats carthaginois dont ils avaient fait des esclaves, et se réservèrent la faculté de reprendre la possession de ceux au moyen desquels ils avaient remplacé les soldats tombés dans les mains de l'ennemi. »

Le travail des esclaves devint funeste aux agriculteurs et aux artisans libres. Les hommes puissants s'enrichirent outre mesure. Les champs se remplirent d'esclaves. D'un autre côté, l'expérience ayant appris aux propriétaires que l'esclave à qui l'on permettait de se former un pécule au moyen duquel il pourrait se racheter, travaillait avec plus de zèle et d'ardeur que celui qu'on stimulait à coups de bâton, cette faculté de se former un pécule fut accordée aux esclaves. Ce rachat ne donnait pas une complète liberté à l'esclave, qui demeurait encore sous la dépendance du maître et lui payait par exemple une redevance pour son patronage. Les affranchissements se multiplièrent. Ils se trouvaient en outre encouragés par les distributions de vivres, qui, n'étant accordées qu'aux hommes libres et aux affranchis, poussaient à certaines époques les maîtres à affranchir leurs esclaves, afin de partager avec eux. D'après Pline et Columelle, les grandes exploitations agricoles finirent par épuiser le sol de l'Italie. Les propriétaires eurent avantage à morceler le sol et à le donner à cultiver à leurs anciens esclaves transformés en serfs, colons ou métayers. Les invasions des barbares aidèrent à cette transformation.

ESCLAVAGE MODERNE

Au rapport de Tacite[1], les anciens Germains avaient des esclaves qui n'étaient employés qu'aux travaux de la terre et qu'on traitait bien. Vraisemblablement ces esclaves étaient des prisonniers de guerre ou provenaient de peuplades subjuguées. Tacite parle toutefois d'esclaves qui se faisaient une ressource

1. *Germ.*, ch. XXV.

de leur propre liberté. Ces esclaves étaient originaires de la tribu même qui les vendait à l'étranger, et leurs créanciers touchaient le prix de la vente. Mais d'ordinaire, ces esclaves ne tardaient pas à s'enfuir et revenaient dans leur pays natal, où ils étaient de nouveau considérés comme hommes libres; aussi les Romains n'achetaient-ils pas volontiers des esclaves germains. Ce n'est qu'à l'époque de la grande migration des peuples, lors de l'invasion des provinces romaines par les Germains, que paraît s'être constituée une classe double d'individus non libres. Indépendamment des esclaves cultivant les terres qui leur avaient été concédées, il y eut encore les esclaves privés de toute espèce de possession qu'on entretenait dans l'intérieur de la maison, et dont on faisait trafic. Le nombre des esclaves de cette catégorie s'accrut démesurément lorsque, à partir de l'époque de Charlemagne, commencèrent les expéditions militaires ayant pour but de repousser les invasions slaves.

A la suite de luttes qui durèrent plusieurs siècles, les tribus slaves venues s'établir en Germanie, depuis les bords de la Baltique jusqu'aux rives de l'Elbe, furent subjuguées, exterminées ou réduites en esclavage par les Allemands. Les prisonniers faits dans ces expéditions se vendaient en France, en Angleterre, en Italie et jusqu'à Constantinople. On donna même leur nom à leur position sociale. La situation des esclaves domestiques chez les Allemands, et de ceux qui exerçaient des métiers, était moins favorable que celle des esclaves attachés à la culture du sol. Il n'existait point de droit pour les esclaves sans possession; on ne distinguait pas leur nationalité; en ce qui les touchait, le *wehrgeld* ou la composition fixée pour rachat des crimes commis contre eux, se réduisait à peu de chose; il leur était interdit de porter des armes.

Dans la Grande-Bretagne, où les Romains avaient organisé l'esclavage comme il existait chez eux, toute la population bretonne fut réduite en servitude lors de la conquête de ce pays par les Anglo-Saxons. Les vaincus furent sans doute condamnés à cultiver le sol au profit des vainqueurs, et il y eut en outre aussi là des esclaves domestiques qui devinrent des objets de trafic et dont le sort était des plus misérables. Sous les derniers rois de la dynastie anglo-saxonne, Bristol et Londres étaient encore de célèbres marchés à esclaves. Dans les premiers siècles de la période normande, l'esclavage proprement dit se transforma peu à peu en *servage*; celui-ci disparut au commencement du seizième siècle, sans que la législation eût eu à intervenir.

« En France, à côté du dur servage dans lequel les envahisseurs franks réduisirent les populations gauloises, il y eut aussi l'esclavage domestique, qui fut en grande partie entretenu au moyen des prisonniers de guerre faits aux envahisseurs espagnols et maures. Après la déroute des Sarrasins sous les murs de Narbonne, en 1018, les prisonniers furent partagés entre les vainqueurs, qui firent vendre leur butin sur le marché de Carcassonne. Dans les contrées romanes, c'étaient surtout les juifs qui faisaient le commerce des esclaves et qui s'y enrichissaient. Le grand marché à esclaves était alors à Lyon, où l'on envoyait par bandes nombreuses les esclaves d'origine slave, ainsi que les Maures pris en Espagne. Le clergé se prononça toujours contre ce trafic de créatures humaines, mais la royauté, quand elle fut devenue plus puissante, put seule mettre des limites à ce commerce. Au treizième siècle, saint Louis adoucit dans les domaines de la couronne le joug du servage, et ses successeurs s'efforcèrent de poursuivre son œuvre dans le but d'affaiblir une trop orgueilleuse noblesse. Le servage continua de subsister jusque vers la fin du dix-huitième siècle.

L'Italie eut pendant tout le cours du moyen âge des esclaves proprement dits. Rome était demeurée le grand centre de ce commerce de chair humaine, et les Vénitiens venaient y acheter des esclaves chrétiens pour les revendre aux mahométans. En revanche, les Espagnols y amenaient des esclaves mahométans faits soit sur terre, soit sur mer.

L'invasion de l'Espagne par les Maures au huitième siècle et la chute de la monarchie chrétienne des Goths amenèrent une lutte qui se perpétua pendant sept siècles, et dans laquelle chrétiens et maures condamnèrent leurs prisonniers à l'esclavage, les traitant avec d'autant plus d'inhumanité que les uns et les autres se tenaient réciproquement pour des mécréants, des infidèles. Telle était la surabondance des esclaves maures chez les Espagnols, que ceux-ci se trouvèrent pendant toute la durée du moyen âge en mesure d'approvisionner les marchés à esclaves du nord et de l'ouest de l'Europe. Quand, en 1492, les derniers débris de la puissance musulmane en Espagne eurent été anéantis, la chasse aux hommes recommença de part et d'autre sur les côtes de la Méditerranée. Au commencement du seizième siècle, des milliers de Maures languissaient encore, en Espagne et en Portugal, dans le plus cruel esclavage.

C'est au treizième siècle seulement que l'esclavage reçut quelque adoucissement en Europe. Le commerce des esclaves cessa peu à peu; les grands marchés de la Baltique et de la mer du Nord se fermèrent, et l'esclave obtint enfin quelques droits protecteurs. Pour tous les individus non libres, pour ceux qui n'avaient pas de demeure fixe, comme pour ceux qui en avaient une, qui étaient *glebœ adscripti*, attachés, inscrits à la glèbe, se forma l'état de servage, dont les droits et les devoirs furent de plus en plus régulièrement déterminés.

L'Église eut sa part dans ce progrès de l'humanité. Partout les prêtres s'élevèrent contre l'achat et la vente des hommes; partout ils obtinrent des seigneurs la reconnaissance des mariages contractés entre des individus non libres, mais bénis par l'Église, et souvent ils firent entrer le remords dans l'âme de l'oppresseur quand celui-ci, malade ou en danger de mort, les appelait en demandant leurs prières. De nombreux affranchissements furent alors opérés pour l'amour de Dieu et en vue du salut éternel. L'Église ne borna pas là sa bienfaisante intervention; elle prit soin en outre d'assurer des demeures et des établissements fixes aux individus non libres dans les vastes propriétés qu'elle possédait elle-même.

Selon M. Molinari, les causes qui ont amené la suppression de l'esclavage en Europe appartiennent principalement à l'ordre économique. « La religion chrétienne y concourut aussi sans doute, dit-il, en introduisant dans le monde une morale plus épurée, en répandant dans les âmes des germes plus vivaces de justice et de fraternité ; mais ce serait se contenter d'un examen fort superficiel que d'attribuer au christianisme tout le mérite de l'abolition de l'esclavage. Alors même que le christianisme ne serait pas intervenu, l'esclavage n'en aurait pas moins disparu graduellement sous l'influence des faits économiques. L'intervention du christianisme n'agit, du reste, que d'une manière lente et indirecte. C'est seulement au douzième siècle que l'on voit un pape, Alexandre III, publier une bulle pour l'émancipation des esclaves ; encore, ainsi que le remarque Adam Smith, cette bulle paraît avoir été plutôt une pieuse exhortation qu'une loi qui prétendît obliger strictement les fidèles, car l'esclavage subsista encore, en Europe même, pendant plusieurs siècles ; ce ne fut qu'au dix-septième siècle en Angleterre, et au dix-huitième siècle en France, que les dernières traces de l'esclavage primitif disparurent. »

L'école saint-simonienne attribue une plus grande influence au christianisme sur la transformation de l'esclavage. « Ce fut dans l'Occident, dit la *Doctrine de Saint-Simon*, que la nouvelle conception chrétienne commença à se réaliser politiquement. Au début de la domination il existe bien encore deux classes d'hommes ; l'une d'elles est bien encore soumise à l'autre ; mais la condition de cette classe est sensiblement améliorée. Le serf n'est plus, comme l'esclave, la propriété directe du maître ; il n'est attaché qu'à la glèbe, et ne peut en être séparé ; il recueille une portion de son travail, il a une famille ; son existence est protégée par la loi civile, et bien plus encore par la loi religieuse. La vie morale de l'esclave n'avait rien de commun avec celle de son maître: le seigneur et le serf ont le même Dieu, la même croyance, et reçoivent le même enseignement religieux; les mêmes secours spirituels leur sont donnés par le ministre des autels; l'âme du serf n'est pas moins précieuse aux yeux de l'Être suprême que celle du seigneur; elle l'est davantage, car, selon l'Évangile, le pauvre est l'élu de Dieu. Enfin la famille du serf est sanctifiée comme la famille de son seigneur lui-même.

» Cette situation, incomparablement supérieure à celle de l'esclave, n'est cependant encore que provisoire. Le serf, plus tard, est détaché de la glèbe; il obtient ce qu'on pourrait appeler le droit de locomotion; il peut donc choisir son maître. Sans doute, après ce que, rigoureusement parlant, on peut considérer comme son affranchissement, l'ancien serf reste, sous quelques rapports, marqué du sceau de la servitude. Il est encore soumis à des services personnels, à des corvées, il paye des redevances féodales, mais ces charges s'allègent pour lui de jour en jour.

» Enfin la classe entière des travailleurs dans l'ordre matériel, classe qui n'est que le prolongement de celles des esclaves et des serfs, fait un progrès décisif; elle acquiert la capacité politique par l'établissement des communes.

» Sous l'influence du christianisme, l'activité matérielle de l'homme, détournée graduellement de l'exploitation de son semblable, s'est portée de plus en plus vers l'exploitation du globe. En considérant le progrès sous cet aspect, on voit que la décroissance de l'exploitation de l'homme par l'homme révèle un fait non moins général, savoir, le développement de toutes les facultés humaines dans la direction pacifique.

» Le clergé catholique présente la première ébauche d'une société fondée sur la combinaison des forces pacifiques, et du sein de laquelle le principe de l'exploitation de l'homme par l'homme, sous quelque point de vue qu'on puisse l'envisager, est complétement exclu. Cette association ne pouvait être que fort incomplète, attendu les circonstances extérieures qui l'environnaient ; mais dans un siècle habitué à la barbarie, elle témoigne hautement son horreur pour le sang, et répète ces maximes : Rendons à César ce qui appartient à César! Mon royaume n'est pas de ce monde! C'est-à-dire : Laissons la terre, elle est encore soumise au glaive. Au milieu d'une société classée par le sabre, où règne une aristocratie basée sur la naissance, cette association toute pacifique, foulant aux pieds les priviléges de noblesse, de naissance, proclame l'égalité des hommes devant Dieu, la distribution des peines et des récompenses *célestes* selon les œuvres, et elle réalise dans sa hiérarchie terrestre un nouveau mode de distribution des fonctions et des grades, non pas selon la *naissance*, mais selon la *capacité*, selon le *mérite personnel*. L'histoire des papes en offre d'éclatants témoignages : presque tous furent choisis parmi des hommes d'humble origine que leur capacité avait fait distinguer. »

« La sagesse antique, séparée de celle de Dieu, oubliant la grandeur de l'homme, a abusé, dit M. Sibour, du droit de propriété jusqu'à l'appliquer à l'homme lui-même, qu'elle a osé regarder comme une chose, dans le profond mépris de sa destinée ou dans la complète ignorance de sa nature ; et par une conséquence nécessaire de cette indignité, elle a obligé cette chose organisée, l'homme, qu'elle mettait ainsi au rang de l'animal, à travailler pour son maître, lequel, possédant ce principal vivant et actif, s'arrogeait naturellement le même droit sur l'accessoire et ce qui pouvait en naître, sur les enfants eux-mêmes de l'esclave, comme sur tous les fruits de son travail.

» Ainsi, la perte de la liberté ou l'esclavage a entraîné le déshonneur du travail, qui est devenu la fonction et le caractère de l'esclave. L'honneur du travail périt donc avec la liberté, et aussi le droit de propriété qui en découle. L'esclave, en la perdant, perd l'instrument, le moyen nécessaire de la possession. Ne se possédant plus lui-même, ne pouvant disposer à son gré ni de sa personne ni de son corps, comment disposerait-il de son travail, et, par son travail, des choses qui l'entourent?

» Les deux tiers du genre humain, avant Jésus-Christ, étaient réduits par l'esclavage au rang de la bête de somme, travaillant pour leurs maîtres et à leur gré, sans en retirer d'autres fruits que la misérable pâture qu'on voulait bien leur donner comme à des animaux domestiques. Et cela ne se pratiquait pas seulement chez les nations barbares ou chez les nations gouvernées tyranniquement, mais au sein même des peuples les plus polis de la Grèce, et là où la liberté politique était le plus glorifiée. Toutes ces fameuses républiques, dont on a tant parlé, avaient pour base la servitude, et ces grands citoyens, si fiers de leur liberté, et qu'on nous propose encore quelquefois pour modèles, étaient tout simplement des contempteurs de l'humanité et des exploiteurs de l'homme. L'exploitation de l'homme par l'homme, voilà ce que vous trouverez au bout de toutes les spéculations de la science et de tous les efforts du génie, quand le génie et la science ne sont pas éclairés et dirigés par la lumière de l'Évangile.

» La religion chrétienne a détruit l'esclavage, cette grande colonne de l'ordre social antique, en montrant simplement que tous les hommes sont frères, puisqu'ils ont un même père qui est au ciel, et qu'ainsi, tous étant égaux par nature, pas un n'a le droit de posséder son semblable, de se l'approprier. L'esclave alors n'étant plus chargé seul de travailler pour faire vivre les autres hommes, ce travail, toujours indispensable, mais devenu volontaire, n'a plus participé à la honte de la servilité. Il a repris la noblesse et la grandeur, tous les droits de son origine, et par le droit surtout de propriété, qui en est la première conséquence, il a été réhabilité. »

Lors de la découverte de l'Amérique, l'esclavage reparut pourtant avec sa barbarie primitive dans ces contrées, au profit de peuples chrétiens. Les pays découverts manquaient de bras. On assujettit d'abord les indigènes au travail forcé dans les mines, mais les Indiens n'avaient pas assez de vigueur pour résister aux fatigues et aux mauvais traitements auxquels on les soumettait. Leur nombre diminua rapidement. Les travailleurs européens s'acclimataient difficilement, et puis on ne pouvait leur faire contracter que des engagements trop peu lucratifs. On enleva donc des nègres à la côte d'Afrique pour les transporter en Amérique, réduits à l'état d'esclaves. Ces noirs étaient des hommes robustes, habitués au climat des tropiques ; on les achetait à vil prix sur la côte d'Afrique et on les revendait fort cher en Amérique. On a attribué l'idée de la traite à Las Casas, qui aurait cru y voir le moyen d'apporter quelque soulagement à la condition des Indiens, et de convertir au christianisme des peuples idolâtres. Las Casas paraît en effet avoir recommandé l'importation des nègres, mais les Portugais faisaient déjà la traite depuis longtemps. Le commerce des nègres prit une grande extension. Les compagnies qui avaient obtenu le privilége d'exploiter le commerce des nouvelles colonies, obtinrent aussi le monopole de la traite, et même des primes par tête d'esclave importé. Turgot, Montesquieu, Raynal et Condorcet soulevèrent l'opinion contre l'esclavage des nègres. En Angleterre, le mouvement contre l'esclavage se propagea parmi les sectes dissidentes, comme les quakers. L'État de Virginie abolit la traite en 1776. De cette époque à 1782, onze autres États de l'Amérique prohibèrent également l'importation des esclaves, mais cette prohibition fut levée plus tard dans la Caroline du Sud, qui, de 1803 à 1808, importa environ 20,000 esclaves. La révolution française reconnut les droits de l'humanité, même aux colonies, et prononça l'affranchissement des esclaves noirs comme l'affranchissement des serfs, sans s'arrêter aux désastres matériels que cette mesure pouvait entraîner. « Périssent les colonies plutôt qu'un principe ! » fut la réponse que firent les amis des noirs à ceux qui trouvaient l'émancipation des nègres prématurée. L'esclavage dans les colonies fut rétabli sous l'empire. Sous l'inspiration des Wilberforce, des Clarkson, des Grenville Sharp, des Charles Fox, l'Angleterre renonça à la traite en 1807. Par l'influence anglaise, les souverains réunis en congrès en 1814, convinrent de réunir leurs efforts pour arrêter la traite des noirs. Des conventions diplomatiques furent successivement conclues entre les diverses nations civilisées pour réprimer ce commerce. Des croisières furent établies pour s'emparer des négriers : l'Angleterre, la France et l'Union américaine y participèrent ; la Grande-Bretagne voulut même s'attribuer le *droit de visite* sur tout navire suspect de faire la traite, quel que fût le pavillon dont il se couvrît. L'Amérique s'y opposa toujours. La France fut sur le point de signer, avec l'Angleterre, un traité qui lui accordait ce droit de visite, mais l'opposition de la chambre des députés fit échouer ce projet, et la France dut seulement augmenter le nombre de ses croiseurs. Toutes ces mesures n'ont pu arrêter ce commerce, qui semble au contraire prendre de l'extension. Elles ont en tout cas fait augmenter les souffrances endurées par les malheureuses victimes pendant le voyage.

Plusieurs États de l'Union américaine abolirent l'esclavage à la fin du siècle dernier : Vermont en 1777 ; la Pensylvanie et Massachusetts en 1780 ; Connecticut, Rhode-Island et New-Hampshire en 1784 ; New-York en 1799 ; New-Jersey en 1804. Buenos-Ayres abolit l'esclavage en 1816 ; la Colombie et le Chili en 1821 ; la Bolivie en 1826 ; le Pérou, Guatemala et Montevideo en 1828 ; le Mexique en 1829. En 1823, sur la motion de Fowell-Buxton, amendée par Canning, le parlement anglais décida que des mesures seraient prises pour améliorer l'état moral des noirs aux colonies et les préparer à la liberté. Les assemblées coloniales s'opposèrent de tout leur pouvoir à ces mesures. En 1831, le gouvernement émancipa les esclaves du domaine royal. Le 18 mai 1833, lord Stanley présenta au parlement, qui l'adopta, un bill pour l'abolition de l'esclavage. Ce bill accordait une indemnité de 20 millions de livres sterling aux propriétaires d'esclaves. Les esclaves de six ans et au-dessus passaient à l'état d'apprentis travailleurs, à partir du 1er août 1834, pour six ans s'ils appartenaient à la campagne, et pour quatre ans s'ils appartenaient aux villes. Les maîtres avaient encore droit à leur travail pendant ce temps, à charge de pourvoir à leur entretien. La durée du travail fut limitée à 45 heures par semaine. Les apprentis travailleurs pouvaient racheter leur temps d'apprentissage. La république de l'Uruguay abolit l'esclavage en 1843. La même année il fut supprimé aux Indes orientales, dans la presqu'île de Malacca et dans le Scinde. En 1844, cette mesure fut étendue à l'établissement de Hong-Kong. En 1846, la Suède racheta les esclaves de la petite île Saint-Barthélemy. En 1847, le pacha d'Égypte et le bey de Tunis supprimèrent aussi l'esclavage dans leurs États.

En France, une loi de 1845 permit aux esclaves de se constituer légalement un pécule, au moyen d'un temps de travail qui leur était accordé ou autrement, et de se racheter malgré la volonté de leur maître. Après la révolution de février 1848, un décret du gouvernement provisoire, du 27 avril, confirmé par un décret de l'Assemblée nationale, du 10 septembre, prononça l'émancipation immédiate des esclaves des possessions françaises, moyennant une indemnité qui fut réglée par un décret du 30 avril 1849. En même temps il fut interdit aux Français de posséder des esclaves dans d'autres pays ; mais cette interdiction a été depuis mitigée. L'abolition de l'esclavage a eu d'abord dans les colonies françaises, comme dans les colonies anglaises, de malheureux résultats. Les esclaves émancipés n'ont plus voulu travailler. Les bras ont manqué, le travail est devenu trop cher. Les maîtres ont été maigrement indemnisés par des sommes énormes, dont tout le poids a tombé sur les contribuables de la métropole et sur les consommateurs. Du moins un grand acte de justice a été consommé. On a vainement cherché à encourager l'introduction de travailleurs libres européens dans les colonies. On a recommencé à enlever des côtes d'Afrique des noirs *engagés* pour le travail ; enfin on a eu recours à l'émigration de coulies de l'Inde et de la Chine ; mais, pendant ce temps, le travail des esclaves augmentait au Brésil et à Cuba, au moyen d'approvisionnements de négriers, et si l'on n'y mettait ordre, tout se réduirait à un déplacement du travail des esclaves.

Des sociétés pour l'abolition de l'esclavage se sont fondées en Angleterre et aux États-Unis. Elles sont encore loin d'avoir atteint leur but. Aux États-Unis, il a été décidé non-seulement que l'esclavage serait respecté dans les États qui l'admettent, mais que le pouvoir central n'a rien à y voir, et que la propriété de l'esclave peut être revendiquée même dans les États qui repoussent l'esclavage. Quinze États de l'Union américaine admettent l'esclavage : Delaware, Maryland, Virginie, les deux Carolines, Géorgie, Floride, Kentucky, Tennessee, Alabama, Mississipi, Louisiane, Missouri, Arkansas et Texas. Dans quelques-uns on *élève* des esclaves pour l'exportation. Les industriels qui se livrent à ce genre de spéculation ont porté une attention spéciale à l'amélioration de leurs produits : les mulâtres se vendant mieux que les nègres, ils ont encouragé, même par des primes, le mélange des races. Selon M. Paxton, le meilleur sang de la Virginie, coule dans les veines des esclaves, et l'on rencontre des esclaves à peu près blancs. « L'élève des esclaves donne communément des bénéfices importants, dit M. Molinari. Au témoignagne des intéressés eux-mêmes, aucune propriété n'est d'un meilleur rapport que celle des jeunes négresses lorsqu'elles sont saines et fécondes. Aux yeux des éleveurs, la fécondité est naturellement regardée comme la plus précieuse des vertus ; la stérilité, au contraire, est quelquefois considérée comme un crime. On fouette les négresses stériles ; on fouette aussi les mères dont les enfants meurent. » Le fait suivant s'est passé, d'après M. Caulking, sur une plantation contenant une centaine d'esclaves. Un jour, le propriétaire ordonna aux femmes d'entrer dans une grange ; il alla alors parmi elles, fouet en main, et dit qu'il entendait les fouetter toutes à mort. Elles commencèrent immédiatement à crier tout haut : « Qu'est-ce que j'ai fait? » Il répondit : « Je veux vous faire connaître ce que vous avez fait. Vous ne faites pas d'enfants ; je n'ai pas eu un petit de vous depuis plusieurs mois. » Une esclave d'une autre plantation accoucha d'un enfant qui ne vécut que deux ou trois semaines. Après la mort de l'enfant, le planteur appela la femme près de lui ; il lui demanda comment l'enfant était mort, lui dit qu'il était sûr que c'était par suite de son incurie, et lui annonça qu'il allait la fouetter pour cela. Elle eut beau lui raconter en pleurant les circonstances de la mort de l'enfant, son récit ne put adoucir son maître ; elle fut sévèrement fouettée. Un enfant, bien portant, de quatre mois, était alors considéré comme valant une centaine de dollars dans la Caroline du Nord.

Le commerce des esclaves des États du Nord aux États du Sud n'est pas moins profitable. Dans ces ventes on n'a aucun égard aux liens de parenté ; les enfants sont généralement séparés de leurs parents, parce qu'ils ont peu de valeur dans le Sud tant qu'ils n'ont pas acquis une certaine force. L'état des esclaves est loin de s'améliorer aux États-Unis. On les condamne à de rudes travaux ; ils sont généralement mal nourris, mal vêtus, mal logés. « Les esclaves, dit M. Molinari, sont soumis à une discipline draconienne et fouettés sans merci pour la moindre faute : on leur défend de s'éloigner hors de la vue de l'habitation ; on leur défend aussi, sous les peines les plus rigoureuses, de se rassembler en dehors des heures de travail. Chaque habitation a son code particulier, ses tortures particulières : ici on oblige les esclaves récalcitrants à porter un collier comme les chiens de basse-cour ; là on les marque à la joue d'un fer rouge ; ailleurs on leur broie les rotules avec un tourniquet. Un des supplices que l'on inflige le plus communément aux esclaves échappés, consiste à leur arracher les dents de devant. Cependant les évasions sont fréquentes, surtout depuis l'établissement des chemins de fer. Les propriétaires vont à la chasse des *runaways* avec des chiens dressés à chasser le nègre ; l'éducation de ces animaux est devenue une spécialité lucrative. Les chasseurs ne se font aucun scrupule de tirer des coups de fusil aux *runaways* ; ils mettent toutefois leur adresse à ne leur casser aucun membre afin de ne point trop en diminuer la valeur. Les législateurs des États particuliers ont décrété, à la vérité, différentes lois pour protéger les esclaves contre les cruautés de leurs maîtres; mais ces lois sont généralement considérées comme non avenues. Elles sont d'ailleurs pleines de réticences et d'exceptions. » Les esclaves ne reçoivent du reste presque aucune instruction, ni aucune notion religieuse. Ils sont punis de mort pour des crimes qui échappent à cette peine lorsqu'ils sont commis par des hommes libres. Enfin, lorsqu'un nègre blesse ou tue un blanc, la loi de Lynch lui est impitoyablement appliquée; on le pend ou plus souvent on l'attache à un arbre, on l'entoure de fagots, et le feu met fin à sa vie. Les sociétés abolitionnistes établies aux États-Unis depuis 1832 n'ont eu jusqu'ici aucun succès éclatant. Brown et d'autres ont payé de leur vie, en 1859, un essai d'insurrection dans le Kansas, au bac de Harper, en faveur des nègres. Au Brésil, et dans les colonies espagnoles, les esclaves sont, dit-on, traités avec moins de dureté qu'aux États-Unis.

L'esclavage ne paraît pas près de cesser en Amérique. Dans son message de 1859, le président Buchanan disait : « On ne doit pas oublier que, quelque grands que puissent avoir été les avantages politiques résultant de l'Union pour toutes les parties de notre patrie commune, ils ne seraient rien s'il venait un temps où on n'en pourrait jouir sans un danger sérieux pour la sûreté personnelle de la population de quinze États de la confédération. Si la paix du foyer domestique de ces États était jamais attaquée, si les mères de famille, dans cet immense pays, ne pouvaient rentrer chez elles, pendant la nuit, sans avoir à appréhender le sort cruel qui peut les attendre, elles et leurs enfants, avant le retour du jour, ce serait en vain que l'on parlerait à ce peuple des avantages politiques qui résultent pour lui de l'Union... Le droit a été institué, pour tout citoyen, de prendre sa propriété de toute sorte, y compris les esclaves, sur les territoires communs appartenant également à tous les États de la confédération, et d'y être protégé par la constitution fédérale. Ni le congrès, ni une législation territoriale, ni aucun pouvoir humain, n'a autorité pour annuler ou affaiblir ce droit dont il est investi... S'il avait été décidé que le congrès ou la législation territoriale ont le pouvoir d'annuler ou d'affaiblir le droit de propriété sur les esclaves, le mal serait intolérable. »

Cependant le président répudie et blâme la traite des noirs. « Tous les moyens légaux, dit-il, dont je puis disposer, ont été employés et continueront d'être utilisés pour exécuter les lois contre le commerce des esclaves africains... Comme nation chrétienne, nous sommes obligés de considérer la misérable condition de l'Afrique. Si nous ouvrions de nouveau le commerce de esclaves, cela donnerait à ce trafic une impulsion et une extension qu'il n'a jamais eues, même dans ses plus beaux jours. Les nombreuses victimes qui devraient être fournies transformeraient toute la côte d'où l'on tirerait les esclaves en un véritable pandémonium, dont notre pays serait responsable aux yeux de Dieu et de l'humanité. Ses misérables tribus seraient alors constamment engagées les unes contre les autres dans des guerres de pillage, dans le but de s'emparer d'esclaves pour approvisionner le marché américain. Tout espoir de civilisation en Afrique serait aussi perdu. D'un autre côté, s'il n'y avait plus à Cuba un marché pour les esclaves africains, et que le monde entier fût fermé à ce commerce, nous pourrions alors raisonnablement espérer une amélioration graduelle en Afrique. Le principal motif de guerre entre les tribus cesserait partout où il n'y aurait aucune demande d'esclaves. Les ressources de ce pays fertile, mais misérable, pourraient alors se développer par le travail industriel et fournir des matériaux pour un commerce légitime à l'étranger et à l'intérieur. De cette manière, la chrétienté et la civilisation y pénétreraient graduellement et y dissiperaient les ténèbres de la barbarie. »

Chez les peuples de l'Asie, l'esclavage s'est maintenu avec ses formes patriarcales, avec son caractère de domesticité. En raison de l'oppression politique qui pèse également sur tous, il y a déjà plus de points de contact entre les maîtres et les esclaves. Ceux-ci ne voient pas dans leur état une honte, mais l'effet de la destinée. L'islamisme, lui aussi, maintint l'esclavage, qui a continué de subsister jusqu'à nos jours chez tous les peuples musulmans de l'Asie, de l'Afrique et de l'Europe, même chez ceux qui sont soumis à des puissances chrétiennes. Le Coran défend formellement de traiter des coreligionnaires en esclaves; il recommande aux maîtres la douceur, et il leur représente l'affranchissement comme un acte méritoire. Il n'existe pas la moindre trace que Mahomet et ses successeurs les khalifes aient réduit en esclavage les prisonniers de guerre. A la cour des khalifes il n'y avait guère d'autres esclaves que des nègres que l'on se procurait de l'intérieur de l'Afrique par la voie du commerce. Ce n'est qu'à l'époque des croisades que les musulmans paraissent avoir adopté en Asie la coutume de faire des esclaves de leurs prisonniers de guerre. D'ailleurs, les croisés en firent autant en Orient à l'égard des mahométans.

Chez les Turcs, l'esclavage revêt un caractère extrèmement doux. Il est maintenu en partie par des achats de nègres, et en partie par des achats de blancs opérés dans les montagnes du Caucase. Quoique les esclaves noirs soient traités avec douceur, les jeunes gens des deux sexes qu'on amène de la Géorgie et de la Circassie sur les marchés turcs à esclaves ont un sort beaucoup plus heureux. Les femmes vont peupler les harems; quant aux hommes, comme serviteurs des grands, la carrière des emplois les plus élevés, des charges les plus honorifiques, leur est ouverte. La qualité d'esclave est même de rigueur pour certaines charges de cour. Le chef des eunuques noirs dans le sérail du sultan, le *Kislar-aga*, doit être un esclave, de même que le chef des eunuques blancs, le *Kapi-aga*. Gardiens de la vertu des femmes dans les pays musulmans, les esclaves sont souvent mutilés et privés de tout moyen de les compromettre. L'appauvrissement des Turcs en général a fait diminuer le nombre de leurs esclaves. L'Angleterre s'oppose à ce qu'on en introduise de nouveau dans l'empire ottoman. Les occupations de l'esclave turc sont essentiellement domestiques ; c'est seulement dans les ports de mer qu'il est astreint à des travaux pénibles. Pour transformer sa position en celle de simple serviteur, il lui suffit de se bien conduire et d'embrasser l'islamisme. D'ordinaire les esclaves se marient, et ceux de leurs enfants qui naissent dans la maison à laquelle ils sont attachés sont considérés comme des membres de la famille et effacent souvent par le mariage la tache de leur origine. A la mort de leur maître, les esclaves devenant cohéritiers, beaucoup d'entre eux doivent à cette circonstance, non pas seulement la liberté, mais une fortune plus ou moins considérable. Un grand nombre de Turcs concèdent à leurs esclaves des terres en toute propriété, leur font apprendre un métier et donner une éducation qui assurent leur existence lorsqu'ils deviennent libres. Les esclaves turcs obtiennent parfois certains droits, comme celui de ne plus pouvoir être revendus, et d'être affranchis à la mort de leur maître : une esclave qui a donné un enfant à son maître se trouve dans cette catégorie. Tout esclave est, d'ailleurs, placé sous la protection de la loi.

L'esclavage a un caractère beaucoup plus grossier chez les mahométans de la côte septentrionale de l'Afrique. Dans l'empire de Maroc, dans les États barbaresques de Tunis et de Tripoli, et en Algérie, il y eut, depuis le moyen âge jusqu'à nos jours, des esclaves noirs et blancs. Les uns étaient tirés de l'intérieur de l'Afrique, les autres provenaient de la piraterie exercée par les Barbaresques sur la Méditerranée au préjudice des nations chrétiennes. Les luttes acharnées des chrétiens et des Maures en Espagne, qui eurent pour résultat de refouler successivement ces derniers sur la côte d'Afrique, développèrent les rapts d'hommes, et leur donnèrent toute la fureur des guerres de religion. Les cruautés que les esclaves chrétiens eurent à souffrir de la part des Maures, la constance avec laquelle les captifs endurèrent les traitements les plus horribles plutôt que de consentir à embrasser l'islamisme, les aventures à la suite desquelles beaucoup d'entre eux parvinrent à s'échapper des mains des barbares, entretinrent chez les Européens une haine profonde contre ces oppresseurs. Dès le treizième et le quatorzième siècle, les Français, les Anglais, les Génois et les Vénitiens entreprirent des expéditions contre la côte d'Afrique, mais sans obtenir jamais de résultat décisif. L'asservissement des États barbaresques à la puissance ottomane, au commencement du seizième siècle, donna à la piraterie une certaine consistance et lui permit de s'organiser. Ferdinand le Catholique, les Portugais, Charles-Quint essayèrent en vain de mettre fin aux attaques des forbans. Les puissances chrétiennes s'abaissèrent jusqu'à acheter la paix des Barbaresques, moyennant un tribu annuel. La France prit de bonne heure avec eux une attitude convenable. Les Anglais conclurent en 1662, avec Alger, Tunis et Tripoli, et en 1724 avec le Maroc, des traités en vertu desquels les sujets britanniques ne pouvaient plus désormais être réduits en esclavage ; mais il n'y eut guère que le Maroc qui exécuta pleinement ce traité. Au dix-huitième siècle l'Autriche, la Russie et la Prusse obtinrent de la Porte gratuitement, la Suède et le Danemark, moyennant finances, des firmans protecteurs contre les États barbaresques. Les petites puissances restaient toujours en proie aux pirates et n'osaient faire de commerce dans la Méditerranée. Au congrès de Vienne, les grandes puissances européennes arrêtèrent en principe la répression et la suppression de la piraterie sur les côtes d'Afrique. En 1813, Alger avait été bombardé par une flottille américaine, et en 1816 par une flotte anglaise sous les ordres de l'amiral Exmouth. Enfin, la France entreprit en 1830 la conquête d'Alger, et les corsaires disparurent de la Méditerranée, si ce n'est sur les côtes du Maroc. En 1845, le bey de Tunis abolit l'esclavage dans ses États ; mais des esclaves chrétiens gémissent encore sans doute dans le Maroc, que ses actes de piraterie ont mis en guerre avec l'Espagne en 1860.

Dans les États mahométans et les provinces de l'intérieur de l'Afrique, la grande masse de la population se compose d'esclaves noirs chargés des travaux de toute espèce. On se procure ces esclaves en partie par la guerre, et en partie par les relations de commerce qu'on entretient avec les races nègres idolâtres. Il n'y a qu'une faible partie de ces esclaves qu'on réexporte. On évalue à 50,000 le nombre de ceux qui sont amenés chaque année sur les marchés du Maroc, de Tripoli, d'Égypte, de Turquie et d'Arabie. La moitié en est fournie par le commerce du désert, l'autre moitié par des navigateurs arabes qui vont s'approvisionner sur les côtes nord-est de l'Afrique. L'iman de Mascate est celui qui domine surtout ce commerce, et il emploie ses esclaves dans ses plantations de Zanguebar. Par suite d'un traité conclu avec l'Angleterre, en 1821, ce prince se chargea d'expulser les marchands d'esclaves de la côte orientale, mais il ne renonça pas lui-même à ce trafic. Pendant toute la durée de son règne, Méhémet-Ali, vice-roi d'Égypte, sut incorporer chaque année, à bon marché, des milliers d'esclaves noirs dans son armée, au moyen de *chasses à esclaves*, régulièrement exécutées par ses troupes aux confins de la Nubie. Les esclaves ainsi attrapés servaient à payer aux officiers de l'armée ou aux fonctionnaires publics leur solde arriérée, ou bien ils étaient incorporés dans des régiments de nègres réguliers où ils mouraient en grand nombre, victimes d'une discipline sévère.

L'esclavage existe encore en Chine. Là un débiteur poursuivi par ses créanciers vend parfois sa femme, ses enfants, ou lui-même, s'il n'a point de famille, pour payer ses dettes. Les orphelins, laissés sans ressources, sont quelquefois vendus comme esclaves, dans l'unique intention de subvenir à leur subsistance. Les parents ou les tuteurs vendent souvent ceux qui leur ont été confiés, soit pour s'affranchir de cette charge, soit pour faire un peu d'argent. Un grand nombre d'esclaves sont des malheureux volés à leurs parents, peu de temps après leur naissance, ou à un âge trop tendre pour qu'ils aient conservé aucun souvenir de cette séparation. Il y a des gens qui élèvent de

jeunes enfants pour les vendre lorsqu'ils sont parvenus à l'âge
adulte, ou les livrer en pâture aux appétits grossiers du peuple. Les
esclaves mâles sont employés en général aux travaux de la campagne, les femmes esclaves servent dans les espèces de harems des
riches Chinois. On compte à Canton une centaine de mille de
femmes esclaves et seulement une centaine d'hommes. Un man-
darin entretient quelquefois une douzaine de femmes esclaves auprès de son épouse légitime, sans que la loi le défende, et sans
que la maîtresse s'en plaigne. Quelques-unes de ces femmes
sont très-jolies et coûtent jusqu'à 5,000 dollars. Le prix ordinaire
d'un esclave, n'importe de quel sexe, est de 200 à 500 dollars.
Lorsqu'un esclave devient trop vieux pour travailler, on en fait
un portier chez les riches, ou on le jette hors du logis. Il finit sa
déplorable existence en mendiant, et même sans asile. Les esclaves ne se distinguent des personnes libres, en Chine, ni par le
vêtement, ni par la couleur de la peau, ni par aucun signe
extérieur, si ce n'est pourtant que les Chinoises esclaves, lorsqu'elles sont fort jeunes, ont leurs tresses de cheveux entourées
d'un cordon à six ou huit pouces de la tête environ, tandis que
les jeunes filles libres les portent nouées tout près de la tête. Les
premières aussi ont presque toutes de grands pieds, tandis que
les femmes libres, à l'exception de celles des dernières classes
de la société, ont les pieds estropiés et rapetissés dès leur enfance. Cette facilité de vendre les enfants doit empêcher l'infan-
ticide en Chine, où la population surabonde. Les Chinois aiment
trop l'argent pour détruire un enfant dont ils peuvent tirer
quelques dollars : trente à quarante à Canton, par exemple, en
proportion de sa santé ou de sa beauté.

SERVAGE

Le servage est une forme mitigée de l'esclavage, qui s'est
établie en Europe à la suite de l'invasion des peuples barbares
et des institutions féodales. Le servage constitue un droit de

propriété héréditaire en faveur d'hommes des classes dominantes et privilégiées, sur des individus qui forment une classe inférieure, privés ainsi de la liberté personnelle, non-seulement pour eux-mêmes, mais encore pour tous leurs descendants.

Sous la domination des druides, l'état des personnes était soumis dans la Gaule à une sorte de constitution théocratique. Après la conquête de ces vastes contrées par les Romains, et jusqu'à la chute de l'empire, il n'y eut dans les Gaules, qui avaient adopté les lois et les usages des vainqueurs, que des patrons et des clients. A l'époque de l'invasion des peuplades germaines, les nouveaux vainqueurs appliquèrent aux nations envahies le droit de la guerre dans sa plus rigoureuse acception. Le territoire et les populations furent confondus dans le partage du butin. Les bénéfices, d'abord viagers et révocables, devenus héréditaires par l'usurpation des titulaires, constituèrent les fiefs. Ce changement n'eut lieu que sous les faibles successeurs de Clovis ; la royauté elle-même ne fut considérée que comme un grand fief. Chaque bénéficier se constitua seigneur souverain de la portion de territoire et de population dont il n'était à l'origine que le chef responsable et l'administrateur. Ainsi se forma la féodalité. Il n'y eut plus de droit reconnu que celui de la force brutale : *plus de terre sans seigneur.* Ces mots résument tout le code féodal.

Les descendants des anciens légionnaires romains, les Gaulois d'origine qui jouissaient des mêmes droits, et appelés *burgenses* et *libertini*, avaient conservé la libre disposition de leur personne et de leurs propriétés. L'assemblée connue sous le nom d'*adnontiation de Mersen*, en 847, en les forçant de se *recommander* à un seigneur, les assujettit au servage commun : il n'y eut plus que des seigneurs et des vassaux, des maîtres et des serfs. Ceux-ci composèrent trois catégories : le *servage de la glèbe*, qui attachait à la terre : ces serfs ne cultivaient que pour le seigneur, ne pouvaient sortir du domaine, ni se marier sans sa permission ; le *servage réel*, tenant à l'habitation : l'étranger qui venait s'établir dans le territoire d'une seigneurie devenait, par le seul fait de sa résidence pendant un an et un jour, serf du seigneur; le *servage mixte*, s'appliquant à la famille et à l'habitation.

Le seigneur avait le droit de vendre, d'échanger, de donner ses serfs, de les revendiquer partout, et d'en disposer comme de ses bêtes de somme. Il pouvait les tourmenter à son gré, les frapper, les tuer même; il n'en devait compte qu'à Dieu. « Anciennement, dit Sauval, quand les serfs n'obéissaient pas à leurs maîtres, on leur coupait les oreilles, et pour en perdre l'engeance, on les châtrait sans marchander davantage. A la plus petite faute, on les étendait nus, pieds et poings liés sur une poutre, comme pour leur donner la question, et avec des houssines de la grosseur du petit doigt, on leur faisait une distribution de cent vingt coups. »

Les obligations du serf vis-à-vis de son seigneur et maître consistaient, soit en prestations de services personnels ou corvées, soit en redevances d'objets réels à fournir, quelquefois indépendamment de toute possession territoriale fixe, mais le plus souvent à raison de l'usufruit d'un fonds déterminé et spécialement affecté à l'entretien du serf et de sa famille, fonds qu'il était forcément tenu d'exploiter. Cette connexité du droit sur l'individu avec le droit sur le sol qu'il cultive, peut également servir à distinguer le serf de l'esclave proprement dit : tandis que celui-ci était considéré comme la chose du maître en son principal, le serf lié au domaine auquel il appartenait n'en était jamais séparé.

Dans nos pays d'Occident, les droits seigneuriaux et la condition du serf étaient réglés par l'usage ou par des lois spéciales, qui souvent protégeaient d'une manière efficace la vie du serf et son état de possession, tout en le laissant *taillable* et *corvéable à merci*, et soumis à des obligations multiples ou à des perceptions aussi bizarres qu'humiliantes, et pratiquées au mépris des droits imprescriptibles de l'homme. De ce genre était l'infâme droit de prélibation, qui accordait au seigneur la première nuit des nouvelles mariées de condition serve, ou que l'époux devait racheter moyennant finance. Les enfants ne pouvaient suivre d'autre profession que celle de leur père, ni les jeunes gens se marier sans le consentement de leur seigneur. Souvent, tout ce que laissait le serf à sa mort revenait de droit au seigneur, qui d'autres fois ne pouvait prendre dans la succession du défunt qu'une part limitée appelée le *mortuaire*. Quand le seigneur mourait, les serfs devaient pourvoir à son enterrement; quand il mariait ses filles, il fallait pourvoir à leur dot; quand le seigneur était fait prisonnier, il fallait le racheter, etc.

Le servage eut donc, comme l'esclavage, plusieurs sources originelles. D'abord la conquête soumit les populations vaincues au peuple vainqueur; ensuite les puissants, dans les temps d'anarchie, asservirent les faibles sans distinction de races. Enfin des malheureux se constituèrent volontairement serfs, faisant le sacrifice de leur liberté pour trouver au moins dans le maître auquel ils se donnaient un protecteur intéressé à défendre leur vie et leurs biens. Beaucoup se donnèrent à l'Église, parce qu'ils pouvaient espérer y trouver un régime plus doux.

L'affranchissement des communes dans les dernières années du onzième siècle n'eut point pour résultat l'abolition entière du servage féodal. Les croisades favorisèrent le développement de ce mouvement émancipateur. Des princes, des seigneurs vendirent la liberté à leurs serfs pour fournir aux frais de leur pieuse expédition. Alors le clergé séculier et régulier en acheta une grande partie, et les habitants de ces seigneuries ne firent souvent que changer de maîtres. Louis le Hutin et Philippe le Long proclamèrent par leurs édits l'affranchissement de toutes les populations de la France; toutefois ce bienfait ne s'étendit pas au delà de leurs domaines. Leur exemple trouva quelques imitateurs dans les seigneurs laïques; mais le clergé, qui aurait dû prendre l'initiative, résista longtemps à cette réforme réclamée par la religion, la justice et l'humanité.

On a dit en faveur du servage féodal des seigneuries ecclésiastiques que ce servage était volontaire. Glatigny dans un mémoire sur le nombre prodigieux des serfs du clergé, et sur la nécessité de leur entier affranchissement, raconte les cérémonies du *dévouement* de ces malheureux, abrutis par l'ignorance et la plus stupide superstition : « Le prosélyte approchait de l'autel; il y plaçait dévotement les mains, y couchait sa tête, et dans cette situation prononçait la formule de sa profession; il déclarait qu'il offrait à Dieu, à la sainte Trinité et aux saints patrons de l'Église, ses biens et sa personne; qu'il s'engageait de les servir comme esclave pendant tout le temps de sa vie. Les plus zélés s'entouraient le cou d'une corde, pour exprimer le sacrifice entier qu'ils faisaient de leurs biens et de leur vie. » Pasquier rapporte le texte entier d'un acte de cette nature, daté du mois d'octobre 1080.

Les serfs du couvent de Saint-Benoît, en Franche-Comté, ne furent affranchis qu'en 1745. Par arrêt du conseil du 18 janvier 1772, le parlement de Besançon fut chargé de prononcer sur la contestation des communes du Jura et des chanoines de Saint-Claude. La condition de ces serfs était encore la même en 1789, et ne cessa qu'à l'époque de la révolution. Un édit rédigé par Malesherbes, avait prononcé l'abolition du *servage* dans toute la France. Un nouveau droit de *lods* avait été réservé comme indemnité en faveur des seigneurs pour les titres antérieurs au 1er janvier 1760.

En Allemagne aussi l'asservissement général des campagnes ne vint qu'à la suite de l'établissement du régime féodal. Dans l'Allemagne du nord, les paysans étaient originairement des colons libres, et ne devinrent serfs qu'au milieu de l'oppression enfantée par les désordres du quinzième et du seizième siècles. C'est dans le Holstein, et dans les pays de Slaves germanisés, dans le Mecklembourg, en Poméranie et en Lusace, que le servage avait été établi de la manière la plus dure. En Holstein, il ne datait pourtant que de 1594.

Le servage fut complétement aboli dès 1763 dans le duché de Savoie; en 1778 en Danemark, et à partir de la fin du dix-huitième siècle, dans la plus grande partie des États de l'Allemagne, en vertu de lois accordant tantôt une indemnité au seigneur pour les droits qu'on lui enlevait, tantôt supprimant purement et simplement, et sans indemnité, les droits personnels résultant du servage. Les dernières traces du servage ne disparurent de la haute Lusace qu'en 1832, et dans les États autrichiens qu'en 1848. En Prusse, le principal mérite de l'abolition du servage revient à Frédéric II, puis au prince de Hardenberg. En Danemark, l'affranchissement s'est opéré sous l'administration philanthropique de Bernstorff. Joseph II mitiga le servage dans les provinces hongroises et slavonnes des possessions autrichiennes. Cependant les derniers droits féodaux excitent encore des discussions dans différents États allemands.

En Russie, le servage est postérieur à l'invasion des Mongols, et date surtout du règne de Boris Godounof. Il pèse de tout son poids sur l'immense majorité de la population; mais il n'a jamais existé en Finlande. L'influence française le fit disparaître en 1807 de la Pologne, où la constitution du 8 mai 1791 avait essayé de l'abolir.

L'empereur Alexandre Ier supprima le servage en Livonie et en Courlande. Si cet état n'a pas pu disparaître encore dans toutes les provinces de l'empire, des lois en ont successivement adouci les rigueurs. Le peuple russe, l'homme du commerce, le cultivateur du sol, l'éleveur de bestiaux, le bûcheron, le petit marchand, le charpentier, le maçon et les gens de métier en général, la domesticité à ses nombreux degrés, kosaks, coureurs, valets de chambre, valets de pied, etc., etc., tous font partie de la classe des serfs.

Les esclaves proprement dits, c'est-à-dire les serfs dont la possession n'est pas attachée à celle d'une propriété foncière, doivent payer à leur maître, si celui-ci ne les emploie pas à son usage personnel, les deux cinquièmes de ce qu'ils gagnent.

Ils peuvent être vendus comme tout objet mobilier. On les appelle *ludi bassemelii* (gens sans terre). C'est surtout la position des femmes qui est triste dans cette classe. Le sort des serfs attachés à la glèbe n'est pas heureux quand ils sont peu nombreux, parce que les propriétaires peu riches les exploitent beaucoup et les font travailler énormément.

Mais tous les serfs ne sont pas dans cet état de misère et de pauvreté. Beaucoup de serfs, aussi bien parmi ceux de la couronne que parmi ceux des particuliers, possèdent d'importants capitaux. Et cependant ils ne songent pas à se prévaloir de leur droit de se racheter, moyennant une indemnité modérée à donner à leur seigneur. Ils préfèrent acquitter l'*obrok* annuel, comme on appelle la redevance prélevée sur les serfs, ou bien ils en effectuent le payement en nature, c'est-à-dire moyennant un certain nombre de gelinotes des bois, de poissons, de peaux de mouton, etc.

Un ukase de l'empereur Nicolas institua dans chaque cercle un maréchal de la noblesse, chargé de défendre les droits des serfs et de les protéger contre tous sévices. Toutefois, leur plus ou moins de dépendance tient toujours à l'humanité ou à la tyrannie de leurs maîtres, qui n'ont perdu qu'un seul de leurs droits, celui de les vendre arbitrairement, et de rompre de la sorte, suivant leur bon plaisir, des unions matrimoniales. Une terre peut être vendue ou affermée avec tous ses serfs, mais non le serf sans la terre.

« Le paysan russe, dit M. Michel Chevalier, est à l'abri du dénûment qui trop souvent afflige certaines parties de la population dans nos pays libres de l'Occident. Il trouve ses garanties dans la constitution de la famille, dans l'action de la commune, en donnant ce nom à l'ensemble des serfs établis sur la même propriété d'un même seigneur. Il les trouve dans le patronage du seigneur que l'influence des mœurs tient en éveil, et qui, s'il s'oubliait, serait rappelé rudement, au besoin, à ses devoirs, par l'autorité impériale. Il les trouve enfin dans un système d'associations très-diverses, indépendamment de la famille et de la commune. L'individu, en un mot, n'est jamais isolé; il est enlacé par des liens presque sans nombre qui le soutiennent fortement et l'empêchent, de gré ou de force, de tomber dans la détresse; mais aussi ces mêmes liens le dépouillent dans une mesure plus ou moins grande, mais presque constamment fort étendue, de sa liberté, de son initiative. Dans l'empire russe, donc l'individu est protégé, mais il l'est aux dépens de ce qui est une si grande part de la force de l'homme et de son utilité pour lui-même et pour les autres. C'est une société qui possède une grande cohésion, dans laquelle règnent à un degré inconnu dans l'Occident et surtout chez nous le sentiment et l'habitude de la solidarité, mais aussi à laquelle il ne faut pas demander ces miracles qu'enfantent, au profit de l'homme qui porte en lui du ressort, au profit de la société tout entière et de l'État, l'esprit individuel d'entreprise, le génie, le talent, tous les attributs enfin de la personnalité humaine fortement développée. L'homme imprévoyant et faible, les âmes inertes y rencontrent des conditions meilleures. L'homme doué de prévoyance, d'activité, d'énergie, les âmes qui recèlent une étincelle du feu sacré et pourraient aisément s'enflammer d'une belle ardeur, y sont comprimées, asservies, paralysées ou éteintes. Ainsi, à côté de gages précieux, il faut en convenir, contre une hideuse misère, pour celui qui pourrait moins que d'autres se suffire à lui-même, l'organisation sociale de la Russie présente des causes d'abaissement pour celui qui pourrait prendre son essor et s'élever en élevant autant qu'il dépend de lui la société elle-même, cause de faiblesse et d'infériorité pour l'État au milieu des autres peuples civilisés. Voilà ce qui distingue la Russie par rapport à l'Occident, et particulièrement par rapport à la France.

» Cette sorte de mutilation de la force personnelle s'aperçoit de cent manières dans l'organisation actuelle de la société moscovite; elle en est le caractère constant. Ce n'est pas seulement pour le paysan *à corvée* qui, dans cette organisation, occupe le rang le plus humble; c'est aussi pour le paysan à l'*otobrok* qui est relativement émancipé, et qui, au lieu d'une dépendance continuelle ou directe vis-à-vis du seigneur, n'est ou semble n'être soumis qu'à une redevance. Il s'appartient, celui-là, mais voici sous quelles réserves : il est tenu à rapporter tout ce qu'il gagne à la masse de la famille, et il a des obligations étroites par rapport à la commune. S'il est devenu riche et qu'il veuille entrer dans une des corporations que forment les marchands libres de l'empire, il ne le peut qu'avec la permission du seigneur. Ainsi, lorsque l'individu qui se sent digne d'un meilleur sort veut sortir des bas fonds et arriver à des régions plus élevées, il a beau agiter ses ailes avec résolution, avec courage, avec intelligence, il les trouve toujours chargées de plomb, et il est ainsi retenu au niveau du sol. Si de cette vue générale on passe à l'étude des détails, le même obstacle à l'initiative individuelle ne cesse de se montrer. Dans les associations nommées *artèles*, par exemple, une des règles fondamentales est l'égalité des salaires, quelle que soit l'inégalité de force et d'aptitude. Vainement on dira que les chefs des artèles compensent l'inégalité de la puissance productive des individus, en astreignant à un plus grand nombre de journées de travail les hommes dont le labeur rend le moins, il n'en reste pas moins que le travailleur robuste et intelligent qui voudrait se faire une existence meilleure en utilisant ses facultés ou ses muscles, en est empêché. »

CORPORATIONS

Chez les Romains, la loi des Douze Tables parle des travailleurs réunis en collèges, et leur permet d'établir des règlements, pourvu que ces règlements ne blessent en rien les lois générales. On retrouve ces collèges dans la Gaule, où ils furent transportés probablement par Rome conquérante. Ils sont

connus sous le nom de *collegia opificum*, réunions des artisans
de municipes ayant le droit de délibérer en commun. On trouvait, entre autres, à Rome, les colléges des marchands, des
serruriers, des bateliers, des fondeurs, des argentiers ou banquiers, etc., qui faisaient remonter leur origine à Numa. Supprimés sous le consulat de L. Cœcilius et de Q. Martius, à cause
de leur turbulence, ils furent rétablis par Clodius. Cependant, la corporation romaine devait occuper peu de place dans
un empire où le travail était abandonné aux esclaves, comme
dégradant et indigne d'un homme libre. Sous les derniers
Césars, les corporations prirent une plus grande importance.
Alexandre Sévère érigea toutes les industries en corporations
distinctes et les soumit à une réglementation fixe. Plus tard, en
864, Valentinien 1er confirma tous ces priviléges, et vers le quatrième siècle, les industries formèrent des corporations dont les
membres, liés au métier d'une manière indissoluble, se trouvèrent dans l'impossibilité de s'en séparer, eux et leur postérité.
Elles purent, en compensation de ces charges, recevoir des legs
et des donations, hériter de leurs membres qui mouraient
intestats et sans héritiers légitimes. Ces colléges avaient leurs
rites particuliers, leurs dévotions spéciales, leurs statuts, leurs
patrons, leurs syndics, leur police. Diverses parties du service
public et de l'approvisionnement ou du service impérial
étaient mises à la charge de plusieurs d'entre eux; et ils en
étaient indemnisés par des monopoles.

En Italie, et surtout dans les villes lombardes, le souvenir
des institutions romaines contribua sans doute à y former de
bonne heure des corporations d'artisans. Elles furent d'abord
favorisées par les princes, qui saisirent avec avidité l'occasion
d'élever une bourgeoisie qui pût un jour servir de contre-poids à
la noblesse. L'existence de constitutions municipales leur donna
une nouvelle vie : avec les municipalités, les ouvriers obtinrent
la garantie de la liberté civile. Il est difficile de préciser exactement l'époque où les premières corporations se formèrent en

Italie. Au dixième siècle, il existait à Milan une société sous le nom de *Credentia* : au douzième, d'autres communautés d'artisans possédaient déjà une importance politique, et plus tard, elles prirent un plus grand développement ; car aussitôt que la bourgeoisie eut ainsi quelque influence dans l'État, celui qui voulait prendre part aux affaires publiques devait nécessairement faire partie d'une corporation.

En Allemagne, leur formation correspond aussi à l'existence des premières constitutions municipales. Dans l'origine, les métiers étaient entre les mains des serfs, mais à côté d'eux il existait une classe d'ouvriers libres qui vivaient sous la protection et non sous la dépendance des seigneurs ; ils étaient considérés comme une classe spéciale de *serviteurs à gages.* C'est dans la seconde moitié du douzième siècle que prirent naissance en Allemagne la plupart des corporations. Les plus anciennes sont : celle des tailleurs et des merciers à Hambourg, en 1152 ; celle des marchands de draps, en 1153, et celle des cordonniers, en 1157, à Magdebourg. Au quatorzième et au quinzième siècle, elles acquirent de l'importance politique, et peu à peu elles devinrent assez puissantes pour que certains métiers qui leur étaient étrangers vinssent se placer sous leur protection. Une corporation de tisserands existait à Brême en 1300, une de marchands à Greifswald en 1330, une de merciers à Francfort-sur-le-Mein en 1559.

« Dans ces pays comme dans presque tous les autres, les maîtres avaient, dit M. de La Nourais, le droit d'entretenir un certain nombre d'artisans, et la fabrication avait lieu d'après des principes fixes, qui, lorsque les manufactures et l'industrie prirent un plus grand essor, ne fut plus qu'une aveugle et stupide routine. Assez ordinairement le nombre de ceux qui travaillaient d'une manière indépendante et pour leur propre compte était limité ; d'autres fois, l'on déterminait pour chaque métier le nombre de maîtres qu'une localité pouvait avoir, ou l'on rendait plus difficile l'acquisition du droit de maîtrise. »

En Angleterre, les corporations se formèrent à peu près comme celles d'Allemagne, seulement l'élément démocratique y dominait davantage. Aussi leur participation aux affaires publiques y était plus apparente. Le droit d'exercer un métier indépendant pouvait s'y obtenir, soit à prix d'argent, soit au moyen d'un apprentissage, au bout duquel on avait le droit d'être maître. Tous les métiers étaient égaux, chacun pouvait choisir la corporation dont il voulait faire partie, et comme ces corporations donnaient le droit d'élection, beaucoup de personnes s'y faisaient agréger sans pratiquer aucun art. Les tisserands formaient déjà une communauté à Londres sous Henri Ier.

Bien que l'existence des corporations soit assez ancienne en Danemark, on ne sait rien de positif sur l'époque de leur formation. On en trouve une à Odensée en 1476, sous l'invocation de la sainte Trinité. Il s'en forma beaucoup d'autres dans ce pays, mais aucune n'y était sans doute antérieure à la seconde moitié du quinzième siècle.

En Suisse, les bouchers formaient déjà une corporation à Bâle en 1260; deux ans plus tard, les jardiniers de la même ville étaient réunis en corps d'état.

« L'esprit de confrérie formait, dit Renouard, un des traits caractéristiques des mœurs germaniques. Il était né, non des vues de subordination qui présidaient à l'organisation romaine, mais des alliances et garanties réciproques entre égaux, tous ardents pour l'indépendance. De temps immémorial, les peuples du Nord avaient leurs confréries, leurs ghildes, leurs banquets, associations à part au milieu de la nation ou de la tribu. Les arts, l'industrie, le commerce, presque entièrement abandonnés aux gens de condition servile, étaient réduits à un rôle trop insignifiant dans la société barbare, pour qu'une place importante leur ait été faite dans ces associations, préoccupées d'autres intérêts plus puissants alors sur tous les esprits; mais dans les lieux mêmes d'où elles disparurent, ces conjurations, ces communions, ces conventicules laissèrent dans les mœurs publiques quelque chose de leur empreinte, et secondèrent, par leur fraternité, l'instinct de défense mutuelle qui porta les hommes de même profession à se protéger et à s'unir.

» La politique des empereurs et les conquêtes du christianisme avaient multiplié les citoyens romains et étendu l'émancipation des esclaves. Les hommes de travail, conduits par le clergé qui se recrutait beaucoup parmi eux, s'élevaient dans la hiérarchie sociale à mesure que s'abaissait un patriciat mourant. A l'époque où l'empire romain s'écroula sous les efforts des barbares, déjà était semée dans le monde cette classe moyenne destinée à tant de puissance; la noblesse guerrière des peuples germaniques et la hiérarchie féodale en retardèrent l'avénement.

» L'invasion des barbares retint sous le joug le travail, lot des vaincus. Mais l'esclavage continuait à perdre du terrain... Lorsque l'État, né en France de la conquête, prit de l'assiette, et que l'unité nationale commença à se former, les corporations préexistaient. Le commerce et l'industrie occupaient dans la société une place déjà importante, mais qui, mal définie, sans uniformité, sans certitude d'avenir, variait suivant les lieux, les temps, les accidents, les caprices.

» Dans la confusion et les conflits de la société du moyen âge, les marchands et artisans se réunirent par profession, et sous l'invocation de la Vierge et des saints, pour se soutenir mutuellement contre les exactions et les violences des seigneurs et du clergé, des gens de cour et des gens de guerre, et contre les rapines des individus de toute classe. Les corps de métiers composaient la principale force guerrière des villes aux époques où elles luttèrent pour se former en communes. Dans ces temps où tout était privilége et où les libertés les moins contestables, mises sans cesse en contestation, avaient besoin d'être accordées en franchise et garanties par des chartes, les corps de métiers, pour exercer leur industrie, conquéraient quelquefois, achetaient presque toujours des autorisations qui leur étaient sans cesse ravies et revendues.

» L'idée d'infériorité et de servitude attachée à l'exercice du travail domina longtemps dans l'organisation publique comme dans les mœurs. Les rois et les seigneurs féodaux étaient considérés comme maîtres du travail de leurs sujets et vassaux. Lorsque à côté des fiefs territoriaux s'éleva l'inféodation des offices, lorsque s'agrandit, au détriment des offices inféodés, le pouvoir gracieux et arbitraire de la couronne pour la collation et la concession des offices; quand ils furent des fiefs et quand ils ne furent que des dignités, il faut compter parmi les principaux droits utiles qui s'y attachèrent celui de disposer des maîtrises d'arts et métiers et d'exercer juridiction sur les marchands et artisans. C'est ainsi que le grand bouteiller ou échanson avait juridiction sur les marchands de vin et les cabaretiers; le grand ou premier maréchal de l'écurie du roi sur les maréréchaux; le chambrier sur les merciers, fripiers, pelletiers; le grand panetier sur les boulangers ou talmeliers, etc., etc. Ces grands officiers avaient leurs marchands et artisans pour les vivres, habits, meubles, équipages de la cour. Chacun d'eux donnait des lettres de maîtrise, non-seulement aux marchands et artisans de sa dépendance, mais encore à tous ceux qui exerçaient la même profession, surtout dans Paris. Il en tirait des taxes et rétributions, il avait droit de visite et juridiction sur eux pour connaître par lui-même ou par ses officiers de leurs différends. Ces pouvoirs et ces droits des officiers de la couronne allèrent en s'affaiblissant à mesure que l'autorité royale se concentra, et que le respect des droits individuels se fortifia dans nos lois; mais il en resta des traces jusqu'à la révolution. »

L'histoire de la ville de Paris fournit un très-ancien exemple d'une corporation commerciale indépendante, puisant dans son propre sein son appui et sa force. La navigation de la Seine appartint, dès les premiers temps de Lutèce, aux nautes parisiens, naviculaires, marchands de l'eau. Ces *nautæ parisiaci* formaient un corps considérable, investi de grands privilèges, renfermant des sénateurs et chevaliers, étant en possession de fournir les défenseurs de la cité, et décoré du titre de splendidissime. Cette association ou hanse de la bourgeoisie parisienne était appelée la marchandise de l'eau, ou simplement la marchandise. Maîtresse des arrivages et des expéditions par la Seine, elle domina le commerce parisien et attira à elle la magistrature municipale. Le chef du corps municipal était le prévôt des marchands de l'eau, qui fournissaient aussi les échevins.

Quand la ville et la commune de Paris prirent de l'accroissement, le corps unique et primordial des nautes se divisa en fractions distinctes. Les orfévres et les changeurs prétendirent avoir toujours formé une profession séparée. On voit par les ordonnances des rois de France, qu'aux onzième et douzième siècles plusieurs corps de métiers existaient, dans Paris, en corporations distinctes et déjà puissantes.

Lorsque le comté de Paris fut devenu le domaine des rois de France, le prévôt de Paris représenta le roi au fait de la justice, comme les vicomtes avaient représenté les anciens comtes. Longtemps la prévôté de Paris fut donnée par le choix du roi, et exceptée de l'usage en vertu duquel les autres prévôtés du royaume étaient vendues et données à ferme. Pendant la minorité de Louis IX, elle était tombée dans la condition commune, et entrée dans les fermes du roi, c'est-à-dire qu'elle était devenue vénale, et s'adjugeait au plus offrant. En 1258, Louis IX réforma cet abus et retira la prévôté des mains des fermiers. Il voulut que cette charge, à laquelle était dévolue la police de la ville, avec des attributions judiciaires fort étendues, restât pour toujours séparée de la recette du domaine. Étienne Boileau, à qui il donna l'office de prévôt de Paris, remplit cet emploi à merveille et maintint une bonne et impartiale justice. La rédaction, due à Étienne Boileau, des établissements et coutumes des métiers de Paris, fait grand honneur au règne de saint Louis. Le Livre des Métiers et Marchandises, écrit vers 1260, recueille, rédige et met en ordre les coutumes, traditions et pratiques préexistantes.

Louis XI publia comme ses prédécesseurs beaucoup de statuts de corps de métiers. Par ordonnance de 1467, il arma tous les gens de métiers, les partageant en soixante et une bannières et compagnies, en mettant chaque bannière sous la conduite d'un principal et d'un sous-principal élus tous les ans par les chefs d'hôtels, des métiers et des compagnies.

« Les corporations, refuge des faibles contre les forts, moyen efficace de police dans l'État, avaient aussi, dit Renouard, un autre caractère essentiel; elles étaient des instruments de monopole. Ce n'était pas seulement pour être autorisés et protégés dans l'exercice de leur industrie, que les corps de métiers se plaçaient sous la tutelle de ceux qui avaient en main la puissance et la force ; c'était aussi pour exclure de l'exploitation de la même industrie quiconque n'était pas agrégé à leur communauté. La classe industrielle et commerciale acceptait sa sujétion, dont elle était payée par les monopoles. C'est ainsi que, contre la liberté naturelle du travail, s'élevèrent parallèlement deux puissances qui ont longtemps régné sur la société à titre de droits : d'une part, le pouvoir de l'homme libre sur l'esclave, puis du seigneur sur le vassal ou le serf, puis des rois sur les sujets, pour ordonner, autoriser ou régler le travail; d'une autre part, le monopole qui, abritant les travailleurs, proscrivait ou étouffait à leur profit toute concurrence.

» Le joug de la royauté pesa moins sur les travailleurs que celui des mille pouvoirs confus que son énergique concentration absorbait. Elle ne détruisait pas le monopole, qui lui était utile comme moyen de police et surtout comme ressource de fiscalité; mais, du haut de sa grande position, elle avait nécessairement la vue frappée par les intérêts généraux; elle tempérait le monopole, réprimait les exactions, surtout quand elle n'en profitait pas, se prêtait au renouvellement des règlements et statuts, lorsque les progrès de l'industrie en faisaient éclater les cadres devenus trop étroits. On retrouve ici la grande loi historique qui domine et explique, dans les détails comme dans l'ensemble, les annales de notre ancienne monarchie : l'alliance entre la royauté et le développement des droits individuels ; alliance quelquefois inaperçue, quelquefois involontaire, souvent troublée, mais qui, naturelle et permanente, a été l'œuvre complexe des faits et de la nécessité comme du calcul et de la justice.

» Le milieu du seizième siècle est, dans notre droit commercial, une ère fort importante où se manifeste le progrès de la loi historique qui vient d'être signalée. Ce fut l'époque où se généralisa la juridiction consulaire des commerçants sur leurs pairs, empruntée, comme tant d'autres parties de notre législation commerciale, au droit moderne de l'Italie. Vers le même temps et peu d'années après cette grande conquête faite par la classe commerçante, l'ordonnance de Blois, de 1579, ordonnait que les jurés de métiers ne seraient établis que par l'élection. L'édit de 1581, enregistré au parlement de Paris le 7 mars 1583 seulement, et qu'il fallut renouveler en 1597, donna à l'institution des corps et communautés d'arts et métiers l'étendue et la forme d'une loi générale.

» L'édit de 1581 acheva et accomplit la prise de possession, par la royauté, de la police du travail. Elle imposait des règles à tous les travailleurs, considérés individuellement ; s'immisçait dans l'organisation intérieure et dans les conditions d'existence de toutes les agrégations de travailleurs, réunis en communautés, couvrait de sa protection le public et les consommateurs contre chaque marchand et artisan, et chaque marchand et artisan contre les oppressions et les abus des corporations ; en même temps, et à la faveur de cette double protection, elle prenait souveraineté sur les communautés et sur les individus. Accessoirement elle battait monnaie ; et bien souvent, cette considération accessoire se fit prépondérante entre toutes les autres. Le trafic et la création des maîtrises était une branche d'exploitation financière. Avénement à la couronne, mariages ou naissances de princes et princesses, entrées des rois et des reines étaient des occasions pour créer de nouvelles maîtrises, habituellement accompagnées de la dispense des preuves ordinaires de capacité exigées pour la réception des maîtres. Le monopole était tempéré par la vénalité.

» Un édit de Henri IV, de juillet 1608, témoigne énergiquement de ces abus et malversations par la flétrissure même qu'il leur imprime dans son préambule. Il révoque et annule toutes créations de lettres de maîtrise antérieures à son avénement, avec ordre de fermer les boutiques, étaux et ouvroirs de ceux qui en seraient pourvus, et défense de les mettre en vente à peine de faux et de punition corporelle et exemplaire. L'abus n'en continua pas moins. La suppression de ces concessions anciennes n'empêcha pas de faire argent par des concessions nouvelles, et y aida peut-être. Les ventes de maîtrises, qui blessaient fort les corporations, n'étaient pas ce qui opprimait le public. »

Aux états généraux de 1614, le tiers état demanda la liberté du commerce et de l'industrie; mais « ce cri de liberté, entendu par Turgot, ne devait être exaucé que par la révolution, dit Renouard. Le régime des maîtrises, des règlements, des restrictions, des priviléges, continua à étouffer et à dévorer l'industrie sous les influences combinées des besoins du trésor, des largesses envers les gens en crédit, des nécessités de police, et de ce goût de tutelle dont la prétention est de prescrire aux intérêts privés comment ils se serviront eux-mêmes. »

Sully avait rétabli l'ordre dans les finances, encouragé l'agriculture et la navigation intérieure; s'il laissa un peu plus de liberté à l'exercice de l'industrie, ce fut sans doute par esprit de justice envers la classe souffrante, et aussi par antipathie contre le luxe, et pour ne pas l'encourager par trop de faveur envers les privilégiés des corporations. Colbert encouragea l'industrie avec largesse; il ouvrit des routes et des canaux au dedans et des débouchés au dehors. Ne s'en rapportant qu'à lui-même de la bonne direction de l'industrie, et constamment préoccupé de la subordination et de la discipline, il tendit à affermir et à étendre le régime des corporations. L'ordonnance de 1673 sur le commerce fut accompagnée d'un édit qui, à l'occasion de règlements pour la communauté des barbiers, baigneurs étuvistes et perruquiers, insistait sur l'exécution des anciens édits pour toutes les branches d'industrie et pour les localités qui ne se trouvaient pas encore atteintes. On institua partout des jurandes, et l'on établit des droits et taxes sur toutes les professions. Colbert, dans son *Testament politique*, recommanda pourtant au roi d'accorder une grande liberté à l'industrie et d'établir seulement un faible droit sur la permission d'ouvrir boutique. La pénurie des finances ne permit pas de s'occuper de cet objet.

Un édit de mars 1691 supprima les élections des maîtres et gardes des corps de marchands et des jurés, syndics ou prieurs des arts et métiers, aux lieu et place desquels des maîtres et gardes dans chaque corps de marchands et des jurés dans chaque corps d'arts et métiers furent créés et érigés en titres d'officiers héréditaires, avec accompagnement d'un grand nombre de dispositions fiscales. De 1691 à 1709, on créa plus de quarante mille offices, qui tous furent vendus au profit du trésor public. Outre le capital que le gouvernement se procurait par la vente de ces offices, dont un grand nombre était acquis par les communautés qu'on autorisait à emprunter pour en payer la finance, il tirait, en outre, un revenu considérable des droits attachés à la collation des grades et à la promotion aux dignités dans les corporations, ainsi qu'aux droits de mutation parmi les titulaires. De plus, il exigeait parfois un supplément de finance pour le maintien ou pour la confirmation des offices déjà existants, ou pour leur incorporation aux communautés. « La prospérité publique souffrait de ces extorsions, dit Renouard. Les dépenses des communautés augmentaient les frais de production et renchérissaient les denrées ; et, à son tour, le renchérissement des denrées diminuait la production. »

La maîtrise ne s'obtenait pas toujours d'une manière fort juste, si l'on s'en rapporte au préambule de l'édit de 1581, dans lequel on lit : « Désirant départir, comme bon père de famille, égalité et faveur de justice à tous nos sujets généralement...; et donner ordre aux excessives dépenses que les pauvres artisans des villes jurées sont contraints de faire ordinairement pour obtenir le degré de maîtrise, contre la teneur des anciennes ordonnances, étant quelquefois un an et davantage à faire un chef-d'œuvre tel qu'il plaît aux jurés; lequel enfin est par eux trouvé mauvais et rompu, s'il n'y est remédié par lesdits artisans avec infinis présents et banquets ; qui recule beaucoup d'eux de parvenir au degré et les contraint de quitter les maîtres et besogner en chambres ; èsquelles étant trouvés et tourmentés par les dits jurés, ils sont contraints d'aller de rechef besogner pour les dits maîtres, bien souvent moins capables qu'eux, n'étant, par les dits jurés, reçus aux dites maîtrises que ceux qui ont flou d'argent, et le moyen de leur faire des dons, présents et dépenses, encore qu'ils soient incapables, au regard de beaucoup d'autres qu'ils ne veulent recevoir, parce qu'ils n'ont les dits moyens. »

Le préambule de l'édit de 1691 signale à peu près les mêmes abus. « Nos prédécesseurs ont fait, y lit-on, plusieurs règlements pour prescrire le temps des apprentissages, la forme et la qualité des chefs-d'œuvre, les formalités de la réception des maîtres, des élections des jurés, des visites qu'ils pourraient faire chez les maîtres et les sommes qui seraient payées par les aspirants, tant au domaine, à titre de droit royal, qu'aux jurés et communautés. Mais, nonobstant toutes ces précautions, leurs bonnes intentions ont été éludées, et le public a été privé de l'utilité qu'il en devait recevoir ; la longueur, les frais et les incidents des chefs-d'œuvre ayant souvent rebuté les aspirants les plus habiles et les mieux instruits dans leur art, qui ne pouvaient pas fournir aux dépenses excessives des festins et buvettes auxquelles on voulait les assujettir. D'ailleurs, les brigues et les cabales qui se pratiquent dans l'élection des jurés troublent les communautés, et les consomment souvent en frais de procès, et ceux qui sont choisis et préposés pour tenir la main à l'exécution des ordonnances, règlements et statuts, ne devant exercer la jurande que pendant peu de temps, se relâchent de la sévérité de leur devoir et se croient obligés d'avoir pour les autres, particulièrement pour ceux qu'ils croient leur devoir succéder dans la jurande, la même indulgence dont ils souhaitent qu'ils usent dans la suite à leur égard. Ce relâchement, si préjudiciable au public, a donné une telle atteinte à la police des corps des marchands et des arts et métiers, qu'il y a très-peu de règle dans les apprentissages, dans les chefs-d'œuvre, dans les réceptions des aspirants, dans les élections et dans les fonctions des jurés; que même, dans la plupart des communautés, il ne se tient point de registre de la réception des maîtres ni des apprentis, et que dans la multiplication des frais, dont les particuliers profitent indûment aux dépens des communautés, les droits de la couronne fondés sur ce qu'il n'appartient qu'aux rois seuls de faire des maîtres des arts et métiers, se trouvent négligés et anéantis ; et au lieu du droit royal qui nous appartient, il se lève, par les receveurs et fermiers de nos domaines, plusieurs petits droits qui ne nous sont d'aucune utilité, et donnent souvent lieu à des procès et différends. »

Les procès étaient en effet nombreux entre les corporations. Ce ne fut pas sans difficulté, par exemple, que les chandeliers, au quinzième siècle, et les vinaigriers-moutardiers, plus tard, parvinrent à se séparer des épiciers. Les apothicaires eurent à lutter jusqu'au dix-septième siècle pour s'affranchir de la même suzeraineté de l'épicerie. Les merciers, en possession d'abord de tout le commerce extérieur, ne se laissèrent pas démembrer sans débats. Les marchands de vins, érigés en septième corps par Henri III, eurent à subir de nombreuses tribulations de la part des six autres corps, leurs aînés. Les procès intentés aux fripiers par les tailleurs de Paris, pour établir la ligne de démarcation entre un habit tout fait et un vieil habit, duraient depuis 1530, et n'étaient pas terminés en 1776. Les procès entre les cordonniers et les savetiers de la même ville n'ont guère moins occupé les tribunaux.

M. Costaz évalue à 800,000 livres la somme que les communautés de Paris dépensaient annuellement en procès pour les seuls intérêts du corps. « Cela n'étonnera pas, ajoute-t-il, si l'on réfléchit que les bouquinistes ne pouvaient vendre des livres neufs, cette faculté étant réservée aux libraires, qui ne manquaient pas d'en profiter pour tourmenter des hommes dont la concurrence diminuait leurs bénéfices. Il était défendu aux serruriers de fabriquer les clous dont ils ont besoin; ce travail devait être fait par des individus d'une corporation différente. Des entraves dans l'exercice de professions ayant autant d'analogies entre elles devaient amener de fréquentes contraventions, et, par suite, des plaintes sur la convenance de les réprimer. Le besoin d'acquitter les frais causés par les procès, obligeait les communautés de faire souvent des emprunts, ce qui avait rendu énormes leurs dettes, accrues encore par la nécessité d'avoir des bureaux, dont il fallait payer le loyer, de tenir des registres, de donner des émoluments à des commis, etc. Pour faire face aux intérêts de ces emprunts et autres dépenses, elles étaient autorisées à établir des taxes sur les individus appartenant à la corporation; et ces taxes, dont la répartition n'était pas toujours faite avec la justice convenable, on les percevait avec une rigueur qui désespérait ceux qui avaient de la peine à trouver dans leur travail des moyens d'existence. »

Sur le rapport de Turgot, Louis XVI, par un édit daté de Versailles, février 1776, enregistré le 12 mars au parlement, supprima les jurandes et maîtrises.

La suppression provoquée par Turgot souleva la ligue des intérêts privés. L'édit succomba avec le ministre. Un autre édit du mois d'août de la même année 1776, enregistré le 28 au parlement, rapporta le premier, tout en modifiant le régime ancien par des améliorations partielles. Le nouvel édit n'était pas rendu en vue de réparer le seul tort du premier, qui avait sup-

primé les anciens priviléges sans indemnité pour les privilégiés ;
au contraire, il força les anciens maîtres qui avaient payé une
ancienne maîtrise, à en racheter une nouvelle. Le dernier édit
remédiait pourtant à plusieurs abus ; il abaissait les droits,
donnait à l'industrie un peu plus de latitude en réunissant
ensemble plusieurs branches d'industrie analogues, et en enfer-
mant ainsi chacune d'elles dans un cercle un peu moins étroit.

L'édit d'août 1776 réunissait les professions industrielles de
la ville de Paris en six corps de marchands et quarante-quatre
communautés d'artisans. Les six corps étaient les suivants :
1° Drapiers-merciers ; 2° épiciers ; 3° bonnetiers, pelletiers, chapeliers ; 4° orfévres, batteurs d'or, tireurs d'or ; 5° fabricants
d'étoffes et de gazes, tissutiers, rubaniers ; 6° marchands de
vins. L'édit permettait le libre exercice des professions suivantes, faisant partie des communautés supprimées, savoir : bou-
quetières ; brossiers ; boyaudiers ; cardeurs de laine et de coton ;
coiffeurs de femmes ; cordiers ; fripiers brocanteurs, achetant et
vendant dans les rues, halles et marchés, et non en place fixe ;
faiseurs de fouets ; jardiniers ; linières ; filassières ; maîtres de
danse ; nattiers ; oiseleurs ; patenôtriers ; bouchonniers ; pêcheurs
à verge ; pêcheurs à engin ; savetiers ; tisserands ; vanniers ;
vendangeurs.

Un édit du mois de janvier 1777, réforma les anciens corps
d'arts et métiers de la ville de Lyon, et les organisa en quarante
et une communautés. Des édits postérieurs réorganisèrent les
anciennes communautés et en créèrent de nouvelles dans le
ressort des parlements de Paris, de Normandie, de Nancy, de
Metz. Enfin, une loi du 2 mars 1791 proclama la liberté de
l'industrie.

L'Allemagne méridionale a conservé jusqu'à nos jours ses
corporations fermées ; mais comme ces institutions étouffent
partout en germe la grande industrie, elles sont partout en décadence, et l'Autriche a fini par les supprimer.

COMPAGNONNAGE

Le compagnonnage était, sous le régime des jurandes et des maîtrises, le second degré du noviciat pour arriver à la maîtrise. On n'y était admis que cinq ans après avoir été reçu apprenti et sur la production d'un chef-d'œuvre. L'association des compagnons d'un corps d'état pour s'entr'aider, se secourir et trouver de l'ouvrage, a survécu à la chute du monopole industriel, et forme le compagnonnage actuel.

« L'histoire, d'accord avec la tradition, dit M. Léon Say, nous apprend que les sociétés d'ouvriers existaient dès la plus haute antiquité. Chez les Juifs, par exemple, nous trouvons l'association des Khasidéens, qui donnèrent plus tard naissance aux Esséniens, et dont la mission était, dans l'origine, d'entretenir et de réparer le temple, ce même temple dont les compagnons actuels croient être sortis. Ces Khasidéens se soutenaient entre eux; ils avaient, dans les différentes villes, des maisons appelées *semnées*, où ils s'arrêtaient en voyage. De la Judée, ces associations passèrent en Égypte avec les Thérapeutes, et d'Égypte en Grèce. C'est à l'Égypte, en effet, que la Grèce doit le culte de Bacchus, dont les prêtres, appelés Dyonisiens, formaient des associations pour la construction des temples et des édifices; les rois de Pergame les organisèrent en corporation. C'est de Grèce, enfin, que Numa fit venir à Rome les architectes qu'il mit à la tête des collèges d'ouvriers (*collegia artificum*, 717 avant J.-C.). Ces collèges d'ouvriers, exemptés d'impôts et privilégiés pour les constructions publiques, se perpétuèrent pendant toute la durée de l'empire romain, et existaient encore à l'époque de la domination lombarde, sous le nom de confréries ou de corporations franches. Les papes leur accordèrent le monopole de la construction des églises, et dans les chartes qu'ils leur donnèrent, on voit qu'ils les exemptaient de toutes les lois et statuts locaux, édits royaux, règlements municipaux concernant, soit les corvées, soit toute autre imposition obligatoire pour les habitants du pays.

» Munies de ces chartes, les corporations franches se répandirent en Allemagne, en France et en Angleterre; leurs immunités firent donner à quelques-unes le nom de francs-maçons. D'autres se consacrèrent à la construction des ponts, tels que les frères pontifes, que l'on trouve dans le midi vers 1178. Les templiers eux-mêmes, furent compris dans l'ordre de ces corporations, et ne dédaignèrent pas de s'associer aux travaux de constructions. Ils se chargèrent de l'entretien des trois grandes routes du midi de la France. »

Toutes ces sociétés avaient des pratiques secrètes : il fallait, pour en faire partie, se faire initier après certaines épreuves, adopter certains dogmes, connaître certains signes de reconnaissance. Au moyen âge, il s'y joignit l'idée de secours mutuels contre les entreprises des seigneurs. M. Léon Say pense que c'est à cette époque que le compagnonnage prit naissance, et que, né dans la franc-maçonnerie, il fut comme elle protégé par l'ordre des Templiers. Il croit même que le maître Jacques de leur légende n'est autre que le grand maître Jacques de Molay, qui, vers 1268, prit sous sa protection un certain nombre de dissidents des anciennes sociétés. Après l'affranchissement des communes, les associations ouvrières durent se diviser; il y eut les associations des maîtres, les *corporations*, et l'association des ouvriers, le *compagnonnage*.

M. C.-G. Simon croit que le compagnonnage a eu son berceau chez les Égyptiens ou chez les Juifs, d'où l'institution serait passée chez les Grecs et les Romains; mais le compagnonnage, tel que nous le connaissons, n'aurait eu d'existence, selon lui, qu'à partir de l'époque où il y eut dans chaque profession deux classes distinctes, celle des maîtres et celle des compagnons, moment qu'il place, au moins en ce qui concerne les constructeurs d'édifices, au règne de François Ier. « Je supposerais, dit M. Michel Chevalier, qu'il remonte plus avant dans notre histoire et qu'il appartient en plein au moyen âge. Les associations du compagnonnage eurent pour objet l'assistance mutuelle des compagnons de chaque société ou *devoir*, et répondirent aussi à un besoin qui alors devait être fort vivement senti et qui était de tous les instants. Il s'agissait de faciliter les déplacements et les voyages en procurant aux affiliés, dans toute l'étendue du pays, mais surtout dans un certain nombre de villes dites du tour de France, travail, aide et protection. »

Quoi qu'il en soit, les compagnons font remonter leur association à la fondation du temple de Jérusalem par Salomon. Du reste, les différents corps du compagnonnage reconnaissent trois fondateurs : Salomon, fils de David et de Bethsabée, maître Jacques, et le père Soubise.

Les *enfants de Salomon* se composent des tailleurs de pierres, appelés *compagnons étrangers*, ou les *loups*; des menuisiers et des serruriers du *devoir de liberté*, dits *gavots*; des charpentiers, dits *renards de liberté*, puis *compagnons de liberté*.

Les *enfants de maître Jacques* ne comprenaient d'abord que les tailleurs de pierre *compagnons passants*, dits les *loups-garoux*, et des menuisiers et serruriers du devoir, dits les *dévorants*. Mais, d'adjonctions en adjonctions, les ouvriers d'un grand nombre de corps d'état, comme les taillandiers, forgerons, maréchaux, charrons, tanneurs, corroyeurs, boulangers, chaudronniers, teinturiers, fondeurs, ferblantiers, couteliers, bourreliers, selliers, cloutiers, vanniers, doleurs, chapeliers, sabotiers, cordiers, tisserands, cordonniers, etc., sont devenus enfants de maître Jacques.

Les *enfants du père Soubise* se composaient, à l'origine, d'un seul corps d'état, les charpentiers compagnons passants ou *drilles*; les couvreurs et les plâtriers s'y sont adjoints.

A en croire les enfants de Salomon, le grand roi, pour récompenser ses ouvriers de leurs travaux, leur aurait donné un *devoir*, une doctrine. Maître Jacques, collègue d'Hiram, serait, d'après ses modernes adeptes, né dans une petite ville des Gaules, nommée *Carte*, aujourd'hui Saint-Romill, située dans le midi de la France, mais que l'on chercherait vainement sur les cartes. Il aurait eu pour père un célèbre architecte nommé Jacquin, se serait exercé à la taille des pierres, depuis l'âge de quinze ans, aurait voyagé dans la Grèce, où il aurait appris la sculpture et l'architecture, serait venu en Egypte, puis à Jérusalem, où il aurait sculpté avec tant de goût deux colonnes, qu'on se serait empressé de le recevoir *maître*. Maître Jacques et son collègue maître Soubise, après l'achèvement du temple, auraient repris ensemble le chemin des Gaules, jurant de ne plus se séparer. Mais la jalousie du second se serait émue de l'ascendant du premier sur leurs disciples. Il y aurait eu séparation. L'un aurait été débarqué à Marseille, l'autre à Bordeaux. De là, guerre éternelle! Les adeptes de Soubise auraient voulu assassiner Jacques, qui, délivré par les siens, se serait retiré à la Sainte-Baume. Mais, bientôt trahi et livré par un de ses disciples, que les uns appellent *Jéron*, d'autres *Jamais*, il serait mort frappé de cinq coups de poignard, dans sa quarante-neuvième année, quatre ans neuf jours après sa sortie de Jérusalem, 989 ans avant J.-C. Ses enfants lui ayant ôté sa robe, auraient trouvé sur lui un petit jonc qu'il portait en mémoire de ceux qui, la première fois, l'avaient sauvé dans un marais; et aussitôt ils auraient adopté le jonc pour l'emblème de leur profession. En général on n'accuse pas Soubise d'avoir trempé dans cette mort. Quant au traître, il serait allé, de désespoir, se jeter dans un puits, que les disciples de Jacques auraient comblé avec des pierres. Puis, avant de se séparer, ils se seraient partagé la défroque du martyr, dont le chapeau serait revenu aux chapeliers, la tunique aux tailleurs de pierres, les sandales aux serruriers, le manteau aux menuisiers, la ceinture aux charpentiers, et le bourdon aux charrons.

Parmi les compagnons, les uns *hurlent*, les autres ne *hurlent* pas; les uns *topent*, les autres ne *topent* pas; les uns ont des surnoms, les autres n'en ont pas. Tous portent des couleurs, l'équerre et le compas. Quelques-uns ont des boucles d'oreilles.

Au commencement, tous les compagnons hurlaient sur un ton plus ou moins grave, plus ou moins aigu, de là les surnoms de *loups, loups-garoux, chiens*, etc. Les tailleurs de pierres, compagnons étrangers, les menuisiers et les serruriers du devoir de liberté, les tailleurs de pierres compagnons passants, les menuisiers et les serruriers du devoir ne hurlent pas. A l'exception des compagnons menuisiers ou serruriers du devoir de liberté, tous les compagnons topaient. Voici ce qu'était le topage : Quand deux compagnons se rencontraient sur une route, ils s'arrêtaient à une vingtaine de pas l'un de l'autre, et, prenant une certaine pose, l'un disait : « Tope. — Tope, répondait l'autre. — Quelle vocation? reprenait le premier.—Charpentier ; et vous, le pays? répondait le second. — Tailleur de pierres. — Compagnon? — Oui, le pays; et vous? — Compagnon aussi. » Alors ils se demandaient de quel côté ou de quel devoir. S'ils étaient du même devoir, ils buvaient à la même gourde ou allaient boire ensemble au cabaret. Dans le cas contraire, ils se disaient des injures toujours, se battaient souvent, et se tuaient quelquefois.

Tous les compagnons se disent *pays*, à l'exception des tailleurs de pierres et des charpentiers, qui s'appellent *coteries;* les menuisiers et les serruriers du devoir ne portent pas de surnom. Les tailleurs de pierres mettent le surnom devant le nom de pays, comme *la Rose de Bordeaux;* d'autres compagnons, au contraire, font suivre le pays du surnom : *Bordelais la Rose.*

Le nom de *gavot* veut dire habitant des montagnes ou des *gaves.* Celui de *dévorant* est une corruption de *devoirant*, c'est-à-dire membre d'une société qui a un *devoir*, des lois et un règlement.

Les rubans et les couleurs varient selon les sociétés et les corps d'état. Le plus grand outrage qu'on puisse faire à un compagnon, c'est de lui arracher ses couleurs.

Les cannes aussi varient. Dans certaines sociétés on les porte courtes, dans d'autres on les porte longues, et garnies de fer ou de cuivre. Les jours de fêtes et de cérémonies on les pare de rubans.

L'équerre et le compas sont les attributs de tous les compagnons, et l'on fait même dériver le nom de compagnon du mot *compas*. Un grand nombre de sociétés ne veulent pas permettre à certains corps d'état, les boulangers et les cordonniers par exemple, de se parer du compas.

Les boucles d'oreilles ont aussi occasionné des querelles. Les charpentiers drilles portent, suspendus à l'une de leurs boucles d'oreilles, une équerre et un compas, à l'autre, la bisaiguë ; les maréchaux, un fer à cheval ; les couvreurs, le martelet et l'aissette ; les boulangers, la raclette.

Il y a plusieurs manières de recevoir un compagnon. Après diverses épreuves et des cérémonies symboliques, il cesse d'être profane, prête un serment qui lui impose de grands devoirs de dévouement et de discrétion. Les secrets du compagnonnage consistent en mots de passe, mots de reconnaissance, signes, attouchements, etc., tous signes empruntés à la franc-maçonnerie. Le compagnonnage répond presque, d'ailleurs, au premier grade maçonnique.

Chaque société de compagnons, chaque profession dans chaque société, a sa caisse à part, ses chefs spéciaux, ses règlements particuliers.

« Les associations du compagnonnage se nomment *devoirs*, a dit le journal *l'Atelier* : ce mot indique assez que dans la pensée de ses fondateurs, cette réunion d'ouvriers a une fonction à remplir plutôt qu'un droit à exercer. C'est une solidarité mutuelle entre tous ceux qui en font partie, un contrôle moral qui s'exerce par l'association sur ses membres, et qui ne leur permet pas de s'écarter du chemin de la plus stricte probité.

» Le compagnonnage est donc, avant tout, une institution morale, car, pour y entrer et y rester, il faut être honnête homme dans toute la rigueur du mot. Tous les ouvriers peuvent y être admis sous cette condition, jointe à celle de capacité. La société veille sur eux comme sur ses enfants ; elle ne souffre pas qu'ils fassent des dettes, elle leur défend *la lutte;* elle garantit leur salaire et leur assure du travail autant que cela se peut, elle les secourt dans les chômages. Telle est la base des travaux de l'association : si quelques-uns des articles, principalement celui que nous avons *souligné,* sont bien négligés dans l'exécution, c'est la faute des hommes, et non celle de l'institution.

» Tout, dans le compagnonnage, repose sur l'élection, et les chefs sont révocables.

» C'est au moyen d'une caisse entretenue par des cotisations fixes et périodiques, qu'une société de compagnonnage donne des secours aux malades, aux inoccupés et aux détenus pour coalition ; qu'elle soutient les procès intentés par les maîtres, et qu'elle nourrit les ouvriers qui ne veulent pas travailler au rabais. Les maîtres reconnaissent et subissent son existence, la majorité même s'en trouve bien. Les cupides seuls s'en plaignent. La société répond de la probité et de la capacité de l'homme qu'elle a embauché, car elle paye pour lui s'il ne tient pas ses engagements, et elle ne l'a reçu compagnon, comme dans les anciennes corporations, qu'après la confection d'un chef-d'œuvre ou pièce difficile du métier. Elle nourrit celui qui n'a pas d'ouvrage, ou lui donne un secours de route pour gagner une autre ville. Sa sollicitude est de tous les instants, elle a des récompenses honorifiques pour la bonne conduite; elle a des punitions plus sévères que celles de la justice pour celui qui a forfait à l'honneur : on le chasse ignominieusement de l'assemblée, convoquée tout exprès, après lui avoir fait subir mille affronts. Il est ensuite signalé sur tout le tour de France, et nulle part il ne trouve d'accueil. »

Chaque société a un *rouleur,* qui change de semaine en semaine. Les fonctions de rouleur, toujours remplies par un compagnon, consistent à embaucher, à convoquer les assemblées, à accueillir les arrivants, à accompagner les partants, en portant sur son épaule leur canne et leur paquet jusqu'au lieu de séparation.

Un maître ne peut occuper que les membres d'une même société. A-t-il besoin d'ouvriers, il s'adresse au premier compagnon, qui les lui procure par l'intermédiaire du rouleur. Dans la société des compagnons du devoir de liberté, le rouleur conduit soit un compagnon, soit un affilié, chez un maître, et lui dit : « Voici un ouvrier que je viens vous embaucher. » Le maître met cinq francs dans la main du rouleur qui, se tournant vers l'ouvrier, lui dit : « Voilà ce que le maître vous avance, j'espère que vous le gagnerez.—Je le gagnerai, » répond l'ouvrier. Quand le rouleur a embauché plusieurs ouvriers, il leur rend l'argent que le maître leur a avancé ; puis ils déjeunent ou dînent ensemble, et le rouleur ne paye pas son écot.

La *mère* des compagnons d'une société est la maîtresse de la maison où la société loge, mange ou s'assemble. C'est chez la mère que se rend le compagnon à son arrivée dans la ville. Le mari de la mère est le père des compagnons, ses enfants sont leurs frères ou leurs sœurs. En général, les compagnons ont pour leur mère l'affection qu'ils auraient pour leurs parents, et la mère aime les compagnons comme s'ils étaient ses propres enfants. Toutefois la mère d'une société profite de sa tendresse envers les compagnons ; une société ne la change jamais sans avoir levé l'acquit, c'est-à-dire sans lui avoir payé intégralement tout ce que devaient ses membres, compagnons ou aspirants, ou affiliés, les honnêtes ouvriers comme les *brûleurs*.

« En entrant chez une mère, dit un ouvrier réformateur, la société a soin de limiter le *maximum* pour un compagnon et pour un aspirant, afin que le chiffre du crédit ne s'élève pas trop haut. Mais cette clause est à peu près illusoire : la mère fait à tous ses enfants des crédits presque illimités, car elle est sûre d'être remboursée de ses avances. A qui profite un tel désordre ? C'est à la mère, qui a vendu beaucoup et réalisé d'énormes bénéfices. Car les dissipateurs sont prodigues du bien des autres, et peu regardants pour le prix des objets qu'ils consomment. Qui souffre du préjudice occasionné par une telle organisation ? C'est l'homme probe, laborieux, économe, qui apporte toujours et ne demande jamais. »

« Les règlements du compagnonnage, qui fixent l'étiquette des membres de la corporation entre eux, semblent avoir été tracés dans le but de fournir une clientèle aux marchands de vin, dit M. Michel Chevalier. Les amendes y sont supputées en litres de vin, et l'on est passible d'amende à tout propos, pour les infractions les plus frivoles, comme de dire *monsieur* à un camarade au lieu de *coterie* ou *pays*, ou lorsqu'on parle à la mère, de l'appeler *madame*, ou encore d'oublier son pain sur la table, ou de l'y retourner sens dessus dessous, ou enfin de lire ces belles ordonnances, affichées chez la mère, sans avoir, au préalable, ôté respectueusement sa casquette. »

Chaque année, tous les corps d'état célèbrent solennellement la fête de leur patron : les charpentiers, saint Joseph ; les menuisiers, sainte Anne ; les serruriers, saint Pierre ; les maréchaux, saint Éloi d'été ; les forgerons, saint Éloi ; les cordonniers, saint Crépin, etc. Le matin de ces jours de fête, les compagnons se rendent en habits des dimanches à la messe, et promènent par la ville le chef-d'œuvre. De retour chez la mère, on élit dans quelques corps d'état le nouveau chef ; puis on dîne et l'on danse. En général, les aspirants payent la même cotisation ; mais ils ne mangent pas à la même table et ne dansent pas dans la même pièce que les compagnons ; il n'y a que les compagnons du devoir de liberté et les compagnons étrangers qui admettent l'égalité.

L'enterrement d'un compagnon se fait avec quelques cérémonies spéciales. Le défunt est porté par quatre ou six frères qui se relèvent. Le cercueil est paré des couleurs de la société, de cannes en croix, d'une équerre et d'un compas entrelacés. Chaque compagnon porte un crêpe noir au bras gauche, un autre à la canne, et il se décore des couleurs de son compagnonnage.

Placés sur deux rangs, les compagnons marchent avec recueillement jusqu'à l'église et au cimetière. Ils déposent le cercueil au
bord de la fosse et l'environnent. Si ce sont des menuisiers soumis au devoir de Salomon ou à celui de maître Jacques, l'un
d'eux prend la parole pour célébrer les qualités du défunt, et
fléchit le genou. Tous les autres l'imitent, et adressent une
courte prière à Dieu. Le cercueil descendu dans la fosse, on place
auprès deux cannes en croix. Deux compagnons, le flanc gauche
en avant, se regardent, font demi-tour sur le pied gauche,
portent le pied droit en avant, de sorte que les quatre pieds occupent les quatre angles formés par les deux cannes en croix ;
les compagnons se donnent la main droite, se parlent à l'oreille
et s'embrassent. Chacun passe à son tour par cette accolade, appelée, dans certains corps d'état, guilbrets, pour aller prier à
genoux sur le bord de la fosse, puis jeter trois pelletées de terre
sur le cercueil. Dans beaucoup d'associations, on remplace le
discours par des cris lamentables. Quand on a descendu le cercueil dans la fosse, un compagnon descend se placer à côté. On
pose alors à fleur de terre un drap qui dérobe à tous les yeux le
vivant et le mort ; des lamentations partent de dessous terre,
auxquelles répondent, d'en haut, d'autres lamentations. D'ailleurs, il est rare que des compagnons assistent à un enterrement
sans aller, au sortir du cimetière, choquer le verre ensemble.

Lorsqu'un compagnon quitte une ville, pour faire place quelquefois à un nouveau venu, tous les membres de sa société l'ac-
compagnent à une certaine distance. Le *rouleur* marche en tête,
le partant vient après lui, et ensuite, sur deux rangs, les autres
compagnons, armés de cannes, parés des couleurs de la société,
munis de bouteilles et de verres que l'on vide en chemin : c'est
ce qu'on appelle la *conduite en règle.*

« Ce voyage d'un pays à un autre, dit M. Pierre Moreau, ce
voyage que nous appelons le *tour de France*, est également utile
aux maîtres, aux ouvriers et à l'industrie en général ; car les
ouvriers, en parcourant ainsi les villes et les campagnes, propa-

gent les idées et le talent qu'ils ont eux-mêmes puisés dans d'autres endroits. La civilisation y gagne également, car l'ouvrier des campagnes les plus reculées a senti aussi la nécessité de voyager pour ne pas rester trop en arrière avec celui des grandes villes, où l'on acquiert des connaissances, et où l'on prend les manières, les habitudes et les mœurs d'une grande partie des Français; l'esprit et l'intelligence de l'homme se développent peu à peu sur le tour de France; on devient plus hardi, plus assuré, on apprend également la géographie de la France, par la pratique. En se rapprochant, les hommes font disparaître les vieilles rancunes et les jalousies provinciales, et l'ouvrier qui ne serait demeuré pourvu que d'un talent médiocre, peut devenir habile s'il sait profiter de son temps et de l'avantage que lui procurent la différence et la variété qui existent dans l'architecture, la qualité, l'abondance ou la rareté des différents métaux ou produits, la manière de tracer ou d'exécuter les travaux dans divers ateliers. Enfin, l'homme qui a fait son tour de France et qui en a profité, peut raisonner juste sur plusieurs choses qui intéressent également l'artisan et le citoyen. »

« Le tour de France, dit George Sand, c'est la phase poétique, c'est le pèlerinage aventureux, la chevalerie errante de l'artisan. Celui qui ne possède ni maison, ni patrimoine, s'en va par les chemins chercher une patrie sous l'égide d'une famille adoptive, qui ne l'abandonne ni durant la vie, ni après la mort. Celui même qui aspire à une position honorable et sûre dans son pays, veut tout au moins dépenser la vigueur de ses belles années et connaître les enivrements de la vie active. Il faudra qu'il revienne au bercail, et qu'il accepte la condition laborieuse et sédentaire de ses proches. Peut-être, dans tout le cours de cette future existence, ne retrouverait-il plus une année, une saison, une semaine de liberté. Eh bien! il faut qu'il en finisse avec cette vague inquiétude qui le sollicite. Il reprendra plus tard la lime et le marteau de ses pères. Mais il aura des souvenirs et des impressions, il aura vu le monde, il pourra dire à ses amis et à ses enfants combien la patrie est belle et grande, il aura fait son *tour de France*. »

Le tour de France n'est pas le tour de la France : le nord en est exclu, probablement à cause de l'exiguïté des salaires. Voici l'itinéraire du compagnon partant de Paris : Sens, Auxerre, Dijon, Châlons, Lyon, Vienne, Saint-Étienne, Valence, Avignon, Marseille, Toulon, Nîmes, Alais, Montpellier, Béziers, Carcassonne, Toulouse, Bordeaux, Agen, Saintes, La Rochelle, Rochefort, Nantes, Angers, Saumur, Tours, Blois et Orléans.

A l'origine, le compagnonnage ne s'était pas placé, comme les corporations des maîtres, sous la protection de l'Église. L'initiation se faisait dans des sortes de mystères où la religion n'avait pas de place, et où s'invoquait une tradition extrachrétienne. C'était comme une réminiscence d'associations secrètes antérieures au christianisme ou une imitation de ce qui se pratiquait chez les Templiers. Le clergé s'en émut surtout au dix-septième siècle. Les compagnons cordonniers et les tailleurs ayant été dénoncés, en 1645, à l'official de Paris, comme se livrant à des pratiques impies, la faculté de théologie défendit, par sentence du 30 mai 1648, les assemblées pernicieuses de compagnons, sous peine d'excommunication majeure. Plusieurs évèques publièrent des mandements contre l'institution du compagnonnage ; les confesseurs eurent ordre d'engager leurs pénitents qui étaient compagnons à faire un aveu public de leurs mystères et à renoncer aux formules qui s'y trouvaient mêlées. Quelques compagnons firent des déclarations analogues, et le corps des cordonniers fit une abjuration solennelle, dans laquelle il s'engageait « à n'user jamais à l'avenir de cérémonies semblables, comme étant impies, pleines de sacriléges, et injurieuses à Dieu, contraires aux bonnes mœurs, scandaleuses à la religion et contre la justice. » L'exemple des cordonniers fut suivi par les selliers, les chapeliers, les tailleurs et une partie des charbonniers. Les autres métiers, c'est-à-dire la plus grande partie des compagnons, au lieu de se joindre à eux, les accusèrent hautement, au contraire, d'apostasie.

L'autorité temporelle prit d'ailleurs une part peu active à la poursuite du compagnonnage. Cependant des arrêts du parlement de Bretagne l'interdirent à l'occasion de rixes sanglantes entre différents devoirs. Il y eut quelques arrêts semblables, motivés sur les mêmes circonstances, de la part du parlement de Paris. Mais l'autorité ne tint pas sévèrement la main à l'exécution de ces défenses, sans doute parce que si les chemins étaient devenus plus sûrs, l'oppression des corporations de maîtres était devenue plus grande, et il lui fallait un contre-poids dans l'organisation ouvrière en compagnonnage.

L'abolition des jurandes et maîtrises porta un coup fatal au compagnonnage, qui se réorganisa sous le consulat. Les promenades avec cannes et rubans reparurent, et les querelles recommencèrent. L'autorité impériale ordonna à la fin de prendre des mesures contre le compagnonnage. Celui-ci se montra avec plus d'éclat sous la Restauration, et il en résulta de nouvelles rixes.

Depuis des siècles, en effet, il existait une grande rivalité entre les divers devoirs du compagnonnage. Les devoirs se livraient parfois des combats sanglants. Les gavots célébraient par des chansons la victoire qu'ils remportèrent dans la plaine de la Crau, en 1780, contre les compagnons de Jacques et de Soubise. Bon nombre de refrains rappellent des hauts faits du même genre dans tous les devoirs. Le 25 mai 1801, une rixe eut lieu à Nantes, et un compagnon y fut dangereusement blessé. D'autres attroupements eurent lieu dans la même ville en 1802, 1803 et 1804. Des faits analogues se produisirent dans d'autres villes. En 1818, une affaire très-sérieuse eut lieu entre Vergèze et Muze, en Languedoc. En 1825, un forgeron fut tué à Nantes. En 1833, 1836, 1837, 1840, 1841 et 1844, des assassinats de compagnons ensanglantèrent Marseille, Lyon, Uzès, Grenoble et Paris. Ces batailles arrivent presque toujours à la suite d'une *fausse conduite*. En apprenant qu'il doit se faire une conduite en règle, des compagnons, ennemis de ceux qui y prennent part, imaginent un faux partant et, se rangeant en colonne pour lui faire une fausse conduite, vont au-devant de la véritable conduite qui revient. On *tope* alors, et on se livre bataille.

Quand deux sociétés rivales ont établi leurs devoirs dans une même ville, il est rare qu'elles y puissent vivre en paix. Des injures on en vient aux coups, et, après des batailles inutiles, on *joue* parfois la ville. Pour cela, les deux sociétés se défient au travail. Chacune d'elles réunit ses meilleurs ouvriers et produit un chef-d'œuvre; puis un jury, composé d'hommes consciencieux, décide, sur le vu des deux compositions, laquelle des deux sociétés, ayant remporté le prix, conserve le privilége d'exploiter seule la ville. La sentence est sans appel. Au dix-huitième siècle, les compagnons étrangers tailleurs de pierres et les compagnons passants du même état jouèrent Lyon pour cent ans; le délai expiré, les vainqueurs ne permirent pas à leurs adversaires de paraître à Lyon, et il y eut de longues discussions et des combats à ce propos. Plusieurs compagnons furent condamnés. En 1808, les serruriers jouèrent Marseille.

Ces luttes, ces rivalités entre les différents devoirs émurent un compagnon. Les tribunaux punissaient bien les ouvriers qui s'égorgeaient sans raison, mais la police était impuissante pour les empêcher de se battre. M. Agricol Perdiguier, compagnon menuisier, dit *Avignonnais la Vertu*, eut la pensée de les rappeler à des sentiments plus fraternels, et essaya de reconcilier les devoirs entre eux, de faire cesser les coutumes barbares, les jalousies, les vanités, les batailles qui les déshonoraient. C'est dans ce but qu'il publia son livre *Du Compagnonnage*.

« Ayant examiné attentivement, dit-il, et n'ayant vu partout qu'indifférence profonde sur un sujet si important, j'ai cru qu'une mission à remplir était là, et, quoique pauvre et peu instruit, j'ai osé me l'attribuer; je ne m'en repens pas. Après un travail long et pénible, je vois mes efforts couronnés de quelques succès. Des yeux fermés à la lumière s'ouvrent insensiblement, des relations d'estime et d'amitié s'établissent entre les membres éclairés des sociétés trop longtemps ennemies. »

« Compagnons du tour de France ! s'écriait M. Agricol Perdiguier à la fin de son livre, travailleurs laborieux, gravez dans votre cœur des paroles sorties du cœur de l'un de vos frères, l'union que je demande, puissiez-vous la réaliser ! Elle sera le prélude d'un changement profond dans l'esprit, dans les mœurs, dans la vie non-seulement d'une classe d'individus, mais dans la vie d'un grand peuple ! Unissez-vous, personne ne peut calculer la portée du bien que vous pourrez faire, et ce bien s'étendra sur toute l'humanité. »

« O mes camarades ! disait le même homme dans une réunion d'ouvriers ; nous vivons dans un siècle avancé, sachons le comprendre. Nous sommes pauvres, nous sommes ouvriers, mais nous sommes hommes. Pénétrons-nous de cette grande idée et relevons notre moral et notre condition. Considérez que nous ne sommes pas d'une substance moins délicate, moins pure que les riches ; que notre esprit, que notre sang, que notre conformation n'ont rien de différent de ce qu'on voit en eux ; que le progrès étant dans les lois de la nature, nous devons nous dépouiller de nos erreurs. Oui, sortons des ténèbres qui nous environnent, développons notre intelligence, acquérons des talents, des vertus, travaillons à nous éclairer, à nous rendre bons, et répandons sur nos camarades les connaissances, les vérités que nous aurons acquises ; invoquons la justice, l'amour, la fraternité. Nous sommes enfants d'un père commun, nous devons vivre tous en frères ; la liberté, l'égalité, la fraternité doivent se combiner et régner de concert dans la grande famille humaine. »

Plusieurs de nos grands écrivains encouragèrent les efforts de l'Avignonnais la Vertu. George Sand écrivit, pour l'appuyer, *le Compagnon du tour de France*, et les idées de fraternité firent quelques progrès dans les divers corps du compagnonnage. Au mois d'avril 1848, les huit ou dix mille compagnons de tous les devoirs, de tous les états, réunis à Paris, réconciliés par un serment solennel, voulurent rendre toute la ville témoin de ce grand acte. Assemblés dès dix heures du matin à la place des Vosges, tous en habits de fête, et portant les riches insignes de leurs devoirs à leurs boutonnières, ils s'organisèrent en colonnes, sans distinction, pêle-mêle, se donnant le bras ou se serrant la main, et se rendirent à l'Hôtel de Ville par les boulevards et les quais pour offrir l'hommage de leur dévouement au gouvernement provisoire. A leur arrivée à l'Hôtel de Ville, leurs délégués furent reçus par MM. Buchez et Pagnerre. Ce dernier leur dit: « Une chose que nous devons constater à l'honneur de la république, c'est la réunion de tous les compagnons du devoir. Vous avez compris que vous ne deviez plus former des familles séparées; que vous étiez tous membres d'une même famille, de la famille des travailleurs, et avant tout de la grande famille nationale. »

Suivant M. Léon Say, « le compagnonnage n'a plus sa raison d'être. Ses pratiques secrètes et mystérieuses pouvaient être nécessaires à une époque de moins grande sécurité; elles ne peuvent servir aujourd'hui qu'à cacher des projets plus ou moins dangereux. Le compagnonnage doit donc se transformer et se confondre dans les nouvelles sociétés de secours mutuels. »

M. Simon serait disposé à accorder quelque avenir au compagnonnage, moyennant certaines modifications. M. Michel Chevalier est persuadé que cette institution n'a plus rien à faire en ce monde. « Ce qu'il offre de plus saillant, dit-il, ce sont des promenades plus ou moins dispendieuses qui sont des occasions de parties de plaisir, quelquefois d'orgies, et de temps en temps de rixes que caractérise la plus odieuse barbarie. »

« En soi, dit encore M. Michel Chevalier, l'idée du compagnonnage, alors que l'institution se fondait, méritait de réussir. En effet, les membres des associations de compagnons, poussés par le désir de se perfectionner dans leur art, ou par la nécessité de chercher du travail au dehors, quand ils en manquaient dans leur résidence accoutumée, avaient besoin alors, infiniment plus qu'aujourd'hui, de parcourir le pays. Dans leurs pérégrinations, ils étaient incessamment exposés à être dévalisés ou maltraités sur les routes, et une fois arrivés dans une ville, ils ne savaient à qui parler. Lors même qu'ils restaient chez eux, ils étaient opprimés souvent ou pouvaient l'être par le régime despotique des maîtrises. Ils durent donc adopter avec empressement une organisation qui leur faisait rencontrer dans chaque ville où ils passaient des amis empressés à leur indiquer du travail autant qu'il y en avait, à les protéger contre tous mauvais traitements autant que possible, et avec lesquels ils voyageaient de conserve, quand ils s'en allaient plus loin. Puis c'était pour eux une bonne fortune de trouver partout une hôtelière désignée sous le nom touchant de mère, chez laquelle, à leur arrivée, ils étaient logés et nourris avec des soins particuliers, qui leur faisait quelque crédit, et à laquelle les maîtres qui avaient besoin d'ouvriers le faisaient régulièrement savoir. »

M. Michel Chevalier accuse aussi le compagnonnage de donner de grandes forces aux coalitions d'ouvriers, « à ces coalitions menaçantes, organisées dans un esprit de tyrannie, où l'on ne se borne pas à une abstention de travail, mais où l'on se porte aux plus coupables violences contre la liberté et la personne de l'ouvrier paisible et rangé qui, pour gagner le pain de sa famille, voudrait continuer à travailler après que les meneurs ont prononcé l'interdit. Par là, le compagnonnage est un instrument de désordre public et de discorde civile. Il tend à perpétuer la guerre entre les diverses classes de la société et la division de l'État en plusieurs sortes de nations. En cela, il est au rebours du principe, fondamental désormais, de l'organisation sociale, qui est l'unité nationale à tous les points de vue possibles, et la solidarité des intérêts. Sous l'ancien régime, le compagnonnage n'était pas la cause de l'antagonisme des intérêts, il en était la conséquence. L'antagonisme résultait nécessairement de ce que les corporations d'arts et métiers, avec leurs maîtrises en nombre limité, partageaient en deux camps le personnel de l'industrie. De nos jours, le compagnonnage cesserait d'être l'effet, il serait la cause, et, comme le montrent des rixes affreuses, il n'a pas même le mérite d'unir les ouvriers entre eux. »

M. Michel Chevalier soutient en outre que, comme sociétés de secours mutuels, le compagnonnage est inférieur aux sociétés qui supposent et réclament le concours de toutes les parties de la société, et qu'il est inutile comme moyen de procurer du travail à l'ouvrier à son arrivée dans les villes, où il est facile maintenant de se renseigner sur le besoin de travailleurs, l'ouvrier ayant avec lui un bon répondant, son livret. Ceux qui regrettent l'organisation des travailleurs par catégories d'états contesteront nécessairement ces assertions.

LIBERTÉ DU TRAVAIL

Aux états généraux tenus à Paris en 1614, le tiers état osa demander la liberté de l'industrie. On lisait, en effet, dans ses cahiers :

« Toutes maîtrises de métiers érigées depuis les états tenus en la ville de Blois en l'an 1516, soient éteintes sans que par-ci-après elles puissent être remises, ni aucunes autres de nouvel établies; et soit l'exercice desdits métiers laissé libre à vos pauvres sujets, sous visitation de leurs ouvrages et marchandises par experts et prud'hommes, qui à ce seront commis par les juges de la police.

» Tous édits d'arts et métiers, ensemble toutes lettres de maîtrise ci-devant accordées en faveur d'entrées, mariages, naissances, régences des rois et reines, leurs enfants ou d'autres causes quelles qu'elles soient, soient révoqués, sans qu'à l'avenir il soit octroyé aucunes telles lettres de maîtrise, ni fait aucun édit pour lever deniers sur artisans, pour raison de leurs arts ou métiers, et où aucunes lettres de maîtrise seront faites et considérées au contraire, soit enjoint à vos juges n'y avoir aucun égard.

» Que les marchands et artisans, soit de métier juré ou autres métiers, ne paient aucune chose pour leurs réceptions, lèvement de boutiques, ou autres, soit aux officiers de justice, soit aux maîtres jurés et visiteurs de métiers et marchandises, et ne fassent banquets ou dépenses quelconques, ni même pour droits de confrérie ou autrement, sous peine de concussion à l'encontre desdits officiers, et de cent livres d'amende contre chacun desdits jurés ou autres qui auront assisté auxdits banquets, pris salaires, droits de confrérie ou autres choses.

» Soit permis à tous marchands de faire trafic en la nouvelle France de Canada et par toute l'étendue du pays, en quelques degrés et situation que ce soit, et en tous autres lieux, tant dedans que dehors votre royaume, de toutes sortes de denrées et marchandises; et à tous artisans et autres d'ouvrir et de faire ouvrir toutes sortes de manufactures, nonobstant tous priviléges concédés à aucuns, ou partis faits sur le trafic et les manufactures de castors, aluns, tapisseries, eaux-de-vie, vinaigre, moutarde, et autres quelconques, qui seront cassés; et toutes interdictions ci-devant faites à vos sujets, de trafiquer de certaines marchandises et denrées, et de n'ouvrir quelques manufactures, seront entièrement levées, et la liberté du commerce, trafic et manufactures, remise en tous lieux et pour toutes choses. »

Parmi les choses propres à la ruine ou à l'affaiblissement des monarchies, Sully [1] comptait « les subsides outrés, les monopoles, principalement sur le blé; le négligement du commerce, du trafic, du labourage, des arts et métiers; le grand nombre des charges, les frais de ces offices; l'autorité excessive de ceux qui les exercent; l'oisiveté; l'attachement opiniâtre à des usages

1. *Économies royales*, liv. XIX.

indifférents ou abusifs ; la multiplicité des édits embarrassants et des règlements inutiles. »

« Quelle nécessité y a-t-il qu'un homme fasse apprentissage ? écrivait Colbert dans son *Testament politique* adressé au roi. Cela ne saurait être bon tout au plus que pour les ouvriers, afin qu'ils n'entreprennent point un métier qu'ils ne sauraient point ; mais pour les autres, pourquoi leur faire perdre leur temps ? Et pourquoi aussi empêcher que des gens qui en ont quelquefois plus appris dans les pays étrangers qu'il n'en faut pour s'établir ne le fassent pas, parce qu'il leur manque un brevet d'apprentissage ? Est-il juste, s'ils ont l'industrie de gagner leur vie, qu'on les en empêche sous le nom de Votre Majesté, elle qui est le père commun de ses sujets, et qui est obligée de les prendre en sa protection. Je crois donc que quand elle ferait une ordonnance par laquelle elle supprimerait tous les règlements faits jusqu'ici à cet égard, elle n'en ferait pas plus mal. Elle y trouverait même son compte, si elle voulait réduire cela, à l'avenir, à prendre des lettres pour lesquelles on lui payerait une somme modique ; car la quantité de ceux qui se présenteraient pour en avoir suppléerait au bon marché qu'elle leur ferait. Ses peuples, d'ailleurs, lui en auraient obligation, puisque ce qu'ils payeraient leur serait bien moins à charge que ce qu'on leur fait faire avant que de pouvoir tenir boutique. »

« Nous devons à tous nos sujets, disait le préambule de l'édit de mars 1776, de leur assurer la jouissance pleine et entière de leurs droits ; nous devons surtout cette protection à cette classe d'hommes qui, n'ayant de propriété que leur travail et leur industrie, ont d'autant plus le besoin et le droit d'employer dans toute leur étendue les seules ressources qu'ils aient pour subsister.

» Nous avons vu avec peine les atteintes multipliées qu'ont données à ce droit naturel et commun des institutions, anciennes à la vérité, mais que ni le temps, ni l'opinion, ni les actes mêmes émanés de l'autorité, qui semble les avoir consacrés, n'ont pu légitimer.

» Dans presque toutes les villes de notre royaume, l'exercice de différents arts et métiers est concentré dans les mains d'un petit nombre de maîtres réunis en communautés, qui peuvent seuls, à l'exclusion de tous les autres citoyens, fabriquer ou vendre les objets de commerce particulier dont ils ont le privilége exclusif; en sorte que ceux de nos sujets qui, par goût ou par nécessité, se destinent à l'exercice des arts et métiers, ne peuvent y parvenir qu'en acquérant la maîtrise, à laquelle ils ne sont reçus qu'après des épreuves aussi longues et aussi nuisibles que superflues, et après avoir satisfait à des droits ou à des exactions multipliées, par lesquels une partie des fonds dont ils auroient eu besoin pour monter leur commerce ou leur atelier, ou même pour subsister, se trouve consommée en pure perte.

» Ceux dont la fortune ne peut suffire à ces pertes sont réduits à n'avoir qu'une subsistance précaire sous l'empire des maîtres, à languir dans l'indigence ou à porter hors de leur patrie une industrie qu'ils auroient pu rendre utile à l'État.

» Toutes les classes de citoyens sont privées du droit de choisir les ouvriers qu'ils voudroient employer et des avantages que leur donnerait la concurrence par le bas prix et la perfection du travail. On ne peut souvent exécuter l'ouvrage le plus simple sans recourir à plusieurs ouvriers de communautés différentes, sans essuyer les lenteurs, les infidélités, les exactions que nécessitent ou favorisent les prétentions de ces différentes communautés, et les caprices de leur régime arbitraire et intéressé.

» Ainsi les effets de ces établissements sont, à l'égard de l'État, une diminution inappréciable de commerce et de travaux industrieux; à l'égard d'une nombreuse partie de nos sujets, une perte de salaires et de moyens de subsistance; à l'égard des habitants des villes en général, l'asservissement à des priviléges exclusifs dont l'effet est absolument analogue à celui d'un monopole effectif : monopole dont ceux qui l'exercent contre le public, en travaillant et en vendant, sont eux-mêmes les victimes dans tous les moments où ils ont à leur tour besoin des marchandises ou du travail d'une autre communauté.

» La source du mal est dans la faculté même accordée aux artisans d'un même métier de s'assembler et de se réunir en un corps...

» Il paroît que lorsque les villes commencèrent à s'affranchir de la servitude féodale et à se former en communes, la facilité de classer les citoyens par le moyen de leur profession introduisit un usage inconnu jusqu'alors. Les différentes professions devinrent ainsi comme autant de communautés particulières dont la communauté générale était composée. Les confréries religieuses, en resserrant encore les liens qui unissaient entre elles les personnes d'une même profession, leur donnèrent des occasions plus fréquentes de s'assembler et de s'occuper, dans ces assemblées, de l'intérêt commun des membres de la société particulière, qu'elles poursuivirent avec une activité continue, au préjudice des intérêts de la société générale.

» Les communautés, une fois formées, rédigèrent des statuts, et sous différents prétextes du bien public, les firent autoriser par la police. La base de ces statuts est d'abord d'exclure du droit d'exercer le métier quiconque n'est pas membre de la communauté; leur esprit général est de restreindre, le plus qu'il est possible, le nombre des maîtres, de rendre l'acquisition de la maîtrise d'une difficulté presque insurmontable pour tout autre que pour les enfants des maîtres actuels. C'est à ce but que sont dirigées la multiplicité des frais et des formalités de réception, les difficultés du chef-d'œuvre, toujours jugé arbitrairement, surtout la cherté et la longueur inutile des apprentissages, et la servitude prolongée du compagnonnage; institutions qui ont encore l'objet de faire jouir les maîtres gratuitement pendant plusieurs années du travail des aspirants.

» Les communautés s'occupèrent surtout d'écarter de leur territoire les marchandises et les ouvrages des forains; elles s'appuyèrent sur le prétendu avantage de bannir du commerce des marchandises qu'elles supposaient être mal fabriquées. Ce motif les conduisit à demander pour elles-mêmes des règlements d'un nouveau genre, tendant à prescrire la qualité des matières premières, leur emploi et leur fabrication. Ces règlements, dont l'exécution fut confiée aux officiers des communautés, donnèrent à ceux-ci une autorité qui devint un moyen non-seulement d'écarter encore plus sûrement les forains, sous prétexte de contravention, mais encore d'assujettir les maîtres mêmes de la communauté à l'empire des chefs, et de les forcer, par la crainte d'être poursuivis pour des contraventions supposées, à ne jamais séparer leur intérêt de celui de l'association, et par conséquent à se rendre complices de toutes les manœuvres inspirées par l'esprit de monopole aux principaux membres de la communauté.

» Parmi les dispositions déraisonnables et diversifiées à l'infini de ces statuts, mais toujours dictées par le plus grand intérêt des maîtres de chaque communauté, il en est qui excluent entièrement tous autres que les fils de maîtres, ou ceux qui épousent des veuves de maîtres; d'autres rejettent tous ceux qu'ils appellent étrangers, c'est-à-dire ceux qui sont nés dans une autre ville. Dans un grand nombre de communautés, il suffit d'être marié pour être exclu de l'apprentissage et par conséquent de la maîtrise. L'esprit de monopole qui a présidé à la confection de ces statuts a été poussé jusqu'à exclure les femmes des métiers les plus convenables à leur sexe, tel que la broderie, qu'elles ne peuvent exercer pour leur propre compte.

» Nous ne suivrons pas plus loin l'énumération des dispositions bizarres, tyranniques, contraires à l'humanité et aux bonnes mœurs, dont sont remplis ces espèces de codes obscurs rédigés par l'avidité, adoptés sans examen, dans des temps d'ignorance, et auxquels il n'a manqué, pour être l'objet de l'indignation publique, que d'être connus.

» C'est sans doute l'appât des moyens de finance qui a prolongé l'illusion sur le préjudice immense que l'existence des communautés cause à l'industrie et sur l'atteinte qu'elle porte au droit de travail. Cette illusion a été portée chez quelques personnes jusqu'au point d'avancer que le *droit de travailler* étoit un *droit royal* que le prince pouvoit vendre, et que les sujets devaient acheter.

» Nous nous hâtons de rejeter une pareille maxime.

» Dieu, en donnant à l'homme des besoins, en lui rendant nécessaire la ressource du travail, a fait du droit de travailler la propriété de tout homme, et cette propriété est la première, la plus sacrée et la plus imprescriptible de toutes.

» Nous regardons comme un des premiers devoirs de notre justice et comme un des actes les plus dignes de notre bienfaisance d'affranchir nos sujets de toutes les atteintes portées à ce droit inaliénable de l'humanité : nous voulons, en conséquence, abroger ces institutions arbitraires, qui ne permettent pas à l'indigent de vivre de son travail, qui repoussent un sexe à qui sa faiblesse a donné plus de besoins et moins de ressources, et semblent, en le condamnant à une misère inévitable, seconder la séduction et la débauche; qui éloignent l'émulation et l'industrie, et rendent inutiles les talents de ceux que les circonstances excluent de l'entrée d'une communauté; qui privent l'État et les arts de toutes les lumières que les étrangers y apporteraient; qui retardent le progrès des arts par les difficultés multipliées que rencontrent les inventeurs auxquels les différentes communautés disputent le droit d'exécuter les découvertes qu'elles n'ont point faites ; qui, par les frais immenses que les artisans sont obligés de payer pour acquérir la faculté de travailler, par les exactions de toute espèce qu'ils essuient, par les saisies multipliées pour de prétendues contraventions, par les dépenses et les dissipations de tous genres, par les procès interminables qu'occasionnent entre toutes ces communautés leurs prétentions respectives sur l'étendue de leurs priviléges exclusifs, surchargent l'industrie d'un impôt énorme, onéreux aux sujets, sans fruit pour l'État; qui enfin, par la facilité qu'elles donnent aux membres des communautés de se liguer entre eux, de forcer les membres les plus pauvres à subir la loi des riches, deviennent un instrument de monopole, et favorisent des manœuvres dont l'effet est de hausser, au-dessus de leur proportion naturelle, les denrées les plus nécessaires à la subsistance du peuple.

» Nous ne serons point arrêtés dans cet acte de justice par la crainte qu'une foule d'artisans n'usent de la liberté rendue à tous pour exercer des métiers qu'ils ignorent, et que le public ne soit inondé d'ouvrages mal fabriqués; la liberté n'a point produit ces fâcheux effets dans les lieux où elle est établie depuis longtemps. Les ouvriers des faubourgs et des autres lieux privilégiés ne travaillent pas moins bien que ceux de l'intérieur de Paris. Tout le monde sait, d'ailleurs, combien la police des jurandes, quant à ce qui concerne la perfection des ouvrages, est illusoire, et que tous les membres des communautés étant portés par l'esprit de corps à se soutenir les uns les autres, un particulier qui se plaint se voit presque toujours condamné et se lasse de poursuivre de tribunaux en tribunaux une justice plus dispendieuse que l'objet de sa plainte. »

La loi du 2 mars 1791 établit la liberté de l'industrie en ces termes :

« ART. 2. Les offices de perruquiers, barbiers, baigneurs étuvistes, et tous autres offices pour l'inspection et les travaux des arts et du commerce; les brevets et lettres de maîtrise; les droits perçus pour la réception des maîtrises et jurandes, ceux du collège de pharmacie et tous privilèges de profession, sous quelque dénomination que ce soit, sont supprimés.

» ART. 7. Il sera libre à toute personne de faire tel négoce, ou d'exercer telle profession, art ou métier qu'elle trouvera bon; mais elle sera tenue de se pourvoir d'une patente, d'en acquitter le prix, et de se conformer aux règlements de police qui sont ou pourront être faits. »

Sous le règne de Napoléon Ier, plusieurs industries furent ramenées à l'état de corporations par la limitation des établissements autorisés, comme les imprimeries, les boucheries, les librairies, etc. La boucherie est redevenue libre à Paris sous le règne de Napoléon III, mais le nombre des boulangers a été limité dans le département de la Seine depuis l'organisation de la Caisse de la boulangerie. Chacun peut aspirer, il est vrai, à exercer ces industries, sans qu'il soit besoin de donner aucune preuve de capacité, à la seule condition d'être présenté par celui qu'on doit remplacer, c'est-à-dire d'acheter son fonds, et agréé par l'administration.

La liberté de l'industrie ayant amené souvent une concurrence effrénée entre les industriels, certains esprits revinrent aux idées d'association et de corporations. Des syndicats se sont en effet formés; des caisses, des comptoirs, l'organisation des prud'hommes ont rétabli quelques liens entre les divers membres de quelques industries; mais jusqu'ici, à peu d'exceptions près, chacun est libre de se livrer à l'industrie qui lui plaît.

Adam Smith a plus que personne envisagé la liberté indéfinie, dans toutes les branches de l'industrie et du commerce, comme le grand principe de l'économie politique moderne. Ainsi il blâmait la France d'avoir, de son temps, apporté des restrictions aux progrès de la plantation des vignes, et regardait cette précaution comme déplacée, parce que les champs et les vignes se seraient tenus naturellement en équilibre et dans une juste proportion. « Oui, certainement, répond Herrenschwand, si les champs et les vignes de la France n'avoient été destinés qu'à sa seule consommation; ni les champs n'auroient alors pu primer les vignes, ni les vignes primer les champs; mais cette parfaite égalité entre les champs et les vignes cesse absolument au moment où le commerce extérieur entre en ligne de compte. Les vignes de la France ont toute l'Europe pour marché, parce que la France ne peut être rivalisée par aucune nation de l'Europe pour ses vins et ses eaux-de-vie; ses champs, au contraire, n'ont qu'une partie de l'Europe pour marché, parce qu'il n'y a

qu'une partie de l'Europe qui manque de grains; et dans ce
marché borné, la part de la France est encore limitée par celles
de toutes les nations qu'elle a pour rivales dans cette branche
de commerce; auroit-il été possible que dans cet état de choses
les champs eussent pu lutter contre un ennemi aussi redou-
table que les vignes et se conserver avec lui dans l'égalité sous
des circonstances aussi défavorables? Ne pouvoit-il pas devenir
de l'intérêt des propriétaires des terres de la France de planter
une trop grande proportion de ce royaume en vignes et de le
réduire par conséquent à l'état précaire de vivre sur une subsistance étrangère? Le particulier voit-il autre chose dans ses spéculations de commerce que les conséquences qu'elles peuvent
avoir pour lui, et songe-t-il un seul instant aux conséquences
quelles peuvent avoir pour la nation, et n'est-il pas de toute
évidence que les individus d'une nation peuvent trouver le plus
grand avantage à entreprendre et à poursuivre avec ardeur des
branches de commerce fatales à la nation?

» Peu gouverner en matière d'industrie et de commerce, et
laisser les choses suivre leur pente naturelle, est une maxime
qu'un auteur français, et après lui l'homme célèbre qui a eu
une si grande part à la révolution de l'Amérique, auraient
voulu introduire dans l'économie politique moderne; mais ne
pouvoient-ils pas, avec autant de fondement, dire : Peu de
boussole en mer et laisser aller le vaisseau au gré des vents?
Ceux qui publient des ouvrages sur l'économie politique devroient se pénétrer de toute l'importance de la tâche qu'ils entreprennent et ne jamais perdre de vue que les doctrines qu'ils
cherchent à répandre, peuvent tôt ou tard arriver à des hommes
d'État destitués de lumières propres et devenir pour eux, si
elles ne sont pas certaines, des guides infidèles dans la conduite
des peuples, ou, ce qui est la même chose, ils ne devroient
jamais perdre de vue que des millions de leurs semblables
peuvent devenir les victimes de leurs erreurs. »

L'école saint-simonienne semble surtout regretter l'institution des corporations : « Avant la grande révolution politique du dernier siècle, dit la *Doctrine de Saint-Simon*, des dispositions législatives avaient pour objet d'établir l'ordre dans les faits industriels : il existait alors une institution qui répondait au besoin d'union, d'association, autant que le permettait l'état de la société; nous voulons parler des *corporations*. Dans ce système, l'admission de chaque nouvel entrepreneur de travaux supposait que deux conditions importantes avaient été préalablement remplies; savoir : que sa capacité avait été reconnue par des juges compétents, et que des juges également compétents avaient constaté le besoin d'un nouvel emploi de bras et de capitaux dans la branche d'industrie à laquelle il se destinait. Sans contredit, cette organisation était défectueuse sur bien des points; bornée à d'étroites localités, elle était nécessairement insuffisante pour régler l'ensemble du travail industriel; sous plusieurs rapports même elle était vicieuse; ce qui tient à ce que, n'ayant pas été conçue dans des vues purement industrielles, mais principalement comme système défensif contre l'institution militaire, en présence et sous le joug de laquelle l'industrie s'était élevée, elle portait l'empreinte de son origine. Ainsi elle favorisait la lutte de tendances égoïstes, de sentiments antisociaux; chaque corporation était à l'égard des autres corporations ce qu'un baron avait été pour un baron; la guerre existait entre elles et dans leur sein, comme elle avait eu lieu de comté à comté, de château à château; ces corporations développaient des sentiments antisociaux, puisqu'elles tendaient toutes à exploiter chaque branche d'industrie en *monopole*, à traiter le *consommateur* comme l'homme d'armes avait traité le *vilain*; or, toutes ces tendances égoïstes devaient se faire jour avec d'autant plus de force que la doctrine sociale (religieuse ou politique, spirituelle ou temporelle), n'ayant point alors embrassé, au moins d'une manière directe, dans ses prévisions et dans ses préceptes, l'industrie *pacifique*, la plupart des faits du système industriel devaient échapper à l'appréciation, et par conséquent à l'influence de l'autorité *morale*. De quelques vices que fût entachée cette institution, on ne saurait disconvenir cependant que, depuis la première organisation des communes, et pendant plusieurs siècles, elle rendit de grands services; mais elle prit dans la suite un autre caractère : la classe militaire ayant cessé de menacer directement les travailleurs et leurs propriétés, l'institution des corporations perdit toute sa valeur défensive. Dès ce moment les tendances anti-sociales se développèrent avec plus d'intensité dans son sein ; bientôt elle présenta plus d'inconvénients que d'avantages; elle devint un obstacle véritable aux progrès de l'industrie; elle disparut enfin, sans qu'une voix s'élevât pour la défendre. C'est avec raison, sans doute, que nous nous félicitons de ne plus voir les corporations, les jurandes et les maîtrises gouverner l'industrie; cependant cette conquête n'est réellement pas *positive* dans l'acception rigoureuse du mot. Une organisation mauvaise a été abolie, mais rien n'a été édifié à sa place. Tous les efforts des publicistes, des économistes semblent, depuis ce temps, n'avoir pour objet que de porter quelques derniers coups à un ennemi terrassé et déjà privé de vie. »

Pendant que les uns demandent au gouvernement des règlements et des protections pour le travail national, d'autres réclament seulement plus de liberté. « Il faut affranchir notre industrie de toutes les entraves intérieures qui la placent dans des conditions d'infériorité; aujourd'hui, nos grandes exploitations sont gênées par une foule de règlements restrictifs, » a écrit Napoléon III à son ministre d'État, en lui traçant au commencement de 1860 les réformes à effectuer. « Effectivement, ajoute M. de Morny [1], l'esprit de nos codes, de tous nos règlements, s'est principalement proposé pour but de prévenir les abus, et à force de poursuivre l'abus il est arrivé à gêner l'usage. C'est là la réforme la plus importante à obtenir. Il n'y a de

1. *Discours au Corps Législatif*, séance du 2 mars 1860.

vraie prospérité qu'avec une entière liberté civile, et si notre pays n'a jamais su se servir avec modération de la liberté politique, c'est qu'il n'avait pas commencé par jouir des bienfaits de la première. »

CONCURRENCE

« En économie politique, dit Ganilh, la concurrence est le régulateur des intérêts particuliers, la loi des valeurs et l'arbitre des transactions sociales. Ainsi les ouvriers se disputent l'ouvrage, ceux qui ont besoin de faire travailler se disputent les ouvriers, et leur concurrence fixe la valeur des salaires du travail. Même lutte des capitalistes pour l'emploi des capitaux et le taux de leurs profits; des producteurs et des consommateurs pour la valeur des consommations; il n'y a pas un seul acte de la vie économique, depuis la mise à l'œuvre de l'ouvrier jusqu'à la consommation des produits de son travail, qui ne doive à la concurrence sa justice, sa valeur et son prix.

» On a cependant mis en question les mérites de la concurrence; on a avancé que l'expérience a démontré ses fâcheux effets pour la population, et l'on a fait un appel aux gouvernements pour les engager à préserver la population de ses dangers. Mais n'impute-t-on pas à la concurrence des calamités qui lui sont étrangères, et qui, sans elle, seraient encore bien plus déplorables et plus désastreuses? Serait-ce en effet la fixation de la valeur du travail qu'il ne faudrait pas abandonner à la concurrence des ouvriers et de ceux qui veulent leur travail? Mais quel moyen aurait-on de fixer cette valeur sans la concurrence? S'il y a plus d'ouvriers que d'ouvrage, la concurrence baisse et doit baisser le salaire des ouvriers. Que fera-t-on pour empêcher cette baisse? Il n'y a que deux moyens légitimes et que la raison avoue. L'un est de diminuer le nombre des ouvriers; ce qui n'est ni sûr ni facile, même sous les gouvernements les plus absolus. L'autre est d'augmenter la de-

mande du travail; mais cette demande est toujours proportionnée à la quotité du capital du pays et à son état progressif
ou stationnaire; aucune puissance ne peut changer cet ordre
de choses ni porter la demande du travail au delà du taux que
lui assigne la concurrence. Élèverait-on la valeur du travail
au-dessus du taux fixé par la concurrence? En ce cas, il faudrait forcer à faire travailler ceux qui ne le veulent ou ne le
peuvent pas, et l'on ne serait pas encore sûr que cette oppression eût l'effet qu'on s'en serait promis. Taxerait-on la valeur
des produits du travail et l'élèverait-on au delà du taux que la
concurrence assigne aux salaires de l'ouvrier et aux profits du
capital? Mais tout ce qui excèderait la valeur assignée par la
concurrence serait un impôt sur le consommateur, une sorte de
taxe des pauvres qui accélérerait les progrès de la population
au grand dommage de la richesse et de l'état social. Aurait-on
moins de difficulté et plus de succès en refusant à la concurrence le droit de régler l'emploi et les profits des capitaux? Je
ne comprends pas comment on pourrait la remplacer ni comment on s'y prendrait pour forcer un capitaliste à porter son
capital dans un emploi plutôt que dans l'autre, et à se contenter de moindres profits que ceux qu'il pourrait en tirer s'il était
le maître du choix de leur emploi. L'établissement des corporations n'atteindrait pas ce but; et la facilité qu'ont à présent
les capitaux et les capitalistes d'émigrer des pays dans lesquels
ils sont opprimés pour se rendre dans les pays qui les protégent
et leur garantissent la liberté la plus illimitée, les mettrait à
couvert de toute oppression.

» Dans le système commercial sous lequel vivent les peuples
modernes, lorsque tous doivent leur fortune et leur puissance
au travail général, à la plus grande facilité de l'échange de
ses produits à leur libre circulation, au bon marché des consommations, on ne peut trouver que dans la concurrence de
l'ouvrage et de l'ouvrier, des capitalistes, des producteurs, des
commerçants et des consommateurs, le mobile, la règle et la

garantie de toutes les facultés, de tous les besoins et de toutes les ressources. »

« C'est la concurrence, dit Montesquieu, qui met un juste prix aux marchandises. »

« L'industrie, dit M. Marbeau, veut produire le plus et au meilleur marché possible; le commerçant veut vendre le plus et le mieux qu'il peut; le consommateur, au contraire, veut avoir les meilleurs produits au plus bas prix; qui conciliera ces trois intérêts? la concurrence. »

« Dans l'état avancé où se trouvent la science et l'industrie, celle-ci se présente, dit la *Doctrine de Saint-Simon*, comme devant être, sous le rapport technologique, une déduction de la première, une application directe de ses données à la production matérielle, et non pas une collection de procédés routiniers plus ou moins confirmés par l'expérience. Rien cependant n'est organisé pour la faire sortir des voies étroites où nous la voyons encore engagée, pour mettre ces *pratiques* industrielles à la hauteur des *théories* scientifiques; tout est livré ici aux chances incertaines des lumières individuelles. Des épreuves souvent longues, souvent préjudiciables, sont à peu près les uniques moyens employés par les industriels pour l'appréciation de leurs procédés; épreuves que chacun d'eux est obligé de renouveler, car, grâce à la concurrence, chacun d'eux est intéressé à couvrir de mystère, pour s'en conserver le monopole, les découvertes auxquelles il parvient. Lorsqu'un rapprochement s'opère entre la *théorie* et la *pratique*, c'est fortuitement, isolément, et toujours d'une manière incomplète.

» Sans doute, malgré ces entraves, des perfectionnements se sont fait jour; mais pourrait-on compter ce qu'ils ont coûté? Que d'efforts perdus, que de capitaux enfouis, et quelle douleur de penser que les fondateurs des plus beaux établissements en ont rarement recueilli les fruits! Dans l'industrie comme dans la science, nous ne trouvons que des efforts isolés; le seul sentiment qui domine toutes les pensées, c'est l'*égoïsme*. L'industriel se soucie peu des intérêts de la société. Sa famille, ses instruments de travail, et la fortune personnelle qu'il s'efforce d'atteindre, voilà son *humanité*, son *univers* et son *Dieu*. Dans ceux qui suivent la même carrière, il ne voit que des ennemis; il les attend, il les épie, et c'est à les ruiner qu'il fait consister son bonheur et sa gloire. En quelles mains, enfin, sont placés la plupart des ateliers et instruments d'industrie? Sont-ils livrés aux hommes qui pourraient en tirer le meilleur parti possible, dans l'intérêt de la société? Assurément non. Ils sont, en général, maniés par des gérants inhabiles, et l'on ne remarque pas jusqu'ici que leur *intérêt personnel* ait conduit ces gérants à apprendre ce qu'ils devraient savoir.

» Des inconvénients non moins graves se manifestent dans l'*organisation du travail*. L'industrie possède une *théorie*, et l'on pourrait croire que par elle, on voit comment la *production* et la *consommation* peuvent et doivent être harmonisées à tous les instants. Or, cette théorie elle-même est la principale source du désordre; les économistes semblent s'être posé le problème suivant : Étant donnés des chefs plus ignorants que les gouvernés; supposant en outre que, loin de favoriser l'essor de l'industrie, ces chefs voulussent l'entraver, et que leurs délégués fussent les ennemis-nés des producteurs, quelle est l'organisation industrielle qui convient à la société? *Laissez faire, laissez passer*, telle a été la solution nécessaire, tel a été le seul principe général qu'ils aient proclamé. On sait assez sous quelle influence cette maxime fut produite; elle porte sa date avec elle. Les économistes ont cru résoudre ainsi, d'un trait de plume, toutes les questions qui se rattachent à la *production* et à la *distribution* des richesses; ils ont confié a l'*intérêt personnel* la réalisation du grand précepte, sans songer que chaque individu, quelle que soit la pénétration de sa vue, ne saurait, dans le milieu qu'il habite, et du fond des vallées, juger l'ensemble que l'on ne peut découvrir qu'au sommet le plus élevé. Nous sommes les témoins des désastres qui ont été déjà la suite de ce *principe de circonstance*, et s'il fallait citer des exemples éclatants, ils viendraient en foule témoigner de l'impuissance d'une théorie destinée à féconder l'industrie. Aujourd'hui, s'il règne quelques priviléges exclusifs, quelques monopoles, la plupart n'ont d'existence que dans les dispositions législatives. La liberté de fait est grande, et la maxime des économistes est appliquée généralement en France. Eh bien, quel est le tableau que nous avons sous les yeux? Chaque industriel, privé de guide, sans autre boussole que ses observations *personnelles* toujours incomplètes, quelque étendues que soient ses relations, cherche à s'instruire des besoins de la consommation. Le bruit vient-il à circuler qu'une branche de production présente de belles chances, tous les efforts, tous les capitaux se dirigent vers elle, chacun se précipite en aveugle, on ne prend pas le temps de s'inquiéter des débouchés. Les économistes applaudissent à la vue de cette route encombrée, parce qu'au grand nombre des jouteurs ils reconnaissent que le principe de la *concurrence* va être largement appliqué. Hélas! que résulte-t-il de cette lutte à mort? quelques heureux triomphateurs; mais c'est au prix de la ruine complète d'innombrables victimes.

» La conséquence nécessaire de cette production outrée dans certaines directions, de ces efforts incohérents, c'est que l'équilibre entre la production et la consommation est à chaque instant troublé. De là ces catastrophes sans nombre, ces crises commerciales qui viennent épouvanter les spéculateurs et arrêter l'exécution des meilleurs projets. On voit se ruiner des hommes probes et laborieux, et la morale est blessée de pareils exemples; car ils poussent à conclure qu'apparemment, pour réussir, il faut quelque chose de plus que la probité et le travail; on devient *fin, adroit, rusé*, on ose même se glorifier d'être tout cela : ce pas une fois franchi, on est perdu.

» Ajoutons maintenant que le principe fondamental *laissez faire, laissez passer*, suppose l'*intérêt personnel* toujours en harmonie avec l'*intérêt général*, supposition que des faits sans nom-

bre viennent démentir. Pour choisir entre mille, n'est-il pas
évident que si la société voit son intérêt dans l'établissement
des machines à vapeur, l'ouvrier qui vit du travail de ses bras
ne peut pas joindre sa voix à celle de la société? La réponse
à cette objection est connue; on cite l'imprimerie, par exemple,
et l'on établit qu'elle occupe plus d'hommes aujourd'hui qu'il
n'y avait de copistes avant son invention; puis on tire la conséquence, et l'on dit : *Donc tout finit par se niveler*. Admirable
conclusion! Et jusqu'à l'achèvement complet de ce nivellement,
que ferons-nous de ces milliers d'hommes affamés? Nos rai-
sonnements les consoleront-ils? prendront-ils leur misère en
patience, parce que les calculs statistiques prouveront que,
dans un certain nombre d'années, ils auront du pain? Assurément la mécanique n'a rien à voir ici, elle doit enfanter tout ce
que son génie lui inspire; mais la prévoyance sociale doit faire
en sorte que les conquêtes de l'*industrie* ne soient pas comme
celles de la *guerre*; les chants funèbres ne doivent plus se mêler
aux chants d'allégresse. »

« Nous avons fait remarquer, disait encore la *Doctrine de Saint-
Simon*, que ces principes de liberté, de concurrence illimitée,
qui forment toujours le dogme des époques de transition, la
croyance des moments de crise de la vie sociale, n'ont qu'une
valeur *négative*; et que tant que le règne de ces principes se
prolonge, aucune vue d'ensemble ne préside à l'activité matérielle, que nulle balance, nulle proportion, nulle harmonie ne
peut exister entre les divers ordres de travaux, et qu'enfin ces
travaux sont aussi mal conçus et aussi mal exécutés qu'on peut
l'attendre d'une association où le choix des directeurs est livré
au hasard. Jetons les yeux sur la société qui nous entoure. Des
crises nombreuses, des catastrophes déplorables affligent chaque
jour l'industrie; quelques esprits commencent à en être frappés,
mais ils ne se rendent point compte de la cause d'un si grand
désordre; ils ne voient pas que ce désordre est le résultat de la
mise en pratique du principe de la *concurrence illimitée*.

» Qu'est-ce, en effet, que la concurrence réalisée, sinon une guerre meurtrière qui se perpétue, sous une forme nouvelle, d'individu à individu, de nation à nation ? Toutes les théories que ce dogme tend à développer sont nécessairement fondées sur des sentiments hostiles. Et cependant les hommes sont appelés, non à guerroyer éternellement, mais à vivre en paix; non à s'entre-nuire, mais à s'entr'aider. La concurrence enfin, en maintenant chaque effort industriel dans un état d'isolement, de lutte, à l'égard des autres, pervertit la morale individuelle aussi bien que la morale sociale. Du moment où chacun ne croit pouvoir augmenter ses chances de succès qu'en diminuant les chances de succès de ses concurrents, la fraude ne tarde point à s'offrir comme le moyen le plus efficace de soutenir la lutte, et les hommes consciencieux qui reculent devant l'emploi de ce moyen sont les premiers ordinairement qui en deviennent victimes. »

« Un des effets naturels à peu près inévitables de la concurrence, dit Babbage, est d'étendre la production au delà des limites fixées par les besoins de la consommation. Cet excès de la fabrication se reproduit le plus souvent d'une manière périodique, et les maîtres comme les ouvriers sont intéressés à en prévenir ou du moins à en prévoir le retour.

» Le dommage est moins grand toutefois dans les localités où il existe un grand nombre de petits capitalistes, où le maître travaille de ses propres mains en se faisant aider de sa famille ou de quelques journaliers seulement, et où la production enfin se compose d'une grande variété d'articles; car, sous l'empire de ces circonstances, il s'établit toujours une sorte de balancement qui amortit jusqu'à un certain point la dépréciation des salaires. Ce balancement s'opère par l'entremise des facteurs qui, possédant quelques capitaux, sont toujours disposés à acheter pour leur propre compte, quel que soit l'avilissement du cours, et spéculent ainsi sur l'espérance que les prix se relèveront. Dans les temps ordinaires, ces *facteurs* se réduisent au rôle de commissionnaires ou de courtiers, et forment des assortiments, d'après le cours du moment, pour le compte des acheteurs de l'intérieur ou de l'étranger. Ils ont de vastes magasins où ils entreposent ces assortiments, et où ils tiennent en réserve ce qu'ils ont acquis pour eux-mêmes pendant les périodes de dépression. Ils produisent ainsi, pour l'égalisation des prix, l'effet qu'une roue à régulateur produit dans une machine pour l'égalisation des mouvements.

» L'excès de la fabrication a des conséquences tout autres pour les grands établissements. Quand la surabondance a amené la chute du cours, il arrive ordinairement une de ces deux choses : ou bien le prix de la main-d'œuvre baisse, ou bien cette diminution du taux de la journée se combine avec une autre diminution, celle du nombre des heures de travail. Dans le premier cas, les quantités produites n'éprouvent aucun décroissement; dans le second, la production elle-même se trouvant restreinte, l'offre et la demande ne tardent pas à se balancer, et les prix reprennent leur premier niveau. De ces deux résultats le dernier est le moins mauvais, sans doute, pour les maîtres aussi bien que pour les ouvriers; mais, à moins que l'industrie ne soit concentrée dans un petit nombre de mains, il ne se réalise pas sans peine. Pour opérer en effet la réduction simultanée du prix de la journée et des heures de travail, il ne faut rien moins d'abord qu'une association entre les maîtres, puis une association entre les ouvriers; à moins, ce qui serait préférable pour tout le monde, qu'il n'y eût une commune entente entre les deux parties intéressées, et que l'on eût compris de part et d'autre que le danger étant le même, de mêmes moyens doivent être employés pour le conjurer. Or, les associations entre ouvriers sont toujours difficiles et se signalent par des violences contre ceux qui refusent de subir le joug de la majorité; et celles des maîtres n'ont de valeur qu'autant que tout le monde y a pris part, car il n'y aurait plus de concurrence possible avec le dissident qui trouverait le moyen d'obtenir plus de main-d'œuvre pour une même somme d'argent. »

Quand la production a été forcée et qu'il en est résulté une baisse notable, l'article se trouve à la portée d'une nouvelle classe de consommateurs en même temps que les consommateurs habituels en absorbent des quantités plus grandes. « Aussitôt qu'il voit ses bénéfices diminués par la chute du cours, dit Ch. Babbage, le manufacturier s'ingénie pour compenser cette diminution. Il se creuse l'imagination pour savoir dans quels pays nouveaux et par quelles voies plus économiques il pourra se procurer les matières premières. Il se demande chaque jour quelles nouvelles machines pourraient être inventées pour rendre les manipulations moins coûteuses. Il étudie toutes les parties de son administration intérieure pour voir quelle économie peut y être apportée. Or, si le succès vient à couronner ses efforts, il y aura profit pour tout le monde. Le pays y gagnera, en ce sens que la jouissance de l'article sera plus étendue et moins coûteuse ; le producteur réalisera de moindres bénéfices sur chaque opération, mais les opérations étant plus nombreuses, et les bénéfices plus souvent répétés, il n'aura rien perdu à la fin de l'année de ce qu'il gagnait antérieurement. Quant à l'ouvrier, le prix de la journée aura été ramené à son taux primitif par la multiplication des travaux ; et il sera bientôt prouvé, pour lui comme pour le maître, que plus le nombre des consommateurs est étendu, moins la demande est sujette à varier. »

« Le principe sur lequel repose la société d'aujourd'hui, disait M. Louis Blanc, le 8 avril 1848, au palais du Luxembourg, devant l'assemblée générale des délégués des travailleurs, c'est celui de l'isolement, de l'antagonisme, c'est la concurrence. Voyons un peu ce qu'un semblable principe peut porter dans ses flancs.

» La concurrence, c'est, je le dis tout d'abord, c'est l'enfantement perpétuel et progressif de la misère. Et en effet, au lieu d'associer les forces de manière à leur faire produire leur résultat le plus utile, la concurrence les met perpétuellement en état de lutte; elle les annihile réciproquement, elle les détruit les unes par les autres. De quoi se composent aujourd'hui les bénéfices de tout atelier? N'est-ce pas de la ruine de maint atelier rival? Quand une boutique prospère, n'est-ce point parce qu'elle est parvenue à arracher, comme une proie, l'achalandage des boutiques voisines? Que de fortunes uniquement formées de débris! Et de combien de larmes ne se compose pas souvent le bonheur de ceux qu'on appelle les heureux. Or, est-ce une société véritable que celle qui est constituée de telle sorte que la prospérité des uns corresponde fatalement aux souffrances des autres? Est-ce un principe d'ordre, de conservation, de richesse que celui qui fait de la société un amalgame désordonné de forces dont les unes ne triomphent que par l'incessante destruction des forces opposées?

» La concurrence est une cause d'appauvrissement général, parce qu'elle entraîne une déperdition de travail humain, immense et continue; parce que chaque jour, à chaque heure, sur chaque point du sol, elle révèle son empire par l'anéantissement de quelque industrie vaincue, c'est-à-dire par l'anéantissement des capitaux, des matières premières, du travail, du temps, employés par cette industrie. Eh bien! je n'hésite pas à affirmer que la masse de richesses ainsi dévorées est tellement considérable, que quiconque pourrait la mesurer d'un coup d'œil reculerait d'effroi.

» La concurrence est une cause d'appauvrissement général, parce qu'elle livre la liberté au gouvernement grossier du hasard. Est-il sous ce régime un seul producteur, un seul travailleur qui ne dépende pas d'un atelier lointain qui se ferme, d'une faillite qui éclate, d'une machine tout à coup découverte et mise au service exclusif d'un rival? Est-il un seul producteur, un seul travailleur à qui sa bonne conduite, sa prévoyance, sa sagesse soient de sûres garanties contre l'effet d'une crise industrielle? La concurrence force la production à se développer dans les ténèbres, à l'aventure, en vue de consommateurs hypothétiques et de marchés inconnus. De là un désordre inexprimable; de là impossibilité absolue d'établir entre la production et la consommation cet équilibre d'où sort la richesse. Aussi, que voyons-nous? A côté de telle industrie qui regorge de bras, telle autre en appelle vainement. A côté de tel marché qui reste désert, tel autre se montre déplorablement engorgé. C'est l'impuissance dans la confusion, c'est la pauvreté par le chaos. Et quelle sécurité possible dans un semblable régime? Quand j'aurai dit que la concurrence réduit l'industrie à n'être plus qu'une loterie meurtrière, osera-t-on me répondre comme les économistes anglais : *Tant pis pour celui qui tire un billet perdant!* Où l'anarchie est installée, tenez pour certain qu'il y a ruine, et que la ruine éclatera tôt ou tard...

» La concurrence est une cause d'appauvrissement général, parce qu'elle rend nécessaire une foule d'êtres parasites qui ne vivent que du désordre qu'elle crée. Si la société était fondée sur ce principe de fraternité qui, je le proclame bien haut, est la vraie source de la richesse, où serait la nécessité de tant de fonctions qui, aujourd'hui, ne consistent qu'à régler les débats, qu'à terminer les discussions, qu'à couper court aux querelles et aux haines engendrées par la séparation des intérêts? Imaginez des milliers d'hommes sans cesse occupés à reconstruire un mur que des milliers d'hommes sont sans cesse occupés à abattre : voilà l'image de l'activité sociale, telle que la concurrence la détermine.

» Épuisons cette démonstration. La concurrence est une cause d'appauvrissement général, parce que loin de tendre à universaliser l'application des découvertes du génie, elle les renferme dans le cercle du monopole, et souvent même les transforme en agents de destruction. Ainsi que, dans le régime de la concurrence, une machine soit inventée, profitera-t-elle à tous sans exception? Non, vous le savez bien. Ce sera une massue avec laquelle l'inventeur breveté écrasera ses compétiteurs et cassera les bras à des légions d'ouvriers. Supposez pour un moment que le génie de l'homme se soit élevé, dans la région des découvertes, à une telle hauteur, que tout le travail humain puisse être remplacé par l'action des machines; et voyons ce qui en résulterait dans le système d'association d'abord, puis dans le système actuel, la concurrence.

» Dans le premier de ces deux systèmes, qui par sa nature exclut tout privilége, tout monopole, tout brevet d'invention, et répartit entre tous la richesse, il est évident que la substitution générale des machines au travail humain n'aurait qu'un résultat, celui de permettre à tous les hommes le repos du corps, en remplaçant à leur profit le labeur manuel par la culture de l'intelligence, par le développement des hautes études, par la pratique de plus en plus perfectionnée de ce qui tient à l'imagination, aux arts, à la poésie. Dans le système de concurrence, au contraire, qui livre chacun à ses propres forces et dont l'étendard porte ces sauvages devises : *Au plus habile, au plus riche le succès ! Malheur aux vaincus !* Dans le système de la concurrence, qui fait de toute découverte la propriété *exclusive* d'un seul ou de quelques-uns, qu'arriverait-il si l'on parvenait à inventer assez de machines pour rendre tout le travail humain superflu? Ce qui arriverait? je frémis de le penser : les trois quarts de la population mourraient de faim.

» Les découvertes de la science sont trois fois saintes. Considérée en elle-même, l'invention d'une machine destinée à épargner aux hommes une fatigue est un incommensurable bienfait. D'où vient donc qu'aujourd'hui des milliers de travailleurs sont quelquefois réduits à la misère par l'application d'un procédé nouveau? Est-ce la faute de la science? est-ce la faute du génie? est-ce la faute des machines qui asservissent la nature à l'humanité? non : c'est la faute d'un régime si absurde, si vicieux, que le bien même ne peut s'y produire qu'accompagné d'un immense cortége de maux. En serait-il ainsi sous une loi d'universelle association? Concevez-vous que le génie pût jamais être pour un seul homme un sujet d'inquiétude, là où existerait dans toute sa splendeur la solidarité des intérêts? Le génie!... ah! sa grandeur consiste à se mettre au service de l'humanité tout entière: et lorsqu'il en est réduit à fournir au monopole, à la cupidité des armes de combat, c'est parce que sa mission est dénaturée...

» En vous expliquant pourquoi la concurrence était une cause d'appauvrissement général, je ne vous ai pas dit qu'elle provoquait entre les ouvriers une compétition qui les condamne à se disputer l'un à l'autre l'emploi; qui les réduit à se vendre au rabais pour obtenir la préférence; qui pèse par conséquent sur les salaires et resserre la consommation, en même temps qu'elle donne à la production une ardeur déréglée et dévorante. Que vous aurais-je appris à cet égard que vous ne sachiez, hélas! par la plus cruelle de toutes les expériences?

» Mais un trait essentiel manquerait à ce triste tableau, si j'oubliais d'ajouter qu'en créant la misère, la concurrence crée l'immoralité; car, qui oserait le nier? c'est la misère qui fait les voleurs; c'est la misère qui, en greffant le désespoir et la haine sur l'ignorance, fait la plupart des assassins; c'est la misère qui fait descendre tant de jeunes filles à vendre hideusement le doux nom d'amour. Qu'on lise les feuilles judiciaires, qu'on interroge le registre des écrous, qu'on fouille dans les archives de la prostitution, et qu'on réponde! Voilà donc la société introduisant au milieu d'elle, par le seul vice de sa constitution, la haine, la violence, l'envie; la voilà se plaçant elle-même dans cette alternative ou d'être opprimée par en haut, ou d'être incessamment troublée par les attaques d'en bas.

» On nous reproche d'attaquer la liberté en attaquant la concurrence. Ah! j'avoue qu'un tel reproche me remplit d'étonnement; car si nous ne voulons pas de la concurrence, c'est précisément parce que nous sommes les adorateurs de la liberté : oui, la liberté, *mais la liberté pour tous*, tel est le but à atteindre, tel est le but vers lequel il faut marcher. Voyons si le régime actuel y conduit.

» Que la liberté existe aujourd'hui et dans toute sa plénitude pour quiconque possède des capitaux, du crédit, de l'instruction, c'est-à-dire les divers moyens de développer sa nature, je suis loin de le nier; mais la liberté existe-t-elle pour ceux à qui manquent tous les moyens de développement, tous les instruments de travail? Quel est le résultat de la concurrence? n'est-ce pas de mettre les premiers aux prises avec les seconds, c'est-à-dire des hommes armés de pied en cap avec des hommes désarmés? La concurrence est un combat, qu'on ne l'oublie point; or, quand ce combat s'engage entre le riche et le pauvre, entre le fort et le faible, entre l'homme habile et l'ignorant, on ne craint pas de s'écrier : *Place à la liberté !* Mais cette liberté-là c'est celle de l'état sauvage. Quoi! le droit du plus fort, c'est ce qu'on ne rougit point d'appeler la liberté! Eh bien, je l'appelle, moi, l'esclavage. Et j'affirme que ceux d'entre nous qui, par suite d'une mauvaise organisation sociale, sont soumis à la tyrannie de la faim, à la tyrannie du froid, à la tyrannie invisible et muette des choses, sont plus réellement esclaves que nos frères des colonies, qui travaillent sous le fouet du commandeur, mais qui, du moins, sont assurés du lendemain.

» Lorsque chaque jour des malheureux, à qui une compétition désordonnée ferme les avenues du travail, viennent nous dire : *De grâce, du travail pour nous, du pain pour nos femmes et pour nos enfants !* et que nous n'avons rien à leur répondre... ces hommes sont-ils libres? L'étendard que Spartacus leva dans l'antiquité portait-il une devise plus profonde, plus poignante que celle des ouvriers lyonnais : *Vivre en travaillant !...* Je n'achève pas... Ceux qui l'adoptèrent, cette devise, étaient-ils libres?

» Disons-le bien haut : la liberté consiste non pas seulement

dans le *droit*, mais dans le *pouvoir* donné à chacun de développer ses facultés. D'où il suit que la société doit à chacun de
ses membres et l'instruction sans laquelle l'esprit humain ne
peut se développer, et les instruments de travail sans lesquels
l'activité humaine est d'avance étouffée ou tyranniquement ran-
çonnée.

» Il faut donc, pour que la liberté de tous soit bien établie,
assurée, que l'État intervienne. Or, quel moyen doit-il employer
pour établir, pour assurer la liberté? L'association... A tous,
par l'éducation commune, les moyens de développement intellectuel; à tous, par la réunion fraternelle des forces et des ressources, les instruments de travail! Voilà ce que produit l'association, et voilà ce qui constitue bien véritablement la liberté.

» Du reste, ce grand principe de l'association, nous ne l'invoquons pas seulement comme moyen d'arriver à l'abolition
du prolétariat, mais comme moyen d'accroître indéfiniment la
fortune publique, c'est-à-dire que nous l'invoquons pour les riches, pour les pauvres, pour tout le monde. Car autant la concurrence déploie de force pour tarir les sources de la richesse,
autant l'association en possède pour les multiplier, les agrandir. A l'association universelle, avec la solidarité de tous les
intérêts noués puissamment, plus d'efforts annulés, plus de
temps perdu, plus de capitaux égarés, plus d'établissements se
dévorant les uns les autres ou mourant du contre-coup de
quelque faillite lointaine et imprévue, plus de produits créés à
l'aventure, plus de machines nouvelles devenant des instruments de guerre, plus de travailleurs enfin cherchant au milieu
d'un désordre immense l'emploi qui les cherche eux-mêmes sans
les trouver. »

« La concurrence fait le bon marché, objecte M. Michel Chevalier; cette vérité-là court les rues en même temps qu'elle hante
les palais. Or, ces vérités qu'on trouve en tous lieux, au coin
de la borne et sous les lambris dorés, si les lambris dorés
existent encore, ce sont les bonnes. Le bon marché, qu'est-ce

sinon l'affranchissement matériel des classes peu aisées? Quand les prix de toutes choses seront assez réduits pour qu'un homme qui n'a d'autre ressource que le travail de ses mains et dont l'intelligence est vulgaire, mais qui, d'ailleurs, est actif, rangé, honnête, puisse en retour de son salaire se procurer en tout temps les objets nécessaires à son bien-être et à celui de sa petite famille, avoir une nourriture abondante et saine, un logement clos et chauffé en hiver, se donner les agréments de la propreté, et le dimanche, à sa compagne, celui d'une élégance élémentaire, alors une conquête immense sera accomplie. J'accorde que nous soyons loin du but; mais on m'accordera que nous nous en sommes rapprochés à un degré remarquable depuis la Révolution.

» En 1789, nos pères ont voulu attirer sur la France ces biens et beaucoup d'autres de l'ordre intellectuel et de l'ordre moral. Ils se tâtèrent, s'interrogèrent, et consultèrent l'expérience des siècles passés, demandèrent des avis aux sages des sociétés anciennes, s'inspirèrent de l'Évangile, même en le foulant aux pieds. Enfin, après un long examen de conscience, et après avoir longtemps regardé autour d'eux pour atteindre cet avenir heureux qu'ils souhaitaient à l'espèce humaine, et qu'un divin pressentiment leur disait possible, certain, et que cependant ils espéraient pour la postérité plus que pour eux-mêmes; pour arriver à l'égalité telle qu'ils l'entendaient, et qui, dans leur esprit, impliquait tous ces avantages, ils prirent la route de la liberté.

» Or, liberté, en industrie, signifie concurrence.

» Condamner absolument, systématiquement la concurrence, c'est donc réprouver les principes de 1789, c'est s'inscrire en faux contre la civilisation qui les a adoptés, c'est vouloir que notre patrie, se frappant la poitrine, demande pardon au genre humain de l'avoir induit en erreur, et se mette à rebrousser chemin, la honte au front, le désespoir dans l'âme.

» La concurrence a ses abus comme a eu les siens, politiquement et socialement, la liberté dont elle est la transfiguration industrielle. L'arène de la concurrence est marquée par des chutes, des catastrophes, et parsemée de ruines; elle a été bien souvent baignée de larmes. Que de fois l'avenir des familles y a été anéanti, que d'espérances légitimes y ont été renversées, combien d'épargnes amassées péniblement y ont été dévorées, combien d'hommes laborieux et loyaux y ont tout perdu, tout, jusqu'à l'honneur! Je ne le dissimule pas, et personne plus que moi ne le déplore. Mais la carrière de la liberté a été aussi couverte de décombres, des actes infâmes en ont souillé le sol sacré, des torrents de sang l'ont inondé!... Est-ce à dire qu'il faille maudire la liberté?

» Pourquoi donc rendre la concurrence responsable des mensonges, des méfaits, des violences qui se sont accomplis et s'accomplissent encore en son nom. Le principe de la concurrence sera longtemps encore, sinon toujours, la loi de l'industrie. Tout ce que les hommes de notre âge ont à faire, c'est dans l'application de l'empêcher d'aller jusqu'aux dernières conséquences. Il ne faut jamais se laisser conduire par la logique jusqu'aux déductions extrêmes d'un principe unique. Il faut balancer les principes exclusifs les uns par les autres. Ainsi, ne négligeons rien pour parer aux inconvénients de la concurrence; adoucissons, si dès à présent nous ne pouvons entièrement les guérir, les maux qu'elle cause. A cet effet, faisons pour la concurrence ou pour la liberté industrielle, ce que nous avons opéré avec succès pour la liberté politique : nous avons allié celle-ci à l'ordre. De même, en industrie, cessons de séparer l'idée de concurrence de celles d'association et de solidarité. De là ressortiront bientôt mille mesures fécondes et conservatrices; mais, supprimer la concurrence, jamais!

» Le genre humain n'a déjà pas tant de principes à son service. La civilisation ne change pas de principes comme un homme de chemises. Respectons donc ceux que nos pères ont eu tant de peine à faire prévaloir, et qui, après tout, étaient vieux comme le monde, comme l'éternelle justice. Sur la base qu'ils ont scellée de leur sang, tâchons que rien ne s'élève de contraire au sentiment généreux qui les animait, qui leur inspira tant de force, et qu'ils nous ont légué; mais n'essayons pas de bouleverser cette base. Ce serait une entreprise sacrilége, ce serait un attentat contre nous-mêmes, et nous y échouerions. Le principe de la liberté est comme ces blocs de rochers dont parle Homère, disant que les héros de la Grèce, assemblés devant Troie parvenaient à les soulever de leurs bras nerveux et à les lancer au loin, mais que les hommes les plus robustes des générations suivantes auraient tenté vainement de les remuer sur le sol. »

M. Louis Blanc répondit :

« M. Michel Chevalier vante la concurrence comme stimulant; mais de quelle nature est-il, ce stimulant? de quelle manière lui est-il donné d'influer sur l'activité humaine? La faim est un stimulant énergique : elle arme quelquefois les voleurs de grand chemin. La vengeance est un stimulant énergique : elle sollicite quelquefois au meurtre l'homme offensé. La cupidité est un stimulant énergique : elle enfante l'agiotage et ses scandales. Élèverons-nous des autels à la cupidité, à la vengeance et à la faim?

» Pour ce qui est du bon marché, créé, dit-on, par la concurrence, que représente-t-il? Des économies faites sur la main-d'œuvre ou résultant de l'emploi d'une machine nouvelle. Le bon marché ne donne donc aux consommateurs aisés que ce qu'il a enlevé aux producteurs pauvres. Le bon marché correspond toujours, sous l'empire de la concurrence qui en fait un moyen de lutte, ou à une diminution générale des salaires ou à l'exercice meurtrier d'un monopole; de sorte que ce qui est un progrès pour les uns, devient pour les autres un surcroît de misère. Et le bonheur des heureux ne se compose, hélas! à leur insu, que des douleurs croissantes du pauvre!

» La concurrence, il est vrai, ne tourne pas toujours contre l'ouvrier. Quand il arrive que les produits sont demandés avec empressement là où les travailleurs sont rares, les rôles se trouvent intervertis. C'est au maître à subir les conditions; l'ouvrier les dicte, et l'opprimé de la veille peut devenir l'oppresseur du lendemain.

» Ici, nous aurions à dire que de semblables circonstances ne se produisent que par exception; que les riches ont, pour échapper au despotisme du moment, des ressources qui manquent aux pauvres; que la loi elle-même punit les coalitions de maîtres beaucoup moins sévèrement que les coalitions d'ouvriers. Mais non : laisser l'objection subsister dans toute sa force nous plaît davantage, et nous avons hâte de nous en emparer. Que la tyrannie vienne d'en haut ou d'en bas, il nous importe peu : dans l'un et l'autre cas elle nous est odieuse. Défenseur et non point courtisan du peuple, nous ne voulons pas plus des désordres dont il serait exceptionnellement en état de profiter, que de ceux dont il a coutume de souffrir; et nous déclarerions doublement funeste tout système qui ne permettrait aux prolétaires, foulés aux pieds, d'autres réparations que la vengeance, et d'autres fêtes que les saturnales de l'industrie. »

SOCIALISME

Les douloureux effets des principes de la division du travail et de la concurrence poussés à leurs dernières limites ont été signalés depuis longtemps, et une nouvelle école d'économistes, connus sous le nom de *socialistes*, s'est appliquée à chercher les moyens de prévenir ou d'atténuer ces malheureux résultats par une meilleure organisation du travail, organisation qui tendrait à rendre le travail plus ou moins indépendant du capital.

Pour les communistes, la question n'existe pas; l'État possède tous les biens, le travail doit être fait en commun, et la distribution des fruits varie. Le difficile est de trouver le moyen d'empêcher la production de diminuer, de combattre la tendance à la paresse.

Campanella, dans sa *Cité du Soleil*, fait travailler les Solariens en commun. Les arts mécaniques et spéculatifs sont exercés par les deux sexes; mais les travaux qui exigent plus de vigueur et qui se font hors des murs de la ville sont exécutés par les hommes. Ainsi le labour, les semailles, les moissons, le battage des grains et parfois les vendanges sont faits par eux. Les femmes sont employées à traire les brebis et à faire le fromage. Elles cultivent et cueillent les fruits dans les environs de la cité. Les arts qui n'exigent aucun déplacement sont aussi de leur ressort. Elles tissent, filent, cousent, coupent les cheveux et la barbe; elles préparent les médicaments et elles font les habits; mais elles ne sont pas employées à travailler le bois et le fer, ni à la fabrication des armes. On leur permet de s'occuper de peinture quand elles en ont le goût. La musique est réservée aux enfants et aux femmes, parce que leurs voix sont plus agréables. L'usage du tambour et de la trompette leur est cependant interdit. Les femmes préparent la nourriture et dressent les tables, qui sont servies par des jeunes filles et des garçons au-dessous de vingt ans... Les arts mécaniques s'exercent sous les péristyles, et les arts spéculatifs dans les galeries supérieures et sur les terrasses où se trouvent les peintures scientifiques. Dans le temple, on étudie les sciences sacrées; dans les vestibules, il y a des horloges solaires et d'autres, et sur les tours des enceintes des girouettes à l'aide desquelles on connaît l'heure et la direction des vents.

Celui qui connaît à fond plusieurs arts ou métiers est le plus estimé, bien que chacun ne soit employé qu'à la branche d'industrie pour laquelle il a le plus d'aptitude. Les travaux les plus fatigants paraissent les plus dignes d'éloges. Tels sont la maçonnerie et la manutention du fer. Aussi personne ne refuse de s'y adonner; d'autant plus qu'on a consulté le goût naturel de chaque individu. Par la juste distribution du travail, la part qu'en fait chacun, loin d'affaiblir ou de briser ses forces, les augmente.

Tout abonde dans la cité du Soleil, parce que chacun tient à se distinguer dans son travail, qui est facile et court, et à se montrer discipliné. Le chef qui préside à chaque chose est appelé par le subordonné *roi*, ce titre n'appartenant, suivant les Solariens, qu'à ceux qui savent et non à ceux qui ignorent. C'est une chose admirable que de voir avec quel ordre hommes et femmes, divisés en bandes, se livrent au travail sans jamais enfreindre les ordres de leurs *rois*, et sans jamais se montrer fatigués. Ils considèrent leurs chefs comme des pères ou des frères aînés.

Les Solariens de Campanella regardent l'orgueil comme le vice le plus exécrable, et toute action orgueilleuse est punie par une très-grande humiliation. Ainsi, ils ne croient pas s'abaisser en servant la communauté, soit à table, soit dans les cuisines, soit encore en prodiguant leurs soins aux malades. Ils disent qu'il n'est pas plus honteux de marcher avec les pieds que de voir avec les yeux et de parler avec la bouche. C'est pourquoi tous remplissent les ordres qu'on leur donne, quels qu'ils soient, en en regardant toujours l'accomplissement comme honorable. Ils n'ont pas de ces serviteurs payés qui corrompent les mœurs, car ils se suffisent à eux-mêmes. « Hélas ! il n'en est pas de même chez nous, ajoute Campanella. On compte soixante-dix mille âmes à Naples, et c'est à peine s'il y a dix ou quinze mille travailleurs dans ce nombre. Aussi ceux-là s'épuisent et se tuent par un travail au-dessus de leurs forces. Les oisifs se perdent par la paresse, l'avarice, les maladies, le libertinage, etc. Ils pervertissent les autres en les retenant à leur service, parce qu'ils sont pauvres et faibles, et ils leur communiquent leurs propres vices. De là vient que le service public se fait mal; qu'il n'y a pas de fonctions utiles bien dirigées; que l'agriculture, la guerre et les arts sont délaissés par la plupart des citoyens, et que ceux qui s'en occupent le font avec dégoût. Dans la cité du Soleil, au contraire, les magistratures, les arts, les travaux et les charges étant également distribués, chacun ne travaille pas plus de quatre heures par jour. Le reste du temps est employé à étudier agréablement, à discuter, à lire, à faire et à entendre des récits, à écrire, à se promener, à exercer enfin le corps et l'esprit, tout cela avec plaisir. Les jeux sédentaires, tels que les cartes, les échecs, etc., sont défendus. Les Solariens jouent à la paume, au sabot; ils luttent, lancent des flèches et des javelots et tirent de l'arquebuse. La pauvreté, disent-ils, engendre la bassesse, l'astuce, le dol, le vol, les trahisons, le faux témoignage, le vagabondage et la mendicité; mais la richesse produit aussi l'insolence, l'orgueil, l'ignorance, la présomption, la tromperie, la vanterie, l'égoïsme et la grossièreté. Grâce à la communauté, les hommes ne sont ni riches ni pauvres. Ils sont riches parce qu'ils possèdent en commun; pauvres parce qu'ils n'ont rien en propre. Ils se servent des choses, mais ne les servent pas. C'est ce qu'ils admirent dans les religieux de la chrétienté et encore plus dans la vie des apôtres. »

Fourier voulait surtout rendre le travail attrayant. M. Auguste Ott expose comme suit la doctrine du maître :

« Fourier pose en principe que le but de l'homme est le bonheur. Le vrai bonheur ne consiste qu'à satisfaire ses passions. L'homme doit donc suivre uniquement les attractions naturelles qu'il trouve en lui. Tous ces caprices philosophiques appelés devoirs, n'ont aucun rapport avec la nature; le devoir vient des hommes, l'attraction vient de Dieu. Il faut étudier l'attraction, la nature seule, sans aucune acception du devoir. Par conséquent, si, dans la société actuelle, lorsque les hommes s'abandonnent à leurs passions, il en résulte des effets subversifs, ce fait prouve uniquement que la société est mal organisée, que jusqu'ici l'homme n'a pas tenu compte des lois qui le régissent avec les lois de l'ordre matériel.

» Le problème étant de trouver une forme sociale où toutes les attractions, toutes les passions de l'homme soient entièrement et pleinement satisfaites, il s'agit, avant tout, d'analyser ces attractions. Cette analyse démontre à Fourier que les passions de l'homme se réduisent à douze fondamentales : 1° cinq appétits des sens, qui tendent au plaisir des sens, au luxe interne et externe : les passions du goût, du tact, de la vue, de l'ouïe, de l'odorat; 2° quatre passions affectueuses, qui lient les hommes entre eux et tendent à former des groupes : ce sont l'amitié, l'ambition (tendant à former des corporations, des communautés), l'amour, le familisme (sentiment de la paternité); 3° trois passions distributives ou mécanisantes, savoir : la cabaliste, passion qui nous porte à l'intrigue, qui nous fait trouver du plaisir aux rivalités, aux cabales; la papillonne, passion qui nous porte au changement, à la variation des plaisirs; la composite, fougue aveugle, entraînement des sens et de l'âme, qui sort de l'assemblage de plusieurs plaisirs. De la satisfaction combinée de toutes ces passions naît l'*unitisme*, sentiment d'affection universelle, comme le blanc naît de la combinaison des couleurs du prisme.

» Les passions des sens nous portent aux jouissances des sens et aux travaux qui tendent à les satisfaire. Ainsi, le sens du goût est un char à quatre roues, qui sont la culture, la conserve, la cuisine, la gastronomie. Celui qui aime à manger des choux, par exemple, trouvera aussi du plaisir à les cultiver et à les faire cuire. Ces passions sont donc les premiers ressorts du plaisir et du travail; mais si elles agissaient isolément, le travail comme le plaisir serait peu attrayant. La dose d'attraction sera bien plus considérable, si la passion du goût est en même temps accompagnée de la satisfaction des passions affectueuses. Les passions réuniront donc les hommes en groupes, liés par l'amitié, l'amour, l'esprit de corps, les sentiments de famille, et de nouveaux ressorts imprimeront le mouvement à l'activité humaine.

» Mais ce n'est pas tout que de satisfaire ces passions; elles le sont en partie dans l'état actuel, dans la civilisation, très-incomplétement il est vrai, et cependant l'homme n'est pas heureux. C'est que trois passions essentielles ont été méconnues, honnies, condamnées; et ces passions, précisément, sont les ressorts fondamentaux du mécanisme social : ce sont la composite, la papillonne et la cabaliste. La composite tend à réunir les petits groupes en associations nombreuses, où l'action de tous soit combinée, où la fougue et l'entraînement naissent de l'union d'une multitude d'efforts. Pour donner satisfaction à cette passion, il faut donc que les groupes soient organisés par *séries*, composées chacune d'un certain nombre de groupes d'un même genre, qui se livrent à un travail analogue, et que les séries soient coordonnées entre elles. La cabaliste, la passion d'intrigue, de rivalité, d'émulation, doit être également satisfaite. Il faut donc que les séries et les groupes soient rivalisés, c'est-à-dire qu'ils soient disposés de telle manière qu'il y ait rivalité, émulation entre les divers groupes d'une même série, entre les diverses parties d'un même groupe. La série des poiristes, par exemple, se composera d'un certain nombre de groupes cultivant chacun une variété différente de la poire. La rivalité s'établira entre ces groupes; chacun voudra donner les meilleurs produits, et le travail acquerra une activité dont les civilisés n'ont pas d'idée. Enfin, la papillonne exige que l'on puisse souvent varier son travail, que l'on ne soit astreint qu'à de courtes séances. Il faut donc que les groupes et les séries soient engrenés de telle manière, que chaque individu appartienne en même temps à plusieurs séries et à plusieurs groupes; qu'il puisse, au moment où un travail déterminé le fatigue, quitter ce travail et le groupe qui s'y livre, et courir à un travail nouveau dans un autre groupe ou une autre série. Ainsi disparaît la monotonie du travail; les séries, toujours renouvelées, manifestent toujours la même ardeur, et l'individu, passant sans cesse d'un travail à un autre, éprouve un charme toujours nouveau.

» Toutes ces conditions seraient réalisées par l'organisation suivante : Les travailleurs se réuniraient par associations ou *phalanges* de dix-huit cents membres environ, hommes, femmes et enfants de tous âges. Chaque phalange, organisée par groupes et séries, exploiterait en commun une lieue carrée de terrain; la vie serait également commune. Chaque phalange habiterait un vaste bâtiment nommé *phalanstère*, disposé de la manière la plus agréable et la plus commode, et où seraient réunies en même temps les différentes spécialités de l'industrie manu-...cturière.

» Fourier estime que l'activité imprimée au travail par l'organisation proposée, jointe à l'économie résultant de la consommation en commun, triplerait immédiatement la production actuelle. La grande aisance et le luxe seront donc aussitôt mis à la portée de tous.

» Le produit total se distribuera ainsi : Un tiers formera le dividende du capital et appartiendra aux propriétaires de l'établissement phalanstérien; cinq douzièmes seront attribués au travail, un quart au talent. Fourier a varié quelquefois sur ces proportions. Un même individu pourra participer au produit à ces trois titres : comme capitaliste, comme travailleur et comme capacité; mais un minimum de consommation sera garanti aux simples travailleurs.

» Cette distribution n'exigera aucune opération d'échange. Chaque individu participera à la consommation dans la proportion du dividende auquel il aura droit. Il y aura diverses classes de tables, de logements, de jouissances de toutes sortes; chacun consommera suivant son revenu, et une simple balance de compte suffira chaque année pour établir sa situation.

» Chaque phalanstère cultivera les produits les mieux appropriés à son sol et à son climat, et les phalanstères des diverses parties du monde échangeront entre eux leurs produits. Il sera créé, en outre, des armées industrielles qui parcourront le globe et exécuteront tous les grands travaux d'utilité générale.

» Ainsi s'établira l'*harmonie universelle*. Les passions mécanisantes feront concorder les cinq ressorts sensuels avec les quatre ressorts affectueux, et l'homme pourra donner libre cours à toutes ses passions sans qu'il y ait à craindre aucun conflit. Au contraire, tout ce qui, dans la civilisation, est réprouvé comme penchant vicieux et condamné par les moralistes, devient voie d'émulation et ressort d'activité. Les passions, rivalisées par la cabaliste, exaltées par la composite, engrenées par la papillonne, entraîneront l'individu dans un tourbillon sans fin de travaux et de plaisirs, et l'on s'arrachera au sommeil pour suffire aux jouissances multipliées que promet chaque journée phalanstérienne. »

Robert Owen s'est également proposé de rendre le travail agréable et facile, et pour cela, lui aussi, associe et organise les travailleurs; il supprime les grands centres manufacturiers, livrés à une alternative perpétuelle d'activité et de chômage, théâtres d'une concurrence déréglée et jalouse, pour les remplacer par des petits centres à la fois industriels et agricoles. Partagés entre l'industrie agricole et manufacturière, les membres de ces colonies peuvent demander à l'une un salaire que l'autre leur refuse momentanément. Dans son organisation sociétaire, le salaire est distribué selon les besoins; là famille est remplacée par la communauté. Chaque communauté de deux à trois mille âmes alimente des industries combinées, agricoles et manufacturières, de manière à pourvoir par elle-même à ses besoins les plus essentiels. Les diverses communautés se lient entre elles et se forment en congrès. Dans la communauté, il n'y a qu'une seule hiérarchie, celle des fonctions, et c'est l'âge qui la détermine. Jusqu'à quinze ans on parcourt le cercle de l'éducation, et au-dessus on prend rang parmi les travailleurs. Les agents les plus actifs de la production sont les jeunes hommes de vingt à vingt-cinq ans; ceux de vingt-cinq à trente distribuent et conservent la richesse sociale; de trente à quarante, les hommes faits s'occupent du mouvement intérieur de la communauté; de quarante à soixante, ils règlent ses intérêts avec ceux des communautés environnantes. Enfin, un conseil de gouvernement préside l'ensemble de cette organisation.

Cabet fait aussi travailler ses Icariens en commun, et prétend rendre le travail attrayant : « Nous vivons, fait-il dire à un habitant d'Icarie, en communauté de biens et de travaux, de droits et de devoirs, de bénéfices et de charges. Nous n'avons ni propriété, ni monnaie, ni vente, ni achat. Nous sommes égaux en tout, à moins d'une impossibilité absolue. Nous travaillons tous également pour la république ou la communauté. C'est elle qui recueille tous les produits de la terre et de l'industrie, et qui les partage également entre nous; c'est elle qui nous nourrit, nous vêtit, nous loge, nous instruit, et nous fournit également à tous ce qui nous est nécessaire. Rappelez-vous encore que le but de toutes nos lois est de rendre le peuple le plus heureux possible, en commençant par le nécessaire, puis par l'utile, et en finissant par l'agréable, sans y mettre de limite. Par exemple, si l'on pouvait donner à chacun un équipage, chacun aurait un équipage; mais la chose étant impossible, personne n'en a, et chacun peut jouir des voitures communes, qu'on rend le plus commodes et le plus agréables qu'il est possible.

» C'est la république ou la communauté qui, chaque année, détermine tous les objets qu'il est nécessaire de produire ou de fabriquer pour la nourriture, le vêtement, le logement et l'ameublement du peuple; c'est elle, et elle seule, qui les fait fabriquer par ses ouvriers, dans ses établissements, toutes les industries et toutes les manufactures étant nationales, tous les ouvriers étant nationaux; c'est elle qui fait construire ses ateliers, choisissant toujours les positions les plus convenables et les plans les plus parfaits, organisant des fabriques immenses, réunissant ensemble toutes celles dont la réunion peut être avantageuse, et ne reculant jamais devant aucune dépense indispensable pour obtenir un résultat utile ; c'est elle qui choisit les procédés, choisissant toujours les meilleurs, et s'empressant toujours de publier toutes les découvertes, toutes les inventions et tous les perfectionnements ; c'est elle qui instruit ses nombreux ouvriers, qui leur fournit les matières premières et les outils, et qui leur distribue le travail, le divisant entre eux de la manière la plus productive, et les payant en nature au lieu de les payer en argent ; c'est elle enfin qui reçoit tous les objets manufacturés, et qui les dépose dans ses immenses magasins pour les partager ensuite entre tous ses travailleurs ou plutôt ses enfants. Et cette république, qui veut et dispose ainsi, c'est le comité de l'industrie, c'est la représentation nationale, c'est le peuple lui-même.

» Tout le monde est ouvrier national et travaille pour la république. Tout le monde, hommes et femmes, sans exception, exerce l'un des métiers, ou l'un des arts, ou l'une des professions déterminés par la loi.

» Les enfants ne commencent à travailler qu'à dix-huit ans pour les garçons, et à dix-sept ans pour les filles, leurs premières années étant consacrées au développement de leurs forces et à leur éducation. Les vieillards sont exemptés, à soixante-cinq ans pour les hommes et à cinquante pour les femmes : mais le travail est si peu fatigant, et même si agréable, que très-peu invoquent l'exemption, tous continuant leur occupation d'habitude ou s'utilisant de toute autre manière.

» ... Le travail est agréable et sans fatigue : nos lois n'épargnent rien, en effet, pour le rendre tel, parce qu'on n'a jamais vu un manufacturier aussi bienveillant pour ses ouvriers que la république l'est envers les siens. Les machines sont multipliées sans limite, et à tel point qu'elles remplacent deux cents millions de chevaux ou trois milliards d'ouvriers, et ce sont elles qui exécutent tous les travaux périlleux, ou fatigants, ou insalubres, ou malpropres et dégoûtants : c'est là surtout que brillent la raison et l'intelligence de mes compatriotes ; car tout ce qui, par exemple, n'excite ailleurs que du dégoût, est ce qu'on cache ici avec le plus de soin ou ce qu'on environne de plus de propreté. Aussi non-seulement vous ne verrez jamais dans les rues ni chairs saignantes, ni même de fumier, mais encore vous ne verrez jamais, dans les ateliers, la main d'un ouvrier toucher quelque objet rebutant.

» Tout concourt à rendre le travail agréable : l'éducation qui, dès l'enfance, apprend à l'aimer et à l'estimer, la propreté et la commodité des ateliers, le chant qui anime et réjouit les masses de travailleurs, l'égalité de travail pour tous, sa durée modérée, et l'honneur dont tous les travaux sont environnés dans l'opinion publique et tous environnés également.

» Tous les métiers sont également estimés, le cordonnier autant que le médecin... C'est la loi qui détermine les métiers ou professions exerçables, et tous les produits à fabriquer : aucune autre industrie n'est enseignée ni tolérée, comme aucune autre fabrication n'est permise. Nous n'avons pas de profession de *cabaretier*, par exemple, ni de fabrication de poignards dans nos coutelleries. Toutes nos professions et nos fabrications sont donc des professions et des fabrications également *légales* et jugées sous un certain rapport également *nécessaires* : du moment que la loi ordonne qu'il y aura des *cordonniers* et des *médecins*, il faut nécessairement qu'il y ait des uns comme des autres ; et comme tout le monde ne peut pas être médecin, pour que les uns veuillent être cordonniers, il faut que les cordonniers soient aussi heureux et contents que les médecins ; par conséquent, il faut établir entre eux, autant que possible, la plus parfaite égalité ; par conséquent encore, il faut que tous deux, consacrant le même temps à la république, soient également estimés.

» Et vous ne faites pas de distinction pour l'esprit, l'intelligence, le génie ? Non : tout cela n'est-il pas, en effet, un don de la nature ? Serait-il juste de punir, en quelque sorte, celui que le sort a moins bien partagé ? La raison et la société ne doivent-elles pas réparer l'inégalité produite par un aveugle hasard ?

Celui que son génie rend plus utile n'est-il pas assez récompensé par la satisfaction qu'il en éprouve? Si nous voulions faire une distinction, ce serait en faveur des professions ou des travaux les plus pénibles, afin de les indemniser, en quelque sorte, et de les encourager. En un mot, nos lois rendent le médecin aussi honoré et aussi heureux que possible; pourquoi donc se plaindrait-il de ce que le cordonnier l'est autant que lui?

» Cependant, quoique l'éducation inspire déjà presque suffisamment à chacun le désir de se rendre toujours plus utile à la communauté; pour exciter une utile *émulation*, tout ouvrier quelconque qui par patriotisme fait plus que son devoir, ou qui dans sa profession fait une découverte utile, obtient une *estime* particulière ou des *distinctions* publiques, ou même des *honneurs* nationaux.

» Les paresseux! Nous n'en connaissons pas... Comment voulez-vous qu'il y en ait, quand le travail est si agréable, et quand l'oisiveté et la paresse sont aussi infâmes parmi nous que le vol l'est ailleurs?

» La durée du travail, qui d'abord était de dix à dix-huit heures, et qui a été successivement diminuée, est aujourd'hui fixée à sept heures en été et six heures en hiver, de six ou sept heures du matin jusqu'à une heure après-midi. On la diminuera encore, et tant qu'on pourra, si de nouvelles machines viennent à remplacer des ouvriers, ou si la diminution dans les nécessités de la fabrication (celles des constructions par exemple) vient à rendre inutiles un grand nombre de travailleurs. Mais il est probable que la durée du travail est maintenant à son *minimum*, parce que, si quelques industries diminuent, d'autres industries nouvelles les remplaceront, attendu que nous travaillerons continuellement à augmenter nos jouissances. L'année dernière, par exemple, un meuble nouveau ayant été ajouté à tous nos meubles d'alors, et cent mille ouvriers étant nécessaires pour procurer ce meuble à toutes les familles, on a pris ces cent mille ouvriers sur la masse du peuple travailleur, et la durée du travail général a été augmentée de cinq minutes.

» Dans chaque famille, les femmes et les filles exécutent ensemble tous les travaux domestiques; depuis cinq ou six heures du matin jusqu'à huit heures et demie, et à neuf heures jusqu'à une heure, elles se consacrent aux travaux de leur profession, dans l'atelier. Les femmes enceintes ou qui allaitent leurs enfants sont exemptées du travail. Toutes les femmes chefs de famille sont exemptées de l'atelier, parce que garder la famille et la maison est encore une occupation utile à la république.

» Tous les ouvriers de chaque profession travaillent ensemble dans d'immenses ateliers communs, où brillent aussi toute l'intelligence et la raison de notre gouvernement et du peuple. Les ateliers *mobiles* et portatifs pour tous les travaux qui s'exécutent en plein air, présentent également toutes les commodités possibles..... Voyez ces *chemins portatifs,* où les plus lourds fardeaux roulent ou glissent sans efforts, et ces innombrables machines, grosses et petites, qui transportent tout, en haut, en bas, de tous côtés! Aussi, dans cette foule d'ouvriers en action, vous n'en apercevrez aucun avec un fardeau sur sa tête ou ses épaules : tous n'ont d'autre tâche que de diriger les machines ou de placer les matériaux. Remarquez l'*ordre* qui règne au milieu de ce mouvement universel! Dans tous nos ateliers, chacun a son poste, son emploi, et, pour ainsi dire, son grade ; les uns dirigeant les autres, ceux-ci fournissant les matériaux à ceux-là, et tous s'acquittant de leur tâche avec exactitude et plaisir. Ne dirait-on pas que tout cet ensemble ne forme qu'une seule et vaste machine, dont chaque rouage remplit régulièrement sa fonction? Cette discipline n'est pas surprenante. Dans chaque atelier les règlements sont délibérés et les fonctionnaires sont élus par les ouvriers eux-mêmes, tandis que les lois communes à tous les ateliers sont faites par les élus du peuple entier, c'est-à-dire par les élus des travailleurs de tous les ateliers. Le citoyen n'a jamais à exécuter que des règlements ou des lois qui sont son ouvrage, et par conséquent il les exécute toujours sans hésitation et sans répugnance.

» Jusqu'à dix-huit ans tous les enfants reçoivent une éducation élémentaire sur toutes les sciences, et tous possèdent le dessin et les mathématiques. Nous leur donnons une idée générale de tous les arts et métiers, des matières premières, des outils et des machines. Et nous ne nous bornons pas à la démonstration *théorique;* nous y joignons la *pratique,* en habituant les enfants, dans des ateliers particuliers, à manier le rabot, les pinces, la scie, la lime et les principaux outils; et cet exercice, qui rend le jeune homme adroit et qui le prépare à apprendre tous les états, est pour lui un véritable amusement, en même temps qu'un premier travail *utile* à la communauté. Le jeune homme est ainsi capable de se choisir une profession quand il arrive à dix-huit ans. Chaque année, la république, qui, par sa statistique, connaît le nombre d'ouvriers nécessaires dans chaque profession, en publie la liste pour chaque commune, et invite les jeunes gens de dix-huit ans à *choisir.* En cas de concurrence, les professions se distribuent dans un *concours,* d'après des *examens,* et d'après le jugement des concurrents eux-mêmes constitués en jury... Quand le jeune homme a choisi sa profession, commence pour lui l'*éducation spéciale* ou *professionnelle.* Cette éducation dure plus ou moins longtemps. Elle est *théorique* et se donne dans des cours où l'on enseigne la théorie et l'*histoire* de chaque profession. Elle est *pratique,* et se donne dans l'atelier, où l'apprenti passe par tous les degrés de l'apprentissage... On agit de même envers les jeunes filles, soit pour leur apprendre les travaux du ménage, soit pour leur donner des idées et des habitudes générales sur les industries particulières aux femmes, oit pour leur faire choisir une profession à dix-sept ans, soit pour compléter leur éducation professionnelle. »

SAINT-SIMONISME

L'école saint-simonienne prenant pour devise l'*amélioration du sort moral, physique et intellectuel de la classe la plus nombreuse et la plus pauvre*, constitue la société en une vaste association de travailleurs ayant tous droit à un salaire; mais ce salaire doit être attribué à chacun *suivant sa capacité, à chaque capacité suivant ses œuvres.* Le chef de l'association hiérarchiquement organisée, à la fois chef spirituel et temporel, législateur et juge, sera le distributeur de la fortune sociale (l'hérédité étant abolie), et répartira les salaires en raison de la capacité et du travail dont il sera souverain appréciateur. Les capitaux, c'est-à-dire les instruments de travail, sont toujours dans les mains de celui qui semble le plus capable de les mettre en œuvre, et l'état n'est qu'une grande banque organisée.

« Le droit divin, le droit naturel et l'utilité sont invoqués tour à tour, dit la *Doctrine de Saint-Simon,* pour conserver l'inviolabilité, on pourrait presque dire la sainteté, de l'organisation actuelle de la propriété : c'est en leur nom qu'on la proclame inaccessible aux réformes, à l'abri de l'action du moraliste et du législateur.... Ces trois principes, sur lesquels on s'appuie pour présenter la propriété comme un droit absolu, invariable, ont sanctionné successivement les révolutions diverses que ce droit, essentiellement *variable,* a subies. Les modifications qui lui ont été imposées par le législateur, soit en ce qui concerne sa *nature,* son *usage* ou sa *transmission,* n'ont jamais manqué de la sanction du moraliste; la conscience humaine s'est toujours trouvée en harmonie avec les différents états de la propriété; la part des produits attribués aux *travailleurs* s'est graduellement augmentée, tandis que le droit de propriété perdait de son importance dans les mains des *oisifs.* Dans la série de civilisation à laquelle nous appartenons directement, on peut observer plusieurs états successifs de la propriété, qui, tous, ont été consacrés par la conscience humaine, par les mœurs, par les habitudes; et, par exemple, quant au mode de sa transmission, le droit pour le père de disposer *arbitrairement* de ses biens après sa mort; ensuite le droit exclusif à l'héritage accordé au *fils aîné;* enfin l'égalité de partage entre tous les enfants.

» Actuellement un nouvel ordre tend à s'établir, il consiste à transporter à l'État, devenu *association des travailleurs,* le droit d'héritage aujourd'hui renfermé dans la famille domestique. Les priviléges *de la naissance,* qui ont déjà reçu sous tant de rapports de si vives atteintes, doivent complétement disparaître. Le seul droit à la richesse, c'est-à-dire à la disposition des instruments de travail, sera *la capacité* de les mettre en œuvre. Si les progrès précédents annoncent de nouveaux progrès, s'ils conduisent à des relations meilleures entre les divers membres de la société, la conscience humaine se mettra, comme elle l'a toujours fait, en harmonie avec ce changement, et ce changement sera lui-même justifié par un droit divin, un droit naturel, un principe d'utilité nouveau, qui seront le développement du droit divin, du droit naturel, du principe d'utilité des temps passés.

» Pour que le travail industriel parvienne au degré de perfection auquel il peut prétendre, les conditions suivantes sont nécessaires; il faut : 1° que les instruments soient répartis en raison des besoins de chaque localité et de chaque branche d'industrie; 2° qu'ils le soient en raison des capacités individuelles, afin d'être mis en œuvre par les mains les plus capables; 3° enfin que la production soit tellement organisée, que l'on n'ait jamais à redouter dans aucune de ses branches ni disette, ni encombrement. Dans l'état actuel des choses, où la distribution est faite par les capitalistes et les propriétaires, aucune de ces conditions n'est et ne saurait être réalisée qu'après de nombreux tâtonnements, des écoles fréquentes, de funestes expériences, et alors même le résultat obtenu est toujours imparfait, toujours momentané. Chaque individu est livré à ses connaissances personnelles, aucune vue d'ensemble ne préside à la production : elle a lieu sans discernement, sans prévoyance; elle manque sur un point, sur un autre elle est excessive; c'est à ce défaut d'une vue générale des besoins de la consommation, des ressources de la production, qu'il faut attribuer ces crises industrielles sur l'origine desquelles tant d'erreurs ont été émises et le sont encore journellement. Si l'on voit se manifester tant de perturbations, tant de désordres, c'est *que la répartition des instruments de travail est faite par des individus isolés, ignorant à la fois et les besoins de l'industrie, et les hommes, et les moyens d'y satisfaire;* n'en cherchons pas la cause ailleurs.

» Comment, en effet, les choses se passent-elles? Un homme imagine une spéculation industrielle; il s'efforce de réunir toutes les lumières, tous les documents qui sont à sa portée, pour s'assurer que son entreprise est praticable et qu'elle a des chances de succès; mais, dans l'isolement où il se trouve, ces lumières, ces documents sont nécessairement incomplets. Quelque favorable que l'on suppose sa position individuelle, il lui est impossible d'apprécier justement la convenance de son entreprise, et de savoir, par exemple, si dans le moment même d'autres que lui ne s'occupent pas déjà de répondre au besoin qu'elle devait satisfaire. Ce n'est pas tout : supposons même que cette spéculation soit vraiment utile, que l'homme qui l'imagine soit le plus capable de la bien diriger, que fera-t-il si les moyens matériels d'exécution, sans lesquels sa pensée demeurerait stérile, ne sont pas à sa disposition? Comment pourra-t-il se les procurer? Il devra s'adresser à des propriétaires, à des capitalistes, possesseurs des *instruments* indispensables au développement de son industrie, et se soumettre à leur décision; mais ces hommes, appelés ainsi à prononcer sur ses projets, sont-ils pour lui des juges compétents? peuvent-ils puiser, dans leurs rapports avec les travailleurs, des lumières suffisantes pour apprécier la capacité de l'emprunteur, et la convenance de l'emploi des capitaux qui leur sont demandés? Non, sans doute; ils sont étrangers aux travaux de l'industrie, aux hommes qui conçoivent, dirigent et exécutent ses travaux; ils ne peuvent donc pas estimer les garanties de moralité et d'intelligence que présente l'entrepreneur, et qu'exige l'entreprise; ils en sont réduits à stipuler des garanties matérielles, les seules dont ils se croient en état de juger la validité.

» Ainsi le choix des directeurs, des chefs de l'industrie, et la détermination des entreprises industrielles, sont abandonnés au hasard; le petit nombre des hommes qui peuvent offrir des garanties matérielles, ou qui savent en *promettre*, obtiennent seuls la disposition des capitaux, et ces hommes se trouvent aussitôt soumis à la surveillance, au contrôle de leurs créanciers, à leur *police* tracassière, aveugle, impuissante : tracassière, parce qu'elle n'*aime* pas le travail; aveugle, parce qu'elle ne *sait* pas travailler; impuissante, parce qu'elle ne *travaille* pas.

» Transportons-nous dans un monde nouveau. Là, ce ne sont plus des propriétaires, des capitalistes isolés, étrangers par leurs habitudes aux travaux industriels, qui règlent le choix des entreprises et la destinée des travailleurs. Une institution *sociale* est investie de ces fonctions, si mal remplies aujourd'hui; elle est *dépositaire* de tous les instruments de la production; elle préside à toute l'exploitation matérielle : par là elle se trouve placée au point de vue d'ensemble, qui permet d'apercevoir à la fois toutes les parties de l'*atelier* industriel; par ses ramifications, elle est en contact avec toutes les localités, avec tous les genres d'industrie, avec tous les travailleurs; elle peut donc se rendre compte des besoins généraux et des besoins individuels, porter les bras et les instruments là où leur nécessité se fait sentir; en un mot, diriger la production, la mettre en harmonie avec la consommation, et confier les instruments de travail aux industriels les plus dignes : car elle s'efforce sans cesse de reconnaître leurs capacités, et elle est dans la meilleure position pour les développer.

» Dans cette hypothèse, dans ce monde nouveau, tout a

changé d'aspect; les garanties morales et intellectuelles existent aussi bien que les garanties matérielles; le travail est fait aussi bien que l'état de la société humaine et du globe qu'elle habite le permet; le cercle des hommes qui peuvent prétendre à devenir *chefs, princes* de l'industrie, embrasse l'humanité tout entière; les chances de bons choix se multiplient, et les moyens de faire ces choix se perfectionnent : les désordres qui résultaient du défaut d'entente générale et de la répartition aveugle des agents et instruments de la production disparaissent, et avec eux disparaissent aussi les malheurs, les revers de fortune, les faillites, dont aujourd'hui nul travailleur pacifique ne peut se croire à l'abri. En un mot, l'industrie est *organisée ;* tout s'enchaîne, tout est prévu; la *division du travail* est perfectionnée, la *combinaison des efforts* devient chaque jour plus puissante.

» Non-seulement peu de personnes aujourd'hui regardent comme possible de soumettre les travaux *industriels* et les hommes qui s'y livrent à un système complet et uniforme, mais celles qui le croient possible et utile ne savent nous présenter que les vieilleries du passé. La première opinion tient surtout à ce qu'on imagine que dans le passé aucune tentative du même genre n'a eu lieu; la seconde, à ce qu'on n'a pas senti quel était le but de ces diverses tentatives. Est-il bien vrai que l'on n'ait jamais tenté de coordonner les efforts de l'activité matérielle de l'homme, l'emploi de sa force? L'histoire ne nous montre-t-elle pas, au contraire, que les sociétés ont sans cesse cherché à soumettre les travaux de cet ordre à une direction unitaire? Si l'on se rappelle que l'activité *matérielle* s'exerçait surtout autrefois par *la guerre,* que les peuples cherchaient la richesse dans *la conquête,* que *la force* dont l'homme est doué ne se déployait dignement, noblement, que dans les combats, on verra, dans toutes les époques organiques du passé, des institutions ayant pour but de régulariser la distribution des instruments de travail et des fonctions, qui consistent alors en armes, en postes militaires, en grades. Ces institutions dirigent tous les efforts de ces *travailleurs* barbares, hiérarchiquement classés, vers l'accomplissement d'un but commun ; la *production* par le pillage et la conquête, la *distribution* de leurs produits, la *consommation* des objets pillés ou conquis, sont réglées, autant que l'ignorance et la férocité du temps le permettent, par une autorité compétente, car les chefs des peuples guerriers sont des guerriers habiles. Le gouvernement des cités antiques des tribus de la Germanie, et le pouvoir temporel du moyen âge, ne sont en réalité que des organisations unitaires, systématiques et plus ou moins complètes de l'activité *matérielle*.

» La dernière époque organique nous présente sous ce rapport un sujet précieux d'observation. Avant que la féodalité fût solidement constituée, il existait dans les travaux de ces temps barbares une espèce d'individualité, d'égoïsme, semblable à celui qui domine aujourd'hui chez nos industriels. Le principe de la concurrence, de la *liberté*, régnait alors, non-seulement entre les guerriers de pays différents, mais dans un même pays, entre les guerriers des diverses provinces, des divers cantons, des diverses villes, de tous les châteaux. De nos jours aussi, ce principe de liberté, de concurrence, de guerre, existe entre les commerçants et fabricants d'un même pays, il existe de province à province, de ville à ville, de fabrique à fabrique, disons plus encore, de boutique à boutique. La féodalité mit un terme à l'anarchie militaire en liant les ducs, comtes, barons, et tous les propriétaires indépendants, hommes d'armes, par des services et une protection réciproques, immense avantage qui n'a été convenablement apprécié par aucun historien du dernier siècle. C'était, en effet, un immense avantage pour tous les guerriers, de passer de l'anarchie du neuvième siècle à l'organisation, à l'association féodale du dixième, et cet avantage peut seul expliquer la conversion si subite des alleux en fiefs, explication devant laquelle le génie de Montesquieu lui-même devait reculer. Les possesseurs d'alleux étaient des propriétaires *libres* de toute charge publique, ne relevant que de leurs per-

sonnes, et qui, par conséquent, étaient dans un état d'*indépendance*, d'isolement *anti-social;* ces propriétaires *libres*, qui n'étaient astreints à aucun service, à aucune redevance, à aucun
hommage, consentirent néanmoins à devenir *vassaux* d'un seigneur, c'est-à-dire à lui donner leur alleu, pour ne le recevoir
de sa main qu'à titre de fief ou de bénéfice : ils y consentirent,
parce qu'ils trouvaient dans la protection et les secours de ce
seigneur suzerain un juste prix des services, de l'hommage, en
un mot de toutes les obligations nouvelles que leur imposait
leur vassalité.

» La véritable cause de la conversion générale des alleux en
fiefs, c'est que l'homme préfère toujours l'état de société à
l'état d'*isolement*, quand bien même on nommerait celui-ci état
d'*indépendance*, et que le gouvernement féodal offrait au moyen
âge la combinaison d'efforts matériels, la meilleure autorité
pour diriger les travaux militaires qui étaient encore alors les
plus importants et les seuls qui fussent ennoblis. De même que
les éléments des travaux *guerriers* tendaient, au neuvième siècle,
à former une société ayant sa hiérarchie, ses chefs et une systématisation complète de tous les intérêts, de tous les devoirs;
de même aussi les éléments du travail *pacifique* tendent aujourd'hui à se constituer en une seule société ayant ses chefs, sa
hiérarchie, une organisation et une destinée communes.

» L'exploitation de l'homme par l'homme, que nous avons
montrée dans le passé sous sa forme la plus directe, la plus
grossière, l'esclavage, se continue à un très-haut degré dans
les relations des propriétaires et des travailleurs, des maîtres et des salariés; il y a loin, sans doute, de la condition
respective où ces classes sont placées aujourd'hui, à celles où se
trouvaient, dans le passé, les maîtres et les esclaves, les patriciens et les plébéiens, les seigneurs et les serfs. Il semble même,
au premier aperçu, que l'on ne saurait faire entre elles aucun
rapprochement; cependant, on doit reconnaître que les unes ne
sont que la prolongation des autres. Le rapport du maître avec

le salarié est la dernière transformation qu'a subie l'esclavage.
Si l'exploitation de l'homme par l'homme n'a plus ce caractère
brutal qu'elle revêtait dans l'antiquité, si elle ne s'offre plus
à nos yeux aujourd'hui que sous des formes adoucies, elle
n'en est pas moins réelle. L'ouvrier n'est pas, comme l'esclave,
une propriété directe de son maître ; sa condition, toujours temporaire, est fixée par une transaction passée entre eux : mais
cette transaction est-elle libre de la part de l'ouvrier? Elle ne
l'est pas, puisqu'il est obligé de l'accepter sous peine de la vie,
réduit comme il l'est à n'attendre sa nourriture de chaque jour
que de son travail de la veille.

» Le dogme moral qui a déclaré qu'aucun homme ne devait
être frappé d'incapacité par sa naissance a depuis longtemps
pénétré dans les esprits ; les constitutions politiques, dans ces
derniers temps, l'ont expressément sanctionné. Il semble donc
que l'exploitation de l'homme par l'homme, résultat des classi-
fications que nous avons indiquées tout à l'heure, laisse du
moins penser que ces classes sont nécessairement flottantes, et
qu'il se fait entre elles un échange continuel des familles et des
individus qui les composent ; mais, par le fait, un tel échange
n'a pas lieu ; les avantages et les désavantages propres à chaque
position sociale se transmettent *héréditairement*, et les économistes ont pris soin de constater ce fait, l'*hérédité de la misère*,
lorsqu'ils ont reconnu l'existence dans la société d'une classe de
prolétaires. Aujourd'hui la masse entière des travailleurs est exploitée par les hommes dont elle utilise la propriété ; les chefs de
l'industrie subissent eux-mêmes cette exploitation dans leurs
rapports avec les propriétaires, mais à un degré incomparablement plus faible, et à leur tour ils participent aux priviléges
de l'exploitation, qui retombe de tout son poids sur la classe
ouvrière, c'est-à-dire sur l'immense majorité des travailleurs.
Dans un tel état de choses, l'ouvrier se présente donc comme
le descendant direct de l'esclave et du serf ; sa personne est
libre, il n'est plus attaché à la glèbe, mais c'est là tout ce qu'il

a conquis, et, dans cet état d'affranchissement légal, il ne peut subsister qu'aux conditions qui lui sont imposées par une classe peu nombreuse, celle des hommes qu'une législation, fille du droit de la conquête, investit du monopole des *richesses*, c'est-à-dire de la faculté de disposer à son gré, et même dans l'*oisiveté*, des instruments de travail.

» Il suffit de jeter un coup d'œil sur ce qui se passe autour de nous pour reconnaître que l'*ouvrier*, sauf l'intensité, est exploité *matériellement*, *intellectuellement* et *moralement*, comme l'était autrefois l'*esclave*. Il est évident, en effet, qu'il peut à peine subvenir par son travail à ses propres besoins, et qu'il ne dépend pas de lui de travailler. Il aggrave encore sa position, s'il est assez imprudent pour se croire destiné à jouir de ce qui fait le bonheur du riche, s'il prend une compagne et se crée une famille. L'ouvrier, pressé par l'état de misère auquel il est réduit, peut-il avoir le temps de développer ses facultés intellectuelles, ses affections morales? Peut-il même en avoir le désir? Et s'il éprouve le désir instinctif de s'améliorer, qui lui en fournira les moyens, qui mettra la science à sa portée, qui recevra les épanchements de son cœur? Personne ne songe à lui; la misère physique le conduit à l'abrutissement, et l'abrutissement à la dépravation, source d'une misère nouvelle; cercle vicieux dont chaque point inspire le dégoût et l'horreur, lorsque pourtant il ne devrait inspirer que la pitié.

» Telle est la situation de la majorité des travailleurs, qui composent dans toutes les sociétés l'immense majorité de la population. Et pourtant ce fait, si propre à révolter tous les sentiments, passe aujourd'hui inaperçu de nos spéculateurs politiques. Les privilégiés du siècle énumèrent avec complaisance les progrès de la liberté, de la philanthropie; ils nous répètent que nous vivons sous un régime d'égalité, puisque nos constitutions déclarent que tout le monde est admissible aux emplois publics; ils recommandent tous ces progrès à l'amour, à l'admiration des masses, comme l'expression du plus haut degré, du dernier terme de la civilisation ; ironie cruelle, si l'on pouvait supposer que ceux qui emploient ce langage ont examiné sérieusement la société qui les entoure.

» Il ne peut y avoir de révolutions durables, légitimes, qui méritent d'être conservées dans la mémoire de l'humanité, que celles qui améliorent le sort de la classe nombreuse : toutes celles qui, jusqu'ici, ont eu ce caractère, ont affaibli l'exploitation de l'homme par l'homme : il ne peut plus y en avoir qu'une seule du même ordre, c'est celle qui mettra fin complétement, et sous toutes les formes, à cette exploitation ; mais celle-là est inévitable, et jusqu'à ce qu'elle soit accomplie, ces expressions si souvent répétées de *dernier terme de la civilisation*, de *lumières du siècle*, demeureront un langage à la convenance seulement de quelques égoïstes privilégiés.

» Jusqu'ici, le seul titre de la propriété a été la force ou une délégation de la force ; dans l'avenir, ce titre est le travail, le travail *pacifique*. Peut-être dira-t-on que le titre de la force est depuis longtemps effacé, et qu'il n'y a plus de propriété qui ne soit le résultat, au moins indirect, d'un travail ; mais en vertu de quelle autorité le propriétaire actuel jouit-il de ses biens et les transmet-il à ses successeurs ? En vertu d'une législation dont le principe remonte *à la conquête*, et qui, quelque éloignée qu'elle soit de sa source, se manifeste encore par l'exploitation de l'homme par l'homme, du vaincu par le vainqueur, du pauvre par le riche, du laborieux producteur par l'oisif consommateur ; les avantages que la propriété confère, qu'elle provienne de l'héritage ou soit acquise par le travail, ne sont donc que des délégations des droits du plus fort, transmis par le hasard de la naissance, ou cédés au travailleur à des conditions quelconques.

» Nous disons que dans l'avenir le seul titre à la propriété sera la *capacité* de travail pacifique, le seul titre à la considération, les *œuvres ;* nous ajouterons, pour préciser notre pensée, que ce titre doit être direct pour chaque propriétaire, ce qui

comprend implicitement cette autre idée : que le seul droit con-
féré par le titre de propriétaire est la direction, l'emploi, l'exploitation de la propriété. Si, comme nous le proclamons, l'humanité s'achemine vers un état où tous les individus seront
classés en raison de leur capacité, et rétribués suivant leurs
œuvres, il est évident que la propriété, telle qu'elle existe, doit
être abolie, puisqu'en donnant à une certaine classe d'hommes
la faculté de vivre du travail des autres et dans une complète
oisiveté, elle entretient l'exploitation d'une partie de la population, la plus utile, celle qui travaille et produit, au profit de
celle qui ne sait que détruire. De ce point de vue, nous pouvons
considérer le changement annoncé comme justifié, sous le rapport du droit divin ou du droit naturel, puisqu'aux yeux de
l'homme religieux tous les hommes sont frères, et ne doivent pas
s'exploiter mais s'aimer les uns les autres, et puisqu'aux yeux
du partisan du droit *naturel*, la *nature des choses* appelle l'homme
vers la liberté, non vers le plus cruel de tous les esclavages,
celui auquel condamne la misère; non vers le plus injuste de
tous les despotismes, celui qui n'est fondé que sur le hasard de
la naissance, sans condition de travail, d'intelligence, *sans
preuves de moralité!*

» Si vous voulez que tout le monde travaille, nous dira-t-on,
que ferez-vous des vieillards et des enfants? Nous répondons :
Nous ne voulons pas que *tous* les hommes travaillent, mais que
successivement ils soient tous *élevés* pour le travail, et puissent
tous compter sur le repos après avoir travaillé; les vieillards et
les enfants meurent à la peine dans les époques critiques, parce
qu'une masse d'hommes forts, jeunes, intelligents, consomment
toujours et beaucoup, et ne produisent rien. Ce sont ces derniers à qui nous promettons dans l'avenir un noble exercice
de leurs sentiments, de leur intelligence, de leur vigueur; pour
les autres, on ne les verra pas *se corrompre, s'abrutir, s'exténuer*
dès leurs plus tendres années, ou gémir sous le poids d'une
vieillesse misérable : alors, il est vrai, la France ne comptera

plus un million d'hommes armés, ou fabriquant des armes, des munitions, inspectant, contrôlant tout ce qui est relatif à la guerre; mais la paix aura un million de travailleurs de plus : alors des troupes brillantes de jeunes fainéants ne voltigeront plus sur nos promenades et dans nos salons, mais ceux qui vivent aujourd'hui des sueurs du vieillard, des larmes de l'orphelin, feront du pain pour l'enfance et pour la vieillesse. »

Au milieu des désordres enfantés par la concurrence, « on voit se produire, selon la *Doctrine de Saint-Simon*, des efforts instinctifs, dont la tendance manifeste est de ramener l'ordre, en conduisant vers une nouvelle organisation du travail matériel; ici, nous avons en vue une industrie que l'on peut considérer comme nouvelle, attendu le caractère particulier et le développement considérable qu'elle a pris dans ces derniers temps, l'industrie des *banquiers*. La création de cette industrie est évidemment un premier pas vers l'ordre, et, en effet, quel rôle jouent aujourd'hui les banquiers? Ils servent d'intermédiaires entre les *travailleurs* qui ont besoin d'*instruments de travail*, et les *possesseurs* de ces instruments qui ne savent pas ou ne veulent pas les employer; ils remplissent en partie la fonction de *distributeur*, si mal exercée par les capitalistes et les propriétaires. Dans les transactions de cette nature qui s'opèrent par leur entremise, les inconvénients que nous avons signalés se trouvent considérablement affaiblis, ou du moins pourraient l'être facilement : car les banquiers, par leurs habitudes et leurs relations, sont beaucoup plus en état d'apprécier et les besoins de l'industrie, et la capacité des industriels que ne peuvent faire des particuliers oisifs et isolés; l'emploi des capitaux qui passent par leurs mains est donc à la fois plus utile et plus équitable.

» On doit facilement comprendre que malgré les germes *organiques* que renferme l'institution des banquiers, germes que nous mettons ici à découvert, l'avantage qui devrait résulter de l'intermédiaire des banquiers entre les oisifs et les travailleurs

est souvent contre-balancé et même détruit par les facilités que
notre société *désorganisée* offre à l'égoïsme, pour se produire sous
les formes diverses de la fraude et du charlatanisme ; les banquiers se placent souvent entre les travailleurs et les oisifs
pour exploiter les uns et les autres, au détriment de la société
tout entière, nous le savons ; et en montrant ce qui, dans leurs
actes, est anti-social, et par conséquent rétrograde, aussi bien
que ce qui est progressif, nous indiquons ce qu'il faut détruire,
mais aussi ce qu'il faut se hâter de développer.

» Un autre avantage provient encore de leur entremise ; par
cela même qu'ils peuvent mieux juger la valeur des entreprises
et le mérite des entrepreneurs, il leur est possible aussi de
réduire considérablement cette partie du loyer des instruments
de travail à laquelle quelques économistes donnent le nom de
prime d'assurances, et qui garantit, pour ainsi dire, les capitalistes des *sinistres* auxquels ils s'exposent en prêtant leurs
fonds. Aussi, bien qu'ils se fassent payer leur propre intervention, il leur est possible de procurer aux industriels des instruments à bien meilleur marché, c'est-à-dire à plus bas intérêt, que ne pourraient le faire les propriétaires et les capitalistes,
plus exposés à se tromper dans le choix de leurs emprunteurs.
Les banquiers contribuent donc puissamment à faciliter le travail industriel, par conséquent à accroître les richesses ; par
leur entremise, les instruments de travail circulent plus facilement, sont moins exposés à demeurer oisifs, sont plus offerts,
selon l'expression des économistes, ce qui détermine de la part
des capitalistes, à l'égard des travailleurs, une concurrence qui,
à défaut de mieux, tourne du moins à l'avantage de ces derniers.

» Et cependant le crédit, les banquiers, les banques, tout cela
n'est encore qu'un rudiment grossier de l'institution industrielle
dont nous allons poser les bases : l'organisation actuelle des
banques reproduit en partie les vices du système où les *possesseurs* des instruments de travail en sont en même temps les
distributeurs, c'est-à-dire du système dans lequel le distributeur

est sans cesse sollicité à lever sur les produits du travail *la dîme* la plus forte ; d'ailleurs, si la position des banquiers leur permet d'apprécier plus justement les besoins de quelques industriels, peut-être d'une branche entière d'industrie, aucun d'entre eux pourtant, aucun établissement de banque même, n'étant le centre où viennent aboutir et se résumer toutes les opérations industrielles, ne saurait en saisir l'ensemble, apprécier les besoins respectifs de chacune des parties de l'atelier social, activer le mouvement là où il languit, l'arrêter, le ralentir là où il n'est plus, là où il est moins nécessaire. Ajoutons encore que la portion la plus considérable de l'activité matérielle échappe à leur influence ; les travaux *agricoles*, qui forment sans contredit aujourd'hui la partie la plus importante de l'industrie, sont entièrement dans ce cas, par suite d'une législation spéciale qui régit encore la propriété foncière, et qui est tout empreinte du dogme d'immobilité des sociétés de l'antiquité, immobilité qui était encore le cachet de la société civile du moyen âge.

» On peut observer aussi que la plupart des transactions de l'industrie proprement dite s'opèrent sans le concours des banquiers ; enfin, dans les crédits qu'ils accordent, ils se déterminent principalement sur des garanties matérielles, et négligent en grande partie les considérations tirées de la capacité de ceux qu'ils créditent, bien que ces considérations soient les plus importantes.

» La centralisation des banques les plus générales, des banquiers les plus habiles, en une banque *unitaire*, *directrice*, qui les dominât toutes et pût balancer avec justesse les divers besoins de crédit que l'industrie éprouve dans toutes les directions ; d'une autre part, la spécialisation de plus en plus grande de banques particulières, de manière à ce que chacune d'elles fût affectée à la surveillance, à la protection, à la direction d'un seul genre d'industrie, voilà, suivant nous, des faits politiques de la plus haute importance. Tout acte qui devra avoir pour résultat de centraliser les banques générales, de spécialiser les banques particulières et de les lier hiérarchiquement les unes aux autres, aura nécessairement pour résultat une meilleure entente des moyens de *production* et des besoins de *consommation*, ce qui suppose à la fois une plus exacte *classification* des travailleurs, et une *distribution* plus éclairée des instruments d'industrie, une plus juste *appréciation* des œuvres, et une récompense plus équitable du travail.

» La série des perfectionnements que peuvent subir les banques d'une manière directe, c'est-à-dire par l'influence unique des banquiers, est néanmoins bornée, dans l'état actuel des choses. Le système des banques existantes aujourd'hui pourra se rapprocher beaucoup de l'institution sociale dont nous prévoyons la fondation ; mais celle-ci ne se réalisera dans toute sa plénitude qu'autant que l'association des travailleurs sera préparée par l'éducation, sanctionnée par la législation ; elle ne sera complétement réalisée qu'au moment où la constitution de la propriété aura subi les changements que nous avons annoncés.

» Il sera facile de se former une première idée de l'institution sociale de l'avenir qui, dans l'intérêt de la société tout entière, et spécialement dans l'intérêt des travailleurs pacifiques, industriels, régira toutes les industries. Nous désignerons provisoirement cette institution par le nom de *Système général de banques*. Ce système comprendrait d'abord une banque centrale, représentant le *gouvernement*, dans l'*ordre matériel ;* cette banque serait dépositaire de toutes les richesses, du fonds entier de production, de tous les instruments de travail ; en un mot, de ce qui compose la masse entière des propriétés *individuelles*. De cette banque centrale dépendraient des banques de second ordre, qui n'en seraient que le prolongement, et au moyen desquelles elle se tiendrait en rapport avec les principales localités, pour en connaître les besoins et la puissance productive ; celles-ci commanderaient encore, dans la circonscription qu'elles embrasseraient, à des banques de plus en plus spéciales, embrassant un champ moins étendu, des rameaux plus faibles de *l'arbre de l'industrie*. Aux banques supérieures convergeraient tous les *besoins*; d'elles divergeraient tous les *efforts*. La banque générale n'accorderait aux localités des crédits, c'est-à-dire ne leur livrerait des instruments de travail, qu'après avoir balancé et combiné les opérations diverses; et ces crédits seraient ensuite répartis entre les travailleurs par les banques spéciales représentant les diverses branches de l'industrie.

» Dans le système d'organisation industrielle que nous venons de présenter, l'actif du budget est la totalité des produits annuels de l'industrie; son passif est la répartition de tous ces produits aux banques secondaires, chacune de celles-ci établissant son propre budget de la même manière. Dans ce système, ce qu'on pourrait plus particulièrement appeler l'impôt, par rapport à la classe qui produit directement les richesses, c'est-à-dire par rapport à l'industrie, serait la portion de ces produits qui serait consacrée à l'entretien des deux autres grandes classes de la société, c'est-à-dire à subvenir aux besoins *physiques* des hommes qui ont pour mission de développer l'*intelligence* et les *sentiments* de tous. Mais, pour le moment, nous avons surtout à nous occuper du budget particulier de l'industrie. Chacun étant rétribué suivant sa fonction, ce qu'on nomme aujourd'hui le revenu n'est plus qu'un appointement ou une retraite. Un industriel ne possède pas autrement un atelier, des instruments, qu'un colonel ne possède aujourd'hui une caserne, des soldats, des armes, et cependant tous travaillent avec ardeur, car celui qui *produit* peut aimer la gloire, peut avoir de l'honneur, aussi bien que celui qui *détruit*.

» L'organisation industrielle que nous venons d'exposer brièvement réunit, mais sur une large échelle, tous les avantages des corporations, des jurandes et des maîtrises, et de toutes les dispositions législatives par lesquelles les gouvernements ont jusqu'à ce jour tenté de réglementer l'industrie; elle ne présente aucun de leurs inconvénients; d'une part, les capitaux sont portés là où leur nécessité est reconnue, car il ne saurait y avoir monopole; de l'autre, ils sont mis à la disposition des mains les plus capables d'en tirer parti, et les injustices, les actes de violence, les tendances égoïstes, que l'on reproche aux anciens corps privilégiés dont nous venons de parler, ne sont point à redouter; en effet, chaque corps industriel n'est qu'une portion, et pour ainsi dire un membre du grand corps social qui comprend tous les hommes sans exception. A la tête du corps social sont des hommes généraux, dont la fonction est de marquer à chacun la place qu'il lui importe le plus d'occuper, et *pour lui-même* et *pour les autres*. Si le crédit est refusé à une branche d'industrie, c'est que, dans l'intérêt de tous, les capitaux ont été jugés susceptibles d'un meilleur emploi : si un homme n'obtient pas les instruments de travail qu'il demande, c'est que des chefs *compétents* l'ont reconnu plus habile à remplir une autre fonction. Sans doute l'erreur est inhérente à l'imperfection humaine, mais il faut convenir cependant que des capacités *supérieures*, placées à un point de vue *général*, dégagées des entraves de la *spécialité*, doivent offrir dans les choix qui leur sont confiés le moins de chances possible d'erreur, puisque leurs sentiments, leurs désirs *personnels* mêmes les *entraînent* et les *intéressent* directement à donner autant de prospérité à l'industrie, et dans chaque branche autant d'instruments de travail aux individus, que l'état de la richesse et de l'activité humaine en comportent.

» Cette grande objection contre l'injustice, la partialité, l'arbitraire des gouvernants, se présente toujours, quelle que soit la partie de l'ordre social qu'on examine; la réponse se réduit à ces termes simples : Ou tous les hommes sont égaux en *moralité*, en *intelligence*, en *force*, ou il y a différents degrés de moralité, d'intelligence et de force : dans le premier cas, il n'y a pas lieu, évidemment, à hiérarchie, à pouvoir, à direction, il n'y a pas d'inférieurs et de supérieurs, de gouvernés et de gouvernants; dans l'autre cas, au contraire, il y a nécessairement autorité et obéissance; or, il suffit d'ouvrir les yeux pour re-

pousser la première hypothèse; toute la question consiste donc
à savoir qui aura l'autorité, qui classera les hommes suivant
leurs capacités, qui appréciera et rétribuera leurs œuvres; et
nous répondons, quel que soit le cercle d'association que l'on
ait en vue : *Celui qui aime le plus* la destinée sociale.

» Dans la société industrielle ainsi conçue, on voit partout un
chef, partout des inférieurs, des patrons et des clients, des
maîtres et des apprentis, partout autorité *légitime*, parce que le
chef est le plus capable; partout obéissance *libre*, parce que le
chef est aimé; ordre partout : aucun ouvrier ne manque de
guide et d'appui dans ce vaste atelier; tous ont les instruments
qu'ils savent manier, le travail qu'ils aiment à faire : tous travaillent, non plus à exploiter l'homme, non plus même à *exploiter* le globe, mais à *embellir* le globe par leurs efforts, à *s'embellir* eux-mêmes de toutes les richesses que le globe leur donne. »

ATELIERS SOCIAUX

Voyant tout le secret du mal dans les luttes effrénées de la
concurrence intérieure, M. L. Blanc proposa la création d'*ateliers
nationaux* ou *sociaux* dont l'État ferait les premiers fonds, et que
l'État administrerait jusqu'au moment où ces ateliers seraient
arrivés à un degré de prospérité qui leur permettrait de s'administrer eux-mêmes. L'exemple de ces ateliers sociaux ne tarderait
pas à séduire les ateliers individuels, qui viendraient successivement et spontanément se fondre dans les premiers ; l'industrie
serait ainsi organisée en une vaste association où tous les intérêts seraient égaux.

« Le gouvernement, disait-il, serait considéré comme le régulateur suprême de la production, et investi, pour accomplir
sa tâche, d'une grande force. Cette tâche consisterait à se servir de l'arme même de la concurrence pour faire disparaître
la concurrence. Le gouvernement lèverait un emprunt dont le
produit serait affecté à la création d'*ateliers sociaux* dans les

branches les plus importantes de l'industrie nationale. Cette
création exigeant une mise de fonds considérable, le nombre
des ateliers originaires serait rigoureusement circonscrit. Mais,
en vertu de leur organisation même, ils seraient doués d'une
force d'expansion immense. Le gouvernement étant considéré
comme le fondateur unique des ateliers sociaux, ce serait lui
qui rédigerait les statuts. Cette rédaction, délibérée et votée
par la représentation nationale, aurait forme et puissance de loi.

» Seraient appelés à travailler dans les ateliers sociaux, jusqu'à concurrence du capital primitivement rassemblé pour l'a-
chat des instruments de travail, tous les ouvriers qui offriraient
des garanties de moralité. Bien que l'éducation fausse et anti-
sociale donnée à la génération actuelle rende difficile qu'on
cherche ailleurs que dans un surcroit de rétribution un motif
d'émulation et d'encouragement, les salaires seraient égaux,
une éducation toute nouvelle devant changer les idées et les
mœurs.

» Pour la première année qui suivrait l'établissement des
ateliers sociaux, le gouvernement réglerait la hiérarchie des
fonctions. Après la première année, il n'en serait plus de même.
Les travailleurs ayant eu le temps de s'apprécier l'un l'autre,
et tous étant également intéressés au succès de l'association, la
hiérarchie sortirait du principe électif.

» On ferait tous les ans le compte du bénéfice net, dont il serait fait trois parts : l'une serait répartie par portions égales
entre les membres de l'association ; l'autre serait destinée : 1° à
l'entretien des vieillards, des malades, des infirmes; 2° à l'al-
légement des crises qui pèseraient sur d'autres industries, toutes
les industries se devant aide et secours ; la troisième enfin serait
consacrée à fournir des instruments de travail à ceux qui voudraient faire partie de l'association, de telle sorte qu'elle pût
s'étendre indéfiniment.

» Dans chacune de ces associations formées pour les industries qui peuvent s'exercer en grand, pourraient être admis

ceux qui appartiennent à des professions que leur nature même
force à s'éparpiller et à se localiser. Si bien que chaque atelier
social pourrait se composer de professions diverses, groupées autour d'une grande industrie, parties différentes d'un même tout,
obéissant aux mêmes lois et participant aux mêmes avantages.

» Chaque membre de l'atelier social aurait droit de disposer
de son salaire à sa convenance ; mais l'évidente économie et
l'incontestable excellence de la vie en commun ne tarderaient pas
à faire naître de l'association des travaux la volontaire association des besoins et des plaisirs.

» Les capitalistes seraient appelés dans l'association, et tou-
cheraient l'intérêt du capital par eux versé, lequel intérêt leur
serait garanti sur le budget ; mais ils ne participeraient aux
bénéfices qu'en qualité de travailleurs.

« L'atelier social une fois monté d'après ces principes, on comprend de reste ce qui en résulterait. Dans toute industrie capitale il y aurait un atelier social faisant concurrence à l'industrie privée. La lutte serait-elle bien longue ? Non, parce que
l'atelier social aurait sur tout atelier individuel l'avantage qui résulte des économies de la vie en commun et d'un mode d'organisation où tous les travailleurs, sans exception, sont intéressés à
produire vite et bien. La lutte serait-elle subversive ? Non, parce
que le gouvernement serait toujours à même d'en amortir les
effets, en empêchant de descendre à un niveau trop bas les
produits sortis de ses ateliers.

» ..... Au lieu d'être, comme l'est aujourd'hui tout gros
capitaliste, le maître et le tyran du marché, le gouvernement
en serait le régulateur. Il se servirait de l'arme de la concurrence, non pas pour renverser violemment l'industrie particulière, mais pour l'amener insensiblement à composition. Bientôt, en effet, dans toute sphère d'industrie où un atelier social
aurait été établi, on verrait accourir vers cet atelier, à cause
des avantages qu'il présenterait aux sociétaires, travailleurs et
capitalistes. Au bout d'un certain temps, on verrait se produire,

sans usurpation, sans injustice, sans désastres irréparables, et au profit du principe de l'association, le phénomène qui, aujourd'hui, se produit si déplorablement, et à force de tyrannie, au profit de l'égoïsme individuel. Un industriel très-riche aujourd'hui peut, en frappant un grand coup sur ses rivaux, les laisser morts sur la place, et monopoliser toute une branche d'industrie. Dans notre système, l'État se rendrait maître de l'industrie peu à peu, et au lieu du monopole nous aurions, pour résultat du succès, obtenu la défaite de la concurrence : l'association.

» Supposons le but atteint dans une branche particulière d'industrie.... Comme une même industrie ne s'exerce pas toujours au même lieu, et qu'elle a différents foyers, il y aurait lieu d'établir entre tous les ateliers appartenant au même genre d'industrie le système d'association établi dans chaque atelier particulier. Car il serait absurde, après avoir tué la concurrence entre individus, de la laisser subsister entre corporations. Il y aurait donc, dans chaque sphère de travail que le gouvernement serait parvenu à dominer, un atelier central duquel relèveraient tous les autres, en qualité d'ateliers supplémentaires. Dès lors plus de concurrence. Entre les divers centres de production appartenant à la même industrie, l'intérêt serait commun, et l'hostilité ruineuse des efforts serait remplacée par leur convergence.

» Je n'insisterai pas sur la simplicité de ce mécanisme : elle est évidente. Remarquez, en effet, que chaque atelier, après la première année, se suffisant à lui-même, le rôle du gouvernement se bornerait à surveiller le maintien des rapports de tous les centres de production du même genre, et à empêcher la violation des principes du règlement commun. Il n'est pas aujourd'hui de service public qui ne présente cent fois plus de complications.

» C'est qu'en effet le mode des divisions et des subdivisions fait, comme on dit, marcher tout seul le mécanisme en apparence le plus compliqué. Comment ! faire agir avec ensemble les travailleurs serait déclaré impossible dans un pays où on voyait, il y a quelque vingt années, un homme animer de sa volonté, faire vivre de sa vie, faire marcher à son pas un million d'hommes ! Il est vrai qu'il s'agissait de détruire. Mais est-il dans la nature des choses, dans la volonté de Dieu, dans le destin providentiel des sociétés, que produire avec ensemble soit impossible, lorsqu'il est si aisé de détruire avec ensemble?...

» De la solidarité de tous les travailleurs dans un même atelier nous avons conclu à la solidarité des ateliers dans la même industrie. Pour compléter le système, il faudrait consacrer la solidarité des industries diverses. C'est pour cela que nous avons déduit de la quotité des bénéfices réalisés par chaque industrie, une somme au moyen de laquelle l'État pourrait venir en aide à toute industrie que des circonstances imprévues et extraordinaires mettraient en souffrance. Au surplus, dans le système que nous proposons, les crises seraient bien plus rares. D'où naissent-elles aujourd'hui, en grande partie? Du combat vraiment atroce que se livrent tous les intérêts, combat qui ne peut faire des vainqueurs sans faire des vaincus, et qui, comme tous les combats, attelle des esclaves aux chars des triomphateurs. En tuant la concurrence, on étoufferait les maux qu'elle enfante. Plus de victoires; donc, plus de défaites. Les crises, dès lors, ne pourraient plus venir que du dehors. C'est à celles-là seulement qu'il deviendrait nécessaire de parer. Les traités de paix et d'alliance ne suffiraient pas pour cela sans doute; cependant, que de désastres conjurés si, à cette diplomatie honteuse, lutte d'hypocrisie, de mensonges, de bassesses, ayant pour but le partage des peuples entre quelques brigands heureux, on substituait un système d'alliance fondé sur les nécessités de l'industrie et les convenances réciproques des travailleurs dans toutes les parties du monde! Mais notons que ce nouveau genre de diplomatie sera impraticable aussi longtemps que durera l'anarchie industrielle qui nous dévore. Il n'y a que trop paru dans les enquêtes... A quel désolant spectacle n'avons-nous pas assisté? Ces enquêtes ne nous ont-elles pas montré les colons s'armant contre les fabricants de sucre de betterave, les mécaniciens contre les maîtres de forges, les ports contre les fabriques intérieures, Bordeaux contre Paris, le Midi contre le Nord, tous ceux qui produisent contre tous ceux qui consomment? Au sein de ce monstrueux désordre, que peut faire un gouvernement? Ce que les uns réclament avec instance, les autres le repoussent avec fureur : ce qui rendrait la vie à ceux-ci donne la mort à ceux-là!

» Il est clair que cette absence de solidarité entre les intérêts rend, de la part de l'État, toute prévoyance impossible, et l'enchaîne dans ses rapports avec les puissances étrangères. Des soldats au dehors, des gendarmes au dedans, l'État, aujourd'hui, ne saurait avoir d'autres moyens d'action, et toute son utilité se réduit nécessairement à empêcher la destruction d'un côté en détruisant de l'autre. Que l'État se mette résolûment à la tête de l'industrie; qu'il fasse converger tous les efforts; qu'il rallie autour d'un même principe tous les intérêts aujourd'hui en lutte, combien son action à l'extérieur ne serait-elle pas plus nette, plus féconde, plus heureuse, plus décisive!...

» Dans le monde industriel où nous vivons, toute découverte de la science est une calamité; d'abord parce que les machines suppriment les ouvriers, qui ont besoin de travailler pour vivre, ensuite parce qu'elles sont autant d'armes meurtrières fournies à l'industriel qui a le droit et la faculté de les employer contre tous ceux qui n'ont pas cette faculté ou ce droit. Qui dit *machine nouvelle*, dans le système de concurrence, dit *monopole*... Or, dans le système d'association et de solidarité, plus de brevets d'invention, plus d'exploitation exclusive. L'inventeur serait récompensé par l'État, et sa découverte mise à l'instant même au service de tous. Ainsi ce qui est aujourd'hui un moyen d'extermination, deviendrait l'instrument du progrès universel; ce qui réduit l'ouvrier à la famine, au désespoir, et le pousse à la révolte, ne servirait plus qu'à rendre sa tâche moins lourde, et à lui procurer assez de loisir pour exercer son intelligence ; en un mot, ce qui permet la tyrannie aiderait au triomphe de la fraternité.

» Ce que nous venons de dire sur la réforme industrielle suffit pour faire pressentir d'après quels principes et sur quelles bases nous voudrions voir s'opérer la réforme agricole. L'abus des successions collatérales est universellement reconnu. Ces successions seraient abolies, et les valeurs dont elles se trouveraient composées seraient déclarées propriété communale. Chaque commune arriverait de la sorte à se former un domaine qu'on rendrait inaliénable, et qui, ne pouvant que s'étendre, amènerait sans déchirements ni usurpations une révolution agricole immense ; l'exploitation du domaine communal devant d'ailleurs avoir lieu sur une plus grande échelle et suivant des lois conformes à celles qui régiraient l'industrie. [1] »

M. Michel Chevalier combattit ce système dans le *Journal des Débats* :

« Parmi les résultats de la concurrence à peu près sans bornes qui est la loi de l'industrie depuis cinquante ans, il en est, dit cet économiste, de désastreux qui pèsent également sur toutes les classes industrielles, sur les maîtres comme sur les ouvriers ; il en est que l'humanité déplore, que la morale publique condamne et flétrit. L'instabilité, les secousses, les fraudes, les violences trop souvent caractérisent ce régime ; mais, avec des publicistes pleins de lumières et de sens, nous les considérons comme les conséquences fâcheuses, parmi tant d'autres bienfaisantes, de la mise en œuvre récente et incomplète d'un principe nouveau dans le monde, celui de la liberté, principe fécond et immortel. Pour améliorer le fruit, nous pensons qu'il y a seulement à émonder l'arbre, et, d'une main prudente et sûre, le débarrasser des rameaux qu'il pousse à l'aventure. L'école radicale à laquelle M. Blanc appartient veut, si

---

1. *Organisation du travail*, p. 102 et suiv.

nous ne nous trompons, qu'on le coupe par le pied. A ce compte, il n'y aurait pas seulement moins de fruits, il n'y en aurait plus du tout : il n'y en aurait pour personne. Ceux qui sont pauvres comme ceux qui sont riches mourraient de faim.

» Les idées mères de M. Louis Blanc, celles qui percent à chaque instant dans son livre sont les deux suivantes :

» 1° Les sociétés humaines peuvent se gouverner principalement, sinon absolument, par le sentiment du devoir. L'intérêt personnel n'est qu'un ressort d'une importance secondaire ; le progrès social et individuel, le développement de la prospérité publique et privée n'exigent pas impérieusement qu'on le mette énergiquement en jeu. Il n'est pas nécessaire de l'exciter directement. Un appât indirect suffira, il ne mérite pas plus d'honneur : qui dit intérêt personnel, direct, immédiat, dit cupidité. De là M. Louis Blanc conclut que ses *ateliers sociaux* seraient florissants, quoique les membres de l'atelier n'eussent qu'un intérêt collectif et non pas individuel, indirect et non pas immédiat, à bien s'acquitter de leurs fonctions.

» 2° Le terme définitif des sociétés, c'est l'égalité absolue. Nous touchons à ce but; encore un effort, et nous y sommes. Par conséquent, dans un très-prochain avenir, tous les hommes pourront être également rétribués. L'inégalité des salaires parmi les membres des ateliers sociaux, c'est-à-dire parmi tous les hommes, ne sera qu'un accident provisoire, une dérogation passagère à la loi suprême de l'univers; après un peu de temps, la distinction résultant d'une inégalité de salaires sera abolie.

» Or, ces deux idées mères sont radicalement erronées. Tout le système fondé sur elles est chimérique.

» Dans le cœur de la très-grande majorité des hommes, et dans le plus grand nombre des circonstances, dans les actes de la vie courante, le sentiment du droit personnel prime celui du devoir; la pensée de l'intérêt domine celle du sacrifice. Le sentiment immédiat et direct du gain individuel est un mobile sans cesse agissant; dans le monde des affaires, dans les échanges de l'industrie, dans le domaine du travail, il mène et mènera toujours le genre humain. Supprimez-le, et l'industrie languit et s'arrête. Hors de là, plus de progrès dans les arts, plus d'ardeur parmi les travailleurs, plus de vie dans l'atelier. La loi et la religion prêchent aux hommes le devoir et glorifient le sacrifice; remercions-les-en du fond du cœur. La société serait perdue le jour où le sentiment du devoir serait éteint. Elle tomberait en pourriture, si le sacrifice et l'abnégation ne recevaient pas les hommages des hommes. Mais le sentiment du droit se prêche tout seul. Chacun de nous est sur ce point son propre prédicateur, et trouve en soi-même un catéchumène docile. Ce sont les âmes d'élite, et elles seules, qui sont autres. Dressez des statues à Cincinnatus, offrez des palmes aux martyrs, mais n'espérez pas que dans les actes habituels de la vie pratique et dans les questions du pot-au-feu, le genre humain prenne leur abnégation pour modèle. Et encore, par ma foi, eux-mêmes, dans leurs transactions usuelles, se conduisaient suivant la loi commune, et ils étaient peut-être fort intéressés... Cincinnatus, propriétaire, quand il vendait son grain, faisait probablement ses efforts tout comme un autre pour tirer de l'acheteur le meilleur prix. Caton l'Ancien, l'homme du devoir en politique, était, dans la vie privée, très-regardant; et saint Paul, le grand saint Paul, homme de dévouement, certes, eût été peut-être peu alerte, quand il était à sa besogne de faiseur de tentes, s'il n'eût senti que de son travail individuel dépendait son pain quotidien.

» Quant à traduire l'idée de l'égalité par des rétributions identiques pour tous les hommes, c'est méconnaître l'homme et l'histoire. L'égalité véritable, celle que proclamaient nos pères en 1789, et qui a définitivement triomphé en 1830, celle à qui appartient l'avenir, consiste à effacer les inégalités politiques fondées sur le droit de la naissance. Elle signifie qu'il n'y a plus en France de noblesse privilégiée dans sa descendance, et par-dessous un tiers état. Les Français sont égaux, cela veut dire que la nation française est une, que les distinctions publiques appartiennent au talent et aux services, sans acception de la naissance. Cela signifie que l'État doit à tous les intérêts un égal appui, une égale sollicitude; qu'il est tenu à protéger les champs de celui-ci, les rentes de celui-là, le travail de ce troisième, qui n'a ni rentes ni terres. C'est-à-dire aussi que par l'éducation l'État doit préparer tous les hommes à être utiles à la société et à eux-mêmes; que l'éducation encore doit avoir pour but de soigneusement rechercher partout, dans les hameaux comme dans les cités, sous le chaume et les haillons comme sous le toit et l'opulence, les natures supérieures dont la société a besoin pour que ses affaires soient bien conduites. Mais l'idée de soumettre à la même existence matérielle tous les hommes sans exception, les magistrats suprêmes comme le plus humble des manouvriers, est une de ces chimères qui sont permises à peine au collégien naïf dont l'imagination exaltée rêve le brouet noir des Spartiates, hors du réfectoire pourtant, alors qu'il n'a plus faim. Ce ne serait pas de l'égalité, ce serait de l'inégalité brutale, de la tyrannie la plus odieuse. Imaginez-vous dans une des casernes où les travailleurs, c'est-à-dire tous les citoyens, auraient la vie en commun que leur offre M. Blanc, le prince ou le premier magistrat, les ministres, les juges des plus hauts tribunaux, les chefs des travaux de la société, ceux dont la pensée coordonne et règle les efforts de leurs semblables, mangeant à la gamelle de tout le monde la pitance universelle, se délassant de leurs grands soucis dans le préau universel, aux mêmes jeux que le vulgaire, méditant sur les destinées de la patrie, sur les intérêts généraux de la société, dans leur chambre numérotée, pareille à celle du dernier des citoyens, ayant pour s'inspirer autour d'eux, de même que lui, les ustensiles du ménage et les cris des enfants. Cela n'est pas sérieux. Des imaginations échauffées ont pu dans leur exaltation produire de pareilles utopies ou s'en laisser séduire, alors que les détenteurs du pouvoir absorbaient tous les avantages et accaparaient tous les biens. Je concevrais ce rêve en Turquie, de la part d'un malheureux raya à qui le pacha aurait la veille pris sa dernière chèvre et abattu son dernier palmier. Mais en France, de nos jours, où les fonctions publiques sont si peu rétribuées, que de la part d'un homme de quelque capacité c'est un sacrifice matériel que de les accepter, et où elles n'offrent aucune compensation morale en retour; de nos jours, où la position des gouvernants, telle que l'ont faite les préjugés et l'éducation de la révolution, est digne de pitié plutôt que d'envie; chez nous où le premier besoin politique est de rendre à l'autorité quelque prestige, et le premier besoin social la hiérarchie, ces projets d'amoindrir jusqu'à l'aplatissement l'existence des chefs restent sans explication et sans excuse.

» Les deux bases sur lesquelles repose le système de M. Blanc n'ont donc ni solidité ni consistance. Seul, le sentiment du devoir est incapable de fonder une société; le réformateur qui compte sans l'intérêt personnel néglige le mobile le plus puissant des actions ordinaires des hommes, la force qui détermine au moins à demi tous les battements du cœur humain. Dans l'édifice social, c'est le sentiment du devoir qui cimente, mais c'est le sentiment personnel qui rapproche les matériaux. L'égalité absolue est plus qu'une chimère, c'est le comble de l'injustice; c'est l'avilissement de ce qu'il y a de plus noble et de plus pur sur la terre; c'est une honteuse promiscuité. Par cela même, le système croule en entier. ' »

M. Michel Chevalier soutient ensuite que M. Blanc, qui entend être libéral, crée, par l'organisation élective de ses ateliers sociaux, la tyrannie des majorités, et, par l'égalité absolue, organise l'esclavage des natures supérieures; que, par la suppression de la concurrence, il anéantit le ressort du progrès matériel, et paralyse la force qui doit un jour faire disparaître

1. *Journal des Débats* du 2 août 1841.

la misère, aussi complétement que les sociétés humaines peuvent en être affranchies.

M. Louis Blanc répondit : « Oui, je crois et je me sens heureux de croire à la puissance des idées de devoir, convenablement développées par l'éducation. Mais, comme tout le monde, je pense que l'activité humaine a dans l'intérêt personnel un très-énergique, un incontestable mobile. Seulement, on m'accordera bien que l'intérêt personnel doit, pour ne pas agir sur la société d'une manière subversive, se concilier avec les sentiments du devoir ; on m'accordera bien qu'un ordre social est fondamentalement vicieux, lorsqu'au lieu de rendre cette conciliation permanente et naturelle, il tend au contraire à la rendre impossible. Or là est toute la question.

» Par sa nature, le régime de la concurrence donne à l'intérêt personnel une direction anti-sociale, des encouragements contraires au sentiment du devoir ; c'est pour cela qu'il faut le combattre. Il ne s'agit donc pas pour nous de nier puérilement la puissance de l'intérêt personnel, mais d'ennoblir cette puissance, de l'épurer et de la féconder.

» Dans les ateliers sociaux dont nous proposons l'établissement, la part de l'intérêt personnel est faite, sans contredit, puisque chaque travailleur participe au bénéfice. Seulement le bénéfice ne saurait augmenter pour quelques-uns sans augmenter pour tous. Ainsi l'émulation n'est pas détruite ; elle est purifiée. L'intérêt personnel cesse d'être une excitation à la haine pour devenir un moyen de concorde, un encouragement à la fraternité ; le stimulant individuel ne perd rien de son énergie, et il devient moral.

» M. Michel Chevalier a d'avance objecté que dans tout système d'association l'intérêt personnel est indirect, parce qu'il revêt un caractère collectif. La conclusion ne me semble pas logique. Je ne sache rien de plus direct que l'intérêt qu'a un travailleur à l'accroissement des bénéfices dont il doit toucher une partie. Mais quoi ! est-ce qu'il n'y a pas dans tout intérêt collectif un stimulant très-énergique? Est-ce que ce n'est pas à un intérêt d'honneur collectif que se rapporte dans l'armée la fidélité au drapeau? Est-ce que ce n'est pas sous l'influence d'un intérêt collectif de gloire qu'on a vu des millions d'hommes courir avec enthousiasme au-devant de la mort? Est-ce que ce n'est pas un sentiment collectif qui a enfanté l'omnipotence du catholicisme, fondé toutes les grandes institutions, inspiré toutes les grandes choses, produit tous les actes par lesquels a éclaté dans l'histoire la souveraineté du vouloir de l'homme? Est-il donc sans puissance, cet intérêt qui nous rend si jaloux de la dignité de notre nation, cet intérêt collectif qui s'appelle *la patrie?* Et lorsqu'on l'a mis si complétement au service de la destruction et de la guerre, comment nous persuadera-t-on qu'il est à tout jamais impossible de le mettre au service de la production et de la fraternité humaine?

» Que ceci reste bien entendu : nous ne prétendons pas le moins du monde qu'on immole à l'émancipation du peuple la personnalité humaine, les droits de l'individu; mais nous demandons que, par une application à la fois prudente et large du principe d'association, l'individu se trouve naturellement amené à associer au bien de ses semblables son espérance et ses désirs...

» M. Michel Chevalier me reproche d'avoir indiqué comme le terme définitif des sociétés l'égalité absolue. Ici encore il importe de bien nous entendre. Les hommes n'ayant ni les mêmes facultés ni les mêmes besoins, et ne pouvant vivre en société que par la mise en œuvre d'aptitudes essentiellement diverses, il est clair que prêcher l'égalité *absolue* serait un non-sens. Ce que j'ai affirmé et ce que je répète volontiers, c'est que, si la *hiérarchie par capacités* est nécessaire et féconde, il n'en est pas de même de la *rétribution par capacités.* La mission de conduire des sociétés humaines n'est pas une si petite affaire qu'il soit permis de la ranger au nombre des choses dont on trafique; qui gouverne est tenu de se dévouer. Sans doute il faut que la rému-

nération soit suffisante pour rendre possible et facile l'exercice
de la fonction; mais on ne saurait mesurer l'importance de la
fonction à celle du gain sans dénaturer le pouvoir, sans le ra-
baisser outre mesure, sans en méconnaître l'essence et la grandeur. D'ailleurs, c'est introduire dans la hiérarchie un principe
d'ordre et de discipline que de faire du désintéressement une
condition du pouvoir; car c'est le rendre tout à la fois plus
digne de respect et moins sujet à l'envie; c'est couper court à
la candidature des médiocrités cupides et remuantes, des am-
bitions grossières; c'est convier à l'exercice de l'*autorité* ceux-là
seuls qui s'y sentent appelés par le besoin de développer les
hautes facultés de leur esprit et d'appliquer des idées utiles;
c'est faire de l'obéissance un acte de gratitude.

» L'homme qui s'adjuge en vertu de sa supériorité intellectuelle une part plus large des biens terrestres, perd le droit de
maudire l'homme fort qui, aux époques de barbarie, asser-
vissait les faibles en vertu de sa supériorité physique. Et si l'on
répond que le talent a besoin d'être stimulé par la récompense,
que l'utilité sociale l'exige, je demanderai à mon tour s'il est
nécessaire que la récompense soit matérielle, qu'elle s'évalue en
richesses? Est-ce que les hommes vraiment supérieurs n'ont pas
toujours cherché et trouvé leur principale récompense dans
l'exercice même de leurs facultés? Si la société eût voulu récompenser Newton, elle n'y eût pas suffi; il n'y avait pour Newton qu'une récompense équitable : la joie qu'il dut ressentir
quand son génie découvrit les lois qui régissent les mondes. Si
es besoins sont l'indication que Dieu donne à la société de ce
qu'elle doit à l'individu, les facultés ne sont-elles pas l'indica-
teur que Dieu donne à l'individu de ce qu'il doit à la société?
Donc, d'après la loi divine écrite dans l'organisation de chaque
homme, une intelligence plus grande suppose une action plus
utile, mais non pas une rétribution plus considérable; et l'inégalité des aptitudes ne saurait logiquement et légitimement aboutir qu'à l'inégalité des devoirs. »

Devenu membre du gouvernement provisoire après la révolution de février 1848, et président de la commission de gouvernement pour les travailleurs installée au palais du Luxembourg, M. Louis Blanc fut appelé à expliquer ses idées d'organisation du travail.

« Le mal présent est très-grand, disait-il le 20 mars 1848 devant les délégués des patrons et des ouvriers; la nécessité du remède en sera mieux sentie. Les entrepreneurs disent : C'en est fait! Ce n'est pas seulement une monarchie, c'est une société qui s'en va! D'autre part, les ouvriers sont agités de pensées inquiètes, beaucoup ne veulent plus subir les anciennes conditions du travail. Que faire? Voici ce que nous proposons. Aux entrepreneurs qui, se trouvant aujourd'hui dans des conditions désastreuses, viennent à nous et nous disent : Que l'État prenne nos établissements et se substitue à nous, nous répondrions : L'État y consent. Vous serez largement indemnisés. Mais cette indemnité qui vous est due, ne pouvant être prise sur les ressources du présent, lesquelles seraient insuffisantes, sera demandée aux ressources de l'avenir : l'État vous souscrira des obligations, portant intérêt, hypothéquées sur la valeur même des établissements cédés, et remboursables par annuités ou par amortissement.

» L'affaire ainsi réglée avec les propriétaires d'usines, l'État dirait aux ouvriers : Vous allez travailler désormais dans ces usines comme des frères associés; pour la fixation de vos salaires, il y a à choisir entre deux systèmes, ou des salaires égaux ou des salaires inégaux; nous serions partisans, nous, de l'égalité, parce que l'égalité est un principe d'ordre qui exclut les jalousies et les haines.

» On pourra nous objecter : L'égalité ne tient pas compte des aptitudes diverses. Mais, selon nous, si les aptitudes peuvent régler la hiérarchie des fonctions, elles ne sont pas appelées à déterminer la différence dans la rétribution. La supériorité d'intelligence ne constitue pas plus un droit que la supériorité musculaire; elle ne crée qu'un devoir. Il doit plus celui qui peut davantage : voilà son privilége!

» On pourra objecter encore : L'égalité tue l'émulation.

» Rien de plus vrai dans tout système où chacun ne stipule que pour soi, où les travailleurs ne sont pas juxtaposés, n'agissent qu'à un point de vue purement individuel, et n'ont aucune raison d'établir ce que j'appellerai le POINT D'HONNEUR DU TRAVAIL. Mais qui ne sent que, parmi les travailleurs associés, la paresse aurait bien vite le caractère d'infamie qui, parmi des soldats réunis, s'attache à la lâcheté? Qu'on plante dans chaque atelier un poteau, avec cette inscription : *Dans une association de frères qui travaillent, tout paresseux est un voleur.*

» Nous ajouterons, en faveur du système de l'égalité dans la rétribution, cette considération, décisive à nos yeux : l'élection devant seule désigner, parmi les travailleurs associés, les directeurs des travaux, l'égalité du salaire prévient les candidatures que susciterait la convoitise dans le système d'inégalité. La capacité, alors, recherchera seule des devoirs plus difficiles : toute ambition sordide sera écartée d'avance, et le déclassement des aptitudes sera prévenu.

» Du reste, que l'un ou l'autre système l'emporte dans la distribution des salaires, une fois ce point réglé, vient la question de l'emploi des bénéfices du travail commun. Après le prélèvement du prix des salaires, de l'intérêt du capital, des frais d'entretien et de matériel, le bénéfice sera ainsi réparti : Un quart pour l'amortissement du capital appartenant au propriétaire avec lequel l'État aurait traité; un quart pour l'établissement d'un fonds de secours destiné aux vieillards, aux malades, aux blessés, etc.; un quart à partager entre les travailleurs à titre de bénéfice; un quart enfin pour la formation d'un fonds de réserve.

» Ainsi serait constituée l'association dans un atelier.

» Resterait à étendre l'association entre tous les ateliers d'une même industrie, afin de les rendre solidaires l'un de l'autre.

» Deux conditions y suffiraient :

» D'abord, on déterminerait le prix de revient ; on fixerait, en égard à la situation du monde industriel, le chiffre du bénéfice licite au-dessus du prix de revient, de manière à arriver à un prix uniforme et à empêcher toute concurrence entre les ateliers d'une même industrie.

» Ensuite, on établirait dans tous les ateliers de la même industrie un salaire, non pas égal, mais proportionnel, les conditions de la vie matérielle n'étant pas identiques sur tous les points de la France.

» La solidarité ainsi établie entre tous les ateliers d'une même industrie, il y aurait enfin à réaliser la souveraine condition de l'ordre, celle qui devra rendre à jamais les haines, les guerres, les révolutions impossibles ; il y aurait à fonder la solidarité entre toutes les industries diverses, entre tous les membres de la société.

» Deux conditions pour cela sont indispensables :

» Faire la somme totale des bénéfices de chaque industrie, et cette somme totale, la partager entre tous les travailleurs.

» Ensuite, des divers fonds de réserve dont nous parlions tout à l'heure, former un fonds de mutuelle assistance entre toutes les industries, de telle sorte que celle qui, une année, se trouverait en souffrance, fût secourue par celle qui aurait prospéré. Un grand capital serait ainsi formé, lequel n'appartiendrait à personne en particulier, mais appartiendrait à tous collectivement.

» La répartition de ce capital de la société entière serait confiée à un conseil d'administration placé au sommet de tous les ateliers. Dans ses mains seraient réunies les rênes de toutes les industries, comme dans la main d'un ingénieur nommé par l'État serait remise la direction de chaque industrie particulière.

» L'État arriverait à la réalisation de ce plan par des mesures successives. Il ne s'agit de violenter personne. L'État donnerait son modèle : à côté vivraient les associations privées, le système économique actuel. Mais telle est la force d'élasticité que nous croyons au nôtre, qu'en peu de temps, c'est notre plus ferme croyance, il se serait étendu sur toute la société, attirant dans son sein les systèmes rivaux par l'irrésistible attrait de sa puissance. Ce serait la pierre jetée dans l'eau et traçant des cercles qui naissent l'un de l'autre, en s'agrandissant toujours. »

Ce système ayant été vivement attaqué, M. Louis Blanc ajouta quelques jours après :

« Je suppose un instant la société arrivée au dernier terme de son perfectionnement. Que faudrait-il pour que tous les hommes y fussent heureux? Deux choses : d'abord que chacun pût développer librement ses facultés et ses aptitudes; ensuite que chacun pût contenter pleinement ses besoins et ses goûts. L'idéal vers lequel la société doit se mettre en marche est donc celui-ci : *Produire selon ses forces, consommer selon ses besoins.*

» Mais cet idéal, y peut-on atteindre aujourd'hui? Je ne le pense pas. En premier lieu, le bienfait de l'éducation n'ayant été jusqu'ici accordé aux hommes que par privilége, en vertu d'une naissance plus ou moins heureuse, c'est-à-dire sur les indications du hasard, les fonctions ne se trouvent nulle part déterminées par les aptitudes, qui presque partout sont ignorées ou s'ignorent; en second lieu, il est malheureusement trop certain que la civilisation vicieuse dont nous portons aujourd'hui le poids, et qui obscurcit les lois de la nature, se trouve avoir créé une foule de besoins factices, de goûts dépravés, de vains désirs, qui dans l'état idéal dont nous parlions se traduiraient en exigences désordonnées et ruineuses. Si l'on prétendait appliquer dès à présent ce principe *que chacun doit travailler selon ses aptitudes et ses forces, que chacun doit consommer selon ses besoins*, où serait la limite des besoins, où serait la règle des aptitudes? L'objection est sérieuse, fondamentale. Sans doute elle n'aurait pas de valeur au sein d'une société suffisamment éclairée, parce que là, évidemment, la règle des aptitudes serait fournie par l'éducation, et que la limite des besoins y serait claire-

ment indiquée par la nature et assignée par la morale. Mais
l'histoire ne se fait pas en un jour. Tout siècle a sa besogne : la
nôtre n'est peut-être pas de réaliser le souverain principe d'ordre
et de justice. Dans ce long voyage de l'humanité vers le bien,
nous avons encore quelques étapes à fournir. Mais, s'il nous est
refusé de toucher au but suprême, ayons du moins le mérite de
l'apercevoir et la gloire d'y marcher.

» Or, une fois l'association établie dans un atelier, quel serait le meilleur mode de répartition à introduire? Conviendrait-
il d'admettre l'inégalité des salaires en réservant l'égalité pour
la distribution des bénéfices, ou bien admettrait-on l'égalité
dans la distribution des salaires et des bénéfices en même temps?

» Nul doute que l'inégalité des salaires ne soit le système le
plus approprié à notre éducation, à nos habitudes, à nos mœurs,
à l'ensemble des idées généralement répandues. Nul doute par
conséquent que ce système ne fût préférable au point de vue purement pratique. Aussi n'avons-nous eu garde de l'exclure...

» Il n'est pas vrai que nous ayons condamné absolument le
système de l'inégalité des salaires combinée avec l'égale répartition des bénéfices. Ce qui est vrai, c'est qu'à ce système, plus
conforme à la situation présente, nous en avons opposé un autre
plus en rapport avec nos pressentiments de l'avenir... Il nous
était donc commandé d'examiner si l'égalité des salaires n'était
pas dès à présent acceptable dans les ateliers nouveaux, du
moins pour les travailleurs les plus impatients de jouir des
bienfaits de la fraternité.

» Et avant tout, posons bien en fait que nous n'avons jamais
entendu appliquer l'égalité des salaires à l'industrie privée et
dans le régime actuel de concurrence. Il est manifeste que là
où les travailleurs ne sont attachés l'un à l'autre par aucun
lien, les rétribuer également, ce serait offrir une prime à la paresse et détendre le ressort de l'activité individuelle.

» En effet, dans un atelier où chaque ouvrier traite *isolément*,
séparément avec l'entrepreneur, avec celui que jusqu'à la révo-

lution de février on avait appelé le maître, qui donc a intérêt à ce que son voisin remplisse consciencieusement sa journée? qui pourrait s'en inquiéter! Nous travaillons pour le compte d'autrui, au profit d'autrui; si mon camarade se croise les bras, que m'importe? C'est l'affaire du patron, ce n'est pas la mienne. Voilà justement ce qui fait que dans le régime d'individualisme où nous vivons en ce moment l'inégalité des salaires est un aiguillon indispensable.

» Aussi ne saurions-nous trop insister sur ce point que l'égalité des salaires n'a été indiquée par nous qu'en vue d'un régime tout différent de celui d'aujourd'hui, qu'en vue d'un régime d'association et d'étroite solidarité. Car alors tout change : c'est alors que chacun est intéressé à stimuler le zèle de ses camarades, à activer un labeur dont chacun recueillera les fruits; c'est alors que le point d'honneur devient un ressort d'une énergie souveraine. Qui oserait ne pas payer sa dette de travail, quand, à l'égard de ses associés, de ses frères, sa paresse serait une lâcheté et un vol? Sans parler ici de l'entraînement physique et presque machinal qui fait aller du même pas une multitude en marche, est-ce donc si peu connaître la nature humaine que de croire à cette électricité morale qui se dégage du contact d'hommes associés, coopérant à une œuvre commune sous l'empire d'une même idée, sous l'impulsion d'un même sentiment?

» A Dieu ne plaise, au surplus, que nous considérions l'égalité des salaires comme réalisant d'une manière complète le principe de la justice! Nous avons donné tout à l'heure la vraie formule : *Que chacun produise selon son aptitude et ses forces, que chacun consomme selon ses besoins :* ce qui revient à dire que l'égalité juste, c'est la *proportionnalité*. Mais quoi! cette proportionnalité, elle existe aujourd'hui. Seulement c'est au rebours de la raison et de l'équité; car au lieu d'être rétribué selon ses besoins, on est rétribué selon ses facultés, et au lieu de travailler selon se facultés, on travaille selon ses besoins.

» Quelque imparfait qu'il soit, le système de l'égalité des salaires a, du moins, l'avantage de constituer une transition entre la proportionnalité fausse et la proportionnalité vraie; car, que la rétribution doive se mesurer à la capacité, on ne saurait certainement le soutenir jusqu'au bout. Il faudrait donc que là où la capacité est nulle, la rétribution fût nulle aussi! il faudrait donc laisser mourir de faim les idiots, les infirmes et les fous! Pourquoi dès lors des hospices pour les uns et Bicêtre pour les autres? On le voit, la société est obligée de violer en cela son propre principe, tant ce principe outrage la nature! Et ce n'est pas seulement au sein des sociétés chrétiennes que cette solennelle contradiction s'est manifestée. Dans l'antiquité, par une exagération bizarre, mais touchante, un individu atteint de folie était regardé comme sacré, et tous les hommes doués d'intelligence se croyaient responsables de la vie du malheureux qu'avait abandonné la raison.

» Ainsi, d'un bout de l'histoire à l'autre, a retenti la protestation du genre humain contre ce principe : A *chacun selon sa capacité*; la protestation du genre humain en faveur de ce principe : A *chacun selon ses besoins*.

» Qu'il reste donc bien entendu que l'égalité des salaires ne saurait être à nos yeux qu'un acheminement vers la justice, et, d'un autre côté, nous avons cru devoir l'indiquer comme une condition d'ordre, comme une garantie de la durée de l'association, rien n'étant plus propre que l'inégalité à faire naître des divisions, à susciter l'envie, à engendrer la haine.

» Maintenant, est-ce à dire que ce système d'égalité dans la rémunération doive être étendu de l'ouvrier au fonctionnaire public, et même aux chefs de l'État? Sans hésiter, nous répondons que si l'association devenait assez vaste pour embrasser l'universalité des citoyens, et faire de la nation une grande famille, ce serait alors le cas d'appliquer le principe supérieur de justice : *Devoir en proportion des aptitudes et des forces, droit en proportion des besoins*. Ainsi se trouverait réalisée cette admirable parole de l'Évangile : *Que le premier d'entre vous soit le serviteur des autres.*

» Et ce n'est certes pas nous qui nous élèverions contre une semblable maxime.

» Pour moi, je vous le déclare, je me fais une si haute idée du pouvoir, que celui qui y verrait une question d'émoluments me paraîtrait le dernier des hommes. Il y a dans le fait de commander à ses semblables je ne sais quoi de présomptueux, qui a besoin d'être amnistié par la passion de leur être utile. Gouverner, c'est se dévouer.

» On a demandé si je consentirais à m'appliquer la règle que je proclame. Voici ma réponse : Dans le système universel d'association, dans le système complétement réalisé, que j'appelle de tous mes vœux....... OUI! et ce OUI, je désire qu'il soit imprimé à deux cent mille exemplaires, pour que, si jamais je venais à le renier, chacun de vous pût, un exemplaire à la main, me démentir et me confondre.

» On a essayé de répandre parmi les ouvriers la crainte que l'égalité des salaires ne descendît pour eux au niveau du minimum. Tel ouvrier, a-t-on dit, qui gagnait six francs, sera réduit à n'en gagner que trois, comme l'ouvrier moins habile. Nous n'avons jamais ni rien voulu, ni rien avancé de semblable. Notre conviction profonde, au contraire, est que l'égalité, en tant qu'elle se combinerait avec l'association, assurerait à chacun le maximum des salaires d'aujourd'hui. Il s'agit pour nous, non pas d'abaisser, mais d'élever de plus en plus le niveau du bien-être.

» Au surplus, entre l'égalité et l'inégalité, libre à vous de choisir.

» Seulement, rappelez-vous que l'association est féconde pour le bonheur. La fraternité, c'est la science de la richesse. Soyez frères, vous serez libres; soyez frères, vous serez heureux par le devoir. »

Quelques ateliers furent alors organisés sur le plan donné par

M. Louis Blanc. Il alla inaugurer lui-même l'établissement de ce régime dans l'atelier de constructions mécaniques de MM. Derosne et Cail, et plus tard un atelier de tailleurs s'organisa fraternellement dans la prison pour dettes de la rue de Clichy, alors fermée. Malgré les commandes de l'État, aucun de ces essais n'a réussi.

M. Louis Blanc prétend pourtant que son système n'a pas été régulièrement essayé, parce qu'on n'en a pas mis les moyens à sa disposition. « Car il est bon qu'on sache, s'écrie-t-il dans sa *Réponse à M. Thiers*, que la commission de gouvernement pour les travailleurs avait été instituée seulement comme commission d'étude. Je suis entré au Luxembourg et j'en suis sorti sans avoir reçu un centime. Voilà pourquoi mon système est encore à l'état de théorie, et voilà ce qui donne beau jeu à tant de gens qui s'autorisent de ce qu'on m'a jeté dans l'impuissance de le pratiquer pour le déclarer impraticable ! Eh bien ! je ne crains pas d'affirmer qu'avec la moitié de ce qui a été si imprudemment et si ruineusement dépensé dans les ateliers nationaux (lesquels ont été organisés sans moi et contre moi), il m'eût été facile de fermer la bouche à ceux qui disent de tout ce qu'ils n'ont pas étudié et ne connaissent pas : c'est impossible ! »

M. Thiers ayant dit : « De tout temps on avait regardé comme vulgaire cette vérité que, dans la gestion des intérêts privés, le meilleur des surveillants était l'œil du maître ! On avait toujours cru que dans l'industrie privée, ce qu'il fallait, c'était l'ardeur, l'intelligence, l'application, soutenue des intérêts privés; et on nous propose dans l'industrie, quoi? l'intérêt collectif, c'est-à-dire l'anarchie dans l'industrie. Vous figurez-vous toutes les filatures, toutes les forges, toutes les usines de France gouvernées par des associations d'ouvriers, et à l'intérêt privé, qui, seul aujourd'hui, même avec des efforts inouïs, avec des prodiges de capacité et d'application, arrive, non pas à faire de grandes fortunes,.... souvent même il accumule les revers et les ruines; eh bien! vous figurez-vous une collection faisant ce que l'intérêt privé, la capacité, n'ont pu faire!.... Dans l'industrie, le véritable principe, le véritable moteur, c'est l'intérêt privé, la capacité individuelle. »

M. L. Blanc répondit : « Pourquoi l'œil du maître est-il si nécessaire? Parce que seul le maître est intéressé à ce que la besogne soit faite activement et bien faite. Or, dans une association, l'œil du maître est constamment ouvert, par la raison bien simple que dans une association où chacun est personnellement intéressé aux résultats à obtenir, l'œil du maître, c'est l'œil de tout le monde...... Quel rapport y a-t-il entre ces mots, l'intérêt collectif, qui expriment une idée de rapprochement, d'union, de discipline, et ces mots : anarchie dans l'industrie, qui impliquent l'idée de division et de désordre? Proclamer la puissance de l'intérêt personnel, c'est faire sonner bien haut une vérité que personne ne conteste. La question est seulement de savoir si les excitations de l'intérêt personnel ne sont pas plus morales et plus fécondes lorsqu'elles se lient au culte de l'intérêt général que lorsqu'elles s'en écartent. Où M. Thiers a-t-il pris que le stimulant de l'intérêt personnel serait supprimé parce qu'à la place de tous ces *salariés* qui, travaillant pour le compte d'autrui, ne sont nullement *intéressés* au résultat de leur travail, on aurait des *associés* qui, travaillant pour leur propre compte, seraient évidemment intéressés à bien faire? Le principe d'association ne demande pas qu'on tisse le fil, qu'on forge le fer pour la patrie : il demande qu'on tisse le fil, qu'on forge pour soi en même temps que pour les autres..... Qu'on nous dise où sont, pour le salarié, les excitations de l'intérêt personnel? qu'on nous dise ce qui, en dehors des sollicitations tyranniques de la faim, peut l'encourager au travail, l'attacher à la production, lui rendre ses fatigues attrayantes, ou même lui en alléger le fardeau..... Le régime de l'association a sur celui du salariat ce double avantage, d'une part qu'il satisfait dans chacun les exigences de l'intérêt personnel, et d'autre part

qu'il lie l'intérêt personnel à l'intérêt général, de manière à sanctifier le premier en centuplant la puissance du second. »

Tout cela est parfait en théorie ; mais, en pratique, tant
l'homme est enclin à la paresse, malgré les fameux poteaux
d'infamie placés dans l'atelier, malgré la théorie du point d'honneur, il y aurait lieu de craindre que beaucoup d'associés ne
cherchassent à vivre du travail des autres. Alors, au lieu d'avoir
à nourrir le capitaliste oisif, on aurait pu avoir à nourrir le
travailleur paresseux.

M. Thiers ajoutait : « Si je le pouvais, je vous citerais les
exemples pris à Paris, dans de grands établissements, de cette
association merveilleuse qui devait régénérer l'espèce humaine,
et rendre à la classe ouvrière sa prospérité, sa dignité ; vous y
verriez les désordres et la ruine, vous verriez le salaire diminué
par le fait, par les extravagances d'un mauvais gouvernement. »

M. L. Blanc répliqua : « Si M. Thiers entend faire allusion à
l'association des ouvriers tailleurs et à celle des ouvriers selliers, qui ont dû leur existence à la commission de gouvernement pour les travailleurs, nous nous écrierons comme M. Thiers :
Qu'on fasse une enquête! Car à l'autorité de la logique elle
ajoutera celle des faits ; car elle dira que l'association des ouvriers selliers s'est développée d'une manière merveilleuse ; que
celle des ouvriers tailleurs, quoique placée dans des conditions
très-défavorables et en butte à un système calculé de calomnies,
a pris une extension rapide, mené à fin des travaux considérables, réalisé des bénéfices importants, et montré ce que vaut
pour l'ordre et l'activité dans le travail, la pratique de la vie
fraternelle. »

Voici comment le journal de M. Proudhon parla de l'atelier
de la rue de Clichy :

« Louis Blanc, dit la Voix du Peuple, nous cite sans cesse l'a-
telier de Clichy comme l'expression de son idéal. Là, dit-il,
forts et faibles recevaient un salaire égal de 2 francs par jour ;
on partageait en frères.

» C'est vrai; mais voyons le revers de la médaille : les détails qui vont suivre nous sont communiqués par le citoyen Vabry, ouvrier tailleur de l'association.

» L'atelier de Clichy, conformément à la recommandation du maître, a réalisé des bénéfices assez considérables pour payer, à chaque sociétaire, un dividende de 75 centimes par jour.

» Ces bénéfices, où ont-ils été pris? sur les salaires des ouvriers. Dans ce cas, le dividende n'est que la répartition d'une retenue opérée sur le prix de la journée. Les travailleurs ne peuvent pas bénéficier sur eux-mêmes.

» Mais l'association avait des fournitures à acheter, et, comme toutes les entreprises capitalistes, elle a spéculé sur ses commandes. Ainsi, les grenades brodées pour les tuniques ont été adjugées à très-bas prix. Les *frères* tailleurs ont cherché le bon marché, sans s'inquiéter si leurs *sœurs* les brodeuses ne verraient pas leurs salaires diminuer.

» Les boutons des capotes de la garde mobile n'ont point été donnés aux boutonniers associés, parce qu'ils n'ont pu soumissionner à aussi bas prix que les capitalistes. Des pantalons ont été confectionnés par des ouvrières en dehors de l'association : on ne leur payait que 2 fr. de main-d'œuvre, tandis que le prix courant est de 3 fr. On faisait également, sur les tuniques confectionnées par les ouvriers non associés, une retenue pour les frais généraux.

» Quand la ville de Paris rompit son marché, on engagea les ouvriers jeunes et valides à se retirer, par suite de la baisse du travail, afin de ne pas disloquer le fonds social. L'indemnité consentie par la municipalité parisienne, pour suspension de commandes, appartenait de droit, selon les vrais principes de solidarité, à tous ceux que le chômage privait d'emploi. L'association, traitant en mercenaires et en salariés les ouvriers et ouvrières en dehors d'elle, leur a donné le prix *convenu* pour les travaux exécutés, et a gardé pour elle l'indemnité.

» Louis Blanc avait dit en instituant l'atelier de Clichy : Il faut que l'entreprise réussisse quand même, pour l'honneur de mon principe. L'établissement s'est maintenu, mais la fraternité, en a-t-on tenu compte? »

DROIT AU TRAVAIL

« Le droit au travail, principe fondamental de l'évangile socialiste, n'est pas, dit Léon Faucher, la faculté qui appartient à tout homme, dans un état libre, de faire usage de son industrie. Le droit au travail n'a rien de commun avec la liberté du travail. Les apôtres de cette doctrine entendent par là, non pas l'emploi fait sans obstacles par chacun de ses forces et de ses ressources, mais une action donnée à l'individu contre la société. Ils prétendent que tout membre de la société qui n'aura pas su, pu ou voulu se créer des moyens d'existence, soit fondé à dire aux magistrats : Chargez-vous de m'occuper, car vous êtes tenus de me nourrir. C'est ce que M. de Lamartine a appelé le droit à l'existence. »

Robespierre disait : « Quel est le premier objet de la société, c'est de maintenir les droits imprescriptibles de l'homme. Quel est le premier de ces droits? Celui d'exister. La première loi sociale est donc celle qui garantit à tous les membres de la société les moyens d'exister; toutes les autres sont surbordonnées à celle-là. La propriété n'a été instituée ou garantie que pour la cimenter. Il n'y a que l'excédant de ce qui est nécessaire à la vie commune qui soit une propriété individuelle et qui soit abandonné à l'industrie des commerçants. Toute spéculation mercantile que je fais aux dépens de la vie de mon semblable n'est point un trafic, c'est un brigandage et un fratricide. »

Fourier formule ainsi sa théorie du droit au travail :

« L'Écriture nous dit que Dieu condamna le premier homme et sa postérité à travailler à la sueur de leur front; mais il ne nous condamna pas à être privés du travail d'où dépend notre subsistance. Nous pouvons donc, en fait de droits de l'homme, inviter la philosophie et la civilisation à ne pas nous frustrer de la ressource que Dieu nous a laissée comme pis aller et châtiment, et à nous garantir au moins le *droit au genre de travail* auquel nous avons été élevés. Nous avons donc passé des siècles à ergoter sur les droits de l'homme, sans songer à reconnaître le plus essentiel, celui du travail, sans lequel les autres ne sont rien. Quelle honte pour les peuples qui se croient habiles en politique sociale! Ne doit-on pas insister sur une erreur si ignominieuse, pour étudier l'esprit humain et le mécanisme sociétaire qui va rendre à l'homme tous ses droits naturels, dont la civilisation ne peut ni garantir ni admettre le principal, le *droit au travail?* »

« L'espèce humaine est placée sur la terre pour y vivre et pour s'y développer, dit M. Victor Considérant; l'*espèce* est donc usufruitière de la surface du globe... Or, sous le régime qui constitue la propriété dans toutes les nations civilisées, le fonds commun, sur lequel l'espèce tout entière a plein droit d'usufruit, a été envahi, il se trouve confisqué par le petit nombre à l'exclusion du grand nombre. Eh bien! n'y eût-il, en fait, qu'un seul homme exclu de son droit à l'usufruit du fonds commun par la nature du régime de la propriété, cette exclusion constituerait à elle seule une atteinte au droit, et le régime de la propriété qui la consacrerait serait certainement injuste, illégitime.

» Le sauvage jouit, au milieu des forêts et des savanes, des quatre droits naturels : chasse, pêche, cueillette, pâture. Telle est la première forme du droit.

» Dans toutes les sociétés civilisées, l'homme du peuple, le prolétaire, n'hérite de rien et ne possède rien, est purement et simplement dépouillé de ses droits; on ne peut donc pas dire que le droit primitif ait ici changé de forme, puisqu'il n'existe plus. La forme a disparu avec le fond.

» Or, quelle serait la forme sous laquelle le droit pourrait se concilier avec les conditions d'une société industrieuse? La réponse est faite.

» Dans l'état sauvage, pour user de son droit, l'homme est *obligé d'agir*. Les travaux de la pêche, de la chasse, de la cueillette, de la pâture, sont les conditions de l'exercice de son droit. Le droit primitif n'est donc que le *droit à ces travaux*.

» Eh bien, qu'une société industrieuse, qui a pris possession de la terre et qui enlève à l'homme la faculté d'exercer à l'aventure et en liberté, sur la surface du sol, ses quatre droits naturels ; que cette société reconnaisse à l'individu, en compensation de ces droits dont elle le dépouille, le *droit au travail*, alors, en principe et sauf application convenable, l'individu n'aura plus à se plaindre. En effet, son droit primitif était le *droit au travail* exercé au sein d'un atelier pauvre, au sein de la nature brute ; son droit actuel serait le *même droit* exercé dans un atelier mieux pourvu, plus riche, où l'activité individuelle doit être plus productive.

» La condition *sine quâ non* pour la légitimité de la propriété est donc que la société reconnaisse au prolétaire le *droit au travail*, et qu'elle lui assure au moins autant de moyens de subsistance, pour un exercice d'activité donné, que cet exercice eût pu lui en procurer dans l'état primitif.

» Or, l'ouvrier *qui n'a pas de travail* a-t-il aujourd'hui le droit d'aller dire au maire de sa commune, au préfet de son département, à un représentant de la société enfin : « Il n'y a plus » pour moi de travail à l'atelier où j'étais engagé ; » ou bien : « Le salaire est devenu tellement bas, qu'il n'est plus suffisant » pour assurer ma subsistance ; je viens donc réclamer de vous » du travail à un taux de salaire tel que mon sort puisse être » jugé *préférable* à celui d'un sauvage, libre dans ses bois ? » Non.

» Non-seulement ce droit n'est pas encore reconnu, non-seulement il n'est pas garanti par des institutions sociales ; mais encore la société dit au prolétaire, spolié par elle du premier, du plus sacré de tous les droits, de son droit de propriété à l'usufruit des biens de la terre, elle lui dit : « Trouve du tra-

» vail *si tu le peux*, et si tu ne le peux pas, meurs de faim, en
» *respectant la propriété d'autrui*. » La société pousse encore la
dérision jusqu'à *déclarer coupable* l'homme qui ne peut pas
trouver du travail, qui ne peut pas trouver à vivre. Chaque jour
nous jetons en prison des malheureux *coupables de mendicité*, de
vagabondage, c'est-à-dire coupables de n'avoir ni subsistance,
ni asile, ni moyen de s'en procurer.

» Le régime de la propriété, dans toutes les nations civilisées,
est donc injuste au premier chef, il est fondé sur la conquête,
sur une prise de possession qui n'est qu'une usurpation permanente, tant qu'un *équivalent* des droits naturels n'est pas donné
à ceux qui sont exclus, en fait, de l'usage du sol. Ce régime,
en outre, est extrêmement dangereux, attendu que dans les nations
où l'industrie, la richesse et le luxe sont très-développés, les
prolétaires ne peuvent manquer tôt ou tard de se prévaloir de
cette spoliation pour bouleverser la société. »

« Les théoriciens qui proclament le droit au travail supposent, répond Léon Faucher, un état de nature préexistant à la
société, et un contrat par lequel les hommes, en fondant l'ordre
social, auraient réservé certains droits inhérents et essentiels à
l'existence. Ce contrat est une pure fiction. Il n'y a rien d'antérieur ni de supérieur à la société; car, en dehors de la société,
l'existence de l'homme est impossible. L'échelle sociale comprend des degrés infinis, depuis l'état sauvage jusqu'à la civilisation la plus avancée. Mais l'exploration du globe a démontré
que dans aucune contrée l'homme et la famille ne luttaient
isolément pour la satisfaction de leurs besoins ni pour le développement de leurs forces; que les tribus les moins policées et
les plus misérables avaient encore un langage, des traditions,
des principes et un gouvernement. L'homme et la société ont
la même date ainsi que la même origine. L'homme ne peut se
développer qu'au sein de la société; il n'y apporte rien que des
facultés en germe, et il reçoit tout d'elle : ses droits découlent
du même principe que ses devoirs. L'individu trouve dans les

droits d'autrui la limite des siens, et leur garantie dans les devoirs qui sont imposés à chacun de ses semblables. Les droits, comme les devoirs, ne sont que l'expression des rapports que l'état social, que la destinée ici-bas fait naître entre les hommes.

» Non, il n'existe pas un droit naturel à la possession de la terre brute. Le sol appartient légitimement à celui qui se l'approprie par le travail. Le travail crée la propriété, il la crée à toujours, en marquant les choses de l'empreinte de l'homme. C'est l'activité humaine appliquée aux forces de la nature qui donne naissance aux capitaux. Voilà, dans l'ordre immobilier, la source vraie de la richesse. La chasse, la pêche et les autres procédés de l'état sauvage ne sont que des moyens d'appropriation imparfaits et éphémères. Ils supposent déjà une certaine action de l'homme sur la nature; c'est le début du travail dans la société. Les tribus nomades se partagent le sol : chacune a son territoire, qui appartient ainsi à la communauté, avant de se distribuer entre les familles et entre les individus. Plus tard, la culture naît, et, avec la culture, les héritages. Plus l'homme met le sol en valeur, et plus aussi la propriété, en se développant, jette des racines profondes. C'est entre les mains du cultivateur que la terre devient un capital. L'homme tire en quelque sorte ce capital de lui-même; car les capitaux ne sont que du travail accumulé. Il possède donc à juste titre ce qu'il a produit et ce qu'ont produit ses pères. Les capitaux immobiliers, comme les capitaux mobiliers, tout procède de l'activité humaine; les rapporter à une autre origine, c'est mettre la fable à la place des faits.

» A mesure que la propriété privée se consolide et s'étend, on voit grandir le domaine public, la propriété indivise, le patrimoine du peuple entier, la richesse qui est commune à tous et dont chacun peut jouir à tout instant. Les moyens de communication et de transport se multiplient, la police, les travaux publics, les écoles, les bibliothèques, les monuments, tout concourt à rendre l'existence plus sûre, plus facile et plus agréable. Chacun a véritablement sa part dans ce trésor commun, trésor qui ne s'épuise pas, qui s'accroît plutôt, et dont l'État n'est que le dispensateur pour l'utilité générale. Plus de privilégiés, plus de parias, et, quoi que l'on en dise, plus de prolétaires; ce qui vaut mieux que le droit de vivre, tout le monde obtient droit de cité.

» Ainsi la civilisation donne beaucoup plus à l'individu en propriété commune qu'elle ne pourrait lui avoir enlevé en propriété privée. Ajoutons que le propriétaire, dans la société moderne, ne possède pas et ne produit pas pour lui seul. La propriété ressemble à ces arbres dont chaque branche, parvenue au terme de sa croissance, retombe sur le sol, y pénètre et pousse de nouveaux rejetons devant elle. La propriété engendre et multiplie la propriété. Elle rend les capitaux, les instruments de travail de jour en jour plus accessibles. Elle ente l'industrie sur l'agriculture, le commerce sur l'industrie, et le crédit sur le commerce. Cette expansion de la richesse fait que l'on n'a plus besoin, pour acquérir et pour posséder, des procédés barbares de la confiscation, de la spoliation et de la guerre. Le salaire attend le travail; du salaire naît l'épargne, et l'épargne trouve le marché de la propriété toujours ouvert. »

« Rien, suivant le même économiste, n'est plus visible que la loi qui régit le travail: c'est le rapport de l'offre à la demande. Le taux du salaire se règle invinciblement sur la rareté ou sur l'abondance du travail. Il n'y a pas de puissance au monde qui ait la vertu d'élever le prix du travail quand les ouvriers inoccupés se font concurrence à la porte des ateliers, de le réduire ou de le déprimer lorsque l'ouvrage presse ou que les ouvriers manquent. »

Un acte de la quarante-troisième année du règne d'Élisabeth porte que: «Les administrateurs des paroisses devront faire travailler les enfants que leurs parents ne pourront pas entretenir, ainsi que toutes les personnes mariées ou non mariées qui n'auront ni moyens d'existence ni industrie; secourir les boiteux, les infirmes, les vieillards, les aveugles, et tout autre malheureux

qui sera hors d'état de travailler; enfin, mettre les enfants pauvres en apprentissage. » La même loi leur confère le pouvoir
de lever dans ce but des taxes qui devront être supportées par
les habitants de la paroisse, et, si cela ne suffit pas, par les habitants du district et même du comté. Une loi d'Henri VIII avait
déjà prononcé la peine de l'amende contre les paroisses dans lesquelles les infirmes ne seraient pas secourus.

La constitution de 1791 déclare au titre premier que « il sera
créé et organisé un établissement général de *secours publics* pour
élever les enfants abandonnés, soulager les pauvres infirmes et
fournir du travail aux pauvres valides qui n'auraient pas pu
s'en procurer. » La constitution de 1793 alla plus loin; l'article 21 dit que « les secours publics sont une dette sacrée. La
société doit la subsistance aux citoyens malheureux, soit en
leur procurant du travail, soit en assurant les moyens d'exister
à ceux qui sont hors d'état de travailler. »

Un jour M. de Lamartine s'écriait : « Il n'y a d'autre organisation du travail que sa liberté; il n'y a d'autre distribution
des salaires que le travail lui-même, se rétribuant par ses œuvres
et se faisant à lui-même une justice que vos systèmes arbitraires
ne lui feraient pas. Le libre arbitre du travail, dans le producteur, dans le consommateur, dans l'ouvrier, est aussi sacré que
le libre arbitre de la conscience dans l'homme. En touchant à
l'une, on tue le mouvement; en touchant à l'autre, on tue la
moralité. Les meilleurs gouvernements sont ceux qui n'y tou-
chent pas. Chaque fois qu'on y a touché, une catastrophe industrielle a frappé à la fois les gouvernements, les capitalistes
et les ouvriers. La loi qui les gouverne est invisible; du moment qu'on l'écrit, elle disparaît sous la main. En résumé,
nous voulons que la société reconnaisse le droit au travail pour
les cas extrêmes, et dans des conditions définies. »

Après la révolution de février, le droit au travail fut proclamé, et le 26 février parut le décret suivant : « Le gouvernement provisoire de la république française s'engage à garantir

l'existence de l'ouvrier par le travail; il s'engage à garantir du travail à tous les citoyens; il reconnaît que les ouvriers doivent s'associer entre eux pour jouir du bénéfice légitime de leur travail. »

Le premier projet de constitution, lu à la tribune par Marrast le 20 juin 1848, consacrait les doctrines du gouvernement provisoire. L'art. 7 portait : « Le droit au travail est celui qu'a tout homme de vivre en travaillant. La société doit, par tous les moyens productifs et généraux dont elle dispose, et qui seront organisés ultérieurement, fournir du travail aux hommes valides qui ne peuvent s'en procurer autrement. » L'art. 9 ajoutait : « Le droit à l'assistance est celui qui appartient aux enfants abandonnés, aux infirmes et aux vieillards, de recevoir de l'État des moyens d'exister. » Enfin, l'art. 132 disait : « Les garanties essentielles du droit au travail sont la liberté même du travail, l'association volontaire, l'égalité des rapports entre le patron et l'ouvrier, l'enseignement gratuit, l'éducation professionnelle, les institutions de prévoyance et de crédit, et l'établissement par l'État de grands travaux d'utilité publique, destinés à employer, en cas de chômage, les bras inoccupés. »

Après l'insurrection de juin, la rédaction de la constitution fut changée, relativement à la reconnaissance du droit au travail. « Cette formule, dit Armand Marrast, a paru équivoque et périlleuse; on a craint qu'elle ne fût une prime à la fainéantise et à la débauche; on a craint que des légions de travailleurs, donnant à ce droit une portée qu'il n'avait pas, ne s'en armassent comme d'un droit d'insurrection. A ces objections importantes s'en ajoute une autre plus considérable : si l'État s'engage à fournir du travail à tous ceux qui en manquent par une cause ou par une autre, il devra donc donner à chacun le genre de travail auquel il est propre. L'État deviendra donc fabricant, marchand, grand ou petit producteur. Chargé de tous les besoins, il faudra qu'il ait le monopole de toute industrie. Telles sont les énormités qu'on a vues dans notre formule

du droit au travail; et, puisqu'elle pouvait prêter à des inter-
prétations si contraires à notre pensée, nous avons voulu rendre
cette pensée plus claire et plus nette, en remplaçant le droit de
l'individu par le devoir imposé à la société. La forme est changée, le fond reste le même. »

Le nouveau projet lu le 29 août portait, art. VIII du préambule : « La société doit protéger le citoyen dans sa personne, sa
famille, sa religion, sa propriété, son travail, et mettre à la
portée de chacun l'instruction indispensable à tous les hommes ;
elle doit la subsistance aux citoyens nécessiteux, soit en leur
procurant du travail dans les limites de ses ressources, soit en
donnant, à défaut de la famille, les moyens d'exister à ceux qui
sont hors d'état de travailler. »

M. Mathieu (de la Drôme) proposa l'amendement suivant :
« La république reconnaît le droit de tous les citoyens à l'instruction, au travail et à l'assistance. » Glais-Bizoin émit le
sous-amendement suivant : « La république reconnaît le droit
de tous les citoyens à l'existence par le travail et l'assistance. » Cent quatre-vingt-sept voix seulement sur sept cent
quatre-vingt-trois votants admirent l'amendement de Glais-
Bizoin. Aussitôt après, l'assemblée adopta cette rédaction de
M. Dufaure : « Elle (la république) doit, par une assistance fraternelle, assurer l'existence des citoyens nécessiteux, soit en
leur procurant du travail dans les limites de ses ressources,
soit en donnant, à défaut de la famille, des secours à ceux qui
sont hors d'état de travailler.»

« Décréter le droit au travail, suivant Léon Faucher, c'est constituer l'État en pourvoyeur de toutes les existences, en assureur
de toutes les fortunes, et en entrepreneur de toutes les industries. Le droit au travail, c'est le droit au capital, c'est le droit
au salaire, c'est le droit à l'aisance; c'est, en un mot, la créance
la plus étendue dont on puisse armer les individus contre le
trésor public. Quand on descend au fond d'un pareil système,
le partage des biens paraît mille fois préférable ; car la com-

munauté des biens met du moins celui qui possède sur la même ligne que celui qui ne possède pas : elle ne prélève la part du pauvre que sur celle du riche, et se borne à faire une répartition nouvelle des capitaux ainsi que des revenus existants. Le droit au travail va bien au delà ; c'est une mainmise non-seulement sur ce qui est, mais encore sur ce qui peut être ; c'est la communauté non-seulement de la richesse acquise, mais des forces qui produisent, une servitude perpétuelle imposée aux chefs de la société dans l'intérêt des prolétaires nombreux que la société prend à sa solde.

» Le droit au travail suppose l'existence permanente, la puissance indéfinie de la production, quelles que soient les circonstances, et quelle que puisse être l'organisation de la société. Or il n'existe pas d'état social qui assure la permanence ni la régularité de la production. Qu'une crise commerciale survienne, ou qu'un ralentissement quelconque dans la consommation rende l'offre supérieure à la demande, et vous verrez un certain nombre d'ateliers suspendre ou diminuer leur activité. L'industrie, comme l'année solaire, a ses saisons ; et la moisson du travail, comme celle des fruits de la terre, a ses années de stérilité ainsi que ses années d'abondance. La prévoyance de l'homme tient en réserve pour ces moments difficiles les capitaux accumulés par l'épargne, mais elle ne rend pas à volonté l'impulsion à la puissance qui produit, et elle ne crée pas le travail d'un coup de sa baguette. L'homme peut toujours employer son intelligence et ses bras ; mais le mouvement est autre chose que le travail... Le travail, c'est l'emploi utile des forces ; on le reconnaît à ses produits... Pour créer à volonté la production, il faudrait être en mesure de développer la consommation et d'en reculer devant soi les limites ; car les produits les plus nécessaires n'ont de valeur que par l'usage que l'on en fait. Que servirait d'entasser des montagnes de blé ou des troupeaux de bœufs dans une ville déserte, et à quoi bon les richesses du Mexique dans des circonstances où un ki-

logramme d'argent ne procurerait pas une once de pain? Si les
difficultés devaient cesser quand on a dit que l'ouvrier a droit
au travail, la recette serait bien simple : l'État n'aurait qu'à
fournir des fonds aux ateliers qui seraient au moment de s'arrêter et qu'à ordonner aux fabricants de produire. Mais ce n'est
pas tout de fabriquer, il faut vendre, il faut trouver des acheteurs pour les marchandises que l'on crée, et non ajouter à
l'encombrement stérile des dépôts ; il ne faut pas que la production augmente précisément lorsque le marché se ferme ou
se restreint. Ajouter, en pareil cas, à la masse des produits,
c'est les avilir. Pour soulager les souffrances du présent, on
lègue ainsi de nouveaux embarras à un avenir très-prochain.
L'on retarde enfin l'heure où, après avoir liquidé leurs désastres
passés, le commerce et l'industrie vont se remettre en marche. »

ASSOCIATIONS OUVRIÈRES

L'idée première des associations entre ouvriers appartient au
journal l'Européen, publié en 1831 et 1832; mais il fallut la révolution de 1848 pour qu'on songeât sérieusement à substituer
la pratique à la théorie. Ce n'est pas cependant que, de 1831 à
1848, des essais d'associations ouvrières n'aient été tentés ; mais
de ces sociétés ainsi formées une seule survécut, l'association
des ouvriers bijoutiers en doré, fondée en 1834.

Le 30 mai 1848, M. Michel Alcan fit à l'assemblée nationale
la proposition suivante : « L'assemblée nationale, sans rien pré-
juger, quant à présent, sur l'intervention ultérieure de l'État
dans les grandes questions d'association entre le capital et le
travail; considérant que le problème est depuis longtemps le sujet d'études approfondies; que les projets les plus divers abon-
dent; qu'il est temps de passer du domaine des idées dans celui
des faits; désirant faire expérimenter, autant qu'il est en elle,
ce qu'il y a d'utilement réalisable dans ce vaste problème, et
contribuer immédiatement et directement à tout ce qui peut

hâter l'amélioration du sort des travailleurs, décrète : Art. 1er. Il sera ouvert au ministère des finances un crédit de trois millions de francs par an, pendant dix années, pour être réparti comme il va être stipulé. — Art. 2. Un million sera destiné, chaque année, à être donné en primes à toute association industrielle ou agricole qui sera formée entre patrons et travailleurs ouvriers, ou entre ouvriers seulement. — Art. 3. Chacune de ces associations recevra comme prime une somme égale à la moitié des bénéfices réalisés et dûment justifiés. — Art. 4. Dans le cas où les associations de cette nature se propageraient au point de rendre un million insuffisant à couvrir la moitié des bénéfices en question, la somme serait répartie de préférence aux associations qui auraient réalisé un progrès signalé, ou à celles qui se trouveraient dans la position la plus défavorable par rapport à la concurrence étrangère ; et si, enfin, toutes avaient le même droit, la répartition de la prime pour chaque établissement serait diminuée dans le rapport des ayants droit. — Art. 5. Deux millions seront répartis chaque année entre les sociétés de secours mutuels existant ou qui se formeraient dans un but de prévoyance en faveur des travailleurs. — Art. 6. Toute société de prévoyance établie dans le but de venir au secours des travailleurs des deux sexes, malades, infirmes ou sans ouvrage, recevra une somme annuelle, pendant la durée du crédit, égale à la moitié de son revenu ; et, dans le cas où deux millions ne suffiraient pas, la proportion des subsides sera diminuée, jusqu'à ce que l'État puisse augmenter l'importance de son concours. — Art. 7. La distribution des primes et encouragements aura lieu solennellement, le 4 mai de chaque année, par le pouvoir exécutif et l'assemblée nationale, si elle est réunie. Ces subventions seront décernées, sur les rapports des conseils d'administration de la Société d'encouragement pour l'industrie nationale, auxquels les concurrents devront faire parvenir, chaque année, avant le 1er avril, les pièces constatant leurs droits. »

En développant sa proposition, M. Alcan faisait remarquer

qu'il ne s'agissait pas d'un capital à avancer pour créer immédiatement des associations, mais seulement de donner un encouragement à toutes les associations de travailleurs qui auraient réussi par le mode nouveau d'association. « Tout le monde sait, ajoutait-il, que lors de la révolution du 24 février, on a constaté la position lamentable de notre industrie manufacturière et commerciale. Depuis, cette position s'est certainement aggravée. Des esprits élevés, des cœurs généreux se sont émus surtout d'un des côtés de la question, et ils ont alors fait l'inventaire des misères qui accablaient surtout la classe des travailleurs. Ils ont pensé que le mal tenait uniquement à la concurrence illimitée que se faisaient les différentes industries, et surtout à une mauvaise répartition des salaires. Il y avait, certes, quelque chose de vrai et de très-vrai dans cette appréciation; mais ils n'avaient pas vu la question tout entière... Ce malaise tenait surtout à ce que la production, la richesse nationale n'étaient pas à la hauteur de la multiplication de la population; en un mot, à ce que la consommation était insuffisante. Cette insuffisance de la consommation tenait donc à une production illimitée... Elle tenait aussi à ce que chaque jour notre exportation allait en diminuant. Mais cette diminution d'exportation tenait surtout à de mauvais traités de commerce qui auraient été établis dans des intérêts exclusivement dynastiques. Elle tenait aussi à l'amoindrissement de notre loyauté dans nos transactions avec l'étranger. Il y a donc eu là des causes complexes de cet état de crise; et en même temps que, d'un côté, toutes les causes de diminution des débouchés concouraient ensemble, de l'autre, les capitaux, les instruments de travail disparaissaient de plus en plus de nos ateliers et de nos manufactures, parce qu'ils trouvaient un aliment d'un autre côté, un aliment que leur a fait l'agiotage, parce qu'il y avait alors une législation qui existe malheureusement encore, qui permettait à un homme de s'enrichir du jour au lendemain sans produire aucun travail. Eh bien, il est certain que, d'un côté, le moyen proposé, c'est-à-dire le moyen d'association, eût été insuffisant pour remédier à tous les maux ; et, de l'autre côté, il est certain qu'on n'a pas attaché assez d'importance à ce germe nouveau, qu'il faut cependant expérimenter. Je dis qu'il faut l'expérimenter, car les idées théoriques ne nous manquent pas : nous avons aujourd'hui une quantité considérable de théories, de systèmes et de projets ; eh bien, il y a un mode bien simple, un moyen bien simple, et je dirai même économique, malgré ma demande ; il consiste à offrir un encouragement à tous ceux qui, les premiers, librement, — car ce qui est imposé ne peut pas réussir, l'exemple du passé est là : le progrès même ne peut pas s'imposer, — auraient formé une association libre : un encouragement, c'est le meilleur moyen de faire expérimenter enfin ce qu'il y a de vrai dans le grand problème de l'association. Mais, m'a-t-on dit, vous donnez à ceux qui ont réussi. Quels moyens auront-ils pour mettre à exécution le système en question ? Si je donne à ceux qui ont réussi, c'est parce que, d'un côté, il existe aujourd'hui des instruments de travail, des établissements qui pourraient continuer les affaires, qui pourraient continuer à faire travailler, à manufacturer, et qui le feraient peut-être en associant une partie de leurs travailleurs, s'ils y trouvaient à la fin quelque aliment, quelque bénéfice. Il a fallu, en tout temps, stimuler même ce qu'il y avait de meilleur ; et l'histoire du progrès en France prouve que ce n'est jamais inutilement qu'on a stimulé le progrès. Eh bien, je dis que, d'un côté, il existe aujourd'hui des instruments inactifs, et que ce sont ces instruments que, par tous les moyens possibles, il faut appeler à l'association ; car, si l'association est une bonne chose, soyez bien convaincus qu'elle réussira. D'un autre côté, je ne veux pas venir au-devant des moyens qui doivent être mis à la portée des travailleurs ; car ma conviction la plus intime, la plus profonde, est que l'assemblée nationale ne pourra pas se dispenser de créer des établissements de crédit pour les travailleurs intelligents et moraux qui n'ont d'autres capitaux que l'honnêteté et la moralité. »

Le 9 juin 1848, la proposition de M. Alcan fut renvoyée sans opposition au comité des travailleurs. M. Corbon présenta son rapport le 4 juillet, quelques jours seulement après la répression de la terrible insurrection. « Le moment est venu, disait M. Corbon, d'aborder franchement et nettement cette question de l'association dans le travail, question séduisante pour les uns, irritante pour beaucoup d'autres; question grosse d'espérances fondées et en même temps d'espérances illusoires ! L'association est d'ailleurs le grand besoin de notre époque : c'est au nom de l'association qu'on a enlevé à l'État les chemins de fer; c'est au même titre que l'on combat le rachat de ces chemins. Pourquoi les simples travailleurs ne tenteraient-ils pas, eux aussi, de jouir des bénéfices de l'association ? Si le principe est fécond, il ne le sera pas moins lorsqu'il s'agira de l'appliquer au travail que lorsqu'il s'agit de l'appliquer à la spéculation. Il n'est assurément personne dans cette assemblée qui ne veuille de tout son cœur l'élévation progressive des classes tenues jusqu'ici dans l'infériorité. Et pour notre part nous avons l'intime conviction qu'un jour viendra où la plupart des travailleurs auront passé de l'état de salariés à celui d'associés volontaires, comme autrefois ils ont passé de l'état d'esclaves à l'état de serfs, et comme de serfs ils sont devenus salariés libres. Mais cette transformation sera l'œuvre du temps et des efforts particuliers des travailleurs. L'État doit y aider sans doute ; mais, quelle que puisse être sa part dans la lente réalisation de ce progrès, elle doit être, elle sera de beaucoup inférieure à la part qu'y devront prendre les ouvriers eux-mêmes. Il faut que le travailleur soit le fils de ses œuvres, et que, s'il possède un jour d'une manière ou d'une autre l'instrument de son travail, il le doive avant tout à ses propres efforts. C'est là, nous le savons, une résolution qui satisfera médiocrement certaine portion de la classe ouvrière, à laquelle on a fait croire, au contraire, que l'État ferait tout et qu'elle n'aurait qu'à se laisser faire. Ceux-là ne sont pas dignes d'être aidés qui n'ont pas le courage

de s'aider; ceux-là n'ont pas le sentiment vrai ni de la liberté,
ni de l'égalité, ni de la fraternité, qui ne veulent point tenter
de s'élever par des efforts soutenus et patients, mais qui attendent qu'on les élève! Nous voudrions donc que l'État ne vînt en
aide aux travailleurs qu'en proportion des efforts qu'ils feront
eux-mêmes pour parvenir à la possession de leurs instruments
de travail. Nous n'aurions rempli notre devoir qu'à moitié si
nous n'ajoutions pas que nos associations volontaires doivent
de toute nécessité se soumettre aux conditions de la concurrence, qui sont les conditions de la liberté même du travail.
Nous disons ceci précisément parce qu'on a fait croire aux travailleurs que tous leurs maux sont les résultats de la concurrence. Cela est vrai jusqu'à un certain point; mais on a conclu
de l'abus à la suppression de l'usage, et l'on a fait une théorie
qui aurait, a-t-on prétendu, la vertu de détruire la concurrence
sans détruire la liberté. Il est bon que les ouvriers sachent que
c'est là tout simplement une impossibilité. Comment, en effet,
détruire la concurrence? sera-ce par l'autorité? L'autorité serait
immédiatement renversée. Ce sera donc au moyen d'une association qui serait le noyau d'une association universelle? Mais
comment une association pourrait-elle avoir la puissance de
tout absorber? Elle pourrait, sans doute, absorber les deniers
de l'État, si l'État pouvait y consentir; elle pourrait, par ce
moyen, ruiner quelques fabriques, puis elle serait infaillible-
ment ruinée elle-même, attendu que d'après les statuts généralement admis parmi ceux qui veulent l'association ainsi com-
prise, le temps du travail est fort court et le salaire fort large.
Or, comme c'est tout le contraire dans l'industrie privée, c'est
évidemment celle-ci qui finirait par avoir le dessus dans la
lutte. Ainsi donc, en principe, il faut se soumettre à la concurrence, sauf à en réprimer les abus, comme on réprime les abus
de la liberté; en fait il faut se soumettre à la concurrence,
puisqu'il n'est pas possible de la détruire. Pour l'amour du
peuple, prémunissons-le contre les erreurs dont il subit tout

le premier les conséquences les plus désastreuses, et puis empressons-nous d'ouvrir la carrière de l'association aux travailleurs qui donneront les gages de capacité et de bonne volonté; et l'ordre moral sera rétabli. »

A la suite de ce rapport, l'assemblée nationale rendit, le 5 juillet, le décret suivant : « L'assemblée nationale, voulant encourager l'esprit d'association sans nuire à la liberté des contrats, décrète : Art. 1er. Il est ouvert au ministre de l'agriculture et du commerce un crédit de trois millions de francs, destinés à être répartis entre les associations librement contractées soit entre ouvriers, soit entre patrons et ouvriers. — Art. 2. Le montant de ce crédit sera avancé à titre de prêt, sur l'avis d'un conseil d'encouragement formé par le ministre et aux conditions réglées par le même conseil. — Art. 3. Le compte annuel de la répartition du crédit sera présenté à l'assemblée nationale avec un rapport raisonné du conseil d'encouragement sur les associations auxquelles s'appliquera ce crédit, pour être soumis à l'examen d'une commission spéciale. — Art. 4. Les contestations entre les membres de ces associations qui profiteront du crédit seront portées devant les conseils de prud'hommes. — Art. 5. Les avances autorisées par le présent décret sont indépendantes des institutions de crédit qui auront pour but de favoriser le travail agricole et industriel. »

Un conseil d'encouragement présidé par le ministre fut aussitôt institué. Il fit connaître, dans une instruction du 12 juillet, qu'il n'accorderait le concours de l'État qu'aux associations industrielles entre ouvriers, et entre ouvriers et patrons, qui lui présenteraient des garanties sérieuses de succès et de durée. Les avances ne devaient être faites qu'aux associations ayant pour objet l'exploitation d'une profession ou d'une entreprise déterminée. Le conseil se réservait le droit de surveiller les opérations des associations créditées par lui, et de suivre l'emploi des sommes qu'il aurait avancées. Enfin, il était entendu que les fonds alloués étaient destinés à encourager et développer les associations de travailleurs, et non à être prêtés, à titre de secours, à des industries en souffrance.

Un grand nombre de demandes furent adressées au ministre : « On y rencontrait pêle-mêle, dit le rapport de M. Lefebvre-Durufié, depuis une demande de 100 millions de fr. pour un projet de fermes-écoles, jusqu'à celle de 2,000 fr. pour la publication d'un atlas administratif de la France ; depuis une demande de 200,000 fr. pour l'exploitation de mines d'argent, de plomb et de cuivre, jusqu'à celle de 600 fr. pour une association de fabricants d'allumettes chimiques ; depuis une demande de 50,000 fr. pour une fabrication d'éponges métalliques, jusqu'à celle de 6,000 fr. pour une association de pharmaciens. »

La mission du conseil d'encouragement était difficile. Il lui fallait beaucoup d'habileté pour s'assurer qu'on ne cherchait pas à surprendre sa bonne foi, et beaucoup de prudence pour répondre aux demandes qui lui étaient soumises. Ces demandes devaient faire connaître l'objet de l'association, la nature de l'industrie qu'elle se proposait d'exploiter, le mode d'exploitation, les éléments de succès, le nombre des sociétaires, les ressources dont l'association pouvait disposer, les avances dont elle aurait besoin, les opérations antérieures, si l'association était déjà en activité. Chaque demande devait être accompagnée des statuts de la société ; mais ces statuts mêmes soulevaient mille difficultés que le conseil d'encouragement avait à résoudre, et qu'il leva toutes d'un même coup en composant des statuts modèles sur lesquels les associations pouvaient se régler, et que la plupart adoptèrent.

L'assemblée constituante, dans la conviction que l'idée d'association s'était emparée de l'esprit de la plus grande partie des ouvriers, chercha donc à encourager les associations ouvrières. L'assemblée législative, au contraire, fut hostile à cette combinaison, qu'elle considérait comme une utopie dont elle s'efforça de détourner les ouvriers, persuadée que cette idée existait seulement dans la tête de quelques meneurs et de quelques émeutiers.

« Une collection d'ouvriers, disait un célèbre homme d'État, ne saurait être par elle-même ni vigilante, ni sévère, ni forte en volonté, ni économe, ni éclairée comme il faut être pour diriger avec succès une entreprise industrielle. Un maître, qui ne peut renvoyer des ouvriers, différencier leur salaire d'après leur mérite, les obliger à travailler avec telle ou telle activité, prendre ses résolutions à lui seul et à l'instant, ne saurait prospérer. Les associations ouvrières ne sont autre chose que l'anarchie dans l'industrie. »

A la suite du vote qui amena le décret du 5 juillet 1848, le même homme d'État avait dit au rapporteur de la loi : « Ce n'était pas trois millions qu'il fallait nous demander; c'était vingt millions : nous vous les aurions donnés. Oui, vingt millions, ce ne serait pas trop pour faire une expérience éclatante qui vous guérit tous de cette grande folie. »

Cependant le conseil d'encouragement continua l'œuvre que lui avait confiée l'assemblée constituante. Voici le résultat de ses travaux. Environ six cent cinquante demandes lui furent adressées pendant les années 1848 et 1849. Sur ce nombre, cinquante-six associations furent encouragées, tant à Paris que dans les départements, et le conseil n'engagea dans ces encouragements qu'une somme de 2,600,000 fr. Six de ces associations donnèrent des garanties hypothécaires des prêts qui leur étaient faits pour 790,000 fr. Le trésor ne risqua donc, à vrai dire, que 1,810,000 fr.

En 1860, 1,900,000 francs restaient dus à l'État. Sur cette somme, 1,300,000 francs étaient considérés comme non recouvrables; 700,000 fr. avaient donc été rendus, et 5 ou 600,000 fr. pouvaient encore rentrer au trésor.

Parmi les associations ouvrières subventionnées, on cite : Celle des ouvriers d'appareils au gaz et à l'huile, association qui n'existait plus en 1857; elle avait pourtant un gérant unique et irrévocable, et peu d'associés. L'union des veloutiers, à Lyon, a eu plus de succès. L'association des bijoutiers en doré, fondée en 1834, reçut en 1848 un prêt de 24,000 fr.; elle avait un gérant unique et se composait de dix membres seulement, associés en nom collectif. L'association des menuisiers en fauteuils, dite aussi association Antoine, du nom de son gérant, n'a qu'un gérant, investi d'un pouvoir discrétionnaire. L'association des ébénistes du faubourg Saint-Antoine, qui figura avec honneur à l'exposition universelle en 1855. L'association fraternelle des ouvriers en limes de Paris, Mangin et compagnie, avait un chef ouvrier, et l'incapacité était un motif d'exclusion : ses produits furent remarqués à l'exposition universelle de 1855. Elle se composait de vingt-cinq personnes, et resta florissante. Après avoir remboursé le prêt qui lui avait été consenti par l'État, elle s'est dissoute en 1859, et s'est reconstituée sur de nouvelles bases.

« A la suite de la crise de février, dit M. le vicomte Lemercier, une des imprimeries de Paris les plus connues et les mieux achalandées, l'imprimerie Renouard, exploitée par la même famille depuis 1824, se trouva forcée de liquider et par suite de vendre son fonds et son brevet. Une vingtaine d'ouvriers compositeurs, imprimeurs, conducteurs, correcteurs, prote, travaillant ensemble dans cette maison depuis six, huit, dix, quinze, vingt et vingt-cinq ans, eurent la pensée de s'associer pour acquérir l'imprimerie de leur ancien patron et de continuer ses travaux afin d'assurer leur salaire quotidien, tout en se procurant, au terme de la société, un capital d'une certaine importance. » Pour faire cette acquisition ils s'adressèrent au conseil d'encouragement. La législation sur l'imprimerie exigeait que le gérant fût titulaire du brevet : à ce titre les statuts portaient qu'il ne pouvait être soumis à réélection. « Ses pouvoirs sont des plus étendus, ajoutait l'acte constitutif. Il ne peut y avoir de conflit entre lui et un individu ou un pouvoir quelconque. Pour formuler le plus nettement possible la nature des pouvoirs du gérant, on reconnaît en fait qu'il possède tous ceux du patron dans leur plus grande étendue, sauf ce qui porterait atteinte à la constitution fondamentale de la société. » Telle est l'origine de la société Remquet et compagnie.

« Les sociétés entre ouvriers non encouragées ont presque toutes réclamé un prêt de l'État après le vote du 5 juillet 1848, dit M. le vicomte Lemercier; parmi celles à qui l'on refusa cette faveur, les unes se découragèrent; fondées à la hâte et avec le besoin indispensable du prêt de l'État, elles ne survécurent pas au refus; les autres, plus courageuses, persévérèrent, et quelques-unes existent encore. » Les débuts de ces associations furent difficiles; dans quelques-unes les ouvriers déployèrent du courage, de la persévérance, de l'esprit de dévouement et de sacrifice. Mais aucune ne garda cet esprit de fraternité générale qui formait l'essence de l'association en 1848: après s'être épurées, jusqu'à n'être plus souvent formées que de quelques associés capitalistes, ces associations remplacèrent les ouvriers associés par les ouvriers salariés, et bénéficièrent à leur tour des profits qu'on accusait autrefois les maîtres de prélever injustement sur leurs ouvriers. Ainsi, sauf de rares exceptions, ces associations avaient été ramenées à la condition ordinaire des sociétés commerciales.

Au mois de juillet 1849, *le National* assurait qu'il y avait, à Paris, cent vingt associations ouvrières en activité; elles représentaient soixante-sept métiers, savoir : boulangers, cuisiniers, épiciers, marchands de vins, tailleurs, chapeliers, cordonniers, bonnetiers, boutonniers, chemisiers, lingers, gantiers, marchands de rouennerie, chaussonniers, corsetiers, maçons, tailleurs de pierre, peintres en bâtiments, décorateurs, marbriers, menuisiers, briquetiers, poêliers fumistes, serruriers, tapissiers, passementiers, ébénistes en meubles, ébénistes en fauteuils, horlogers, fabricants de voitures, fabricants de pianos, fabricants de billards, cartonniers, ferblantiers, couteliers, potiers de terre, selliers, arçonniers, malletiers, blanchisseurs de linge, coiffeurs, fabricants de peignes, bijoutiers, brossiers, typographes, lithographes, écrivains autographes, graveurs, dessinateurs pour étoffes, apprêteurs d'étoffes, teinturiers, papetiers, fabricants de registres, relieurs, fabricants d'instruments de musique, musiciens d'orchestre, fabricants de limes, fondeurs de fer, mégissiers, corroyeurs, formiers, cloutiers, rampistes, mécaniciens, médecins, pharmaciens.

A la même époque, on comptait que cinquante mille individus environ faisaient partie de ces associations à Paris. Le salaire, dans ces sociétés, la plupart en nom collectif, prenait le nom de *rétribution*. Plusieurs, cependant, qui avaient été d'abord établies sur le pied de l'égalité, étaient restées fidèles à ce principe. Quant aux bénéfices, ils étaient répartis tantôt également entre tous les membres, tantôt au prorata des salaires gagnés par eux. La formation de ces sociétés avait généralement eu lieu comme suit : un certain nombre d'ouvriers d'un même métier étant convenus de s'associer, ceux qui possédaient de petites épargnes les réunissaient, et tous se privaient de ce qui n'était pas réellement nécessaire à l'entretien de la vie, afin de grossir le fonds commun. Chaque sociétaire prenait une ou plusieurs actions, dont il remettait en argent, en métiers ou en outils la valeur nominale; ou bien il n'apportait que son industrie, son travail, sur la rétribution duquel on faisait une retenue jusqu'au payement de l'action, qui variait de 50 à 100 fr. M. Villermé, dans une étude spéciale qu'il a faite de l'association ouvrière, nous apprend que les statuts des sociétés fraternelles prescrivaient, pour la plupart, de diviser les bénéfices en 100 parties, distribuées de la manière suivante : 10 au fonds de réserve; 30 à la caisse d'association fraternelle ou secours aux membres malades et infirmes; 50 à répartir entre les travailleurs, et 10 à une caisse générale des associations ou à la banque du travail. Dans le cas de dissolution, l'actif devait être partagé en trois parties égales, ou à peu près égales. L'une était destinée à la caisse d'assistance fraternelle, l'autre à la banque du travail, et la dernière devait être répartie, au marc le franc, entre tous les sociétaires travailleurs.

Une loi du 15 mai 1850 assujettit les associés travaillant comme simples ouvriers dans une association d'ouvriers, à payer chacun un vingtième du droit fixe de patente. L'associé principal payant, comme représentant l'association, la totalité du droit fixe et du droit proportionnel exigée de toutes les entreprises du même genre. Cette surtaxe amenait les associations d'ouvriers à payer un double droit s'ils étaient vingt associés, un triple droit s'ils étaient quarante, six fois ce droit s'ils étaient cent. Le colonel Des Marais citait en 1857 une association qui, d'après ses statuts, pouvait avoir cinq cents intéressés. Si ce chiffre était atteint, disait-il, cette société aurait à payer 16,000 fr. de droit fixe, tandis que pour un négociant ayant une entreprise de même importance, le droit ne serait que d'environ 600 fr.

Comme on le voit, la loi était loin de favoriser ces entreprises. Et pourtant, disait le colonel Des Marais au corps législatif « ces associations sont particulièrement intéressantes... L'ouvrier y prend des habitudes d'ordre et d'économie,... il y apprend à connaître les exigences et les chances du commerce, qui ne sont pas toujours favorables. Cette connaissance détourne l'ouvrier de la fausse idée que le fabricant exploite l'ouvrier à son profit. »

Au mois de juin 1850, l'assemblée législative rejeta une proposition de M. Nadaud, qui demandait des avantages particuliers pour les associations ouvrières dans les adjudications des travaux au compte de l'État.

« Dès que les patrons, rapporte M. le vicomte Lemercier, surent que le conseil d'encouragement donnait une préférence marquée aux sociétés où les ouvriers étaient seulement intéressés dans les bénéfices, ils portèrent leurs efforts vers ce genre de sociétés et laissèrent de côté les associations entre patrons et ouvriers. De leur côté, les ouvriers comprirent facilement qu'il y avait avantage pour eux à entrer dans une combinaison où ils ne couraient aucun risque de perte, et où ils avaient au contraire de grandes chances de profit; ils l'adoptèrent de préférence à

celle où, à côté d'un gain éventuel plus considérable, se plaçaie
des possibilités de pertes. »

Selon M. le vicomte Lemercier, les sociétés entre patrons
ouvriers sur un pied de complète égalité sont mauvaises et im
praticables. La position du patron par rapport aux ouvriers e
fausse, et réciproquement : ou le patron conserve toute sa pr
pondérance, et alors il peut, par une administration sans co
trôle, compromettre l'avenir des ouvriers, ses coassociés, et d
leur famille ; ou les ouvriers jouissant d'une liberté d'actio
trop complète dominent le patron, et l'anarchie règne dans l'a
telier.

En 1848, le mode d'association par entreprises dans le
quelles les ouvriers sont associés aux bénéfices n'était pas san
antécédents ; la compagnie du chemin de fer d'Orléans l'ava
adopté dès 1844, et M. Paul Dupont pour son imprimerie en 184

Chaque année, les ouvriers de M. Paul Dupont reçoivent, dan
une assemblée générale, des médailles et des livrets de parti
cipation aux bénéfices de la maison. En dehors de la participa
tion aux bénéfices, il y a dans la maison une caisse de secour
pour les malades, les soins gratuits d'un médecin, les fourni
tures à prix réduits de bois et de charbon, et des avances d
fonds pour besoins légitimes, sous la seule garantie morale de
ouvriers auxquels elles sont faites.

Mais ce n'est pas là l'association légale, puisqu'elle ne rentr
dans aucune des trois formes sociales réglementées par le code
de commerce ; ce n'est pas non plus l'association ouvrière telle
que le socialisme la conçoit : c'est seulement une participation
que le patron accorde librement à ses ouvriers.

M. Michel Chevalier [1] cite encore d'autres essais ou plans de
participation des travailleurs aux bénéfices des établissements
qui les occupent :

« M. Bartholony, dit-il, a fait adopter par la compagnie du

1. *Journal des Débats* du 21 juin 1856.

chemin de fer d'Orléans le système de participation aux bénéfices pour les employés à l'année, au nombre de plus de trois mille.

» Un peintre en bâtiment, M. Leclaire, a tenté de faire participer ses ouvriers à ses bénéfices. Son plan suppose une réunion d'ouvriers d'élite. Mais c'est un essai qui dure.

» M. Maritz, qui a dirigé en Alsace un grand établissement manufacturier, à la suite de la crise de 1848, a donné un plan pour la participation des ouvriers aux bénéfices des entreprises.

» Il y avait aussi celui d'Olinde Rodrigues, esprit ardent et généreux d'une grande portée philosophique [1].

» Il y a eu sur ce même sujet quelques observations de M. Hippolyte Passy, esprit éminemment judicieux et économiste d'une autorité considérable.

» Dans les *Études sur l'Angleterre* de Léon Faucher, on peut lire telle belle page où la pensée de la participation est recommandée vivement.

» J'ai eu en 1848 un exemplaire d'un plan largement tracé par une main qui était celle d'un homme pratique, esprit fort distingué, pour l'établissement du système de la participation dans les ateliers de réparation et de construction de la compagnie du chemin de fer du Nord.

» Je pourrais citer encore le rapport annuel sur les finances présenté au congrès des États-Unis, en 1847, par M. Walker, ministre de la trésorerie, document où cet administrateur habile attribue au système de participation en usage sur les bâtiments baleiniers de l'Amérique du Nord, la supériorité qu'a acquise sa patrie dans l'industrie de la grande pêche. »

« On est arrêté, dit M. Aug. Chevalier [2], lorsqu'il s'agit de faire participer les ouvriers aux bénéfices des maitres, par les moments de crise que les diverses industries sont sujettes à traverser, crises dans lesquelles les bénéfices se changent en

1. Voyez plus loin, p. 357.
2. *Dictionnaire de la Conversation*, 1re édition, art. OUVRIERS.

pertes. Les ouvriers participeront-ils aussi à combler les déficits? Mais alors comment vivront-ils? A cet égard, on peut observer d'abord qu'à mesure que l'industrie se consolide, les crises qui amènent les pertes deviennent plus rares et s'amoindrissent. Ensuite il est possible d'imaginer des combinaisons qui permettraient de régulariser la participation des ouvriers aux bénéfices, de manière à leur assurer en tout temps leur subsistance. A cet effet, il suffirait de créer une réserve. L'on pourrait alors décomposer le salaire en trois parties : 1° un *minimum* fixe ; 2° une part proportionnelle à l'abaissement du prix de revient au-dessous d'un chiffre déterminé, lequel abaissement tient en grande partie au zèle et à la capacité de l'ouvrier; 3° une part dans les bénéfices nets de l'établissement, lesquels bénéfices nets dépendent, en grande partie, du chef de fabrique. Cette troisième part serait, aux époques de prospérité, versée par moitié entre les mains des ouvriers et dans une caisse spéciale, où elle serait capitalisée de manière à fournir un supplément de salaire dans les temps de crise et à former un fonds de retraite. »

Les partisans des associations ouvrières font remarquer que l'ouvrier associé, s'appuyant sur la réciprocité, trouve le crédit, et que, ne demandant plus le prix de son travail *immédiatement*, il peut attendre l'époque de la commande. Son émancipation commence. Avec l'association, ajoutent-ils, l'ouvrier peut voir également des bénéfices se réaliser à son avantage, et cela avec moins de peine que le capitaliste, puisque, pendant que celui-ci ne vit que du produit de son argent, le travailleur associé a pour auxiliaires et le capital social et son travail. L'introduction de l'art mécanique dans l'industrie doit se substituer d'un moment à l'autre au travail manuel. Si l'ouvrier persiste à demeurer isolé, que deviendra-t-il? Son sort n'est nullement inquiétant s'il se joint à ses semblables : leurs forces collectives fourniront la machine nécessaire aux besoins de tous. Le principe de la solidarité n'est donc pas une chimère.

L'État doit-il encourager les associations ouvrières ?

« Non, répond M. Paul Pougin ; car si l'État subventionne ces associations, il porte aux industries privées un préjudice immense ; bien plus, il les tue. Mais, peuvent objecter les enthousiastes, si l'association embrasse tout le corps du métier, l'industrie privée disparaît. Alors, ce n'est plus un inconvénient, c'est un danger.» On comprend, en effet, que l'association unique d'un corps de métier, après être parvenue à monopoliser tous les ateliers de sa corporation, commencerait par profiter de sa situation. Tous les abus des corporations reparaîtraient inévitablement.

Selon M. Villermé, « les associations des ouvriers avec les fabricants ne sont possibles que dans des limites fort restreintes. Celles des ouvriers entre eux seuls sont beaucoup moins praticables qu'on ne semble le supposer. Parmi ces dernières, les plus faciles à réaliser et à faire réussir sont : 1° les associations formées pour exécuter à *prix faits* des travaux d'une durée limitée et qui ne demandent pas un trop long apprentissage, dont la main-d'œuvre constitue la plus grande dépense et dont le payement doit être prochain ; 2° les associations pour une exploitation d'une durée plus longue, composées de quelques membres seulement, mais actifs, laborieux, économes, tranquilles, de bonne conduite, possédant déjà quelques épargnes, se connaissant parfaitement, ayant confiance les uns dans les autres, et s'occupant, à l'exclusion de toute autre chose, de mener à bien et honorablement leur entreprise. Du reste, ces deux sortes d'associations ont de tout temps existé depuis 1789, et n'avaient nul besoin pour se produire de nos commotions politiques. Si maintenant nous classons entre elles, d'après l'ordre décroissant des chances de succès ou de durée, les diverses associations ouvrières, nous trouvons que celles qui existaient avant la révolution de 1848 avaient été établies avec beaucoup plus de sagesse et devaient bien mieux réussir que les grandes et innombrables sociétés inconsidérément formées depuis février. Et que, parmi celles-ci, ce sont les associations dites *frater-*

ternelles qui doivent en général succomber les premières, surtout celles qui adoptent l'égalité des salaires. »

« Nous croyons être dans le vrai, lisait-on dans le *Morning Post* du 21 janvier 1852, en disant que ces expériences (les associations d'ouvriers en France depuis 1848) n'ont eu aucun succès. Les premières qui aient manqué ont été naturellement celles qui se composaient exclusivement d'ouvriers, et elles ont été suivies par celles qui étaient une espèce de société entre les ouvriers et les maîtres; ces dernières sont tombées par faiblesse, par manque d'organisation, ou ont cessé volontairement de la part des ouvriers eux-mêmes, qui ont connu alors les obstacles que ce mécanisme opposait aux progrès manufacturiers. C'est ainsi qu'il en a été de la première association formée sur ce principe par les ouvriers de MM. Derosne et Cail, fabricants de machines à vapeur. »

L'association entreprit à des prix convenus les ouvrages ordonnés par la maison, distribuant la besogne, faisant des payements de détail suivant son caprice ou ses inspirations, sans que MM. Derosne eussent la faculté d'intervenir ou de mettre quelque ordre dans les ateliers entièrement indépendants. Cette association, après une expérience complète et sans entraves, s'est dissoute à la demande des ouvriers eux-mêmes, et l'ancien régime a été rétabli, « parce que, disait le *Morning Post*, on a trouvé qu'il était plus que le nouveau favorable aux artisans d'une certaine intelligence et d'un certain savoir-faire. »

Par un arrêté du 27 décembre 1851, le comte de Castellane, général en chef de l'armée de Lyon, commandant supérieur des 7e et 8e divisions militaires, en vertu de l'état de siége, déclara dissoutes les associations fraternelles existantes à Lyon, et ordonna la liquidation de ces sociétés en présence d'un commissaire de police. Par un autre arrêté du 2 janvier 1852, il étendit cette mesure aux associations fraternelles existant dans le département du Rhône et dans les communes des départements de l'Ain et de l'Isère dépendant de l'agglomération lyonnaise. Les créanciers de ces sociétés devaient se réunir sans délai en présence du commissaire de l'arrondissement, pour arrêter les divers comptes de ces associations. Immédiatement après il devait être procédé, soit par la voie de commissaires priseurs, soit par la voie des huissiers, à l'inventaire et à la vente des marchandises et objets mobiliers existant dans les magasins des sociétés dont il s'agit, pour la répartition des sommes provenant de cette vente et des créances recouvrées être faite aux créanciers dans les formes prescrites par la loi. Ainsi, dans l'agglomération lyonnaise, un simple arrêté d'un général a suffi pour amener la liquidation immédiate et à tout prix de sociétés commerciales !

En Angleterre, une *société* dite *amalgamée* chercha à introduire des principes analogues à ceux qui avaient présidé à l'organisation des associations ouvrières en France. Mais cet essai ne réussit pas.

AMÉLIORATION DU SORT DES CLASSES OUVRIÈRES

En dehors des écoles socialistes, beaucoup d'économistes se sont occupés de l'amélioration du sort des classes ouvrières.

Smith et Say reconnaissaient déjà, le premier surtout, les funestes effets de la mauvaise organisation du travail, mais tous deux se bornèrent à constater le mal sans indiquer positivement de remède.

Sismondi souleva d'une manière plus vive la question de l'organisation du travail. Contrairement à Smith, le chef de l'école du *laissez faire et laissez passer*, il pensait que le gouvernement devait intervenir pour arrêter les excès de la production et surtout pour conjurer, en ce qui concerne les classes ouvrières, les effets de la concurrence illimitée. Ainsi il demandait que le pouvoir, tuteur-né des intérêts généraux, réglât les heures du travail et assurât au travailleur un salaire suffisant, en exigeant que les manufacturiers dans l'industrie, et les fermiers ou propriétaires dans l'agriculture, demeurassent à jamais chargés du soin de leurs ouvriers et des familles de leurs ouvriers.

Le prix de la main-d'œuvre se réglant, comme celui de toutes choses, par les rapports qui existent entre l'offre et la demande, Malthus démontrait que le meilleur moyen pour les classes ouvrières d'élever d'une manière durable le taux des salaires, était de mettre une grande circonspection dans les mariages. Il était évident à ses yeux que lorsque la concurrence des travailleurs les condamne à offrir leur travail au rabais, et que plusieurs courent même risque d'en manquer, c'est une nécessité pour tous de réduire leurs prétentions à ce qui leur est rigoureusement nécessaire pour vivre.

M. de Morogues, voyant un grand danger dans la substitution de la grande industrie à la petite, aurait voulu que le gouvernement favorisât particulièrement celle-ci. Convaincu que l'introduction des machines est la cause principale de la détresse des classes ouvrières, il demandait que l'on protégeât le travail des bras en frappant par des droits de douane les produits étrangers fabriqués à l'aide de machines.

M. de Villeneuve invitait le gouvernement à faire refluer dans les campagnes le trop plein des villes, et à diriger les bras de préférence vers l'industrie agricole.

M. Prosper Tarbé réclamait l'établissement, dans chaque centre de population, d'une maison de charité où l'ouvrier sans ouvrage pût trouver toujours de l'occupation. Il résout ensuite affirmativement la question de savoir si on ne pourrait pas appliquer à la France l'usage qui veut en Russie que l'industriel ait à côté de sa manufacture une infirmerie destinée à ses ouvriers.

L'école économique religieuse anglaise, dont le chef est le révérend Chalmers, appelait de ses vœux l'association de l'ouvrier et du fabricant, ou tout au moins le payement *en tout temps*, à l'ouvrier, d'un salaire *suffisant*. Ce salaire serait réglé par le parlement comme il a réglé les heures de travail; l'autorité législative restreindrait en outre la production dans certaines limites.

En France, M. de Lafarelle avait proposé de réorganiser disciplinairement les classes industrielles. Dans ce but, il demandait qu'il fût créé, pour chaque corps d'état, une communauté libre, représentée par un syndicat où figureraient des ouvriers et des maîtres, et qui appliquerait un règlement disciplinaire. Chaque syndicat recevrait l'impulsion d'un bureau central et permanent placé dans les attributions du ministère du commerce, et ayant mission de préparer des règlements généraux dans l'intérêt du commerce et de l'industrie.

M. Buret aurait voulu que chaque industrie eût ses magistrats élus par les maîtres et les ouvriers. Ces magistrats composeraient, pour chaque métier, une chambre syndicale destinée à régler les affaires de la profession; ce conseil de famille arrêterait le taux des salaires, sanctionnerait les contrats d'engagements des ouvriers et garderait les livrets en dépôt; il serait en outre le bureau de bienfaisance et de secours mutuels des ouvriers. Une chambre syndicale cantonale, produit de l'élection, jugerait, sous la présidence du juge de paix, les différends entre ouvriers et maîtres. Chaque syndicat cantonal concourrait à nommer un député chargé de représenter auprès du ministre l'industrie du département.

M. Louis Reybaud pensait que la question de l'organisation du travail, de manière à assurer, *en tout temps*, à l'ouvrier un salaire *suffisant*, était absolument insoluble. « D'ailleurs, ajoutait M. Legoyt, le mal n'est peut-être pas aussi grand que les socialistes affectent de le dire. Sans doute il y a lutte entre le maître et l'ouvrier; mais aucune des parties n'impose la loi à l'autre, c'est l'offre et la demande qui décident des salaires. Le travail est-il demandé, ils s'élèvent; est-il offert, ils baissent. Rien ne pourra soustraire le monde industriel à l'application de cette loi économique. »

Selon M. Émile de Girardin, le problème serait de fournir à tous les travailleurs les moyens d'arriver au bien-être par le travail, l'intelligence et la bonne conduite; pour cela, il faudrait affranchir le salaire de la dépendance du capital et enlever à la concurrence son caractère de lutte pour ne lui laisser qu'un principe d'émulation. Suivant lui, ce problème ne peut être résolu que par une nouvelle organisation du crédit, dont l'État deviendrait le dispensateur suprême.

Blanqui aîné voyait tout le mal dans la protection exagérée de l'industrie nationale, qui empêchait la liberté des échanges. «Nous avons émancipé le travail, disait-il [1], et, chose étrange, sa condition, à beaucoup d'égards, est devenue plus rude et plus précaire! L'apprenti ne gagnait rien, il est vrai; mais, après un petit nombre d'années, son entretien tombait à la charge du maître, qui était comme le chef de famille de ses ouvriers. Nous avons proclamé la liberté illimitée de produire, mais nous nous sommes refusé la liberté d'écouler nos produits, et nous n'avons conquis que la faculté de nous encombrer. »

« Pourquoi les salaires ne seraient-ils pas un fait transitoire, disait Rossi, ou du moins un fait non absolument dominant, une pure variété des arrangements économiques? L'état de co-partageant en proportion de sa mise ou l'état de vendeur de son travail, en d'autres termes de salarié, sont-ils les mêmes? Il ne faut se faire aucune illusion là-dessus, et c'est pour cela que j'ai dit qu'il y a là une des plus grandes questions sociales et économiques. Il ne faut se faire aucune illusion : dès le moment qu'au fait de partage on substitue celui de la vente préalable du lot de l'ouvrier, il est évident que sa position est profondé-ment changée; car alors, au lieu de se trouver dans le rôle d'as-socié, il se trouve dans le rôle de vendeur vis-à-vis de l'acheteur, et il n'y a pas d'homme qui ne sache que si quelquefois les acheteurs sont placés plus défavorablement que les vendeurs, c'est, dans le cours le plus ordinaire des choses, le vendeur qui est placé le plus défavorablement.

1. *Histoire de l'Économie politique.*

« Par conséquent, le jour où le travailleur pourrait dire : je ne veux pas vendre ma portion, je veux conserver mon droit, je suis associé et je veux courir les chances de la commune industrie, réglons seulement quelle sera la loi du partage ; — je dis que ce jour-là sa condition serait changée ; je dis qu'elle serait alors véritablement et pleinement libre ; je dis que non-seulement sa position économique, mais même sa dignité d'homme serait complétement relevée. Maintenant, faut-il arriver à cet état de choses par voie directe, par des institutions positives, en appelant à son secours le gouvernement social ou la loi ? ou bien est-ce un but auquel il faut tendre constamment par le cours et le développement naturel des choses et en travaillant continuellement à l'amélioration du sort de l'ouvrier, de façon qu'il puisse avoir un jour devant lui de quoi attendre le résultat final et la réalisation des produits industriels ? Voilà une des plus belles et des plus grandes questions de la distribution de la richesse. »

De nombreuses associations ouvrières, agricoles et industrielles, particulières et restreintes, il est vrai, se sont continuellement formées depuis le moyen âge dans notre pays. M. Dupin, dans une lettre fort intéressante adressée à M. Étienne, a raconté l'histoire de la communauté agricole des Jault, qui existait dans la Nièvre. Il y en avait d'autres en Auvergne, dans le Berry, dans le Bourbonnais et dans plusieurs autres provinces. Les coutumes de ces provinces attestent l'existence de ces associations, et Ferrière, dans son *Dictionnaire de Droit*, reconnaît qu'elles étaient très-fréquentes autrefois et très-utiles.

Au mois de mars 1848, M. Olinde Rodrigues adressa à la commission de gouvernement pour les travailleurs une lettre sur les moyens de réaliser l'association du travail et du capital. Voici les moyens qu'il proposait :

« Désormais, dans toute entreprise industrielle, soit agricole, soit manufacturière ou commerciale, le travail et le capital seront associés et représentés ainsi qu'il suit :

» Les travailleurs des deux sexes attachés à l'entreprise ou leurs délégués, s'ils sont trop nombreux, se réuniront périodiquement en assemblée des représentants du travail.

» Les capitalistes, propriétaires ou commanditaires de l'entreprise se réuniront aux mêmes époques en assemblée des représentants du capital.

» L'assemblée générale, composée des uns et des autres, sera convoquée pour entendre :

» 1° La lecture et les développements du rapport des gérants pour l'exercice écoulé, lequel aura dû être distribué d'avance à tous les intéressés.

» 2° Toutes les observations, réclamations ou propositions que ce rapport fera naître, et qui seront mentionnées au procès-verbal.

» Le procès-verbal de l'assemblée générale sera renvoyé à une commission d'arbitres élus en nombre égal et séparément par l'assemblée des travailleurs et celle des capitalistes. Ces arbitres se réuniront pour choisir et s'adjoindre un tiers arbitre et constituer définitivement la commission arbitrale.

» La commission arbitrale, investie des pouvoirs les plus étendus par ces deux assemblées, statuera souverainement, dans le plus bref délai, sur le rapport des gérants, et sur toutes les questions d'intérêt social qui auront été soulevées par l'assemblée générale.

» Elle reconnaîtra et constatera le prix de revient des produits de l'entreprise en raison des salaires annuels du travail, de l'intérêt et de l'amortissement annuel du capital.

» Elle établira, pour l'avenir, le règlement du travail et des salaires, ainsi que celui de l'intérêt et de l'amortissement du capital, de manière à procurer à l'entreprise la vente la plus avantageuse de ses produits.

» Elle réglera l'indemnité due aux travailleurs déplacés par suite de réformes opérées dans la main-d'œuvre, et notamment par suite de l'introduction de machines ou mécaniques; cette indemnité devra être estimée pour chacun d'eux en raison du chômage auquel il est exposé, et de son exclusion des bénéfices à espérer de l'emploi des nouveaux procédés.

» Elle vérifiera et certifiera le compte de gestion, approuvera ou réformera les mesures proposées pour l'avenir, et fixera la portion des bénéfices à laisser en réserve;

» Enfin, la commission arbitrale pourra prononcer, selon la gravité des motifs, la révocation des gérants et la dissolution de l'entreprise; et en proposera le mode de liquidation et de réorganisation, s'il y a lieu.

» Les bénéfices de l'entreprise restant disponibles, après le prélèvement :

» 1º Des salaires payés à tous les travailleurs des deux sexes qui auront été attachés à l'entreprise pendant tout ou partie de l'exercice auquel s'applique le compte de gestion, journaliers, ouvriers, contre-maîtres, ingénieurs, employés, gérants, directeurs ou fermiers;

» 2º Des dividendes fixes, alloués aux capitalistes, propriétaires ou commanditaires, pour intérêt et amortissement;

» 3º De la portion à laisser en réserve;

» Seront répartis entre tous *travailleurs* et *capitalistes*, selon le chiffre du salaire et du dividende fixe de chacun.

» Le *salaire* et le *dividende fixe* de chacun seront augmentés par suite de cette répartition, dans le rapport, *égal pour tous*, de la somme des bénéfices à répartir à la somme totale des salaires et des dividendes fixes.

» Les délibérations de la commission arbitrale seront publiées et distribuées à tous les intéressés, travailleurs et capitalistes[1]. »

Le 20 mars 1848, M. Wolowski disait à la commission de gouvernement pour les travailleurs : « Pour améliorer le sort des classes laborieuses, il ne suffit pas que la répartition soit plus équitable, il faut surtout que la production soit considérable-

1. Voir *l'Estafette* du 25 mars 1848.

ment augmentée... C'est avant tout par l'augmentation de la production agricole que l'amélioration du sort des travailleurs peut être obtenue. Si la production agricole est développée, le riche, n'ayant qu'un estomac, ne consommera pas davantage; toute la part obtenue en plus profitera aux travailleurs. En outre, le prix des matières premières diminuera d'autant, et l'industrie sera d'autant plus prospère. »

M. Dupont-White ayant dit qu'il ne voyait pas pourquoi les améliorations agricoles précéderaient les améliorations industrielles; que le résultat serait une baisse dans le prix des substances alimentaires, et par contre-coup dans les salaires de l'industrie, de sorte que la situation des travailleurs se trouverait n'avoir pas changé, M. Wolowski reprit : « Je n'admets nullement que le prix des salaires se règle sur le prix des subsistances. Aux États-Unis, le prix des subsistances est très-bas, celui des salaires très-haut; en France, le contraire a lieu; la règle du salaire, c'est le rapport entre l'offre et la demande. L'État peut et doit améliorer le sort des travailleurs, mais en respectant ce principe. Que l'État agisse, sur le travail offert, par le développement du capital intellectuel, de l'activité humaine; sur le travail demandé, par l'impulsion donnée à tous les grands travaux d'utilité publique, par l'amélioration des voies de communication, par le crédit, par tous les moyens enfin qui peuvent développer la masse des produits : c'est bien. Si la production augmente, et que le travail s'améliore, l'expression du rapport des deux termes changera au bénéfice du travailleur. Intervenons pour agir sur les deux termes du rapport; mais respect au principe de leur équilibre. »

Aux yeux de M. Vidal, « le rapport de l'offre à la demande est un *fait* et non point un *principe*. La loi de l'offre et de la demande, qui régit toute l'économie, au dire de quelques écrivains, n'est selon lui que la théorie de la *force* et du *hasard*.

» En fait, il est malheureusement vrai que tout est soumis

aujourd'hui à cette loi brutale de l'offre et de la demande; mais il est souverainement *injuste* qu'il en soit ainsi. La loi de l'offre et de la demande est l'expression d'un fait incontestable; mais combinée avec la doctrine du laisser faire, elle aboutit à la violation des droits les plus sacrés.

» Cependant le taux des salaires n'est pas toujours déterminé par le rapport de l'offre à la demande. Même aujourd'hui, cette loi injuste rencontre des exceptions. Dans tous les services publics, dans toutes les administrations *organisées*, le travail n'est point mis au rabais, on n'adjuge point les emplois à la sous-enchère. L'organisation du travail doit précisément assurer à tout homme ce minimum de traitement que l'État garantit aux fonctionnaires, quel que soit le nombre des concurrents et des solliciteurs. L'organisation élèvera chaque travailleur au rang, à la dignité de fonctionnaire, elle lui garantira dans tous les cas l'aisance et la sécurité, elle le fera participer, en outre, aux bénéfices de la production. Elle neutralisera précisément le désastreux effet de l'offre et de la demande.

» M. Wolowski a dit qu'il fallait augmenter la production; je suis de son avis; mais, tandis qu'il fait appel à l'individualisme pour multiplier la richesse, j'invoque, moi, l'union des forces, la puissance de l'association. L'égoïsme, l'intérêt personnel peuvent bien surexciter un moment les instincts ou provoquer des efforts; mais tout ce qui s'est fait de grand sur la terre a toujours été accompli au nom d'une idée ou au nom d'un sentiment. Ce sont les idées généreuses qui inspirent les grandes choses. On peut organiser le travail de telle sorte que l'émulation soit développée au plus haut degré, sans recourir à l'appât de l'intérêt individuel; on peut exalter le courage du travailleur jusqu'à l'enthousiasme, au nom du devoir, au nom de la fraternité, de la justice; on peut trouver dans les mobiles purement moraux des stimulants de production bien autrement énergiques que les ressorts de l'individualisme ou de l'intérêt. »

« Il ne s'agit point, disait encore M. Vidal à la commission de gouvernement pour les travailleurs, le 20 mars 1848, de transformer directement l'État en producteur universel, mais tout simplement de le faire intervenir pour commanditer le travail, pour assurer aux ouvriers qui n'ont point de capitaux cette liberté dont vous parliez tout à l'heure. Pour être libre, il ne suffit pas d'avoir le droit de développer ses facultés, il faut en avoir les moyens ou le pouvoir. L'État mettrait précisément au service des travailleurs les moyens de devenir vraiment et complétement libres.

» M. Wolowski croit que le capital, comme la lance d'Achille, guérira les blessures qu'il a faites. Oui, mais à la condition qu'il change de mains. Si l'État fournit le crédit aux ouvriers, le capital social, sans doute, pourra guérir les blessures que le capital individuel et la concurrence ont faites aux classes laborieuses, mais cela suppose un ordre nouveau, un complet changement dans les relations de travailleur à capitaliste.

» Il est bien entendu que l'association que nous proposons sera purement volontaire. Nous ne voulons point recruter de force les travailleurs et les enrôler malgré eux. Nous offrons aux ouvriers les moyens de s'associer, de travailler pour eux-mêmes; nous les mettons en état de développer complétement leur activité, leur liberté, à côté de leurs égaux, de leurs frères. Et comme nous pensons qu'il faut tout combiner, diriger et organiser, nous mettons à la tête de ces ouvriers un ingénieur qui les aide à bien faire; qui, par ses conseils et par ses connaissances spéciales, les empêche de mal faire.

» On a parlé de production illimitée. L'essentiel n'est pas de produire à l'excès, mais de produire en vue des besoins de la consommation. Tout ce qu'on produirait au delà serait déperdition de forces et de capitaux, et non pas accroissement de richesses. Par l'organisation, on peut équilibrer les besoins et les moyens, proportionner toujours l'offre à la demande, arriver à la stabilité des prix, supprimer la concurrence, élever le prix du travail, réaliser la liberté pour tous, l'égalité et la fraternité. »

« Les mines de fer de la Hongrie, celles du Hartz, répartit M. Le Play devant la même assemblée, sont organisées d'après ces principes. Les résultats sont on ne peut plus favorables au système de l'association. Le principe de la hiérarchie des fonctions y est admis. Le salaire n'est pas le même pour tous, mais il est le même pour les ouvriers de chaque catégorie. Le Hartz, plateau stérile, serait inhabitable sans les heureux effets de l'association ; une population de cinquante mille habitants y vit heureuse dans ce système. Les mines de la Russie sont exploitées d'après les mêmes principes. Un officier, nommé par l'empereur, y veille à leur fidèle application. J'ai fait le bilan d'un ménage de serf russe employé aux travaux des mines ; j'ai fait le bilan d'un ménage d'ouvrier français dans des conditions passables, et, je le dis à regret, j'ai trouvé que le serf russe était incomparablement mieux traité que l'ouvrier de France.

» Je n'ose affirmer que pour toutes les industries l'application de ce système soit possible ; mais ce que j'affirme, c'est que pour l'industrie des mines, que je connais spécialement, l'application serait aussi facile qu'avantageuse [1]. »

Revenant plus tard sur ces associations, M. Le Play disait dans son livre, *Les Ouvriers européens* :

« Les corporations des mines de l'Allemagne atténuent ou annulent les inconvénients que pourrait entraîner la concurrence locale en exploitant, dans une haute vue d'ensemble, tous les gîtes minéraux d'un même district, bien qu'ils constituent des propriétés distinctes. Elles centralisent en outre la culture des forêts, l'aménagement des eaux motrices, la fusion des minerais et le commerce des métaux. Dans ces conditions, elles ont pu organiser en faveur de leurs ouvriers un vaste système d'assistance et de direction embrassant toutes les éventualités qui

1. *Moniteur*, 24 mars 1848.

pourraient troubler le bien-être des familles. Les lois qui règlent
en Suède l'organisation des *bergslags* arrivent au même résultat,
tout en laissant à une multitude de particuliers le soin d'exploiter les mines, les forêts et les usines; elles interviennent surtout
en supprimant les luttes que pourrait provoquer entre les divers concurrents l'achat des bois et des charbons; les règlements
des *bergslags* assurent en outre le maintien des qualités de métaux garanties par les marques de fabrique, et elles s'opposent
par là à ce que les conditions d'une concurrence loyale soient
faussées par l'avidité des exploitants.

» Ces institutions, il importe de le remarquer, s'appliquent à
des industries dont le développement est subordonné aux ressources fournies par les mines, les forêts et les eaux, ou, en
d'autres termes, dont les produits sont limités par la nature
même des choses. En réglementant la production, on n'apporte
donc aucune entrave à l'essor des industries; on se borne à modérer une rivalité qui ne pourrait s'exercer que d'une manière
stérile. Des règlements concernant ces cas spéciaux sont donc
exempts de la plupart des inconvénients qu'ils offriraient s'ils
devaient s'appliquer à l'ensemble du régime manufacturier. Ils
deviendraient intolérables dans la plupart des districts métal-
lurgiques de l'Occident, dont la production peut être indéfiniment accrue par l'intervention des machines à vapeur et l'emploi du combustible minéral. Ainsi une législation analogue a
régi pendant longtemps avec succès les usines à fer de la France.
Cette législation subsiste même encore en principe; mais, depuis
vingt ans, elle tombe en désuétude par l'avénement d'une multitude d'usines à la houille. Il est même à remarquer que dans
les contrées d'Allemagne et de Suède où l'industrie minérale
continue à reposer exclusivement sur l'emploi des eaux motrices
et des bois, les personnes les plus éclairées supportent impatiem-
ment le régime des corporations et des bergslags; elles appré-
cient peu les conséquences directes de ce régime, la stabilité de
l'industrie et la sécurité des existences individuelles; elles se

montrent, au contraire, préoccupées des petites entraves qu'il oppose indirectement à la liberté des transactions et au progrès général de la société. Les hommes d'État les plus influents semblent attacher leur gloire à abroger ces législations exceptionnelles et à introduire plus de liberté dans toutes les branches d'industrie. Ces tendances fournissent au moins un avertissement touchant l'extrême réserve qu'il convient de garder en ce qui concerne le retour aux règlements restrictifs, dans les contrées de l'Occident où les populations sont exposées à la pression d'une concurrence exagérée. »

Le patronage est encore un moyen efficace d'émancipation pour la classe ouvrière. Mais le patronage a aussi ses dangers; il peut gêner la liberté du travailleur ou du consommateur.

« Lorsque le patronage se présente à moi, dit M. Michel Chevalier, sous la forme des relations qui existent entre le seigneur et le serf, je le repousse avec toute l'énergie dont je suis capable s'il s'agit de le reproduire dans notre Occident; mais de ce que je suis opposé au servage, est-ce à dire que je doive être l'ennemi systématique et absolu du patronage, c'est-à-dire de la sollicitude active et intelligente du fort pour le faible? Tant qu'il y aura des hommes sur la terre, il y en aura qui, attardés sur le chemin, auront besoin qu'une main amie les soutienne et les pousse.

» Le patronage peut et doit changer de forme; il est progressif de sa nature, parce que, même chez le plus pauvre et le plus faible, le sentiment de la dignité personnelle est en progrès continu, et le sentiment de l'indépendance individuelle est de plus en plus éveillé; mais le patronage est inhérent à la société même, parce que la société se compose d'êtres inégaux, non en droits virtuels, mais en facultés et en puissance.

» De même de l'association : les conditions qui la règlent peuvent changer, et j'en reconnaîtrai la mobilité autant qu'on le voudra. J'admets qu'il ne faut pas faire de l'association une chaîne qui paralyse les mouvements de l'individu et comprime le ressort individuel. J'accorde qu'en Russie l'association est poussée à ce point que l'individu n'y est jamais en possession de lui-même. Il y vit dans une condition qui ressemble à celle de l'abeille dans l'essaim, et c'est dans cette civilisation un défaut considérable. Il n'en est pas moins vrai que la sociabilité est un des plus beaux et un des plus féconds attributs de la nature humaine. On mutile l'individu lui-même, on dépouille la société de la consistance sans laquelle elle ne peut durer, si l'on empêche la sociabilité de se manifester. L'homme est de tous les êtres celui qui possède la personnalité la plus forte, et c'est pour cela que dans une société avancée il est indispensable qu'on reconnaisse les droits individuels, et, pour appeler les choses par leur nom, que l'homme soit investi d'une liberté étendue. Mais, en même temps, l'homme est l'être social par excellence. Entre ces deux manières d'être, ces deux forces, ces deux puissants mobiles, la personnalité et la sociabilité, je ne crois pas qu'il soit possible de faire un choix et de dire : celle-ci vaut mieux que l'autre. L'art de la civilisation consiste, non pas à sacrifier celle-ci à celle-là, mais à les combiner, à les développer réciproquement, à les fortifier l'une par l'autre ; et une des preuves les plus significatives du génie d'Aristote, c'est la définition qu'il a donnée de l'homme, en disant que c'était un être à la fois raisonnable (c'est-à-dire doué d'une raison individuelle) et sociable. »

En Angleterre, chacun jouit pleinement du droit d'association. La faculté de s'associer, de se concerter, d'agir en commun, est exercée par les Anglais de cent façons dans les affaires religieuses et politiques, dans les questions de bienfaisance, de travail, etc. L'ouvrage de M. Leplay présente des exemples curieux des formes que revêt l'association en Angleterre, dans les affaires industrielles. M. Michel Chevalier en cite un qui est très-curieux.

« A Sheffield, dit-il, les ouvriers qui travaillent l'acier se sont constitués en corps destinés à garantir leurs intérêts par des

moyens qui vont jusqu'à la limite où commence la violence
la plus manifeste. Dans le but de se protéger contre les effets
de la concurrence, ces associations ont posé en principe que le
nombre des ouvriers ne peut être augmenté par les chefs
d'industrie. A cet effet, elles ont décidé que les apprentis ne
pourraient être recrutés que parmi les enfants des ouvriers de
la fabrique, et, comme sanction de cette règle, qu'on déserte-
rait en masse les ateliers des chefs d'industrie qui tenteraient
de l'enfreindre. Elles ont fait plus s'il est possible : elles ont
fixé le salaire, pour tout le détail de la fabrication, par un tarif
qui ne peut être modifié que du consentement mutuel des ouvriers et des maîtres. En cas de ralentissement dans les travaux, les chefs d'industrie peuvent renvoyer de l'atelier les
bras dont ils n'ont pas l'emploi; mais l'ouvrier qui reste occupé reçoit intégralement le salaire porté au tarif. Et réciproquement, dans le cas où l'industrie prendrait une activité extraordinaire, les ouvriers s'interdisent de réclamer aucune augmentation de salaire. Les ouvriers laissent prélever sur leur
salaire, par les associations, une certaine quotité qui forme un
fonds commun à l'aide duquel, lorsque la fabrique est languis-
sante, on entretient les familles dépourvues de travail. Ce
même fonds servirait de ressources dans le cas où l'on serait
mis en grève pour intimider les chefs d'industrie, pour les
amener à composition. Comment des associations de ce genre
sont-elles tolérées par le législateur, et comment ne mettent-
elles pas le pays en feu? C'est qu'ici intervient une force, la
plus grande de toutes dans les pays civilisés : l'esprit réciproque
de modération, le profond sentiment des droits respectifs des
deux parties en présence. Les ouvriers mettent à la tête de leur
union des chefs pris dans leur sein qui sont dignes de cette position difficile, et qui résistent à tous les entraînements et à
toutes les obsessions, d'où qu'elles viennent. C'est sur leur
prudence, pour le moins autant que sur le bon esprit des chefs
d'industrie, que reposent le succès et l'existence même de l'in-

stitution. En fait, grâce à leur habileté et à leur sagesse, le pouvoir énorme, l'autorité absolue et illégale qu'ont assumés les ouvriers, et d'où pourrait sortir la désorganisation même de l'industrie, ne paraît pas donner lieu à des abus regrettables. D'une part, les rancunes populaires se trouvent amorties, les prétentions déraisonnables sont disciplinées et réduites à des proportions acceptables; d'autre part, le bien-être de l'ouvrier a ses boulevards. Mais en quel autre pays trouverait-on un degré égal d'équité et autant d'esprit de conduite parmi les chefs des unions, un pareil esprit de conciliation parmi toutes les classes de la société, au milieu du choc d'intérêts enflammés? »

PAUPÉRISME

« Pris dans un sens absolu, dit M. Vieillard, le mot de *pauvreté* exprime toute situation où les besoins excèdent les moyens d'y pourvoir. Il n'implique donc pas, comme les mots d'*indigence* et de *misère*, l'idée d'un dénûment complet, mais celle que produit l'insuffisance des ressources comparées aux nécessités. »

Dans son *Traité de la Bienfaisance publique*, De Gerando s'attache d'abord à définir la pauvreté et l'indigence. « Ces termes, dit-il, employés comme synonymes dans le langage usuel, sont loin d'exprimer la même idée et de peindre la même situation. La pauvreté est le degré intermédiaire entre la gêne et la misère; elle conduit et confine à l'indigence, mais elle n'est point encore l'indigence même : elle est un danger autant qu'une souffrance. Celui-là est *pauvre* qui n'a pas suffisamment le nécessaire, qui ne l'a qu'à moitié, qui ne l'a que strictement; celui-là est appelé pauvre qui n'a pas de quoi subsister convenablement suivant sa condition. L'indigence est une pauvreté extrême : c'est la privation du nécessaire; c'est le dénûment absolu. Il suffit, pour être *pauvre*, de n'avoir rien en propre, ou même de ne posséder que peu de chose : il faut, pour être *indigent*, se trouver hors d'état de se procurer soi-même ce dont on manque. Le *pauvre* n'a pour subsister que ses bras; l'*indigent* n'a pas de quoi subsister. Le *pauvre* éprouve des privations; l'*indigent* est exposé à périr. Le *pauvre* a surtout besoin d'appui; à l'*indigent* il faut des secours. On doit empêcher que la situation du *pauvre* ne s'aggrave; il est indispensable que celle de l'*indigent* soit soulagée. »

Suivant madame Marie Meynieu [1], « la pauvreté est dans le langage ordinaire, et abstraction faite de l'acceptation relative du mot, l'état de ceux qui ont besoin d'un travail journalier pour se procurer les objets que l'usage a rendus nécessaires aux classes les moins aisées de la société; ne pouvoir se les procurer, c'est l'indigence, état qui devrait être exceptionnel, passager, et susceptible de remèdes individuels; le *paupérisme*, c'est l'indigence avouée, permanente, organisée, qui réclame le droit de vivre sans travail, et de dévorer un fonds commun auquel il n'a rien apporté, quelquefois par sa faute, toujours pour son malheur. »

« Il n'y a point d'indigents chez les sauvages, dit De Gerando, parce qu'ils le sont tous presque au même degré. A mesure que la civilisation se développe, les inégalités se développent aussi, et les rangs inférieurs souffrent et de leur dénûment réel et de ce que leurs habitudes participent toujours plus ou moins des influences de la civilisation. Les conditions de l'indigence varient suivant les climats ; elles sont subordonnées aux habitudes ; elles se mesurent par des comparaisons. En vain dira-t-on que les besoins nés des habitudes et des comparaisons sont des besoins factices ! Qu'importe, dès que la privation en devient cruelle ? Le pauvre ne doit point être un paria ! Il a besoin d'une certaine considération morale pour l'aider à se relever à ses propres yeux et aux yeux des autres. Que servirait de l'avoir empêché de mourir de faim, si on ne le préservait de la dégradation ? »

_____

1. *Encyclopédie des gens du monde*, article PAUPÉRISME.

« Autour de tout grand centre manufacturier vient se grouper, dit madame Marie Meynieu, une population exposée aux vicissitudes de la vie industrielle, à ses travaux exagérés, à ses chômages imprévus. Le changement de modes le plus frivole, un perfectionnement mécanique, un revirement des tarifs, une querelle de cabinet entraînant la paix ou la guerre, le progrès industriel de l'étranger qui transforme un chaland en un rival, l'apparition dans la lice d'un capitaliste plus opulent, une seule de ces causes, toujours imminentes, suffit pour fermer les portes d'une filature ou d'une usine à des ouvriers qui, pour acheter le pain de chaque jour, en attendent le salaire. Et c'est en vain qu'on se récrie sur la cruauté de cet abandon, qu'on demande pour l'homme les priviléges de la bête de somme, qui trouve dans la morte saison litière et fourrage. Exposé à tous les hasards d'une concurrence sans frein, forcé de produire à meilleur marché que ses rivaux, ou de cesser de produire, le maître n'a sur l'ouvrier que l'avantage de pouvoir attendre plus longtemps les chances de l'avenir. »

M. Le Play rattache le paupérisme à l'imprévoyance des populations :

« Les individus prévoyants, dit-il [1], se recommandent tout d'abord par l'amour du travail et par la tempérance; dans quelque condition sévère qu'ils soient placés, ils trouvent donc en eux-mêmes des ressources infaillibles pour s'assurer des moyens d'existence. Ils ne tardent même pas à parvenir au delà de ce but lorsque les institutions ou les mœurs n'entravent pas leur essor; et si, à leur qualité distinctive, ils joignent la moralité et l'intelligence, on les voit bientôt s'élever au-dessus de la condition où ils sont nés, puis se classer honorablement dans les rangs supérieurs de la société. Pour réussir autant que le comportent leurs qualités morales et individuelles, les individus de cette catégorie ont seulement besoin de trouver

1. *Les Ouvriers européens.*

dans la constitution social jt chez les patrons pour le compte desquels ils travaillent, au début de leur carrière, une ferme direction religieuse et la libre disposition de leurs aptitudes. C'est chez eux que se trouve cet amour raisonné de l'indépendance qui est la principale force des peuples aussi bien que des individus; ce sont eux qui, en se multipliant progressivement chez les nations occidentales, ont rendu celles-ci dignes de la liberté dont elles jouissent.

» Les individus imprévoyants peuvent posséder la plupart des vertus qui contribuent au succès des précédents; comme eux, ils se distinguent parfois par d'éminentes qualités du cœur et de l'esprit; souvent même leur imprévoyance se lie à des qualités honorables ou charmantes : à la générosité, au dévouement, à l'enthousiasme, à la foi dans la bonté divine. Mais l'imprévoyance laisse au milieu de ces vertus une lacune essentielle : elle les rend stériles pour la plupart, et empêche toujours une famille de se créer par sa seule initiative une position assurée, à l'abri des éventualités qui viennent de temps en temps frapper inopinément les existences humaines. Alors même que, sous tous les autres rapports, elle se trouverait placée dans les conditions les plus favorables, la famille ne peut échapper aux privations résultant de ces éventualités que si une influence supérieure supplée à cette insuffisance par une vigilante sollicitude. Les ouvriers imprévoyants, par cela même qu'ils ne peuvent subvenir par leurs propres ressources aux difficultés accidentelles de l'existence, sont incessamment ramenés, nonobstant les chances heureuses qui se présentent, vers la condition où ils sont nés; l'état de dépendance où ils vivent est nécessaire et permanent, parce qu'ils en portent le principe en eux-mêmes. Cette dépendance devient plus rigoureuse lorsqu'au défaut de prévoyance se joint l'absence des vertus sur lesquelles repose la conservation des sociétés; lorsque, par exemple, les populations s'abandonnent sans mesure à l'impulsion des appétits matériels ; lorsqu'elles sont portées vers les habitudes de la vie nomade, et montrent encore peu d'in-

clination pour les travaux de la vie sédentaire; lorsque surtout
le sentiment religieux n'est point assez développé pour leur
fournir un appui contre leur propre faiblesse. Les individus
appartenant à cette seconde catégorie, s'ils sont abandonnés aux
inspirations de leur libre arbitre, ne peuvent donc jouir de la
sécurité, qui est le premier besoin des populations; pour que
l'ordre et l'harmonie se maintiennent dans la société, il est nécessaire que ces individus y trouvent tout au moins protection
et assistance, quelquefois une direction effective ou un frein salutaire. Ces types composent encore la masse des populations de
l'Orient, et c'est surtout à leur imperfection morale qu'y est dû
le maintien de l'ancien régime d'autorité. Trop nombreux encore à l'autre extrémité de l'Europe, ils sont la principale cause
des embarras qui pèsent aujourd'hui sur les sociétés de l'Occident. Ces dernières doivent donc, avant tout, les émanciper par
l'initiation à la prévoyance, pour obtenir les conséquences fécondes qui ne se trouvent encore qu'en germe dans leurs institutions.

» Les nations européennes emploient une multitude de moyens
pour assister et diriger les populations imprévoyantes. Les uns
reposent exclusivement sur la force des mœurs, d'autres sont
établis par des prescriptions formelles de l'autorité; les plus
nombreux se rattachent à des institutions qui admettent l'intervention combinée des mœurs et des lois.

» La force prépondérante des mœurs se révèle surtout par
l'adoption d'un bon régime d'engagements, par l'organisation
spontanée des émigrations périodiques ou permanentes, par les
garanties que l'opinion publique réclame des jeunes gens aspirant
au mariage, par l'organisation intelligente et la direction mora-
lisante données au patronage et à la charité privée, par les habitudes qui initient les individus à la propriété des animaux
domestiques et des habitations, qui se rattachent à l'acquisition
des vêtements de prix et des bijoux, etc. Il existe çà et là dans
l'Occident quelques districts où ces mœurs ont acquis assez de

force pour faire tomber en désuétude la plupart des lois anciennes organisant l'assistance en faveur des populations.

» Il en est autrement chez les peuples de l'Orient : le bien-
être des classes inférieures et la prospérité de l'État n'y peuvent
être assurés que par des lois positives, imposant formellement
aux uns le poids du travail manuel, aux autres les charges de
l'assistance, et entravant, par conséquent, la liberté à tous les
degrés de la hiérarchie sociale. Assurément il n'existe pas,
même parmi les sociétés les plus avancées, une seule grande
nation où les classes imprévoyantes puissent se passer de
l'appui qu'elles trouvent dans certaines institutions positives;
mais on commet une grave erreur lorsque, pour remédier
aux maux qui s'y manifestent accidentellement, on propose
d'avoir recours aux lois qui, chez les peuples les moins avancés,
organisent impérativement l'assistance. Une telle nécessité
constituerait chez le peuple où elle serait reconnue un symptôme
irrécusable de décadence. Ceux qui ont foi dans le progrès de
la nationalité à laquelle ils appartiennent doivent, en pareil
cas, diriger leurs efforts, non vers l'aggravation des lois d'assistance, mais vers la réforme des mœurs. »

Les socialistes demandent la suppression du paupérisme à l'organisation du travail. Toute misère provient, suivant eux, de la
mauvaise direction donnée à la production dans le système de
la libre concurrence, de l'oppression du capital, maître du travail dans notre organisation sociale, qui, par suite de la transmission héréditaire des instruments de travail, donne trop au
hasard de la naissance et à l'égoïsme des détenteurs de la richesse.

« La science, dit M. Louis Blanc [1], découvre sans cesse des
moyens nouveaux de remplacer les services de l'homme par
ceux de la nature.

» La division du travail centuple les forces de la production.

---

1. *Réponse à M. Thiers.*

» Les barrières commerciales qui séparent les peuples tendent à disparaître.

» La production concentre de plus en plus ses ressources et son action.

» Les relations vont s'étendant chaque jour davantage par le développement du crédit.

» Eh bien ! de toutes ces choses, dont chacune porte le caractère du progrès et qui, dans un régime moins déplorable que le nôtre, constituerait un progrès profitable à tous, il n'en est pas une seule qui ne soit de nature à aggraver, au moins pendant un temps déterminé, la position d'un grand nombre de travailleurs.

» Chaque machine nouvelle est pour qui l'emploie une source de bénéfices ; mais elle chasse de l'atelier une foule de journaliers dont elle supprime ainsi la propriété, c'est-à-dire le travail. Les malheureux qui se trouvent atteints courent frapper à la porte des ateliers où travaillent leurs frères ; ils offrent leurs services au rabais ; ils font baisser le salaire par l'empressement de la demande ; et jusqu'à ce que l'équilibre soit rétabli entièrement, jusqu'à ce que l'influence de l'invention nouvelle soit devenue tout à fait bienfaisante en se généralisant, c'est sur la tête des faibles que pèse tout le poids de l'innovation qui a fait la fortune d'un seul ou de quelques-uns.

» La division du travail serait, dans une société bien réglée, d'un incontestable avantage. Sous le présent régime, que fait-elle du travailleur ? Elle tend à le pousser au dernier degré de l'abrutissement, en occupant sa vie tout entière à façonner la tête d'une épingle ou à tourner une manivelle.

» Pas de barrière commerciale qui, en tombant, n'ouvre passage aux produits étrangers et ne détermine à l'intérieur une crise momentanée. Qui en souffre ? Presque toujours c'est l'ouvrier. N'a-t-on pas vu des spéculateurs fonder sur ces moments de gêne des calculs tristement réalisés ? La perte qu'ils éprouvaient sur le bénéfice, ils la rejetaient sur le salaire, entretenant du reste l'activité de la production et emmagasinant les produits. La crise passée, ces produits avaient un écoulement facile, et le spéculateur se trouvait plus riche de ce qu'il aurait dû perdre et de ce qu'avaient perdu de malheureux journaliers. C'est là de l'histoire : en sait-on de plus poignante ?

» La production, en se concentrant, permet une économie notable dans les frais de main-d'œuvre; mais, d'un autre côté, elle est obligée d'étendre son marché outre mesure, de compter sur des consommateurs qui vivent au loin, qu'elle ne connaît pas, dont elle n'a aucun moyen de supputer le nombre, et dont les besoins variables échappent nécessairement à son appréciation. Or, dans cette grande guerre que se livrent tous les intérêts, sollicités qu'ils sont par la concurrence, qui ne sent que, sur un marché plus vaste, les péripéties industrielles doivent être plus nombreuses et plus formidables? Comptez maintenant les victimes que nos immenses ateliers, quand ils s'écroulent, écrasent sous leurs débris!

» L'extension du crédit est en soi une excellente chose. Et pourtant, dans notre système d'isolement et d'individualisme, quels désastres n'enfante-t-il pas ? Un journalier assez heureux pour avoir trouvé l'occasion de gagner à la sueur de son front son pain et celui de sa famille, se voit brusquement refoulé dans l'extrême misère. A qui s'en prendra-t-il ? Au chef d'industrie. Mais ce n'est pas des fautes de ce dernier que vient la chute de l'atelier où l'ouvrier était nourri. Un atelier se ferme en France parce que telle grande maison a fait faillite en Angleterre parce que tel engagement frauduleux a été contracté en Amérique! Dans un système sagement organisé, l'association, l'influence de pareils désastres serait bornée, on la sentirait à peine, parce qu'elle se répartirait sur toutes les têtes, et nous n'assisterions pas à ce scandaleux phénomène de plusieurs milliers d'ouvriers laborieux et honnêtes dépendant de la mauvaise foi ou de la folie de quelques lointains millionnaires! »

« A la vue de marchandises sans acheteurs, de travailleurs

sans ouvrage, on a cru, ajoute madame Marie Meynieu, les uns que la production est excessive, les autres que la population est surabondante. Cependant, ces travailleurs ayant besoin de marchandises, ces marchandises besoin de consommateurs, il est présumable que ces deux suppositions, qui ne peuvent être toutes deux vraies, sont également erronées, et qu'au lieu de supprimer un des termes de l'équation, on doit viser à les coordonner. D'un autre côté s'il est vrai de dire que la production ne peut être excessive tant qu'il reste des besoins à satisfaire, ni la population surabondante aussi longtemps que la terre suffit à la nourrir, il n'en est pas moins vrai qu'il y a sur différents points un trop plein d'hommes ou de choses.

» Le prix du travail étant subordonné au rapport entre l'offre et la demande, il est évident que là où le travail surabonde relativement au capital, sa valeur échangeable tend à diminuer, et à mesure que celui dont le travail est l'unique ressource se voit obligé de rétrécir la sphère de ses jouissances, le manufacturier voit réduire aussi le cercle des consommateurs. Il est donc indispensable ou d'augmenter la demande, ou de diminuer l'offre de travail... Que s'il s'agissait seulement de réduire l'offre de travail, les moyens ne manqueront jamais, la peste, la guerre, la famine se chargent de cette tâche, quoique le vide qu'elles créent se comble avec une grande rapidité; à leur défaut une certaine contrainte morale pourrait encore produire cet effet-là si ce moyen ne manquait son but faute d'une adoption universelle.

» Reste donc à augmenter la demande du travail en facilitant l'écoulement des produits. Pour cela, le moyen le plus immédiat est d'accepter en retour de ses propres produits les produits d'autrui; car il est évident pour tout le monde que celui qui ne veut pas acheter ne peut pas vendre; puis de créer de nouveaux centres de consommation, soit en stimulant les désirs des peuplades sauvages et des populations esclaves rendues à la liberté, soit en transportant sur un terrain vierge le travail qui féconde et qui languit sans emploi sur un marché trop encombré.

« Est-ce à dire que ces moyens, qu'il est urgent de mettre en œuvre, les seuls pour lesquels les esprits soient encore mûrs, suffiront toujours pour assurer à chacun le salaire de sa peine? Non ; ce sont là des palliatifs puissants bien propres à modérer l'intensité du mal ou à en retarder le développement. Pour le guérir radicalement, pour en rendre le retour impossible, il faudrait que le travail fût organisé, que les nations fussent solidaires. »

Hors de là le seul moyen d'empêcher le paupérisme de dévorer les populations, c'est d'augmenter la production sans diminuer le salaire des travailleurs. Tout tend à notre époque à augmenter la production, machines nouvelles, concentration des capitaux, etc.; mais ces faits économiques tendent aussi à diminuer le salaire des travailleurs. Comment donc faire pour rétablir l'équilibre? Associer le travailleur au capitaliste ; mais si celui-ci se fait une part trop grande; si, pour nous servir d'une comparaison de M. de Lamartine, l'or devient plus dur que le fer, qu'arrivera-t-il? Chaque année le nombre des indigents augmentera, et il faudra nourrir sans travail un grand nombre d'individus, à moins que la guerre, la famine, la peste ou l'émigration n'en enlève une grande partie, au détriment des producteurs et des capitalistes eux-mêmes.

« A la concentration des capitaux, à cette sorte de tactique impériale qui met la victoire du côté des masses, on reproche, dit madame Marie Meynieu, de paralyser les efforts de celui qui voudrait utiliser ses modestes épargnes, et qui, succombant dans une lutte inégale, entraîne dans sa chute l'ouvrier qui le seconde ; on prétend que cette *plutocratie* moderne, toujours envahissante, est plus intolérable que le joug de la féodalité nobiliaire : et que lorsqu'elle existe à côté d'un monopole dû à un système restrictif, elle force le consommateur à subir sa loi, le frustre même du bon marché, unique dédommagement des maux d'une concurrence anarchique.

» Mais c'est surtout à l'emploi des machines que le peuple, et quelquefois même les hommes de science, attribuent une grande partie des souffrances qui accablent l'humanité; et ici, c'est encore l'exemple de l'Angleterre qui sert d'épouvantail. Sans doute, dit-on, il paraît avantageux, *à priori*, d'ajouter aux forces productives de 24 millions d'hommes 600 millions de travailleurs qui ne connaissent ni faim, ni soif, ni fatigue, qui exécutent surtout l'ouvrage le plus monotone et le plus abrutissant, et dont le concours réduit d'une manière si notable le prix de la marchandise; mais quelque abondantes que soient ces marchandises, quelque faible qu'en soit le prix, le prolétaire n'en meurt pas moins d'inanition au milieu de ces trésors, car il n'a que son travail à donner en retour, et la valeur échangeable en diminue de plus en plus. Après l'avoir privé de son gagne-pain habituel, vous lui conseillez de porter son travail ailleurs. Mais vous ne savez donc pas que l'enquête parlementaire sur la position des fileurs à la main se résume ainsi : « Il y a là » 400,000 ouvriers dont l'occupation spéciale est anéantie et » dont on n'a besoin nulle part! » Vous lui dites que ses douleurs appartiennent à une période de transition, et vous lui prouvez par l'expérience du passé, que chaque découverte mécanique aboutit à une demande de travail plus considérable. Triste consolation pour ceux qui doivent traverser cette période! triste et mensongère aussi, car la science mécanique ne s'arrêtera pas, et les maux qu'entraîne son application seront éternels comme elle! La mécanique a sur le travail manuel une supériorité telle, dit un grand industriel, que si nous employons l'homme, ce n'est que provisoirement. »

Les partisans du système de la liberté ne partagent pas toutes ces inquiétudes. Ils ne nient pas toutes les souffrances que peut endurer le travailleur; mais ils croient les remèdes que l'on propose pires que le mal. Ils soutiennent qu'il faut une contrainte pour que l'homme travaille : ôtez celle du besoin, il faudra celle du bâton. Ils pensent que l'équilibre devra s'établir de lui-même entre les droits du travail et du capital; que l'intérêt bien entendu du maître l'amènera à associer ses ouvriers; que l'ouvrier, plus rangé, plus jaloux de sa dignité, saura par quelque privation au début conquérir sa place dans l'association industrielle; que l'accroissement de la richesse générale et des capitaux, l'extension du crédit, le perfectionnement des machines, mettront le travail à la portée d'un plus grand nombre, isolément ou en société, qu'une plus grande liberté d'échanges augmentera la quantité des consommateurs, qu'enfin la générosité publique, venant au secours des plus pauvres, pourra aider ceux qui se feront remarquer par leur capacité, leur prévoyance ou leur intelligence, à s'élever en leur procurant du travail, quelques capitaux, et peut-être même des instruments de travail.

Tous ne vont pas pourtant aussi loin, et trouvent peu de choses à ajouter à ce qui est.

« Si le principe que chacun doit se suffire à lui-même, disait M. Thiers à l'assemblée législative en 1850, à moins d'infirmités ou de circonstances extraordinaires, et que nul ne doit faire peser sur la société le fardeau de sa paresse ou de son imprévoyance, si ce principe est vrai, c'est surtout à l'âge mûr qu'il est applicable. L'homme à cet âge doit se suffire, non-seulement à lui-même, mais suffire aux besoins de sa femme, de ses enfants, de ses père et mère, aux besoins de sa femme, pour qu'elle le soigne à son tour dans les moments de chagrin et de maladie; à ceux de ses enfants, pour qu'ils lui rendent ses soins plus tard aux jours de sa vieillesse; à ceux de ses parents, enfin, pour acquitter la dette qu'il contracta envers eux aux temps de son enfance. Un homme valide, laborieux, doué d'une intelligence ordinaire, qui ne se livre pas à tous les vices, peut, avec son travail, dans nos sociétés civilisées, suffire à ces diverses obligations, à moins de circonstances heureusement accidentelles, comme une maladie, un chômage, une grêle, une inondation. Que la société s'efforce, dans ces cas accidentels, de secourir l'homme valide, c'est un noble soin à imposer à sa prévoyance, à demander à sa vertu, et dont l'accomplissement sera la mesure de l'estime qu'elle mérite. Mais, hors de ces cas exceptionnels, la société qui voudrait, à quelque degré que ce fût, se charger du sort d'une partie de ses membres, en ferait des oisifs, des turbulents, des factieux, aux dépens de tous les citoyens laborieux et paisibles auxquels le même privilége ne s'appliquerait pas. Elle périrait sous la ruine financière et la violence des factions encouragées par l'oisiveté. Une partie des citoyens, et la meilleure, payerait de ses sueurs les loisirs de ceux qui bouleverseraient le pays et contribueraient à le plonger dans la misère.

» Récemment, et au milieu du trouble des esprits, on a demandé à l'État d'assurer dans tous les temps, à toutes les professions du travail toujours prêt; de mettre à la portée de chaque ouvrier qui voudrait se faire entrepreneur des moyens de crédit; de fournir même des fonds à ceux qui voudraient s'associer pour exercer en commun le rôle d'entrepreneurs; de répandre les capitaux non-seulement dans les villes, mais dans les campagnes, à l'aide d'un système de crédit foncier dont le premier instrument serait le papier-monnaie. Votre commission a soigneusement examiné ces prétendus moyens de secourir l'homme en pleine jouissance de ses facultés... Si elle a repoussé absolument les uns ou témoigné peu de confiance à l'égard des autres, elle a néanmoins reconnu qu'il était des misères pour l'âge mûr comme pour l'enfance et la vieillesse, misères malheureusement trop réelles, auxquelles la société ne pouvait pas rester insensible et devait tâcher d'apporter remède. En conséquence, votre commission s'est appliquée à examiner les sociétés de secours mutuels tendantes à pourvoir aux cas de maladies... Elle a recherché si, par une certaine manière de diriger et de répartir les travaux de l'État, il n'y aurait pas moyen de réserver aux diverses classes d'ouvriers des emplois variés et suffisants pendant les temps de chômage industriel... Enfin, elle a songé au moyen d'ouvrir à l'homme qui ne trouve plus, sur le sol de la métropole, un emploi de ses forces suffisant ou conforme à ses goûts, une carrière au dehors à l'aide de la colonisation. »

Ainsi, repoussant toute idée de garantir du travail à l'ouvrier ou de lui fournir le crédit nécessaire pour le constituer entrepreneur, M. Thiers pensait qu'il suffirait à l'État, pour réparer les accidents des chômages et des crises industrielles, de réserver certains travaux peu urgents que l'État ferait alors exécuter. Il repoussait également le crédit foncier, ainsi que les colonies agricoles, et admettait les encouragements à l'émigration, surtout en Algérie.

MISÈRE

« L'histoire de la misère est aussi vieille que le monde, dit M. Alloury. On n'a pas besoin de remonter au delà du déluge, de consulter les livres sacrés et profanes, d'interroger Moïse, Homère et Hésiode, pour savoir qu'il y a des orphelins, des affligés, des mendiants, des indigents mourant de faim et de froid, depuis qu'il y a des hommes. La philosophie, la connaissance théorique de l'homme, à défaut de l'histoire et de l'expérience, suffit pour nous apprendre que l'inégalité des conditions est une loi fatale, inhérente à la destinée humaine, à l'inégalité des forces, des facultés physiques et morales que la Providence a départies aux enfants d'Adam. Hélas! oui, la misère est éternelle; elle se perd dans la nuit des temps; on la trouve chez les Hébreux, chez les Grecs, chez les Romains, dans le chaos du moyen âge et au cœur de la civilisation moderne. C'est une chaîne séculaire dont le premier anneau tient au fumier du saint homme Job et le dernier aux greniers de nos faubourgs. »

« La misère, dit le même publiciste, est le fruit des mille accidents inséparables de la vie, et plus souvent encore des vices, qui sont les infirmités morales de la nature humaine. Pour supprimer la misère, il faudrait supprimer les maladies, la baisse des salaires, les chômages, l'inconduite, la dissipation, l'imprévoyance et la paresse. D'où l'on doit tirer cette triste conclusion, qu'il y aura de la misère tant qu'il y aura des hommes. L'abolition de la misère est la pierre philosophale de la civilisation moderne. Dieu semble avoir permis qu'il y ait toujours de la misère en ce monde, pour laisser un sujet d'exercice éternel à la sympathie et à la pitié naturelle de l'homme pour l'homme. »

Malthus pensait qu'il n'était pas possible de soulager d'une manière efficace par des distributions gratuites et régulières, les maux que la pauvreté produit, quand elle résulte d'une disproportion entre l'accroissement de certaines classes de la population et l'accroissement de leurs moyens d'existence. Les pauvres ayant en général peu de prévoyance, et n'étant pas retenus par la crainte de voir déchoir leurs descendants, se multiplient en raison même des secours qui leur sont donnés. Partout où l'on établit des secours permanents, auxquels la misère, quelle qu'en soit la cause, donne toujours droit, les pauvres se multiplient plus rapidement encore que ces secours. Le remède devient la source du mal; et si l'on ne mettait un terme aux distributions, il arriverait un moment où les produits annuels n'y suffiraient plus, et où la nation entière ne se composerait que de pauvres.

« Appliquant ces observations, dit Charles Comte[1], à des institutions qu'on avait toujours considérées comme bienfaisantes, telles que les maisons pour les enfants abandonnés, les hospices ouverts à l'indigence, et surtout les contributions établies pour faire des distributions gratuites, Malthus trouva que le bien que ces institutions avaient pu faire était très-petit comparativement aux maux auxquels elles avaient donné naissance. Il ne vit dans les secours accordés indistinctement à tous ceux

---

1. *Éloge historique de M. Malthus.*

qui en avaient besoin; qu'une prime établie au profit de l'imprévoyance, de la paresse, de l'incontinence, en un mot, de toutes les habitudes vicieuses qui produisent la pauvreté.»

« Le paupérisme, dit Léon Faucher, naît de la taxe des pauvres. La misère, quand on met à côté d'elle ce droit aux secours publics, cesse d'être un accident pour passer à l'état chronique. C'est un ulcère que l'on entretient. N'importons pas en France un système qui, dans un pays moins riche et moins aristocratique que la Grande-Bretagne, aurait encore de plus funestes résultats. La division des fortunes nous a épargné jusqu'à présent ces contrastes affligeants entre l'extrême pauvreté et l'extrême richesse. Il ne faut dispenser personne de l'économie et de la prévoyance là où aucun homme ne peut se dispenser du travail. »

Chez les Solariens de Campanella, aucune difformité n'autorise un homme à vivre dans l'oisiveté; les vieillards sont exceptés, et pourtant ils sont encore utiles par les conseils qu'ils donnent. Le boiteux sert de surveillant, l'aveugle carde la laine et choisit la plume pour les matelas et les coussins. La république se sert de la voix et des oreilles de ceux qui ont perdu leurs jambes et leurs yeux. Enfin, ne leur restât-il plus qu'un membre, elle les emploierait dans la campagne pour surveiller et rendre compte de ce qu'ils voient. Les infirmes sont du reste aussi bien traités que les autres.

« Les gens qui n'ont absolument rien, comme les mendiants, ont beaucoup d'enfants, dit Montesquieu [1]; c'est qu'il n'en coûte rien au père pour donner son art à ses enfants, qui même sont en naissant des instruments de son art. »

De Gerando combat ceux qui disent que le mariage des pauvres est la cause de l'indigence. Il cherche à établir que le nombre des naissances ne suit pas nécessairement celui des mariages, et il cite plusieurs départements de la France où le

1. *Esprit des Lois.*

nombre des naissances dépasse la moyenne, tandis que celui des mariages est au-dessous, et d'autres où le nombre des mariages étant au-dessus de la moyenne, celui des naissances est au-dessous. Il montre que le nombre des enfants naturels est plus grand là où celui des mariages est moindre; qu'en particulier les treize départements où il naît le plus d'enfants illégitimes, se trouvent dans les vingt départements où il se célèbre le moins de mariages. Il signale, d'après les tableaux de population, un fait remarquable, savoir que les départements où il y a le moins de mariages sont ceux où il y a le plus de pauvres, tandis que plusieurs de ceux où il y a le plus de mariages sont aussi ceux où il y a le moins de pauvres. Il fait le tableau de l'influence du mariage pour améliorer les mœurs et encourager au travail et à l'économie; et, montrant l'influence du célibat pour détériorer les mœurs, il indique les conséquences des mauvaises mœurs pour déterminer l'accroissement de l'indigence. « N'accusons donc point le mariage, considéré en lui-même, dit-il, de propager et d'accroître l'indigence. Ne demandons pas des obstacles au mariage. Que le mariage seulement soit, comme toutes les choses humaines, soumis aux règles de la sagesse! »

Le représentant Nadaud, ouvrier maçon, comparant la misère des campagnes à celle des villes, écrivait en 1850 :

« Nous avons vu de près la misère dans son immense variété, et nous avons pu comparer celle des villes; cette dernière est cent fois plus hideuse; car, avant de dévorer les populations, elle commence par les dégrader. Nulle part, quelque profonde que soit la détresse, on ne trouve dans les champs ces générations étiolées qui n'ont même plus la conscience de leur dégradation. L'homme des campagnes conserve au sein de la misère un certain sentiment de force et de dignité qui le fait se roidir encore contre l'humiliation; il a des vêtements qui le préservent à demi du froid, un abri malsain et humide qui le défend à peine contre l'intempérie des saisons, une nourriture grossière sert à l'entretien de sa vie, mais il a pour contre-balancer ces influences un corps robuste, l'air pur et la liberté. Après la récolte, il ramasse dans les champs les épis qui ont échappé aux moissonneurs; il recueille dans les bois les brindilles sèches qui serviront à échauffer ses membres engourdis. Mille secours lui sont offerts, parce qu'à la vie matérielle il suffit des choses les plus simples, et que l'agriculteur n'est pas, au milieu même de l'aisance, environné de jouissances fastueuses inventées par le luxe. Ce qui manque à l'habitant des campagnes, c'est la vie intellectuelle; ce qui manque à ses enfants, c'est l'éducation qui, en grandissant l'homme, le fait marcher dans la voie du progrès et lui fait suivre la route tracée à l'humanité par les lois éternelles qui régissent les sociétés.

» Quant à la misère des villes, elle est bien plus affreuse, car elle étiole le corps et l'esprit, tue le physique et étouffe le moral; c'est la mort précédée d'une longue et douloureuse agonie; c'est la torture lentement combinée, qui émousse tous les ressorts de la sensibilité avant que le dernier souffle de la vie ne s'échappe. Dans les villes, pas de ressources quand le travail manque aux bras du prolétaire, plus d'abri, plus de vêtements, plus de pain; dans son dénûment, la charité seule, dédaigneuse, insultante, trop souvent insuffisante, est son seul refuge, et quand son estomac est tordu par la faim, quand son esprit est livré aux crises violentes du désespoir, il aspire par tous ses pores les fumées odorantes qui échappent des cuisines sensuelles du riche; l'or, le luxe, les mille superfluités de la vie s'offrent à sa vue et lui rendent la misère plus odieuse. Lui qui manque même du plus strict nécessaire, que le nom sacré d'homme n'a pas mis à l'abri des tortures de la faim, coudoie à chaque pas ses semblables, riches orgueilleux, et qui n'abaissent sur lui leurs regards que pour les détourner avec dégoût, car la misère, qui devrait exciter toutes les sympathies, est un objet de répulsion. »

On a vivement discuté sur l'abolition de la misère.

« Il y a au fond du socialisme, disait M. Victor Hugo à l'Assemblée législative, le 9 juillet 1849, une partie des réalités douloureuses de notre temps et de tous les temps; il y a le malaise éternel propre à l'infirmité humaine; il y a l'aspiration à un sort meilleur qui est également naturelle à l'homme, mais qui se trompe souvent de route en cherchant dans ce monde ce qui ne peut être trouvé que dans l'autre; il y a des détresses très-grandes, très-vives, très-poignantes, très-guérissables; il y a enfin, et ceci est tout à fait propre à notre époque, il y a cette attitude nouvelle donnée à l'homme par nos révolutions, qui l'ont placé si haut et constaté si hautement la dignité humaine et la souveraineté populaire : de telle sorte qu'aujourd'hui l'homme du peuple souffre avec le sentiment double et contradictoire de sa misère résultant du fait, et de sa grandeur résultant du droit.

» Je ne suis pas de ceux qui croient qu'on peut supprimer la souffrance en ce monde: la souffrance est une loi divine; mais je suis de ceux qui pensent et qui affirment qu'on peut détruire la misère. La misère est une maladie du corps social absolument comme la lèpre est une maladie du corps humain; elle peut disparaître comme la lèpre a disparu. Détruire la misère, oui, cela est possible, très-possible... Les législateurs et les gouvernants doivent y songer sans cesse, car, en pareille matière, tant que le possible n'est pas fait, le devoir n'est pas rempli...

» Vous venez de raffermir l'État ébranlé encore une fois, vous avez sauvé la société régulière, le gouvernement légal, les institutions, la paix publique, la civilisation même; vous avez fait une chose immense! Eh bien, vous n'avez rien fait! Vous n'avez rien fait, j'insiste sur ce point, tant que l'ordre matériel raffermi n'a pas pour base l'ordre moral consolidé.

» Vous n'avez rien fait tant que le peuple souffre; vous n'avez rien fait tant qu'il y a au-dessous de vous une partie du peuple qui désespère; vous n'avez rien fait tant que ceux qui sont dans la force de l'âge et qui travaillent peuvent être sans pain; tant que ceux qui sont vieux et qui ne peuvent plus travailler sont sans asile.

» Vous n'avez rien fait tant que l'usure dévore nos campagnes, tant qu'on meurt de faim dans nos villes ! tant qu'il n'y a pas des lois fraternelles, des lois évangéliques qui viennent en aide de toutes parts aux familles honnêtes, aux bons paysans, aux bons ouvriers, aux gens de cœur; vous n'avez rien fait tant que l'esprit de révolution a pour auxiliaire la souffrance publique; vous n'avez rien fait tant que dans cette œuvre de destruction et de ténèbres qui se continue souterrainement, l'homme méchant a pour collaborateur fatal l'homme malheureux... C'est l'anarchie qui ouvre les abîmes, mais c'est la misère qui les creuse. »

Amené à s'expliquer davantage, M. V. Hugo ajouta :

« La misère n'est pas la souffrance, la misère n'est pas la pauvreté même... La souffrance ne peut pas disparaître, mais la misère peut disparaître. C'est vers ce but que la société doit tendre, et pour que mes paroles soient parfaitement comprises, je déclare qu'en effet il y aura toujours des malheureux, mais qu'il est possible qu'il n'y ait plus de misérables. »

M. Gustave de Beaumont répondit aussitôt :

« Si l'honorable M. Victor Hugo avait dit qu'il y a des misères qu'on peut détruire, qu'on doit détruire; s'il avait ajouté qu'il est toujours au pouvoir des sociétés et des gouvernements de diminuer et de soulager les misères que l'on ne peut pas détruire, oh! alors, je m'associerais à ses paroles, et je ne monterais à cette tribune que pour unir mes efforts aux siens.

» Mais peut-on bien dire d'une manière générale, *on peut*, et par conséquent, *on doit* détruire la misère? Ah! plût à Dieu qu'il fût possible de réaliser de pareilles paroles ! Ah! sans doute alors, il n'y a personne qui ne vînt unir ses efforts et ses sympathies à celles de M. Victor Hugo pour faire disparaître toute misère de cette terre, afin qu'il n'y ait plus dans ce monde, ici-bas, sur cette terre que des spectacles de bonheur et de satisfaction! Mais, j'ose le dire, ce sont des paroles imprudentes. Et voulez-vous savoir pourquoi? C'est qu'il y a quelque chose de très-funeste aux populations ouvrières : ce sont les perturbations incessantes. Et voulez-vous savoir ce qui est le plus fécond en troubles, en désordres, le plus fécond en révolutions? Ce sont les déceptions, ce sont les paroles trompeuses, ce sont les promesses fallacieuses, ce sont les engagements que l'on prend et que l'on ne peut pas tenir. Voilà ce qui enfante les révolutions, voilà ce qui enfante les désordres, voilà ce qui est fécond en anarchie, voilà ce qui ajoute chaque jour à la misère des populations une misère plus grande. »

« Il est vrai, écrivait le prince Louis-Napoléon dans la prison de Ham en 1844 [1], qu'il y a une grande différence entre la misère qui provient de la stagnation forcée du travail, et le paupérisme qui souvent est le résultat du vice. Cependant on peut soutenir que l'un est la conséquence immédiate de l'autre, car répandre dans les classes ouvrières, qui sont les plus nombreuses, l'aisance, l'instruction, la morale, c'est extirper le paupérisme, sinon en entier, du moins en grande partie.

» La richesse d'un pays dépend de la prospérité de l'agriculture et de l'industrie, du développement du commerce intérieur et extérieur, de la juste et équitable répartition des revenus publics. Il n'y a pas un seul de ces éléments divers du bienêtre matériel qui ne soit miné en France par un vice organique. Il est avéré que l'extrême division des propriétés tend à la ruine de l'agriculture, et cependant le rétablissement de la loi d'aînesse, qui maintenait les grandes propriétés et favorisait la grande culture, est une impossibilité... L'industrie, cette source de richesse, n'a aujourd'hui ni règle, ni organisation, ni but. C'est une machine qui fonctionne sans régulateur ; peu lui importe la force motrice qu'elle emploie. Broyant également dans ses rouages les hommes comme la matière, elle dépeuple les campagnes, agglomère la population dans des espaces sans air, affaiblit l'esprit comme le corps et jette ensuite sur le pavé,

---

1. *Extinction du paupérisme.*

quand elle n'en sait plus que faire, les hommes qui ont sacrifié pour l'enrichir leur force, leur jeunesse, leur existence.

» Le commerce intérieur souffre parce que l'industrie produisant trop en comparaison de la faible rétribution qu'elle donne au travail, et l'agriculture ne produisant pas assez, la nation se trouve composée de producteurs qui ne peuvent pas vendre et de consommateurs affamés qui ne peuvent pas acheter, et le manque d'équilibre de la situation contraint le gouvernement, ici, comme en Angleterre, d'aller chercher jusques en Chine quelques *milliers* de consommateurs, en présence de *millions* de Français ou d'Anglais qui sont dénués de tout et qui, s'ils pouvaient acheter de quoi se nourrir et se vêtir convenablement, créeraient un mouvement commercial bien plus considérable que les traités les plus avantageux....

» La France est un des pays les plus imposés de l'Europe. Elle serait peut-être le pays le plus riche si la fortune publique était répartie de la manière la plus équitable. Le prélèvement de l'impôt peut se comparer à l'action du soleil, qui absorbe les vapeurs de la terre, pour les répartir ensuite à l'état de pluie, sur tous les lieux qui ont besoin d'eau pour être fécondés et pour produire. Lorsque cette restitution s'opère régulièrement, la fertilité s'ensuit; mais lorsque le ciel, dans sa colère, déverse partiellement en orages, en trombes et en tempêtes les vapeurs absorbées, les germes de production sont détruits, et il en résulte la stérilité, car il donne aux uns beaucoup trop et aux autres pas assez. Cependant, quelle qu'ait été l'action bienfaisante ou malfaisante de l'atmosphère, c'est presque toujours, au bout de l'année, *la même quantité* d'eau qui a été prise et rendue. La *répartition* seule fait donc la différence. Équitable et régulière, elle crée l'abondance; prodigue et partiale, elle amène la disette.

» Il en est de même des effets d'une bonne ou mauvaise administration. Si les sommes prélevées chaque année sur la généralité des habitants sont employées à des usages improduc-

tifs, comme à créer des places inutiles, à élever des monuments
stériles, à entretenir au milieu d'une paix profonde une armée
plus dispendieuse que celle qui vainquit à Austerlitz, l'impôt
dans ce cas devient un fardeau écrasant : il épuise le pays, il
prend sans rendre; mais si, au contraire, ces ressources sont
employées à créer de nouveaux éléments de production, à rétablir l'équilibre des richesses, à détruire la misère en activant
et organisant le travail, à guérir enfin les maux que notre civilisation entraîne avec elle, alors certainement l'impôt devient pour les citoyens, comme l'a dit un jour un ministre à la
tribune, le *meilleur des placements.*

» C'est donc dans le budget qu'il faut trouver le premier point
d'appui de tout système qui a pour but le soulagement de la
classe ouvrière. Le chercher ailleurs est une chimère.

» Les caisses d'épargne sont utiles sans doute pour la classe
aisée des ouvriers; elles lui fournissent le moyen de faire un
usage avantageux de ses économies et de son superflu; mais,
pour la classe la plus nombreuse, qui n'a aucun superflu et par
conséquent aucun moyen de faire des économies, ce système
est complétement insuffisant. Vouloir en effet soulager la misère des hommes qui n'ont pas de quoi vivre, en leur proposant
de mettre tous les ans de côté un *quelque chose* qu'ils n'ont pas,
est une dérision ou une absurdité !

» Qu'y a-t-il donc à faire? Le voici : notre loi égalitaire de
la division des propriétés ruine l'agriculture; il faut remédier
à cet inconvénient par une association qui, employant tous les
bras inoccupés, recrée la grande propriété et la grande culture sans aucun désavantage pour nos principes politiques.

» L'industrie appelle tous les jours les hommes dans les villes
et les énerve. Il faut rappeler dans les campagnes ceux qui
sont de trop dans les villes et retremper en plein air leur esprit
et leur corps.

» La classe ouvrière ne possède rien; il faut la rendre propriétaire. Elle n'a de richesse que ses bras; il faut donner à ses

bras un emploi utile pour tous. Elle est comme un peuple
d'ilotes au milieu d'un peuple de sybarites. Il faut lui donner
une place dans la société et attacher ses intérêts à ceux du sol.
Enfin, elle est sans organisation et sans liens, sans droits et
sans avenir; il faut lui donner des droits et un avenir, et la relever à ses propres yeux, par l'association, l'éducation et la discipline. »

Pour cela le prince Louis-Napoléon proposait de créer une association ouvrière à laquelle appartiendraient de droit toutes
les terres incultes du gouvernement, des communes et des particuliers, à condition de payer annuellement aux propriétaires
actuels ce que ceux-ci en retirent aujourd'hui. En donnant « à
ces bras qui chôment ces terres qui chôment également, ces
deux capitaux improductifs renaîtront à la vie l'un par l'autre.
On aura trouvé moyen de soulager la misère tout en enrichissant
le pays. » Sur ces terres incultes, on créerait des colonies agricoles « qui, répandues sur toute la France, formeraient les bases
d'une seule et vaste organisation dont tous les ouvriers pauvres
seraient membres, sans être personnellement propriétaires. »
Les avances nécessaires à la création de ces établissements seraient faites par l'État. Le prince estimait que ce sacrifice s'élè-
verait à une somme d'environ 300 millions, payée en quatre ans;
« car, à la fin de ce laps de temps, ces colonies, tout en faisant
vivre un grand nombre d'ouvriers, seraient déjà en bénéfice.
Au bout de dix ans, le gouvernement pourrait y prélever un
impôt foncier d'environ 8 millions, sans compter l'augmentation naturelle des impôts indirects. »

Le prince proposait aussi de créer des intermédiaires entre
l'autorité et les masses, en faisant élire annuellement par les
travailleurs ou prolétaires des prud'hommes, au nombre d'un
pour dix, lesquels rempliraient dans la classe ouvrière le rôle
des sous-officiers dans l'armée. Ils formeraient le premier degré de la hiérarchie sociale, recevraient le double de la journée des ouvriers, et chaque maître employant plus de dix ou-

vriers devrait avoir un prud'homme pour les conduire. Ces prud'hommes seraient divisés en deux parties; les uns resteraient dans l'industrie privée, les autres seraient employés aux établissements agricoles.

« Les colonies agricoles auraient deux buts à remplir ; le premier, de nourrir un grand nombre de familles pauvres, en leur faisant cultiver la terre, soigner les bestiaux, etc.; le second, d'offrir un refuge momentané à cette masse flottante d'ouvriers auxquels la prospérité de l'industrie donne une activité fébrile, et que la stagnation des affaires ou l'établissement de nouvelles machines plonge dans la misère la plus profonde.

» Tous les pauvres, tous les individus sans ouvrage, trouveraient dans ces lieux à utiliser leur force et leur intelligence au profit de toute la communauté.

» Ainsi, il y aurait dans ces colonies, au delà du nombre strictement nécessaire d'hommes, de femmes et d'enfants pour faire les ouvrages de ferme, un grand nombre d'ouvriers sans cesse employés, soit à défricher de nouvelles terres, soit à bâtir de nouveaux établissements pour les infirmes et les vieillards ; les avances faites à l'association ou ses bénéfices ultérieurs, lui permettraient d'employer tous les ans des capitaux considérables à ces dépenses productives.

» Lorsque l'industrie privée aura besoin de bras, elle viendra les demander à ces dépôts centraux, qui par le fait maintiendront toujours les salaires à un taux rémunérateur; car il est clair que l'ouvrier, certain de trouver dans les colonies agricoles une existence assurée, n'acceptera de travail dans l'industrie privée qu'autant que celle-ci lui offrira des bénéfices au delà de ce *strict nécessaire* que lui fournira toujours l'association générale.

» Une discipline sévère régnera dans ces colonies : la vie y sera salutaire, mais rude; car leur but n'est pas de nourrir des fainéants, mais d'ennoblir l'homme par un travail sain et rémunérateur et par une éducation morale. Les ouvriers et les familles occupées dans ces colonies y seront entretenus le plus simplement possible. Le logement, la solde, la nourriture, l'habillement seront réglés d'après le tarif de l'armée, car l'organisation militaire est la seule qui soit basée à la fois sur le bien-être de tous ses membres et sur la plus stricte économie.

» Cependant ces établissements n'auraient rien de militaire; ils emprunteraient à l'armée son ordre admirable, et voilà tout.

» L'armée est simplement une *organisation*; la classe ouvrière formerait une *association*. Ces deux corps auraient donc un principe et un but tout différents.

» L'armée est une organisation qui, devant exécuter aveuglément et avec promptitude l'ordre du chef, doit avoir pour base une hiérarchie qui parte d'en haut.

» La classe des travailleurs formant une association dont les chefs n'auraient d'autres devoirs que de régulariser et exécuter la volonté générale, sa hiérarchie doit être le produit de l'élection. Ce que nous proposons n'a donc aucun rapport avec les colonies militaires...

» Ainsi, tandis que d'un autre côté, par notre loi égalitaire, les propriétés se divisent de plus en plus, l'association ouvrière reconstruira la grande propriété et la grande culture. Tandis que l'industrie attire sans cesse la population dans les villes, les colonies les rappelleront dans les campagnes.

» Quand il n'y aura plus assez de terre à assez bas prix en France, l'association établira des succursales en Algérie, en Amérique même; elle peut un jour envahir le monde, car partout où il y aura un hectare à défricher et un pauvre à nourrir, elle sera là avec ses capitaux, son armée de travailleurs, son incessante activité...

» Au lieu d'aller chercher des consommateurs en Chine, qu'on augmente donc la richesse territoriale, qu'on emploie tous les bras oisifs au profit de toutes les misères et de toutes les industries, ou plutôt qu'on fasse l'une et l'autre si l'on peut; mais surtout qu'on n'oublie pas qu'un pays comme la France, qui a été si richement doté du ciel, renferme en lui-même tous les éléments de sa prospérité, et que c'est une honte pour notre civilisation de penser qu'au dix-neuvième siècle, le dixième au moins de la population est en haillons et meurt de faim en présence de millions de produits manufacturés qu'on ne peut vendre et de millions de produits du sol qu'on ne peut consommer.

» Tous les hommes qui se sentent animés de l'amour de leurs semblables réclament pour qu'on rende enfin justice à la classe ouvrière, qui semble déshéritée de tous les biens que procure la civilisation; notre projet lui donne tout ce qui relève la condition de l'homme, l'aisance, l'instruction, l'ordre, et à chacun la possibilité de s'élever par son mérite et son travail. Notre organisation ne tend à rien moins qu'à rendre, au bout de quelques années, la classe la plus pauvre aujourd'hui l'association la plus riche de toute la France.

» Aujourd'hui, la rétribution du travail est abandonnée au hasard ou à la violence. C'est le maître qui opprime ou l'ouvrier qui se révolte. Par notre système, les salaires sont fixés comme les choses humaines doivent être réglées, non par la force, mais par un juste équilibre entre les besoins de ceux qui travaillent et les nécessités de ceux qui font travailler.

» Aujourd'hui, tout afflue à Paris : le centre absorbe à lui seul toute l'activité du pays; notre système, sans nuire au centre, reporte la vie vers les extrémités en faisant agir 86 nouvelles individualités, travaillant sous la haute direction du gouvernement dans un but continuel de perfectionnement. »

Une loi du 28 juillet 1860 porte : « Seront desséchés, assainis, rendus propres à la culture ou plantés en bois, les marais et les terres incultes appartenant aux communes ou sections de communes, dont la mise en valeur aura été reconnue utile. » Les travaux seront exécutés aux frais de la commune ou des sections propriétaires; ou bien l'État en fait l'avance, sauf à se rembourser au moyen de la vente publique par lots d'une partie des terrains améliorés. Les communes peuvent s'exonérer de toute répétition de la part de l'État en faisant l'abandon de la moitié des terrains mis en valeur, moitié que l'État doit vendre à l'enchère. Les terrains communaux peuvent aussi être affermés à la condition, par l'adjudicataire, de les mettre en culture moyennant un bail qui ne pourra excéder vingt-sept ans. » Ainsi, les biens communaux incultes seront livrés à l'industrie libre et créeront sans doute de nouveaux producteurs et de nouveaux consommateurs sous l'influence de l'État; mais il reste encore à organiser l'association ouvrière et ces colonies agricoles qui devaient former « de véritables *déversoirs* de la population, » et « des *réservoirs* utiles du travail. »

Suivant le concile de Paris de 1851, « on calomnie l'Église quand on lui fait dire, à propos de l'inégalité des conditions, que tous les malheureux accablés par le travail et qui souffrent toute espèce de misères, sont comme immuablement et fatalement enchaînés à leur infortune, à laquelle on ne peut ni on ne doit apporter aucun remède. Cette opinion détestable, qui a régné autrefois chez les païens, est tout à fait étrangère à la doctrine chrétienne, et l'Église la rejette avec horreur.

» Il est faux que la doctrine évangélique sur l'utilité spirituelle de la souffrance et sur la sanctification qui peut en résulter doive être entendue en ce sens qu'il ne serait point permis aux chrétiens de désirer ou de chercher un soulagement à leurs maux; car l'Église leur enseigne à dire chaque jour à Dieu, dans leur prière : *Délivrez-nous du mal*, et le mal, dans cette vie, c'est d'abord le péché, et ensuite la misère et toute espèce d'afflictions; et, en toute occasion, l'Église déclare qu'il est permis et honorable à tous ceux qui manquent des biens de cette vie de tâcher, par un travail courageux et des moyens honnêtes, non-seulement d'adoucir la rigueur de leur condition, mais encore de se procurer, avec le secours de Dieu, une position plus heureuse.

» Il est faux, enfin, que l'Église désapprouve les investigations de la science et les sages tentatives de l'autorité pour améliorer le sort des classes indigentes. Nous déclarons, au contraire, tout à fait louables et parfaitement conformes à la piété chrétienne tous les moyens salutaires qu'on peut inventer et mettre en œuvre à cette fin. »

MENDICITÉ

« Ce n'est pas tout, dit M. Thiers [1], que d'avoir, dans la mesure de ses ressources, préparé du travail ou sur le sol ou dans des colonies éloignées, aux ouvriers que les révolutions industrielles ont privés d'ouvrage : il est une autre oisiveté accidentelle et forcée à laquelle un bon gouvernement doit songer à pourvoir. Il en est une autre, en quelque sorte habituelle, engendrée, non par le défaut de travail, mais par la paresse, encouragée souvent par la bienfaisance elle-même : c'est l'habitude de mendier, et de gagner sa vie en touchant la sensibilité des passants.

» Dans les pays peu avancés, où le sentiment de la dignité humaine n'est pas encore descendu dans les classes pauvres, où la misère est en quelque sorte impudente et s'étale volontiers pour toucher plus sûrement la pitié publique, des mendiants hideux, exposant aux regards des plaies honteuses ou simulées, vont pour ainsi dire forcer les cœurs à la charité. La paresse vit de la sorte aux dépens de la pauvreté pudique et timide, vit souvent dans l'abondance, et quelquefois même, l'avarice se logeant à côté de l'indigence, on voit des mendiants expirant sur de petits amas d'or cachés dans leurs haillons.

» C'est un véritable désordre à faire cesser. Heureusement notre société, sous ce rapport, est déjà fort avancée. Notre peuple ne sollicite pas ainsi la pitié publique, et cette pitié

---

1. *Rapport général présenté en 1850, à l'Assemblée législative, au nom de la commission de l'assistance et de la prévoyance publiques.*

n'a pas besoin, chez nous, de ces violents effets physiques pour s'émouvoir. Mais plus on avance dans la vraie civilisation, c'est-à-dire dans la pratique du bien, plus on regarde la mendicité comme une humiliation pour la société qui la souffre. Si la mendicité est réellement amenée par le défaut de moyens d'existence, c'est un reproche pour l'état économique du pays où elle a lieu. Si, au contraire, elle est volontaire, et dès lors un vice, si elle est un des modes de la paresse, elle accuse la police du gouvernement.

» L'abolition de la mendicité est donc l'un des soins qu'une société bien organisée doit prendre d'elle-même. Mais il ne faut pas qu'elle fasse comme ces médecins malhabiles qui croient avoir guéri un mal en le répercutant dans l'intérieur du corps humain. Ce mal, disparu en apparence, n'en est que plus dangereux. Si, par des lois sévères, impitoyablement exécutées, on allait interdire la ressource de la pitié publique à des mendiants véritablement privés de travail ou frappés d'infirmités qui leur rendraient le travail impossible, la société serait barbare. Elle immolerait le pauvre à son orgueil. Il faut d'abord s'occuper de créer partout des établissements dans lesquels le mendiant volontaire ou forcé puisse trouver un emploi pour ses bras, un asile pour ses infirmités, et quand cela est fait suffisamment, une société a le droit d'empêcher le mendiant de l'affliger, de la déshonorer par son aspect. Il n'est plus un pauvre digne de tout l'intérêt que l'humanité commande pour lui, mais un paresseux, un vagabond, qu'une police bien entendue a le droit de réprimer. »

L'esclavage n'exclut pas complétement la mendicité. L'homme libre reste toujours exposé aux changements de la fortune. « L'on voit des hommes qui s'en vont mendiant sur la terre féconde, » disait déjà Homère.

A Rome, où l'esclavage, les ressources de l'*annone* et l'usage de la *sportule* semblaient devoir tempérer cette plaie sociale, une loi punissait les mendiants valides, et Ulpien nous apprend que dans les provinces romaines le proconsul avait le droit de bannir les hommes suspects.

Les Établissements de saint Louis portent (chap. xxxiv): « Se aucun est qui n'ait riens et soit en la ville gaigner, et il hante tavernes, le justicier le doit prendre et demander de quoi il vit, et se il entend que il mente et que il soit de mauvaise vie, il le doit jetter hors de la ville. »

On lit dans l'ordonnance de 1354 : « Qu'aucunes personnes, hommes et femmes, sains de leurs corps et membres, saichant, non saichant métiers, soient ou demeurent oiseux en taverne ou autre part, ou qu'ils vident la ville dans trois jours ; se après les dits, ils y sont trouvés oiseux ou mendians, ils seront pris et mis en prison et tenus au pain et à l'eau par l'espace de trois jours ; et quand ils auront esté délivrés de la dite prison, si depuis ils y seront trouvés oiseux ou ils n'ont bien de quoy ils pussent avoir convenablement leur vie, ils seront mis au pilory ; et la tierce fois, ils seront signez au front d'un fer chaud et bannis des dits lieux. »

« Les peines les plus terribles, dit M. Adrien Donnodevie [1], ont été, à diverses époques, appliquées aux mendiants et vagabonds, et ne s'expliquent que par le nombre effroyable de crimes et de dévastations qu'ils commettaient. Le fouet, le bannissement, les galères, le supplice de la roue, la question ou la torture, et même la peine de mort, ne pouvaient parvenir à disperser des bandes de *routiers* formidables et à empêcher les envahissements d'un mal renaissant sans cesse. Déjà cependant, en 1536, un édit, tout en prononçant des mesures sévères, ordonnait l'organisation dans les principales villes de bureaux de charité pour venir en aide aux infirmes. On peut aussi voir dans une ordonnance du 16 février 1545, qui prescrivait aux prévôts des marchands et échevins de Paris d'ouvrir des ateliers

----

1. *De la Bienfaisance dans ses rapports avec la loi*, dans la *Revue contemporaine* du 31 mars 1859.

de travail pour les mendiants valides, la première idée des établissements auxquels on a donné depuis le nom de dépôts de mendicité et d'ateliers de travail forcé. »

En 1561, l'ordonnance de Moulins, rendue par Charles IX, sur la proposition du chancelier de l'Hospital, prescrivit que les pauvres de chaque ville, bourg et village, seraient nourris et entretenus par les habitants de la ville, du bourg et du village où ils étaient nés et domiciliés. Mais la taxe, fixée à un taux extrêmement modique, ne produisit jamais qu'un revenu très-insuffisant.

« Sous Louis XIV, dit encore M. Donnodevie, un système plus vaste et plus complet fut adopté; l'hôpital général de Paris, des hôpitaux généraux, des maisons de correction et de travail furent institués pour recevoir les mendiants. On créa des impôts en leur faveur; des exemptions de *taille* furent accordées à ceux qui quittaient la vie fainéante pour s'occuper des travaux des champs.

» Sous la régence du duc d'Orléans, on ordonna, par déclaration du 7 janvier 1719, de faire transporter un grand nombre de mendiants dans les colonies pour les soumettre à un travail temporaire ou perpétuel. Mais cette mesure amena des abus, puis des séditions populaires, et, sur l'opposition du parlement, elle ne fut pas exécutée. On voulut ensuite les appliquer aux travaux des routes, en les divisant par compagnies; mais ils se rendirent si redoutables, qu'on dut les licencier.

» Louis XVI et ses deux ministres Malesherbes et Turgot montrèrent pour les indigents une vive sollicitude, et bien qu'on crût encore nécessaire de punir les mendiants valides des galères, une grande amélioration fut apportée à cette législation par la substitution du travail obligé aux peines corporelles. A cette époque aussi, le nombre des maisons de mendicité et de travail fut augmenté. »

Le 8 juin 1777, Louis XVI écrivait à son ministre Amelot la lettre suivante [1] :

1. Imprimée dans l'ouvrage de M. Am. Renée, *Louis XVI et sa cour*.

« Les dernières fois que je me suis promené à pied, j'ai été vivement affligé, monsieur, de la grande quantité de mendiants dont les rues de Paris et de Versailles sont remplies, nonobstant les mesures que j'ai ordonnées depuis plusieurs années à l'effet de faire cesser cette plaie. Demandez au lieutenant général de police et à l'intendant de Paris des mémoires, tant sur l'établissement des ateliers de charité ouverts pour occuper les pauvres valides, que sur les secours à fournir aux paroisses et aux hôpitaux pour les faire travailler, et pour faciliter en même temps l'admission des infirmes. Je veux savoir comment il est pourvu à l'entretien de ces établissements. La création de nouveaux impôts me répugne ; où serait le bienfait pour le peuple s'il y trouvait une charge nouvelle ? Il y aurait des mesures tout à la fois d'humanité et de rigueur à prendre pour, d'un côté, secourir la misère réelle, et détruire, de l'autre, la mendicité effrontée et paresseuse, source de crimes et de scandales. La base de tout règlement devrait être que tout mendiant se retirât dans le lieu de sa naissance, à moins qu'il ne prît un état qui pût le faire vivre sans aumônes ; la surveillance serait bien plus efficace et la répression plus sûre. Il ne faut pas non plus souffrir que les mendiants aillent quêter et mendier dans l'intérieur des églises, ni aux portes des maisons ; cela trouble le service divin, nuit au recueillement des fidèles et amène des vols. Ce point est très-important, n'y ayant rien qui fît plus d'honneur à une administration que l'extirpation de la mendicité. Aux valides le travail, aux invalides les hôpitaux, et les maisons de force à tous ceux qui résistent aux bienfaits de la loi. Tenez la main à l'exécution des règlements qui existent, et recommandez à Lenoir la sévérité. Si ces règlements sont insuffisants, il faut que mon conseil y pourvoie, et compléter ce service par une ordonnance. »

« L'Assemblée constituante, après de longues délibérations, recula, d'après M. Alloury, devant les projets les plus hardis qui avaient été proposés dans son sein, et sauf la suppression,

facile à justifier, des ordres mendiants, elle se réduisit à quelques
mesures qui paraissaient fort simples. Les gens sans aveu qui,
depuis deux ans, s'étaient amassés dans la capitale, en furent
expulsés. En même temps, on ouvrit à Paris et dans les environs des ateliers de secours en travaux de terre pour les hommes,
en ouvrage de filature pour les femmes et pour les enfants, et
une somme de 30,000 fr. fut allouée à chaque département pour
occuper ses pauvres de la même manière. Après avoir assuré
par ce moyen de l'ouvrage aux indigents valides, on décréta que
tout mendiant infirme serait conduit à l'hôpital, et tout mendiant valide au dépôt de mendicité.

« L'espoir que l'on avait fondé sur ce nouveau plan fut plus
cruellement déçu que jamais. Les ateliers de Paris surtout produisirent les abus les plus déplorables. Dès le mois de mai 1790,
ces abus étaient dénoncés à l'Assemblée constituante. Outre
qu'ils faisaient peser une charge énorme sur le Trésor, les ateliers étaient devenus le centre et le rendez-vous de tous les
désœuvrés, de tous les aventuriers venus de la province ou de
l'étranger, et de tous les hommes animés de mauvais desseins
contre l'ordre et les lois... Un rapport adressé sur ces ateliers à
l'Assemblée nationale exposait que les ouvriers, comprenant
l'inutilité du travail auquel on les employait pour la forme,
s'y livraient sans zèle et sans courage; que, surveillés négli-
gemment par des chefs qui n'avaient aucun intérêt à voir avancer l'ouvrage, ils travaillaient d'autant moins qu'ils étaient
plus nombreux; que les mauvais ouvriers gâtaient les bons;
que souvent même, pour cacher leur paresse dans l'inaction générale, les mauvais empêchaient les bons de travailler; que les
plus laborieux y contractaient l'habitude de la paresse et du
désœuvrement; qu'ainsi le patrimoine des pauvres était dissipé
sans fruit par des hommes qui, ne tenant aucun compte à la
chose publique des secours qu'ils recevaient, les regardaient
comme une dette, et ne se croyaient nullement obligés au travail dont ils touchaient le salaire. L'Assemblée constituante

adopta les conclusions de ce rapport, et les ateliers de secours furent supprimés. »

Les décrets des 30 mai et 12 août 1790, tout en sévissant contre la mendicité et le vagabondage, modéraient la rigueur de leurs dispositions et en facilitaient la pratique, en ordonnant le renvoi de chaque mendiant dans la commune de son domicile et en ouvrant des maisons pour les recevoir. La loi du 19-24 mars 1793 organisa des secours publics et prescrivit la formation de dépôts de mendicité. Les lois des 24 vendémiaire et 16 ventôse an II, dans la même pensée, assuraient des travaux ou des secours à tous les indigents, en leur interdisant la mendicité, sous peine de détention administrative et judiciaire, et même, en cas de récidive, sous la peine de la transportation, renouvelée de l'ancien droit.

« L'Assemblée législative, après avoir mis la question du paupérisme à l'ordre du jour, n'eut pas le temps de la résoudre, reprend M. Alloury. La Convention commença par proclamer que l'assistance publique était une dette nationale et sacrée. En partant de ce principe, elle organisa sur le papier un plan de secours conçu dans des proportions si vastes qu'il devait répandre la *rosée républicaine,* comme on disait alors, non-seulement sur les pauvres, mais encore sur les pères de famille qui avaient plus de deux enfants, et jusque sur les filles-mères. Pour acquitter la dette inscrite à ce nouveau grand-livre, elle décréta la vente de tous les biens appartenant aux hospices. Une partie de ces biens fut, en effet, vendue. Mais, si ce plan gigantesque eût été rigoureusement exécuté, tous les revenus de l'État n'y auraient pas suffi ; la Convention reconnut bientôt l'impossibilité d'acquitter la dette qu'elle avait contractée, et deux ans après la promulgation de ce décret, l'exécution en était suspendue ou plutôt abandonnée. Les mesures destinées à réprimer la mendicité ne furent pas plus exécutées que celles qui avaient pour but de la prévenir.

» On ne peut citer qu'un seul acte important du Directoire en

cette matière : c'est celui par lequel il institua par chaque canton un bureau de bienfaisance chargé de distribuer aux indigents des secours domiciliaires, dont le fonds se composait principalement alors, comme aujourd'hui, des legs et donations faits
aux pauvres, des prélèvements sur les recettes des spectacles et
autres divertissements publics, d'une partie du produit des octrois, qui, pour cela, reçurent dans l'origine le nom d'octrois de
bienfaisance; enfin, des dons et collectes provenant de la charité
privée.

» L'empereur Napoléon embrassa dans ses vues les deux
grandes faces du problème, l'assistance proprement dite et l'extinction de la mendicité, les moyens de prévenir le mal et les
moyens de le réprimer. Sans proclamer, comme la Convention,
un droit naturel et général à l'assistance, il voulut assurer des
secours à tous les indigents reconnus. Secours à domicile pour
les pauvres valides, privés momentanément de travail; secours dans les hôpitaux ou dans les hospices pour les invalides, selon qu'ils sont atteints d'infirmités temporaires ou permanentes, telles furent les bases du nouveau système. Les secours devaient être distribués en nature, et consister en pain,
soupe, vêtements, comestibles, en moyens de travail et en matières premières à confectionner. »

Napoléon attachait une idée de gloire à l'extinction de la
mendicité. Un décret du 5 juillet 1808 prescrivit l'érection dans
chaque département d'un dépôt de mendicité. « Dans les quinze
jours qui suivront l'établissement et l'organisation de chaque
dépôt de mendicité, portait ce décret, le préfet du département
fera connaître par un avis que ledit dépôt étant établi et organisé, tous les individus mendiant et n'ayant aucun moyen de
subsistance sont tenus de s'y rendre. Cet avis sera publié et ré-
pété dans toutes les communes du département pendant trois
dimanches consécutifs. A dater de la troisième publication, tout
individu qui sera trouvé mendiant dans ledit département sera
arrêté d'après les ordres de l'autorité locale, ou par les

soins de la gendarmerie ou de toute autre force armée. Il sera aussitôt conduit au dépôt de mendicité. »

Le décret de 1808 reçut sa sanction du Code pénal. « Tout homme valide doit travailler, disait le rapport fait au Corps législatif le 16 février 1810 ; c'est la loi de la nature ; s'il se refuse au travail, c'est un être dangereux que l'autorité doit surveiller et punir sévèrement. » Et à la suite, le Code pénal, après avoir puni le vagabondage, déclarait, art. 274 : « Toute personne qui aura été trouvée mendiant dans un lieu pour lequel il existera un établissement public organisé afin d'obvier à la mendicité, sera punie de trois à six mois d'emprisonnement, et sera, après l'expiration de sa peine, conduite au dépôt de mendicité. » Art. 275 : « Dans les lieux où il n'existe pas encore de tels établissements, les mendiants d'habitude valides seront punis d'un mois à trois mois d'emprisonnement. S'ils ont été arrêtés hors du canton de leur résidence, ils seront punis d'un emprisonnement de six mois à deux ans. » Art. 276 : « Tous mendiants, même invalides, qui auront usé de menaces, ou seront entrés sans permission du propriétaire ou des personnes de la maison, soit dans une habitation, soit dans un enclos en dépendant, ou qui feindront des plaies ou infirmités, ou qui mendieront en réunion, à moins que ce ne soient le mari et la femme, le père ou la mère et leurs jeunes enfants, l'aveugle et son conducteur, seront punis d'un emprisonnement de six mois à deux ans. »

Les articles suivants punirent les mendiants et vagabonds trouvés travestis ou porteurs d'armes, ou munis de limes, crochets ou autres instruments propres à commettre des vols, quand même ils ne s'en seraient pas servis ; tout mendiant ou vagabond trouvé porteur d'un ou plusieurs effets d'une valeur supérieure à cent francs. Ils aggravaient pour eux les peines portées contre certains crimes ou délits, et enfin ils les plaçaient sous la surveillance de la haute police à l'expiration de leur peine.

Dans l'espace de quelques années, cinquante-neuf dépôts créés sur toute la surface de l'empire s'élevèrent pour recevoir vingt-

deux mille cinq cents mendiants; trente-sept seulement furent
mis en activité. Chaque dépôt était constitué par un décret particulier; un règlement commun déterminait pour tous et en
détail leur régime moral, économique et industriel.

Le gouvernement impérial envisageait les dépôts de mendicité comme « des établissements paternels où la bienfaisance
devait tempérer la contrainte par la douceur et ranimer le sentiment d'une honte salutaire. » Le résultat ne répondit pas à
l'espoir qu'on avait conçu. D'abord, ainsi que l'explique M. Moreau-Christophe, on avait espéré que les ateliers établis dans
les dépôts donneraient un revenu qui compenserait en partie les
frais; mais l'expérience prouva bientôt qu'on s'était trompé.
Ensuite on avait évalué la dépense annuelle de chaque reclus à
220 francs; mais cette somme fut souvent excédée. En outre, la
plupart des mendiants renfermés dans les dépôts étaient vieux,
infirmes et faibles. Les causes qui les avaient empêchés de pourvoir à leur existence avant d'entrer au dépôt les rendaient incapables d'y faire un travail productif. Quant aux indigents
valides, ils avaient contracté l'habitude de la paresse, ou bien
c'étaient des habitants de la campagne, dont l'industrie n'était
pas propre à être exercée dans l'intérieur d'un dépôt. D'ailleurs,.
continue M. Moreau-Christophe, ils ne devaient y être retenus
que jusqu'à l'époque où ils auraient été mis en état de gagner
leur vie, et, par conséquent, ceux qui avaient quelque aptitude
au travail sortaient aussitôt après leur apprentissage. Les dépôts furent détournés de leur destination et devinrent des succursales des hôpitaux et des hospices. D'exception en exception,
on finit par y admettre des malades de toute espèce, des aliénés, des incurables et même des condamnés lorsque les prisons
étaient encombrées, ce qui eut pour effet nécessaire de réduire
encore le travail et d'augmenter les frais d'entretien.

D'un autre côté, si la certitude d'être conduit au dépôt avait
détourné d'abord quelques individus de mendier publiquement,
aussitôt que l'établissement fut plein, ils avaient pu reparaître

impunément. De plus, on ne tarda pas à s'apercevoir que beaucoup de fainéants ne redoutaient pas les dépôts, dans lesquels ils étaient sûrs d'être nourris et entretenus sans travailler, ou du moins sans qu'on les astreignît à une tâche pénible. Les prescriptions du Code pénal ne leur firent pas non plus longtemps peur; car il suffisait aux délinquants de savoir qu'après une courte détention ils seraient conduits au dépôt de mendicité qu'ils ne craignaient plus, qu'ils souhaitaient plutôt. Ajoutez que les maisons de correction dans lesquelles ils subissaient la peine prononcée contre eux ne différaient que de nom avec les dépôts de mendicité. Aussi le flot des mendiants grossissant de jour en jour, aucun établissement ne fut assez vaste pour donner asile à tous ceux qui frappaient à ses portes.

» La Restauration, ajoute M. Alloury, suivit les mêmes errements que l'Empire en ce qui concerne l'organisation générale de l'assistance publique. Elle introduisit seulement quelques réformes utiles dans l'administration et la comptabilité des hospices et des bureaux de bienfaisance. Elle s'attacha, par exemple, avec une sollicitude constante et éclairée, à multiplier les secours en travail, les secours en nature et les secours à domicile. Il en fut tout autrement à l'égard de la mendicité : la Restauration entra dans une voie tout opposée à celle du gouvernement impérial. Les abus auxquels avaient donné lieu les dépôts de mendicité rendirent le nouveau gouvernement peu favorable à cette institution. Il commença par les attaquer indirectement en leur enlevant leurs principales ressources financières, et il finit par les supprimer peu à peu. On crut les remplacer en établissant pour les indigents valides quelques ateliers de charité sur les chemins et sur les routes.

» En supprimant les dépôts de mendicité sans les remplacer par des établissements analogues, la Restauration ne s'aperçut pas qu'elle rendait cette partie de la législation incomplète et illusoire. Dans l'absence de ces établissements, il arriva que les magistrats ne se crurent plus autorisés à prononcer des condamnations dont la justice et la légalité leur paraissaient douteuses. En même temps et par la même raison, les officiers préposés à la police judiciaire et administrative se laissèrent aller au découragement et finirent par fermer les yeux sur un mal qu'il n'était plus en leur pouvoir de réprimer. Alors ce fut un véritable déluge. La mendicité déchaînée, affranchie, inonda les villes et les campagnes...

» A cette époque, plusieurs grandes villes, se voyant destituées de toute protection légale contre un fléau qui devenait intolérable, prirent le parti de se protéger elles-mêmes. C'est ainsi que les villes de Lyon, de Bordeaux, de Nantes et de Strasbourg établirent à leurs frais et sans recourir au trésor public ou départemental des maisons de refuge et de travail pour les mendiants. Quoique le département de la Seine eût conservé son dépôt de mendicité de Villers-Cotterets, la ville de Paris voulut avoir aussi sa maison de refuge. La maison de la rue de Lourcine, fondée en 1829 avec le concours de la charité privée, et placée sous le patronage aussi honorable qu'éclairé de MM. Debelleyme et Cochin, exista jusqu'en 1832. A cette époque, les ressources de la charité s'étant épuisées, la maison disparut. »

Vingt-huit dépôts de mendicité avaient été supprimés de 1814 à 1818. En 1830, il n'en existait plus que sept. Le nouveau gouvernement s'attacha par de nombreuses circulaires à recommander ces utiles institutions. La réforme du Code pénal, en 1832, abrogea l'article 280 du Code pénal, qui imposait la marque à tout mendiant ou vagabond condamné pour un crime entraînant la peine des travaux forcés à temps, et mit à la disposition du gouvernement les mendiants ou vagabonds condamnés, à la fin de leur peine. En 1837, il n'y avait plus que six dépôts de mendicité et dix-neuf maisons centrales recevant les mendiants valides. En 1840, quelques dépôts furent ajoutés à ceux qui existaient encore. Cependant, en 1838, une mesure financière, votée par les chambres, avait porté le dernier coup à cette institution : les dépôts de mendicité cessèrent d'être compris parmi les établissements dont les dépenses sont déclarées obligatoires pour les départements.

En 1855, il y avait en France trente-trois dépôts de mendicité ou maisons de refuge, et plusieurs de ces dépôts, par suite de traités spéciaux, recevaient les mendiants de départements voisins.

Parmi les dépôts de mendicité, on cite celui de Villers-Cotterets pour le département de la Seine, celui de Montreuil pour le département de l'Aisne, celui de Saint-Lizier pour le département de l'Ariége, celui de Bellevaux pour le département du Doubs, et celui d'Albigny pour le département du Rhône. Le département de la Seine possède, en outre, la maison de répression de Saint-Denis, où sont réunis les libérés sans ressources, les vagabonds et les mendiants invétérés.

« L'extinction de la mendicité, disait M. le marquis de Mortemart dans un rapport au Corps législatif en 1855, est un problème du plus haut intérêt qui, de tout temps, a préoccupé le législateur. La solution est loin d'en avoir été trouvée : la volonté puissante de Napoléon lui-même a échoué devant les difficultés de cette question, et le décret de 1808 est resté une lettre morte ; l'application en a été reconnue impossible. Ce n'est pas une raison pour renoncer à chercher les moyens d'y parvenir... Quelque contestés que soient les résultats obtenus, il y a un fait que personne ne saurait méconnaître, c'est que la mendicité a augmenté dans les lieux voisins de ceux où elle a été interdite, d'où il est aisé de conclure que si elle n'a pas disparu, elle a du moins diminué dans ces derniers.

» Ce qui empêche souvent de croire au succès des mesures à prendre contre l'extinction de la mendicité, c'est l'erreur grossière commise par bien des personnes qui confondent la mendicité et la misère, et qui ont la prétention que l'extinction de l'une entraîne la suppression de l'autre. Il ne faut pas se le dissimuler : la misère, malheureusement, est inhérente à

notre pauvre humanité, et nous avons été depuis bien longtemps condamnés à *avoir toujours des pauvres parmi nous*. Ce
que nous devons faire avec persévérance, et notre siècle assurément, malgré ses tendances sensuelles et matérialistes, n'est
pas en arrière au point de vue philanthropique, c'est d'atténuer la misère en allant à la recherche de ceux que le travail
ne peut pas soutenir, et les prévenir dans leurs besoins. L'extinction de la mendicité ne peut pas être l'interdiction à celui
qui manque de travail, et par conséquent de pain ou de vêtements, d'en recevoir de celui qui peut lui en fournir. Nullement;
il s'agit d'atteindre cette mendicité honteuse, érigée en industrie,
qui exploite la charité privée, ces associations auxquelles on
est initié pour, à jour fixe, faire une tournée dans les communes, qui, parmi les mendiants de profession, sont cotées selon ce
qu'on en retire habituellement.

» Bien que le Code pénal atteigne ces industriels sous le nom
de vagabonds, on a si souvent la crainte de confondre avec
eux un homme qui ne serait coupable que d'avoir froid ou
faim, que l'on hésite le plus souvent à appliquer le Code pénal.
Là où le dépôt existe, la spéculation que nous avons signalée
cesse devant la crainte de l'arrestation, parce qu'un régime
sévère et le travail imposé aux fainéants conviennent moins
que la liberté et l'oisiveté. »

Dans toute l'Europe, la mendicité est l'objet des mêmes répu-
gnances. En Belgique, par la loi du 18 août 1838, l'entretien
des mendiants et vagabonds dans les dépôts de mendicité est à
la charge des communes de leur domicile, et lorsque ce domicile ne peut être déterminé, à la charge de l'État. Les mendiants étrangers sont menés à la frontière aux frais de
l'État. En Allemagne, et principalement dans l'Allemagne
méridionale, la mendicité est interdite ; aucun indigent capable de travail ne peut être admis aux secours publics. Il
en est de même en Suisse. A Rome, la mendicité est également prohibée ; des peines sévères sont prononcées contre

les mendiants, ainsi que dans les autres États d'Italie, où de nombreux établissements religieux doivent pourvoir aux besoins des pauvres. En Espagne, comme en Portugal, aucune assistance n'est due au pauvre capable de travailler, mais en Espagne comme partout, la loi est éludée et le mendiant pullule.

En Russie, l'existence des serfs diminue sans doute le nombre des mendiants, qui n'y doivent cependant pas manquer, puisqu'un proverbe russe s'exprime ainsi : « Il vaut mieux mendier que voler, et travailler que mendier. »

En Angleterre encore, malgré la taxe des pauvres, on rencontre bon nombre de mendiants.

« Mon expérience personnelle, disait un alderman à la cour de la Cité de Londres, le 8 mars 1853, m'a convaincu que la plupart des mendiants de Londres sont des imposteurs fieffés. Il y a des femmes qui non-seulement exposent, mais encore droguent des enfants pour apitoyer le public par ces horribles subterfuges, et je crains même que dans une affaire où je ne me suis pas montré assez sévère, un enfant n'ait été la victime de ces cruelles expériences. Des magistrats trop bienveillants se font une tout autre idée de la conduite et du caractère des mendiants de profession, et ils se contentent de les admonester doucement : c'est une prime accordée au vice. »

» Je puis confirmer ces observations, reprit un autre; je me rappelle avoir vu deux misérables enfants dont les parents vivaient dans l'aisance en profitant de la persévérance avec laquelle ces enfants mendiaient, et qui recueillaient ainsi 4 livres sterling par semaine. Il est du devoir des autorités de poursuivre les parents ou les autres personnes qui font des spéculations aussi diaboliques. »

En 1855, la police de Liegnitz, dans la province de Silésie, prit une étrange mesure pour extirper la mendicité. Elle rendit une ordonnance infligeant une amende de 1 thaler à 3 thalers (3 fr. 80 c. à 11 fr. 40 c.) à toute personne qui donnerait quoi que ce soit à un mendiant dans les rues, sur les places, dans les maisons, aux portes des églises, à celles des spectacles ou partout ailleurs.

TAXE DES PAUVRES

La taxe des pauvres (*poor-rate*) a été établie en Angleterre par un statut de la reine Elisabeth, du 19 décembre 1601. « Le système d'assistance établi par cet acte, dit M. Alloury d'après M. Moreau-Christophe [1], repose tout entier sur l'obligation imposée aux paroisses de venir en aide à leurs pauvres par des taxes personnelles destinées à fournir du travail à domicile aux indigents valides et des secours en argent ou en nature soit à domicile, soit dans des maisons spéciales, aux pauvres invalides. Des peines également sévères étaient portées contre ceux qui refusaient de payer la taxe et contre ceux qui aimaient mieux se livrer à la mendicité que de la recevoir. » L'article de ce statut qui prescrivait le travail à domicile aux indigents valides ne fut pas exécuté. Les particuliers furent autorisés à recevoir, à entretenir et à faire travailler chez eux, en l'acquit de leur taxe, les indigents valides munis d'un billet de logement. La taxe du travail était fixée par la paroisse et proportionnée, non aux services, mais aux besoins des indigents ainsi placés. Ces placements, qui étaient communs à la classe des cultivateurs et à celle des industriels, étaient faits soit à vie, soit pour un certain nombre de jours ou un certain nombre de semaines, à tour de rôle. Bientôt les paroisses prirent elles-mêmes à ferme des terrains abandonnés (*parish farms, farm houses*) et y placèrent le plus de bras inoccupés qu'elles purent; et comme ce genre de travail ne suffisait pas, elles créèrent

1. *Du Problème de la misère et de sa solution chez les peuples anciens et modernes.*

des ateliers de terrassement sur les routes, travaux qui étaient payés à la journée, alors même qu'il n'y avait rien de fait. Enfin, les maisons de charité, qui ne devaient recevoir que des pauvres invalides, furent ouvertes aux indigents valides, où on ne les occupait qu'à des travaux à peu près inutiles.

On alla plus loin, en créant le système connu sous le nom d'*allowance*, lequel avait pour objet de fournir un supplément de salaire à tous les ouvriers dont le prix de journée ou de main-d'œuvre ne suffisait pas pour les faire vivre avec leur famille. De là deux résultats déplorables : le premier, c'est que tous les fermiers et chefs de fabrique abaissaient de moitié ou des trois quarts les salaires qu'ils payaient auparavant à leurs ouvriers et qu'ils augmentaient d'autant leurs bénéfices au préjudice de la caisse des pauvres; le second, c'est que les ouvriers, assurés d'un salaire suffisant, ne se mettaient guère en peine de le gagner. La condition des pauvres secourus devint de beaucoup préférable à celle des non-pauvres, et l'on cite ce fait, qu'en 1830, dans la Cité de Londres, cinquante familles imposées pour le payement de la taxe furent réduites à vendre leur mobilier et jusqu'à leur lit pour nourrir les pauvres. En outre, les agents chargés du maniement de ces fonds en attribuaient souvent une large part à de faux pauvres, quand ils ne la prenaient pas pour eux-mêmes sous forme d'appointements exagérés.

Sous ce régime, la profession de pauvre devint la plus recherchée; on vit s'accroître d'année en année le nombre de ceux qui recevaient des secours, et le chiffre de la taxe paroissiale s'éleva dans une proportion écrasante pour les contribuables.

Peu de temps après que Malthus eut publié son *Essai sur le principe de la population*, un membre de la chambre des communes, Samuel Withbread, proposa de réformer les lois qui établissaient cet impôt oppressif au profit des pauvres. Sa proposition échoua. J. Scarlett la renouvela en 1821 ; elle eut le même sort. Enfin, en 1834, après une enquête, les lois sur les pauvres furent réformées par le parlement anglais.

« En 1832, dit Léon Faucher, au moment où l'excès du mal détermina une tentative de réforme, l'entretien des pauvres coûtait à l'Angleterre proprement dite et au pays de Galles plus de 7 millions sterling (environ 176 millions de francs) par année. C'était à peu près, eu égard au nombre des habitants, deux fois et demie la charge que représente le principal de l'impôt foncier en France. Encore quelques accroissements dans la taxe, et le revenu du propriétaire, la rente du sol y aurait passé. Cependant les pauvres ne s'enrichissaient pas en ruinant, en dévorant les riches ; car la misère et la dégradation s'étendaient insensiblement au pays tout entier. On donnait l'assistance à la place du travail ou pour servir de supplément au salaire. Quand les paroisses employaient elles-mêmes les pauvres, le travail n'était qu'une dérision. Il en résultait d'une part que les ouvriers assistés par les paroisses tombaient dans l'indolence et dans la débauche, se reposant sur la société du soin de les nourrir, et considérant l'aumône qu'ils recevaient comme l'acquit d'une dette; de l'autre, que les ouvriers libres et qui voulaient ne devoir qu'au travail leur existence ainsi que celle de leur famille, ayant à subir la concurrence des travailleurs soudoyés par la charité publique, voyaient le taux des salaires baisser, et qu'ils se trouvaient ainsi amenés, malgré eux, par l'insuffisance de la rémunération qu'obtenait leur labeur quotidien, à solliciter l'assistance de la paroisse. En outre, comme les secours étaient proportionnés au nombre de personnes dans chaque famille inscrite, les pauvres avaient intérêt à contracter des mariages prématurés et irréfléchis; car leur revenu ou plutôt la prime offerte à leur inaction s'accroissait avec le nombre de leurs enfants. L'immoralité n'avait plus de frein, car tous les enfants nés hors mariage tombaient à la charge de la société. »

La réforme de 1834 mit un terme provisoire à ces abus. La

taxe paroissiale fut maintenue, mais tous les anciens modes de secours furent supprimés et remplacés par un mode uniforme, qui consistait à placer les pauvres dans des maisons de travail forcé ou *work-houses.* « Le régime du *work-house,* dit M. Alloury, fut appliqué sans distinction à toutes les classes d'indigents, à toutes les variétés de l'espèce. Les vieillards, les infirmes, les incurables, les idiots et les aliénés, les vagabonds et les indigents valides, hommes, femmes, enfants, y sont réunis et classés par genre, dans des quartiers séparés. Les vieillards et les infirmes y sont soumis à un régime particulier, tel que l'humanité le prescrit, et à leur égard le *work-house* est un véritable hospice. Mais les indigents valides y sont reçus dans des conditions beaucoup moins favorables. La loi nouvelle ayant pour but de remédier aux abus qui ont amené le débordement du paupérisme, elle a dû remplacer les facilités et les complaisances du régime antérieur par un appareil de rigueur et d'intimidation, qui fait de l'asile ouvert à l'indigence un objet d'épouvante, un lieu de correction et de pénitence. Aussi l'indigent valide qui entre dans cet établissement y est-il soumis à un travail purement mécanique, celui du moulin à bras, *crank mill,* ou du moulin à pied, *tread mill.* La nourriture qu'il reçoit est inférieure en qualité comme en quantité à celle des travailleurs libres du district dans lequel est situé l'établissement. En outre, il doit dire adieu à sa femme et à ses enfants, car les sexes et les âges sont isolés dans le *work-house* comme dans les prisons. Enfin, les habitants de la maison sont astreints comme des prisonniers à un vêtement uniforme, à une sorte de costume pénal. Ainsi, pour les indigents valides, le *work-house* est un pénitencier véritable. »

L'effet du remède fut instantané. On vit immédiatement baisser le flot du paupérisme. Mais le mal était plus fort que le remède. La première impression passée, le *work-house* fut encore trouvé moins dur que le froid, la soif et la faim. Une réaction philanthropique se produisit dans l'opinion contre les rigueurs de ces établissements. L'administration se relâcha. Le crank fut remplacé par le travail plus doux d'industries ordinaires : bientôt les work-houses furent encombrés. En quelques années la loi, n'étant plus exécutable, était abandonnée, et l'on en revint à l'ancien système. Le secours par le travail dans le work-house devint l'exception, et le secours à domicile sans travail redevint la règle. Alors la digue fut encore une fois rompue, et, selon l'expression de M. Moreau-Christophe, la mer du paupérisme remonta son étiage et dépassa son plus haut niveau. Après 1850, grâce à l'abondance du travail, au taux élevé des salaires et à l'émigration, les maisons de charité perdirent une partie de leurs habitants.

M. Moreau-Christophe estimait à 20 milliards, en 1852, les sommes dépensées par la charité légale, et à 20 milliards les sommes dépensées par la charité privée, depuis deux siècles et demi, en Angleterre. En tout 40 milliards, qui n'ont servi qu'à creuser le gouffre qu'ils avaient pour but de combler; 40 milliards qui, selon le mot du même écrivain, ont été versés dans le tonneau des Danaïdes.

Tout cela s'applique exclusivement à l'Angleterre proprement dite. En Irlande, c'est bien autre chose. Quant à l'Écosse, la plaie du paupérisme y est à peu près la même, et la taxe des pauvres y a produit les mêmes effets qu'en Angleterre.

« Ainsi, ajoute M. Alloury, celui de tous les pays où l'on a fait le plus d'efforts pour arriver à l'extinction du paupérisme est précisément celui dans lequel il y a le plus de pauvres... Il n'y a pas d'exagération dans le mot de ce publiciste anglais qui a dit qu'un septième du peuple anglais est constitué créancier des six autres pour tout ou partie de sa nourriture. »

Lord John Russell était aussi dans l'exacte vérité quand il disait : « Nos pauvres forment une armée quatre fois aussi nombreuse que celle avec laquelle nous avons combattu l'empire français. »

Un magistrat anglais a défini la taxe des pauvres, « le se-

mis sur couche du paupérisme (*hot-bed of pauperism*). » Un hu-
mouriste plaisantait non moins agréablement en faisant cette
histoire de la vie d'un ouvrier tisserand : « Il est né pour rien, a
été mis en nourrice pour rien, a été élevé, instruit, vêtu pour
rien, a appris un état pour rien, a été malade et guéri pour
rien, s'est marié et a eu des enfants pour rien; ses enfants sont
venus au monde et ont vécu comme leur père, pour rien, et
après leur mort, le linceul, la terre et les prières leur ont été
fournis pour rien. »

ASSISTANCE, BIENFAISANCE, CHARITÉ

« Ce qu'on appelle aujourd'hui l'assistance, disait M. Thiers
dans son rapport à l'Assemblée législative en 1850, et ce que
dans tous les temps on a nommé la bienfaisance, est assurément la plus belle, la plus noble, la plus attachante des vertus, tant de l'homme que de la société. De même que l'individu ne saurait trop s'y livrer, l'État non plus ne saurait trop
la pratiquer. Mais il y a cette différence entre l'un et l'autre,
que l'individu agit avec ses propres deniers, et que l'État, au
contraire, agit avec les deniers de tous, avec ceux du pauvre
comme avec ceux du riche, et que si pour l'individu il n'y a
d'autre conseil à suivre que celui de donner le plus possible,
pour l'État, au contraire, il faut recourir aux principes de la justice distributive, et examiner si, en donnant aux uns, il ne
prend pas aux autres; si, en un mot, il ne manque pas aux
règles d'une bonne et équitable administration. Si donc il n'y
a d'autre limite à poser à la bienfaisance de l'individu que son
propre penchant à faire le bien, pour l'État, il y a des limites
précises à tracer, et ces limites, il faut les chercher dans les
principes de la justice et de la raison.

» Le principe fondamental de toute société, c'est que chaque
homme est chargé de pourvoir lui-même à ses besoins et à ceux

de sa famille par ses ressources acquises ou transmises. Sans
ce principe, toute activité cesserait dans une société, car si
l'homme pouvait compter sur un autre travail que le sien pour
subsister, il s'en reposerait volontiers sur autrui des soins et
des difficultés de la vie. Dans les pays où des couvents trop
nombreux multipliaient l'aumône, comme autrefois en Espagne, la charité exercée sans prudence engendrait la mendicité.

» Cependant Dieu a mis en l'homme la faiblesse à côté de
la force, la maladie à côté de la santé, l'enfance avant l'âge
mûr, la vieillesse après. Il a divisé sa race en deux sexes, l'un
faible, l'autre fort, et l'a constitué de telle sorte que cet être si
puissant est quelquefois le plus débile des animaux, le plus
incapable de se nourrir, de se défendre, d'exister avec ses
propres moyens. Mais Dieu ne l'a pas laissé dépourvu, parce
que dans certaines circonstances il l'a rendu malade et impo-
tent. Il a, en effet, placé dans son âme des qualités morales
qui le dédommagent amplement de ses infirmités physiques.
Il a placé dans son cœur la sympathie, la bonté, la bienfaisance, peu importe le nom donné à cette vertu, vertu char-
mante qui, à l'aspect de son semblable ou souffrant, ou me-
nacé, ou impuissant, porte l'homme à s'émouvoir, à courir à
son secours, soit pour lui donner les aliments qui lui manquent, soit pour le protéger contre une violence, soit pour
étancher son sang qui coule. Il a mis ainsi au service de l'homme,
à défaut de ses forces personnelles, les forces de son semblable,
par le moyen d'un sentiment exquis, lequel ne lui permet pas
d'être indifférent à la vue de la douleur, de la défaillance ou de
l'oppression...

» Ainsi, à côté de la misère, condition inévitable de l'homme
dans le plan général des choses, se trouve placée la bienfaisance, que les chrétiens appellent la charité, que les rédacteurs
de la constitution de 1848 ont appelée l'assistance, mais qui, de
quelque nom qu'on la qualifie, est la plus attrayante des vertus dont Dieu ait doté l'homme, et si méritoire à ses yeux que,

d'après la doctrine chrétienne, elle peut racheter les plus grandes fautes, et jusqu'à l'absence même de la foi...

» Mais pour qu'elle soit une vertu, il faut qu'elle soit volontaire, spontanée, obéissant à sa propre impulsion, qu'elle tire d'elle-même et d'elle seule son principe d'action, qu'elle le tire uniquement du plaisir qu'elle éprouve à soulager l'homme souffrant. Le malheureux que nous rencontrons sur notre chemin, qui touche notre cœur, dont la vue nous arrache un sacrifice, n'a cependant pas le droit de nous forcer à le secourir. Ce malheureux est un objet sacré; dans les ingénieuses paraboles du christianisme, c'est peut-être un ange qui s'est caché sous la forme d'un malheureux pour mettre nos vertus à l'épreuve; mais s'il voulait nous contraindre à venir à son secours, nous extorquer ce que nous sommes portés à lui donner, ce ne serait plus un être sacré, ce serait un malfaiteur.

» Tels sont les principes de la bienfaisance privée. Il est facile d'en déduire les principes de la bienfaisance publique... Il ne faut pas voir dans l'État un être froid, insensible, sans cœur. L'État, c'est la manière abstraite et politique de considérer la nation. Or, la nation tout entière a un cœur aussi, elle peut avoir des vertus et des vices, des qualités et des défauts... La collection des membres composant la nation, de même qu'elle peut être intelligente, courageuse, polie, pourra être humaine, bienfaisante, aussi bien que les individus eux-mêmes. Et ce n'est pas une inutilité, une vertu sans application que la bienfaisance d'une nation. S'il faut, pour soulager la misère, la bienfaisance individuelle, il faut aussi la bienfaisance publique, car l'une et l'autre, dans leur plus grande extension, dans leur plus vif élan de bonté, suffiront à peine, non pas à supprimer la misère, mais tout au plus à la diminuer. Il y a des maux isolés, accidentels, auxquels la bienfaisance individuelle est chargée de pourvoir, avec ses mouvements imprévus, spontanés, délicats; il y a des maux généraux, affectant des classes entières, auxquels il faut appliquer la bienfai-

sance collective et puissante de tous, c'est-à-dire la bienfaisance de la société elle-même, l'assistance publique en un mot,
telle que la définit la constitution de 1848.

» Mais il importe que cette vertu, quand elle devient de particulière collective, de vertu privée vertu publique, conserve son
caractère de vertu, c'est-à-dire reste volontaire, spontanée, libre
enfin de faire ou de ne pas faire, car autrement elle cesserait
d'être une vertu pour devenir une contrainte, et une contrainte
désastreuse. Si, en effet, une classe entière, au lieu de recevoir,
pouvait exiger, elle prendrait le rôle du mendiant qui demande
le fusil à la main. On donnerait occasion à la plus dangereuse
des violences.

» Et quand nous exprimons ces réserves, ce n'est pas pour
contester les titres du malheur, pour refroidir à son égard le
cœur de la société, pour diminuer en elle le zèle à bien faire,
pour relâcher cette obligation morale de soulager tous les maux
qu'on peut soulager ; non, c'est pour fixer les vrais principes
des choses, et pour prévenir les conséquences funestes de doctrines fausses et mal raisonnées.

» L'individu qui donne fait bien s'il donne tout ce qu'il peut ;
s'il va même au delà, il est l'imprudent le plus touchant, le
plus digne d'être aimé. L'État, de même, doit donner, donner
tout ce qu'il peut ; mais s'il allait au delà, s'il donnait plus
qu'il ne peut, il ne serait pas ce noble imprudent si digne d'être
aimé, qui donne au delà de ses moyens pour soulager les misères d'autrui : il serait coupable, car l'État ne peut pas être
imprudent ; il serait spoliateur, car l'État ne donne pas, comme
l'individu, son propre bien : il donne le bien de tous, et comme
dans l'impôt il entre la contribution des pauvres, et des pauvres plus que des riches, à cause de leur nombre, il prendrait à
certains pauvres pour donner à certains autres, ce qui serait
non-seulement injuste, mais absurde et déraisonnable.

» Ainsi, l'État, comme l'individu, doit être bienfaisant, mais
comme lui, il doit l'être par vertu, c'est-à-dire librement, et

de plus il doit l'être prudemment. Et, nous le répétons, ce n'est pas pour lui assurer le moyen de donner moins ou de donner peu que nous posons ces limites, c'est afin de garder la fortune publique, qui est celle des pauvres encore plus que celle des riches; c'est afin de maintenir l'obligation du travail pour tous et de prévenir les vices de l'oisiveté, vices qui, chez la multitude, deviennent facilement dangereux et même atroces.

» Enfin, il faut une bienfaisance publique, complément de la bienfaisance privée ou religieuse, agissant là où il reste du bien à accomplir, songeant à tout ce qui n'a pas été fait, pansant les plaies qui sont restées saignantes, et joignant aux vues individuelles, qui peuvent être bornées, les vues d'ensemble qui embrassent tout parce qu'elles ne préfèrent rien et que leur sollicitude pour les maux de l'humanité est égale. »

« A Rome ainsi qu'à Athènes, dit M. Alexandre Monnier [1], les secours étaient délivrés indistinctement à tous les citoyens, tandis que l'Église, dans le juste partage de ses dons, ne considérait que le pauvre, l'infirme, l'affligé, le malade, et n'intervenait que pour réparer les disgrâces de la fortune ou les lacunes du travail. Avant tout, elle voulait connaître ses pauvres. Elle n'ignorait point le prix de cette libéralité judicieuse qui ranime l'espoir et fortifie contre les défaillances, ni le péril d'une charité légère et trompée, véritable semence de mendicité qui eût partout fait lever de terre des bandes de faux indigents affriandés par le régal; et si elle enseignait la loi divine du travail, ce n'était pas pour couvrir ensuite de ses complaisances ou de ses largesses le scandale errant de la fainéantise. »

« Qui doute, dit M. Alloury, que l'aumône, les hospices, les secours à domicile, les monastères même avec leurs nombreux abus, ne soient des institutions plus pures, plus morales et plus efficaces que les lois agraires, les repas en commun, la sportule du client romain et les distributions périodiques de vivres et

---

1. *Histoire de l'Assistance dans les temps anciens et modernes.*

d'argent sur la place publique? A Rome, l'assistance était dé-
crétée et réglée par la loi; elle créait un droit positif à l'indigent, comme la taxe des pauvres en Angleterre. L'assistance
chrétienne est essentiellement libre et volontaire; elle relève de
la conscience et non de la loi. Tel est l'esprit de l'Évangile, et
telle est aussi la doctrine officielle et traditionnelle de l'Église,
confirmée et développée dans ces derniers temps par un acte
solennel du saint-siége. En d'autres termes, le droit à l'assistance
était admis et pratiqué chez les anciens et la doctrine de l'Église
y est opposée. »

Dans les trois premiers siècles de l'Église, les aumônes étaient
distribuées par les diacres, élus dans l'assemblée des fidèles
pour administrer le trésor des pauvres. Les anciennes mœurs
s'altérant, le luxe et la mollesse envahissant le clergé, les fidèles
se relâchant de leur première ferveur en même temps que le
nombre des indigents s'accroissait de jour en jour, on trouva
plus simple et plus commode d'ouvrir un asile commun aux
pauvres que d'aller au-devant d'eux pour les secourir à domicile,
et c'est ainsi que s'est constitué le régime hospitalier dans le
courant du quatrième siècle.

« Vous savez, écrivait M. de Rémusat, ministre de l'intérieur,
aux préfets, en 1840, que dans le système actuel de notre législ-
lation, il est deux modes principaux pour la distribution aux
indigents des secours publics. Les hôpitaux et les hospices reçoivent et traitent gratuitement les pauvres que la maladie, la
vieillesse ou les infirmités empêchent de subvenir à leurs besoins
par le travail. Des bureaux de bienfaisance distribuent à domicile des secours à ceux que les mêmes causes, ou le défaut
momentané d'ouvrage, ou enfin leur extrême misère, metten
dans l'impossibilité de vivre.

» On ne peut méconnaître l'immense utilité des hôpitaux et
des hospices. Dans les grands centres de population principalement, ils seront toujours une nécessité d'ordre public comme
d'humanité. En général même, et à les considérer sous le rap-

port de l'économie, il est certain que la vie en commun, dans des établissements où les pauvres sont centralisés, occasionne une dépense moindre que ne coûterait l'entretien du même nombre d'individus secourus isolément à leur domicile. Mais, d'autre part, l'expérience tend chaque jour à démontrer que le système des hospices relâche, s'il ne les détruit pas, les liens de la famille. Il déshabitue les enfants du devoir naturel de nourrir et de soigner leurs parents vieux ou infirmes; ces derniers eux-mêmes, dans la pensée d'enlever une charge à leurs enfants, finissent par considérer l'hospice comme un asile où il est naturel d'aller terminer ses jours; et souvent, même avant l'âge, l'individu apte encore au travail simule ou exagère des infirmités pour obtenir son admission. »

Le gouvernement de juillet s'était beaucoup occupé des mesures propres à prévenir la misère. Beaucoup d'œuvres charitables et d'associations de bienfaisance furent créées à cette époque. Les caisses d'épargne, établies en France sous la Restauration, prirent une grande extension; les sociétés de secours mutuels se développèrent, les salles d'asile, les crèches, les sociétés de patronage, les colonies pénitentiaires, furent imaginées; en outre, la loi ouvrit un asile certain aux aliénés. Sous la république de 1848, les ateliers nationaux s'ajoutèrent aux dépenses sans profit de la bienfaisance publique. Plus tard furent votées les caisses de retraite, la loi sur les bains et les lavoirs publics, et la loi sur les logements insalubres. Depuis le coup d'État du 2 décembre 1851, les maisons pour logements d'ouvriers furent encouragées; des secours furent accordés à certaines classes de la société, comme les anciens militaires; les sociétés de secours mutuels furent placées sous le patronage du gouvernement; les secours à domicile remplacèrent en bien des cas les secours des hôpitaux; l'assistance judiciaire fut organisée; l'orphelinat du Prince-Impérial fut fondé; de nouveaux hôpitaux furent ouverts, ainsi que deux asiles pour les convalescents et convalescentes. Jamais l'avenir ne s'est trouvé si fortement engagé pour créer des travaux; jamais les bureaux de bienfaisance n'ont été si bien pourvus, et cependant il ne manque pas, non-seulement de pauvres parmi nous, mais de mendiants dans nos rues.

Au mois de septembre 1848, M. de Lamartine proposa cet amendement à l'article VIII du préambule de la constitution : « La république reconnaît le droit à l'existence par l'assistance et par le travail fourni, en cas de nécessité démontrée et aux conditions déterminées par l'administration, en sorte que nul individu ne puisse offrir ses bras sans trouver la vie, ni souffrir sans être soulagé sur le territoire de la république. »

En 1849, M. Mouton, ex-lieutenant-colonel du 21e régiment de ligne, proposa un projet de décret pour consacrer le droit à l'assistance. Ce projet créait une caisse d'assistance publique, dont le premier fonds était assuré par un prélèvement sur le milliard accordé aux émigrés en 1825. Cette caisse devait être alimentée : 1° par les crédits portés au budget de chaque année; 2° par le montant des retenues faites sur le salaire et les gages des travailleurs; 3° par un impôt progressif de 1/2 à 10 pour 100 dont seraient frappées les fortunes mobilières et immobilières donnant annuellement un revenu au moins de 1,000 francs. La caisse d'assistance était destinée : 1° à assurer des pensions de retraite aux travailleurs, à leurs veuves et à leurs orphelins; 2° à prêter des capitaux avec intérêt de 3 pour 100, sur garanties suffisantes, aux agriculteurs, entrepreneurs, chefs d'ateliers, manufacturiers et associations ouvrières, ainsi qu'aux communes, de manière à assurer en tout temps des travaux aux ouvriers de toutes les professions; 3° à fonder, avec le temps, un établissement dans chaque canton, où les enfants des travailleurs seraient logés, entretenus et nourris gratuitement, de sept à douze ans. Ces cinq années seraient employées à leur instruction première, ainsi qu'à leur éducation religieuse, civique et professionnelle.

Étaient considérés comme travailleurs les ouvriers de toutes les professions, les journaliers des villes et des campagnes, employés n'importe à quel titre; les domestiques à gages et généralement tous les citoyens employés chez autrui pour des travaux donnant droit à un salaire ou à des gages. Un règlement devait fixer le taux de la journée de travail de chaque profession pour les différentes localités. Tous les travailleurs auraient été immatriculés à la commune de leur naissance. Une retenue de 5 pour 100 devait être faite sur leur salaire par les entrepreneurs, maîtres ou chefs d'industrie, et versée par ces derniers entre les mains du receveur des finances, sous peine d'amende. Tout travailleur âgé de 60 ans aurait eu droit à autant de fois 10 francs de pension annuelle qu'il aurait pu justifier d'années de travail ayant subi les retenues, les années se composant de 300 journées de travail; le temps passé à l'armée comptait comme année de travail. Tout travailleur atteint de maladies ou infirmités incurables, bien dûment constatées, le mettant dans l'impossibilité de se livrer à aucun travail manuel, avait droit à la pension de retraite. La veuve et les orphelins de travailleurs avaient droit à une pension.

« En Angleterre, la charité privée, dit M. Moreau-Christophe, a ses pauvres comme la charité légale a les siens. Les pauvres de la charité légale appartiennent au prolétariat de la misère; les pauvres de la charité privée au patriciat. Les distinctions aristocratiques, qui se rencontrent à tous les degrés de l'échelle sociale dans ce pays, se conservent sous le niveau de l'indigence, à tel point que si un pauvre de la classe moyenne se faisait inscrire sur les listes de la taxe paroissiale, il serait considéré comme indigne et rayé de la liste des sociétés charitables. »

A la fin de 1849, on reconnut à Londres l'existence de quarante à cinquante mille femmes, jeunes pour la plupart, travaillant de quinze à dix-huit heures par jour et gagnant à peine trente-cinq centimes par jour, somme avec laquelle elles devaient pourvoir à leur nourriture, à leur entretien et à leur logement. Pour procurer à ces malheureuses femmes un sort moins déplorable, une compagnie se forma et recueillit des souscriptions dont les fonds devaient servir à expédier ces infortunées dans les colonies, « où les femmes manquent, » disait le programme de la souscription; « cet article y trouvera un prompt écoulement, » ajoutait le même document. La souscription, couverte par les noms les plus considérables de la Grande-Bretagne et par les plus petites bourses, a servi en effet à envoyer quelques cargaisons d'ouvrières en Australie.

En France, la fameuse loterie des lingots d'or avait pour but le transport d'un certain nombre d'individus en Californie.

« Les sociétés et les institutions de charité sont innombrables en Angleterre, dit M. Alloury. Ces associations et les établissements dont elles ont couvert le sol embrassent tous les besoins, tous les âges, toutes les conditions, tous les accidents de la vie. Il y en a pour tous les malades, pour les sourds-muets, pour les aveugles, pour les aliénés, pour les convalescents. Il n'y a pas, comme chez nous, d'institutions spéciales pour les enfants trouvés; mais il y en a pour les enfants des *gentlemen* pauvres, pour les vieillards, pour les invalides de terre et de mer; il y en a pour les pauvres en général, pour les pauvres sans asile, pour les mendiants et pour les vagabonds; il y en a pour les domestiques et pour les gouvernantes; il y en a pour les catholiques, pour les juifs, pour les francs-maçons; il y en a pour les étrangers, pour les Écossais, pour les Irlandais, etc.

» Les secours distribués par ces différentes associations consistent en argent, en comestibles, en combustibles, en vêtements, en lots de terre. Quelques-unes de ces sociétés organisent des ateliers de travail et des secours mutuels. En outre, elles pourvoient à la santé des pauvres par l'assainissement de leurs habitations, par l'établissement de bains et de lavoirs publics, etc.

» A toutes ces œuvres de charité collective il faut ajouter les aumônes individuelles et les dons en nature ou en argent que de riches particuliers se plaisent à répandre sur la classe pauvre à certains jours de l'année...

» Quel est le dernier résultat, le résultat net de tout ce zèle philanthropique et de tous ces établissements que l'esprit d'association a multipliés en Angleterre ? On peut le résumer dans cette phrase empruntée aux documents qui ont été publiés sur l'enquête de 1838 : « Toutes ces œuvres de charité créent les » besoins qu'elles soulagent, sans pouvoir soulager jamais tous » les besoins qu'elles créent. » C'est qu'en effet toutes les caisses de secours étant ouvertes pour l'imprévoyance et la paresse aussi bien que pour la véritable infortune, la misère est considérablement accrue par les moyens mêmes employés pour l'éteindre. »

Et cependant, comme le disait le prince Louis-Napoléon en 1844, « c'est une grande et sainte mission, bien digne d'exciter l'ambition des hommes, que celle qui consiste à apaiser les haines, à guérir les blessures, à calmer les souffrances de l'humanité en réunissant les citoyens d'un même pays dans un intérêt commun et en accélérant un avenir que la civilisation doit amener tôt ou tard. »

Puis il ajoutait :

« Dans l'avant-dernier siècle, La Fontaine émettait cette sentence, trop souvent vraie, et cependant si triste, si destructive de toute société, de tout ordre, de toute hiérarchie : *Je vous le dis en bon français, notre ennemi, c'est notre maître.*

» Aujourd'hui, le but de tout gouvernement habile doit être de tendre par des efforts à ce qu'on puisse dire bientôt : *Le triomphe du christianisme a détruit l'esclavage ; le triomphe de la révolution française a détruit le servage ; le triomphe des idées démocratiques a détruit le paupérisme.* »

FIN

TABLE ANALYTIQUE

FIN DE LA TABLE ANALYTIQUE.

PARIS. — IMPRIMERIE DE ÉDOUARD BLOT, RUE SAINT-LOUIS,
(Ancienne maison Dondey-Dupré.)

www.ingramcontent.com/pod-product-compliance
Lightning Source LLC
Chambersburg PA
CBHW060530220326
41599CB00022B/3478